»Erzähle, daß Du Dein Recht erweist«

Ein Lesebuch zur jüdischen Geschichte

Herausgegeben von Thomas Rothschild

»Erzähle, daß Du Dein Recht erweist«

Ein Lesebuch zur jüdischen Geschichte

Herausgegeben
von
Thomas Rothschild

Die Deutsche Bibliothek - CIP Einheitsaufnahme

»Erzähle, daß Du Dein Recht erweist«
Ein Lesebuch zur jüdischen Geschichte / Thomas Rothschild (Hg.).
Frankfurt am Main: Hain 1992 (Athenäums Programm)
ISBN 3-445-08574-9
NE: Rothschild, Thomas [Hrsg.]

Umschlaggestaltung: nach Entwürfen von Rambow, Rambow, van den Sand. Motiv: Roman Vishniac
Satz: AlphaBet Van Gelder & Giefer, Frankfurt am Main
Druck: Mühlhäuser Druckhaus, Mühlhausen
Bindung: Buchbinderei Schirmer, Erfurt
Printed in Germany
ISBN 3-445-08574-9

Inhalt

Vorwort

»Glauben Sie, daß es einen Christen auf Erden gibt, und wäre es der edelste, gerechteste und treueste, einen einzigen, der nicht in irgendeinem Augenblick des Grolls, des Unmuts, des Zorns selbst gegen seinen besten Freund, gegen seine Geliebte, gegen seine Frau, wenn sie Juden oder jüdischer Abkunft waren, deren Judentum, innerlich wenigstens, ausgespielt hätte?« Und ohne Georgs Antwort abzuwarten: »Keinen gibt es, ich versichere Sie. Sie können übrigens auch einen andern Versuch machen. Lesen Sie z.B. die Briefe von irgendwelchen berühmten, sonst ganz klugen und vortrefflichen Menschen, und beachten Sie die Stellen mit feindlichen und ironischen Äußerungen über Zeitgenossen. Neunundneunzigmal handelt es sich um ein Individuum ohne Berücksichtigung der Abstammung oder Konfession, im hundertsten Fall, wo das übelbehandelte Menschenkind das Unglück hat, Jude zu sein, vergißt der Verfasser gewiß nicht, diese Tatsache zu erwähnen. So ist es nun einmal, ich kann Ihnen nicht helfen. Was Sie Verfolgungswahnsinn zu nennen belieben, lieber Georg, das ist eben in Wahrheit nichts anderes als ein ununterbrochen waches, sehr intensives Wissen von einem Zustand, in dem wir Juden uns befinden, und viel eher als von Verfolgungswahnsinn könnte man von einem Wahn des Geborgenseins, des Inruhegelassenwerdens reden, von einem Sicherheitswahn, der vielleicht eine minder auffallende, aber für den Befallenen viel gefährlichere Krankheitsform vorstellt. Mein Vater hat an ihr gelitten, wie viele andre seiner Generation. Er ist allerdings so gründlich kuriert worden, daß er darüber verrückt geworden ist.«

Arthur Schnitzler: *Der Weg ins Freie*

1.

Die Geschichte der Juden ist eine Geschichte der Verfolgungen. Sosehr dieser Satz einem Klischee gleicht, so sehr entspricht er der Wahrheit. Von der Vertreibung aus Ägypten bis zum Massenmord durch die Nationalsozialisten und darüber hinaus ist die Geschichte der Juden bestimmt von der Erfahrung des Antisemitismus und der damit verbundenen Gefährdungen. Aber sie läßt sich nicht auf diese Erfahrung beschränken, freilich ebensowenig auf das Gegenklischee des immer fröhlichen, tanzenden, mit Witz jede Lage bezwingenden Juden. Wer Juden zu Opfern reduziert, beraubt sie ihrer menschlichen Würde. Daran ändert auch die Tatsache nichts, daß Juden selbst häufig dazu neigen, die Rolle des Opfers für sich in Anspruch zu nehmen. Diese fatale Neigung teilen sie allerdings mit anderen Individuen und gesellschaftlichen Gruppen, ja sogar mit ihren Verfolgern. Selbst die wenigen SS-Leute und KZ-Aufseher, denen nach 1945 der Prozeß gemacht wurde, betrachten sich noch als Opfer. Opfer zu sein, ist kein Verdienst, verlangt allenfalls Mitleid – ein höchst ambivalentes Gefühl –, und wer in einer Situation tatsächlich Opfer ist, kann – die Geschichte der Juden beweist es – in einer anderen durchaus zum Täter werden.

Neben der Angst vor und dem Erlebnis von Verfolgung werden in der Literatur, die die Geschichte der Juden thematisiert, auch Alltagserfahrungen angesprochen. Gerade von jüdischen Autoren mit mehr oder weniger Ironie und Melancholie beschriebene Genreszenen scheinen bei (nichtjüdischen) Lesern besonders beliebt zu sein. Bei der hier vorliegenden Anthologie handelt es sich allerdings nicht um »jüdische Geschichten«, sondern um Geschichten aus der Geschichte der Juden, und da sind es vor allem die mächtigeren historischen Ereignisse, die interessieren. Da diese Geschichte bereits mehr als zweitausend Jahre währt, kann die Ausgabe freilich nur exemplarische Stationen dieser Geschichte markieren, wenngleich immer wieder Strukturen sichtbar werden, die eine erstaunliche überzeitliche Konstanz aufweisen. Dabei ist es nicht ausschlaggebend, ob die Autoren jüdischer Abstammung sind. Zwar waren es in erster Linie Juden, die sich literarisch der Geschichte der Juden angenommen haben, aber wo Nicht-Juden dazu Bedeutsames zu sagen hatten, wurden sie in der Auswahl berücksichtigt.

2.

Ein Buch zur Geschichte der Juden muß in Deutschland immer noch als heikel gelten. Es scheint nach wie vor unmöglich, deutsch von Juden zu sprechen, ohne an Auschwitz zu denken. Obwohl der heute noch und wieder virulente Antisemitismus in Deutschland nicht bedrohlicher und aggressiver ist als in vielen anderen Ländern, wird er hier mit einer anderen Sensibilität registriert. Die historische Erfahrung des Genozids ist auch für die Kinder der Opfer und der Täter offenbar zu präsent, als daß man sie vernachlässigen könnte. Das führt, auf beiden Seiten, zu Verkrampfungen und zu objektiven Ungerechtigkeiten. Das Verhältnis von deutschen und anderen Juden auf der einen und nicht-jüdischen Deutschen auf der anderen Seite ist nach wie vor gestört – und sei es durch einen Philosemitismus, der, meist mit edelster Absicht, ebenso ausgrenzt wie der Antisemitismus.

Es scheint allenfalls nachvollziehbar, nicht aber entschuldbar, wenn eine ältere Jüdin im New Yorker Goethe-Institut unter Beifall sagt, Anna Seghers' *Siebtes Kreuz* sei das widerwärtigste Buch aller Zeiten, weil dort nicht ein Jude, sondern ein Deutscher aus dem KZ entkomme, und die Deutschen gehörten alle vergast. Als sich der in Israel lebende Jude Walter Grab bei einem Amerikabesuch erzürnt darüber äußerte, daß elf Araber in Nablus ermordet worden waren (»were killed«), meinten New Yorker Juden: »Don't say killed, Walter, say removed, cleared out.« Es ist entmutigend, daß im Stadtrat von Jerusalem neunzig Abgeordnete gegen die Benennung einer Straße nach dem Deutschen Heine stimmten und nur drei dafür. Von der Normalität – die paar Beispiele belegen es – sind wir weit entfernt.

3.

Was haben die Medien, denen die Herstellung von Öffentlichkeit, die Erleichterung einer Meinungsbildung obliegt, zur Gewinnung dieser wünschenswerten Normalität beigetragen? Hat man sich jemals in den Rundfunkanstalten, in den Zeitungsredaktionen Gedanken darüber gemacht, welches Ziel genau man erreichen möchte? Hat man jemals gründliche Untersuchungen darüber angestellt, mit welchen Mitteln dieses Ziel am besten zu erreichen sei?

Ich unterstelle einmal: Ein Ziel ist es, Vorurteile gegenüber Juden abzubauen, das Weiterleben des alten und das Entstehen eines neuen Antisemitismus zu verhindern, zumindest zu erschweren, eine Zukunft gestalten zu helfen, in der sich die Unmenschlichkeiten der Vergangenheiten nicht wiederholen können.

Zum fünfzigsten Jahrestag der Reichspogromnacht häuften sich die Sendungen und die Artikel über Judenverfolgungen im Dritten Reich. Danach – man hatte seine Pflicht erfüllt, und kein Jahrestag diktierte Programmentscheidungen – waren das Thema und, wie man hinter vorgehaltener Hand in den Rundfunkhäusern murmelte, das Publikum vom Thema erschöpft. Hinter dieser gehäuften Darstellung von Greueln des Nationalsozialismus in Spielfilmen und Dokumentationen stand die Überzeugung, daß der heutige Antisemitismus eine Folge zu geringen Wissens über die jüngste deutsche Geschichte sei.

Ich halte diese These für falsch. Ich meine auch, daß es benennbare Ursachen gibt, warum man mit solcher Beharrlichkeit an ihr festhält und nicht zu einer viel plausibleren, aber auch unbequemeren Erklärung gelangt: Gerade junge Menschen, die für neonazistische Ideen anfällig sind, kennen sehr genau die Fakten und Zahlen, die auch in Dokumentationen des Fernsehens und der Printmedien nur wiederholt werden. Das Problem ist nicht, daß sie sie nicht wissen, sondern daß sie sie nicht glauben. Und daß sie sie nicht glauben, hat – leider! – seinen guten (also schlechten) Grund. Warum sollten jene Politiker, die ständig lügen, die ständig in Skandale verwickelt sind, die jegliche Glaubwürdigkeit verspielt haben, ausgerechnet die Wahrheit sprechen, wenn sie von den Verbrechen der Nationalsozialisten reden? Warum soll die Zahl der ermordeten Juden, die sie nennen, korrekter sein als die Höhe der Parteispenden, die sie anführen? Warum sollen ihre Versicherungen von der Unschuld der verfolgten Juden zuverlässiger sein als ihre Versicherungen von der Unschuld eines Barschel?

Eine österreichische Untersuchung hat ergeben, daß die zahlreichen (Medien-)Veranstaltungen zum Bedenkjahr 1988 – dem fünfzigsten Jahr nach dem Anschluß Österreichs an das Deutsche Reich – so gut wie keine Einstellungsänderungen bewirkt haben.

Mit anderen Worten: Es besteht nicht ein Defizit an Wissen, sondern ein Defizit an Glaubwürdigkeit. Dieses zu beseitigen ist freilich einem Medium kaum möglich, das sich seine Inhalte längst von jenen Politikern diktieren läßt, deren Korrumpierbarkeit es aufzudecken hätte.

Statt dessen also Dokumentation der Vergangenheit. Wer erst einmal der begründeten oder unbegründeten, jedenfalls nicht grundlosen Meinung ist, daß ihn die Herrschenden und ihre Apparate belügen, wird von keiner Dokumentation, erst recht von keinem Spielfilm zu überzeugen sein. Wer einer Konspirationstheorie anhängt, wird keine Schwierigkeiten haben, in jedem Foto, in jedem Schriftstück, in jeder Zeugenaussage eine Fälschung zu erkennen. Bekanntlich vertrat eine mit dem Bundesverdienstkreuz geschmückte Frau, die den Beinamen »Engel der Gefangenen« trägt, während des Majdanek-Prozesses vor den Kameras die gewiß nicht einmalige Ansicht, die Angeklagten in jenem letzten großen KZ-Verfahren seien

Opfer internationaler Verschwörer, die auch die polnischen und jüdischen Zeugen bestochen hätten.

Bleiben die Gutwilligen. Jene, die nicht von vornherein bereit sind, den Nationalsozialismus zu exkulpieren. Welche Wirkung hat auf sie die gehäufte mehr oder weniger emotionale, mehr oder weniger sachliche Bebilderung von Judenverfolgungen, von Pogromen, von Konzentrationslagern, von Massenmorden an Juden? Erzeugt solche geballte »Information« Mitleid? Und ist Mitleid eine Basis für politisches Verhalten? Führt ein direkter Weg vom Mitleid zur Erkenntnis, von der Erkenntnis zum Handeln?

Gerade junge Menschen entwickeln heutzutage eine gesunde Skepsis gegenüber manichäischen Weltbildern. Wenn es tatsächlich Situationen in der Geschichte gegeben hat, wo absolut Unschuldige verfolgt, vernichtet wurden, wenn dem absolut Bösen tatsächlich mal das absolut – nicht Gute, aber Schuldlose gegenüberstand, dann ist das außerordentlich schwer zu vermitteln, weil es jeder Erfahrung eines jungen Menschen widerspricht. Ist es aber überhaupt notwendig, diese radikale Opposition von Gut und Böse beweisen zu wollen? Ist es für das angestrebte Ziel überhaupt unabdingbar, dem eindimensionalen Täter das eindimensionale Opfer gegenüberzustellen? Entspricht dieses primitive Modell nicht eher einer Trivialdramaturgie, wie sie unser Fernsehen so sehr und zunehmend liebt, als Strategien einer aufklärerischen Wirkung?

Meine Gegenthese: Selbst wenn es zutrifft, daß die ganze Schuld auf einer Seite liegt, selbst wenn das Gerede, es gebe keinen Rauch ohne Feuer, im speziellen Fall der nationalsozialistischen Judenverfolgung seine Gültigkeit verliert (und es scheint mir in der Tat obszön, wenn manche mit erstaunlichen Verrenkungen versuchen, eine jüdische Mitschuld am nationalsozialistischen Genozid zu konstruieren) – kein Mensch ist imstande, immer nur Schuld auf sich zu nehmen. Man mag das bedauern, man mag, von einer christlichen Sühnevorstellung beflügelt, Dostojevskijs Visionen für die Realität halten – die (psychische) Wirklichkeit richtet sich nicht nach Wünschen. Kein gesunder Mensch ist bereit, sich oder das Kollektiv, dem er angehört, allein für Untaten verantwortlich machen zu lassen, und er ist es um so weniger, wenn er sie tatsächlich nicht zu verantworten braucht. Die junge Generation der Deutschen hat die Verbrechen ihrer Mütter und Väter nicht zu verantworten, und die These von der kollektiven Verantwortung, die auf die Nachgeborenen übergegangen sei, ist in erster Linie der Versuch der tatsächlich Schuldigen, sich zu entlasten, indem sie die Schuld mit ihren Kindern teilen, mehr noch: ihnen in der Regel die Sühne aufbürden, die sie selbst versäumt haben.

Wer wirklich einen Antisemitismus in Gegenwart und Zukunft verhindern will, muß mit diesen Tatsachen rechnen. Er muß das starke Bedürfnis, Schuld zu leugnen, und die daraus resultierenden Mechanismen – Verdrängung, Sekundärrationalisierung, Aufhebung der kognitiven Dissonanz – in sein Kalkül einbeziehen. Er muß sogar überlegen, ob seine (gut gemeinten) Darstellungen nicht genau das Gegenteil des Angestrebten bewirken, nämlich Abwehrreaktionen, die nach Gründen suchen, jene, die einem Schuld zuweisen, indem sie sich selbst als Opfer darstellen, ihrerseits einer Schuld zu überführen, zumindest aber jene unsympathisch zu finden, ja zu hassen, die einen ständig als (Mit-)Täter definieren.

Demgegenüber wäre eine Strategie zu entwickeln, die den wirklichen Schuldigen und deren Kindern hilft, ihre eigene Schuld oder die Schuld ihrer Eltern (was zwei sehr verschiedene Dinge sind) produktiv zu verarbeiten. Das ist nur möglich, wenn man sehr sensibel zu begreifen und nachzuvollziehen versucht, warum jemand, der ja nicht schuldig auf die Welt kam, schuldig werden konnte. Freilich: das bedarf einer gesellschaftlichen Analyse. Die Hilflosigkeit und die Not deutscher Medienbeiträge zu diesem Thema ist auch die Hilflosigkeit und die Not eines unpolitischen Verstands, dem die christliche Vorstellung von der individuellen Schuld immer noch vertrauter ist als eine materialistische Erkenntnis der größeren Zusammenhänge, die den einzelnen zwar nicht seiner Verantwortung entheben, aber doch deren relative Bedingtheit erklären. Mit anderen Worten: Es geht nicht darum, Verständnis zu entwickeln für jene, die im Dritten Reich schuldig wurden, sondern zu verstehen, warum sie es wurden.

4.

Erschwert wird die Normalität zwischen Deutschen und Juden auch durch die Politik Israels.

Eingebürgert hat sich die Formel von Deutschlands »Beziehungen besonderer Art« zu Israel. Warum eigentlich nur zu Israel? Haben die Verbrechen der Nationalsozialisten gegenüber Russen oder Polen die Bundesrepublik Deutschland etwa daran gehindert, in den Jahren des Kalten Kriegs eine feindselige Politik gegenüber der Sowjetunion und Polen zu betreiben? Wieso galt da nicht die

Regel von den »Beziehungen besonderer Art« – jedenfalls nicht in einem positiven Sinne?

Von dem polnischen Aphoristiker Stanisław Jerzy Lec stammt der Verdacht, Philosemiten seien Antisemiten, die Juden mögen. Auf die laut bekundete Liebe vieler Deutscher für Israel angewandt, führt diese Überlegung zu der Frage, ob sich hinter dieser Liebe auf Entfernung nicht die Genugtuung darüber verbirgt, daß man die Juden weit weg, jedenfalls nicht im eigenen Land hat. Israelsympathie und Chauvinismus lassen sich durchaus vereinbaren. Es paßt dann nur, wenn man den Palästinensern übelnimmt, daß sie die Juden in Israel nicht in Ruhe lassen. Die Frage ist bloß: Wie kommen die Palästinenser eigentlich dazu, die historischen Schulden der Deutschen zu bezahlen? Wie ernst es mit der Liebe der Deutschen zu den Juden bestellt ist, würde ein Gedankenexperiment ans Licht bringen. Warum nicht den Juden das Saarland oder Hamburg oder Niederbayern für einen eigenen Staat anbieten? Nach den Verbrechen des Nationalsozialismus hätte solch ein Angebot jedenfalls mehr Logik als die großzügige Überlassung arabischen Gebiets durch die ehemaligen Kolonialherren auf Kosten derer, die dort lebten.

Gewiß, Israel existiert nun mal, seine Existenz muß gesichert werden, seine Bevölkerung muß furchtlos im eigenen Staat leben können. Nur: Woher die Erregung darüber, daß das für die Palästinenser, die bisher vergeblich um einen eigenen Staat auf eigenem Territorium kämpfen, nicht immer selbstverständlich war? Hatten sie nicht das gleiche Recht wie die Algerier, wie die Inder, wie die Bevölkerung von Rhodesien, nach der Befreiung von den Kolonialherren auf ihrem Boden frei zu leben? Warum erscheint es so vielen Europäern absurder, daß die Juden in einem jüdisch-arabischen Palästina die Minderheit sein sollten als umgekehrt, daß es die Palästinenser sind? Das mit gutem Grund schlechte Gewissen der Deutschen gegenüber den Juden läßt sie für die Juden, in Israel jedenfalls, Partei ergreifen. Aber sie verdrängen dabei die Einsicht, daß die katastrophale Lage der Palästinenser in ihrem eigenen Land in erster Linie der Tatsache zu verdanken ist, daß Juden vor Deutschen nach Palästina fliehen mußten. Mit anderen Worten: Auch die Palästinenser sind noch Opfer des Nationalsozialismus. Jede Nahostlösung, die auf Kosten der Palästinenser geht, ist eine Lösung auf Kosten von Opfern des Nationalsozialismus. Und die einzigen, die diesen zu verantworten haben, nämlich die Deutschen der älteren Generation, dürfen die Rolle der Zuschauer spielen, ohne auch nur einen Finger zugunsten dieser Opfer gekrümmt zu haben. Nach wie vor leben Tausende Deutsche in arisierten Wohnungen, nach wie vor essen sie vom Tisch, der einmal Juden gehört hat, die man ins Exil oder ins Konzentrationslager gejagt hat. Nach wie vor profitieren zahlreiche Deutsche, die Großindustrie allen voran, von verbrecherischen Aktionen der Nationalsozialisten gegen Juden. Zugleich aber fordern sie von den Palästinensern Großzügigkeit gegenüber den Juden, ja sie definieren diese Großzügigkeit sogar als rechtmäßigen Anspruch der Juden, denen sie selbst die Rechte vorenthalten haben.

Wenn in Deutschland von Juden die Rede ist, so denkt man an die Angehörigen einer Religionsgemeinschaft, an die in Kultusgemeinden organisierten Juden. Ein großer Teil der deutschen Juden jedoch, die von den Nationalsozialisten verfolgt und umgebracht wurden, war assimiliert, hatte mit der Religion nichts im Sinne. Soweit diese Juden, die sich der deutschen Kultur nicht weniger verbunden fühlten als Christen, überlebt haben, sind sie auch heute noch eher in Europa daheim als in Israel. Nichts verbindet sie mit der jüdischen Religion, und die Abneigung atheistischer Juden gegen Staaten, in denen die klerikalen Institutionen mächtig und einflußreich sind, läßt ihnen Israel in dieser Hinsicht ebenso unsympathisch erscheinen wie das Spanien Francos. Wenn sie etwas an das Judentum bindet, so gewiß nicht die Religion, erst recht nicht das Land, wo ihre Vorfahren vor 2000 Jahren gelebt haben, sondern eine Art des Witzes, der Ironie, des aufklärerischen Impetus, des sozialen Engagements und der urbanen Intellektualität, für die Namen wie Heinrich Heine, Arthur Schnitzler oder Joseph Roth, aber auch Karl Marx und Sigmund Freud stehen, und die, so bitter diese paradoxe Erkenntnis sein mag, unzweifelhaft Produkt des Antisemitismus ist. Genau diese Aspekte des Jüdischen aber sind in Israel fast völlig verschwunden. Der Preis der Normalität, wenn sie denn eine ist, sind der Verlust von liebenswerten Eigenschaften und der Erwerb solch verabscheuenswerter anderer wie Militarismus, Chauvinismus, Fanatismus. Worauf also sollte die besondere Loyalität dieser Juden zu Israel beruhen? Auf der Tatsache, daß da Menschen leben, die irgendwann einmal »aus dem gleichen Stall kamen« wie ihre Vorfahren? Sollen sie genau jenes Verhalten imitieren, das an anderen so sehr abstößt, daß sie sich nämlich ständig am eigenen Mief begeilen?

Israel aber versucht immer wieder, die Loyalität der Juden in der Diaspora einzufordern. Es gibt nur wenig Juden, die es tatsächlich schaffen, sich diesem Ruf ganz zu verweigern und zu sagen: Israel geht mich nicht mehr an als Liechtenstein oder Monaco. Wenn aber Juden in der Diaspora zu Israel Stellung nehmen sollen, so haben sie die Chance, es mit dem Wissen tun, das ihnen die Diaspora, oft schmerzlich, vermittelt hat. Zu Recht hat man immer wieder darüber geklagt, daß sich so wenig Deutsche gegen die kriminelle Politik ihres Staates in den Jahren des Nationalsozialismus gewehrt haben. Soll dieser moralische Anspruch für Juden nicht gelten, wenn Israel Verbrechen begeht? Nein, hier soll die Politik Israels nicht mit der Hitlers verglichen werden. Aber moralische Ansprüche können doch nicht bloß deshalb ungültig werden, weil die Verbrechen, gegen die sie sich richten, geringer sind als andere. Es scheint mir falsch, anzunehmen, die Verbrechen Hitlers würden entschuldigt oder auch nur relativiert, wenn man auf Verbrechen anderswo hinweist. Es kommt nicht darauf an, ob Stalins Verbrechen größer oder kleiner waren als die Hitlers, ob der Völkermord der Roten Khmer effizienter war als der der Nationalsozialisten oder umgekehrt. Es geht nicht um Superlative, nicht um eine Hitparade der Verbrechen. Auch das zweitgrößte und das drittgrößte Verbrechen ist noch zu bekämpfen und nicht gerechtfertigt durch die Tatsache, daß es ein größeres gab. Daß einzelne Menschen existieren, die den Hinweis auf die Verbrechen anderer Völker benützen, um sich und ihr Volk zu entlasten, ist wohl nicht vermeidbar. Diesen Menschen wird ohnedies ein Schuldbewußtsein nicht beizubringen sein. Sie aber als Ausrede zu verwenden, um über Verbrechen, wo sie heute passieren, zu schweigen, macht die Welt nicht menschlicher.

Es ist die moralische Verpflichtung der Juden, gegen die Verfolgung der Palästinenser durch die reaktionären Kräfte in Israel zu protestieren. Es ist um so mehr ihre Verpflichtung, wenn die Befangenheit der Deutschen diesen verbietet, Stellung zu nehmen. Die Frage, ob junge Deutsche, die am Nationalsozialismus keine Schuld haben konnten, weil sie erst danach geboren wurden, Israel kritisieren dürfen, suggeriert eine nationale Homogenität, die eher reaktionärem Wunschdenken als der Realität entspricht. Noch einmal: Wie kommen eigentlich die Töchter und Söhne dazu, die Sühne nachzuholen, die ihre Mütter und Väter verschlafen haben? Es ist schon schwer und qualvoll genug, mit dem Bewußtsein zu leben, daß die Eltern mittelbar oder unmittelbar an Morden beteiligt waren. Wenn junge Deutsche endlich mit Palästinensern fühlen dürfen, wie sie es mit Vietnamesen, Indianern oder den Schwarzen Südafrikas taten und tun, wird das das Ende einer wenig fruchtbaren Befangenheit sein. Bis dahin, solange auch junge

Deutsche sich für die Verbrechen des Kollektivs verantwortlich fühlen, dem sie zufällig angehören, ist es Sache der Juden in der Diaspora, ebenso selbstkritisch mit jenem Kollektiv umzugehen, dem sie angehören. Anders gesagt: Entweder es gilt der Grundsatz »Jeder kehre vor seiner eigenen Tür« – dann gilt er für Juden wie für Deutsche. Oder es gilt der Grundsatz, man sei nur für das verantwortlich, was man selber getan habe – dann müssen junge Deutsche nicht mehr wegen der Taten ihrer Väter gegenüber Juden und gegenüber Israel befangen sein.

Mit Repräsentanten der Linken wie Michael Schneider oder Lothar Baier, die über jeden Verdacht des Antisemitismus erhaben sind, muß man bedauern, daß Auschwitz gelegentlich instrumentalisiert, daß der unbegründete Vorwurf des Antisemitismus als Mittel der Diffamierung benützt wird. Zugleich darf man allerdings nicht verschweigen, daß der Antisemitismus in Deutschland und anderswo nach wie vor existiert. Es gibt Gründe, sich auch heute in Deutschland vor einem aggressiver werdenden Antisemitismus zu fürchten. Man muß aber die Maßstäbe bewahren: Als Türke ist man in der Bundesrepublik gewiß akuter bedroht denn als Jude. (Nachtrag am 21. 9. 1991: Im sächsischen Hoyerswerda haben rechtsradikale Jugendliche ein Wohnheim für Mosambikaner und Vietnamesen mit Brandflaschen und Steinen angegriffen. Das ist erschreckend genug, gehört aber schon fast zum deutschen Alltag. Schlimmer ist, daß die Anwohner zuschauten und Beifall spendeten und die Polizei behinderten, als diese, spät genug, eingreifen wollte. Hat man aus der Geschichte nichts gelernt? Wohin derlei führt, kann man in diesem Buch nachlesen.) Und jeder politisch sensible Beobachter weiß, daß antijüdische Pogrome erneut, nach siebzig Jahren eines russischen Chauvinismus, der sich lediglich hinter einer vorgeheuchelten sozialistischen Phraseologie verbarg, genau wie 1905, vor der ersten Revolution, in Rußland wesentlich wahrscheinlicher sind als in Deutschland. (Womit ein starkes Argument angesprochen ist gegen die Vorstellung von einer linearen Entwicklung der Geschichte.) Freilich, das nimmt den einzelnen Juden nicht die Angst, die historische Erfahrung sitzt ihnen in den Knochen, auch über die Generation derer hinweg, die sie persönlich gemacht hat. Aber der Antisemitismus wird nicht durch die Kritik an Israel verstärkt, sondern allenfalls durch die Verbrechen Israels. Mag sein, daß es einzelne Menschen gibt, denen Israels Politik ein willkommener Anlaß ist, antisemitische Ressentiments zu äußern. Die Regel ist es nicht. Bleibt festzuhalten: Gäbe es diese Politik nicht, fehlte auch der Anlaß. Zu bekämpfen ist also diese antipalästinensische Politik. Auch das vorbildlichste Israel wird den Antisemitismus nicht verschwinden lassen, da habe ich keine Illusionen. Aber ein verbrecherisches Israel wird das erst recht nicht tun. Es gibt also kein Argument dafür, die israelischen Aggressionen zu verteidigen oder zu verniedlichen. Jede Aktion, die Blutvergießen verhindern hilft, ist zugleich ein Dienst an der Menschheit und an den Juden. Jeder gerettete Palästinenser ist ein Argument für, nicht gegen die Juden. Jeder Tag, an dem weitere Palästinenser getötet werden, erschwert die Verständigung, erzeugt gerade jene unzuverlässigen Nachbarn der Zukunft, denen mißtrauen zu müssen israelische Reaktionäre heute vorgeben. Mehr noch: Mit jedem Tag, an dem palästinensische Häuser dem Erdboden gleichgemacht, an dem palästinensische Kinder und Frauen ermordet werden, verspielt Israel Verständnis und Sympathie, liefert es in den Augen der Welt Rechtfertigung für jene Gewalt, die Araber in Zukunft tatsächlich gegen Juden anwenden könnten. Solidarität mit den Dummheiten, gar mit den Verbrechen der Gruppe, der man angehört, ist, auch wenn sie verfolgt wurde und wird, selbst Dummheit und Verbrechen. Taktik ist keine Entschuldigung. Der Palästinenser Ibrahim Souss erzählt von dem alten Freund seiner Familie, der 1967 zu dem Haus in Jerusalem zurückkehrte, das er 1948 aus Furcht vor jüdischen Terrorgruppen verlassen hatte, und dort einen alten Juden aus Rumänien antraf, der ihm einen Stich von Jerusalem aushändigte, der noch seit der Zeit, als er in diesem Haus gewohnt hatte, an der Wand hing. Die Israelis werden bereit sein müssen, den Palästinensern etwas auszuhändigen, wenn sie den Frieden wollen. Und wenn sie nicht begreifen, daß sie diesen Frieden brauchen, weil sie immer noch auf die Arroganz der Macht und der militärischen Stärke bauen, werden auch die Juden in der Diaspora ihnen klar machen müssen, daß sie nicht mit ihnen rechnen können. Zu viel Entsetzliches ist im Nahen Osten bereits passiert. Ein kleines Wunder ist das mindeste, was man erwarten darf, damit endlich Frieden in jenem Land einkehrt, das drei Religionen als heilig betrachten: ein Widerspruch, der allein ausreichen sollte, einen zum Atheisten zu bekehren.

Der vor allem von Henryk M. Broder vertretenen These, die von vielen nachgebetet wird, die von seiner rhetorischen Brillanz fasziniert sind und versäumen, die Richtigkeit seiner Argumente zu überprüfen bzw. Fakten von seinen Meinungen und Wertungen zu trennen, der These, der Antizionismus sei die moderne Variante des Antisemitismus, stelle ich die These entgegen, daß die Liebe zu Israel oft die Kehrseite eines Unbehagens gegenüber Juden im eigenen Land ist.

Der These, Juden, die Israel kritisierten, wollten sich den Nichtjuden, gar den Antisemiten anbiedern oder wollten sich, eingeschüchtert, durch Wohlverhalten Schonung erkaufen, stelle ich die These entgegen, daß die Kritik von Juden an Israel zumindest ebensowenig antisemitisch ist wie die Diffamierung von Juden der Diaspora, die nicht nach Israel einwandern wollen, durch israelische Institutionen und Persönlichkeiten, und daß manche junge Deutsche, die Israel lautstark verteidigen, in Wirklichkeit immer noch einen Konflikt mit ihren Nazivätern auf einem für sie unverbindlichen Feld austragen.

Der These, es könne von Juden nicht verlangt werden, daß sie, etwa auf Grund der KZ-Erfahrung, bessere Menschen seien, entgegne ich: Es wäre zwar schön, wenn sie es wären. Wenn sie es aber nicht sind, müssen sie, wo sie Böses tun, ebenso kritisierbar sein wie andere böse Menschen.

Der These, es gelte Täter und Opfer sauber zu unterscheiden, stimme ich zu. Nur: die Juden haben kein ewiges Monopol auf die Opferrolle. Wo sie zu Tätern geworden sind, müssen sie ebenso als Täter benannt werden, wie dic Täter, deren Opfer sie waren. Das absolviert nicht die Täter von gestern von ihrer Schuld. Aber es ist ein Akt der Gerechtigkeit gegenüber den Opfern von heute. Die Perpetuierung der Opferrolle durch junge Israelis ist fast ebenso unangebracht wie der Versuch mancher Deutscher, sich als die eigentlichen Opfer darzustellen.

Der These von der besonderen Verantwortung der Deutschen für Israel, die im Effekt auf Kosten der Solidarität mit den entrechteten und verfolgten Palästinensern geht, stelle ich die These von der besonderen Verantwortung der Deutschen für die Minderheiten im eigenen Land und für die Verhinderung jeglichen Ansatzes von Rassismus entgegen.

5.

Im vorliegenden Band steht ein Text Felix Saltens, des Autors von *Bambi*. Er stammt aus einem Reisebericht, den Salten unter dem Titel *Neue Menschen auf alter Erde* nach einer Palästinafahrt im Jahre 1924, also lange vor der durch die Nationalsozialisten erzwungenen Immigration deutscher Juden schrieb. In diesem Buch findet sich eine Passage, die in ihrem beschwörenden Pathos, das eine

Mahnung als beschreibende Feststellung tarnt, so hellsichtig, so ihrer Zeit voraus scheint, daß sie hier in voller Länge zitiert werden soll:

Wer von den Juden der ganzen Welt nach Palästina zieht, um hier zu leben, muß Hebräisch lernen, denn er bringt es nicht weiter, wenn er dies allgemeine Verständigungsmittel nicht zu gebrauchen versteht. Das Erwachen einer Sprache aus tausendjährigem Schlaf könnte ein Wunder genannt werden und hat jedenfalls kein Beispiel in der Geschichte. Hier aber in Palästina ist das Beispiellose, ist das Wunder eine Alltäglichkeit geworden.

Dennoch... dennoch, es bliebe bedenklich, wenn die Juden dadurch auch für sich zu jenem öden Nationalismus gelangen sollten, der die Barbarei und das Unglück so vieler Völker geworden ist. Nichts könnte die Juden dann davor retten, mit der hysterischen Anmaßung französischer Chauvinisten, mit der dummdreisten Engstirnigkeit deutscher Rassenfanatiker in einer Reihe zu stehen. Unrettbar würde jede selbstgefällige Überhebung den Sturz ihres Schicksals in Unfruchtbarkeit und Banalität zur Folge haben. Sie wurden ja auch zu Bibelzeiten immer wieder klein, schwach, leicht besiegbar und elend, sooft sie von ihrem Gotte abgefallen waren und, dem ewigen Bunde treulos, Götzen oder Fetische angebetet haben. Weit schlimmer und folgenschwerer wäre heute der Abfall von ihrer Erdensendung, die Untreue gegen ihre ethischen Gebote, der Wandel von einem reinen Volkstum, das die Liebe zur ganzen Menschheit in sich schließt, in ein Völkischsein, das eine Herausforderung an die Menschheit bildet. Von einem solchen Abfall gäbe es keine Rückkehr zu den alten erlauchten Altären der Seele, und solch eine Untreue fände kein Verzeihen, denn das jüdische Volk hätte sich selbst für immer aufgegeben.

Doch die Gefahr ist gering. Die Zeit, in der die Juden andere Völker bekriegt haben, ist seit Jahrtausenden vorbei. Es war die Kinderzeit des Judenvolkes. Und sie haben es nicht gewußt. Sie lebten umringt von Götzenanbetern und mußten unter ihnen ihren einen, ihren einzigen Gott, mußten sich selbst behaupten. Seither haben sie in der Welt, die den Judengott anbetet, eine furchtbare Schule durchgemacht. Und sie wurden mit Hilfe dieser Schule, die freilich ohne Beispiel ist, ihrem tiefsten Wesen, wurden der Erfüllung ihrer Erdenmission genähert.

Wenn die Juden auserwählt sind, hat ihnen diese Auserwähltheit so viel Demütigung, so viel Pein, so viel Verfolgung, unstete Heimatlosigkeit und ein solches Riesenmaß von Jammer gebracht, daß in ihrer Rasse ein überheblicher Stolz nicht aufzukommen vermag. Sie sind das einzige Volk, bei dem Glaube und Geburt, Blut und Gottgedanke unzertrennliche Einheit bedeuten. Dafür haben sie, freiwillig und gezwungen, mit zu vielen Leiden, mit zu großen Opfern zahlen müssen, als daß es ihnen nach so unendlichen, nach so bitteren Erfahrungen in den Sinn schleichen könnte, sich eitler Selbstgefälligkeit hinzugeben. Ihr Verlangen geht nur dahin, dieses ungeheure, ungemein harte Schicksal, das so zäh, so ausdauernd und mit so viel Vitalität getragen worden ist, nun auch mit innerer Würde zu tragen. Und inneres Gleichgewicht, die Voraussetzung jeglicher Würde, suchen die Juden im Land ihrer Väter, das immer noch ihr Land der Verheißung ist.

Dieser Erdenfleck, den sie Heimat nennen, den Händearbeit, Taglöhnerfron zu ihrem Eigentum machen soll, diese Scholle, auf der sie fester stehen können als auf irgendeinem andern Boden der Weltkugel, wird ihnen Gleichgewicht geben. Ihnen, die hier sich abmühen und darbringen, um Palästina aufzubauen, und allen anderen Juden, die von ferne mithelfen, daß Palästina aufgebaut werde.

Ein geringes Beginnen, wenn man diesen kleinen Landstrich betrachtet, der kaum größer ist als das kleine Niederösterreich, kaum umfangreicher als eine englische Grafschaft. Ein enormes Unterfangen, wenn man die Lehren der Geschichte schätzt, die Übermacht der Widerstände, das Verstreutsein der Juden über die ganze Welt und ihre Zerrissenheit untereinander.

In der Klemme dieses grotesk-tragischen Doppelsinnes gibt es keinen Raum für nationalistische Narretei noch für nationalistischen Größenwahn. So wie die Teilnehmer an einem Wettbewerb, Läufer, Rennfahrer, Diskuswerfer, all ihre Kräfte zusammennehmen, ihren Atem, das Funktionieren ihrer Muskeln, ihres Herzens und die Sicherheit ihrer Gelenke, so wie ein Künstler, der ein Werk vollbringt, alle seine Gaben versammelt, seine Fähigkeit des Schauens, seine Kraft, sich zu konzentrieren, seinen Griff, mit dem er gestaltet, so müssen die Juden jetzt alle ihre Kräfte zusammenhalten, ihr Erlebnis, ihre Ausdauer nach Niederlagen, ihre Gabe, in der Bedrückung aufrecht zu bleiben, ihre Natur, die sich immer wieder von jeder Knechtschaft befreit hat. Aber sowenig ein im Wettkampf Ringender daran denkt, sich der Meisterschaft zu rühmen, die er eben erst erlangen will, sowenig ein inbrünstig um das Werk bemühter Künstler auf sein Genie pocht, das sich, vielleicht, erweisen, aber auch versagen kann, so wenig Anlaß und noch weniger Neigung hat das Judenvolk zu törichtem Nationalstolz, jetzt, da es in Erfüllung seiner größten Aufgabe erst am Anfang des Anfanges steht.

Die Perspektiven, die das Schicksal den Juden öffnet, reichen bis an den Urgrund der Menschheit, und alle Aspekte des heutigen Geschehens sind erhaben. Doch den Menschen, die unter solchen Aspekten hinwandeln, ist es unmöglich, hochmütig oder herausfordernd zu sein. Ihre Rasse konnte sich mit allen Rassen Europas mischen, nichts hat den jüdischen Geist, nichts die jüdische Art der Weltanschauung gewandelt oder auch nur verdünnt. Erst wenn dieser geheimnisvolle, dieser erdhafte, durch Jahrtausende lebendig fortwirkende Zusammenhang mit der Bibel zerrissen würde, müßten die Juden aufhören, Juden zu sein.

Aus der Bibel kommt ihnen die Art, das Gute um des Guten willen zu tun, eine Sache, der Sache zuliebe. Sie ist ihnen so selbstverständlich geworden, diese Art, wie das Blut, das in ihren Adern kreist. Und sie ist ihnen zugeströmt aus dem Gebot der Sinai-Offenbarung, darin es heißt: »Ehre Vater und Mutter, auf daß du lange lebest und es dir wohlergehe auf Erden!« Kein Versprechen, kein seliges Jenseits. Keine Belohnung im Himmel. Nichts, als in der unendlichen Kette der Generationen ein Glied sein. Die eine Hand den Eltern gegeben, die andere Hand den Kindern. Zugleich Vater sein und Sohn, Mutter und Tochter. Als Einzelwesen seine Tage hinbringen und vergehen. Nur in den kommenden Geschlechtern weiterleben, wie die Voreltern in uns gelebt haben. Unsterblichkeit, jawohl! Doch eine Unsterblichkeit auf Erden. Aber sie als Gotteslohn zu empfinden, sich damit als einzigen Gotteslohn zu begnügen, braucht es den eingeborenen Hang zum Guten um des Guten willen.

Niemals kann in hochmütige Feindseligkeit gegen andere Völker das Volk vertaumeln, dem Moses das Gebot eingeprägt hat: »Liebe deinen Nächsten, wie dich selbst.« In der Schule der Verbannung, durch die sie gegangen sind, darin sie blutigen Haß erlitten haben, grausame Verfolgung und erbarmungslosen Druck; in dieser unvergeßlich furchtbaren Schule sind die Juden zum Mitleid erzogen worden, sind geläutert worden zur Duldung, zur fühlenden Anteilnahme an der Qual aller Kreatur, am Los der Verfolgten und Bedrückten. Es ist der tiefe Sinn, der jener Prüfungszeit innewohnt, daß die Juden eben durch sie zu einem freien, friedlichen Menschentum gelangten. Es hat einen wunderbar tiefen Sinn, daß sie mehr, viel mehr Unglück erleben mußten und immer noch erleben müssen als alle Nationen der Erde. Sie hielten im Unglück fest an ihrem Ethos, fest an den Geboten, die ihnen im Blut wohnen, und so erheben sie sich, über alle nationalistischen Grenzen, zu einem Weltgefühl, darin jede Angriffslust schweigt und darin jede Herausforderung, die nationaler Größenwahn so gerne übt, fremd bleibt. Der Geist des Verstehens ist bei ihnen der Wille, die Menschen zu achten, und die Bereitschaft, ihrer Versöhnung zu dienen. Wie ein alter Mann, der durch Leiden weise und durch Weisheit gütig wurde, ist dieses alte Volk heute in seinem Denken und in seiner Seele.

Aber niemand kennt die Juden, niemand versteht sie.

Sie haben kein anderes Ziel, als daß diejenigen, die heute ihre Feinde sind, ohne etwas Wirkliches von ihnen zu wissen, sie endlich einmal kennenlernen. Nation! Was ist Nation? Eine Zeit wird kommen, über kurz oder lang, aber unaufhaltsam kommt sie, und die ersten Zeichen ihrer Morgenröte stehen schon am Horizont: eine Zeit, in welcher Verfolgung um der Rassen willen und nationale Kriege so undenkbar sein werden wie heute Inquisition und Religionskriege.

Wenn man überall damit beginnt, die Juden zu betrachten, statt sie, wie jetzt, zu beschimpfen, ohne sie je mit ruhigem Blick angeschaut zu haben, wenn man sich entschließt, sie zu verstehen, statt sie, unkundig ihres Wesens, zu verfolgen, sich allgemein verpflichtet fühlt, von ihrem Schicksal, von ihrem Ethos etwas zu wissen, sich nicht mehr berechtigt glaubt, sie blindlings zu verachten oder zu hassen, dann, ja dann schreibt die neue Zeit ihr erstes Datum in das Buch der Menschheitsgeschichte.

Felix Salten: *Neue Menschen auf alter Erde. Eine Palästinafahrt, Königstein/Ts. 1986, S. 102-106*

6.

Zu den infamsten Strategien der Immunisierung gegen Kritik am israelischen Chauvinismus gehört jene, die gegenüber solchen Kritikern angewandt wird, die selbst jüdischer Abstammung sind: Man reaktiviert Theodor Lessings griffige Formel vom »jüdischen Selbsthaß«. Dem ist mit aller Entschiedenheit entgegenzuhalten, daß jüdische Kritik an der Politik Israels ebensowenig mit Selbsthaß zu tun hat wie der Kampf antifaschistischer Deutscher gegen den Nationalsozialismus, die Protestaktionen der amerikanischen Studentenbewegung gegen den Vietnamkrieg oder die Opposition der Charta 77 gegen das Husák-Regime.

Der Versuch, begründete Kritik abzuwenden, indem man die Kritiker pathologisiert, muß mit aller Entschiedenheit zurückgewiesen werden. Zur Geschichte der Juden, um die es in diesem Band geht, gehört auch die Geschichte Israels, die zugleich Teil der Geschichte der Palästinenser ist. Daß man sie nicht unbedingt als den ruhmreichsten Abschnitt der jüdischen Geschichte betrachten mag, muß zumindest der Subjektivität des Betrachters zugestanden werden.

7.

Die Geschichten dieses Bandes sollen auch und gerade angesichts israelischer Verbrechen an die aufkärerische, die humanistische Tradition des Judentums erinnern. Ihre Anordnung folgt – mit minimalen Umstellungen zugunsten der geographischen und kulturgeschichtlichen Logik – der Chronologie der geschilderten Ereignisse, nicht der Entstehung der Texte. Ein besonderer Reiz resultiert aus der historischen Distanz einiger Autoren zum Stoff, den sie sich wählten. Dieses Buch erzählt also nicht nur jüdische Geschichte, es berichtet auch vom näheren oder entfernteren Blick auf diese Geschichte. So ist es von Belang, daß Adolf Rudnickis Erzählung im April 1945 geschrieben wurde, daß Danilo Kiš seine Geschichte, die im Mittelalter spielt, in den Kontext von Geschichten über jüdische Opfer des Stalinismus stellt. Näher und entfernter ist dieser Blick nicht nur in zeitlicher, sondern auch in emotionaler Hinsicht. Er reicht von der unmittelbaren Betroffenheit des Verfolgten über die ironische oder parodistische Distanz (bei Philip Roth und Woody Allen) bis zur kritischen Außensicht – am deutlichsten bei Ibrahim Souss.

Historisch spannt sich der Bogen vom Auszug der Juden aus Ägypten bis zum Golfkrieg. Geographisch decken die Geschichten den Raum von Palästina bis Galizien, von Spanien bis Rußland, von Frankreich bis Amerika ab. Die Autoren reichen von dem Russen Lunc bis zu den Amerikanern Philip Roth und Woody Allen, vom Franzosen Zola bis zu den Österreichern Schnitzler und Freud, von den Tschechen Fuks und Pavel bis zu den Deutschen Ricarda Huch und Bobrowski, von den israelischen Juden Kaniuk und Jehoschua bis zum israelischen Palästinenser Souss, von den griechisch schreibenden Philon von Alexandrien und Flavius Josephus bis zum jiddisch schreibenden Scholem Alejchem. Neben dem thematischen Kriterium war es das Kriterium der literarischen Qualität, was die Aufnahme eines Textes in diese Anthologie bestimmte. Diesem ästhetischen Anspruch, von dem, wo es der Informationswert erforderte, nur geringe Abstriche gemacht wurden, genügen auch die nicht-belletristischen, die essayistischen und historiographischen Texte sowie der Brief Sigmund Freuds an seine Braut Martha Bernays. In der überwiegenden Mehrzahl handelt es sich um vollständige Kurztexte. Wo Teile aus größeren Werken gewählt wurden, sind dies in sich geschlossene Abschnitte – mit der einen Ausnahme des Fragments aus Arthur Schnitzlers Roman *Der Weg ins Freie*, der das Problem des Antisemitismus und der Assimilation im Österreich der Jahrhundertwende in einer Weise diskutiert, wie man es in keinem kurzen Text finden wird. Wer sich für die (moderne) Geschichte der Juden interessiert, wird durch diesen Ausschnitt vielleicht verführt, Schnitzlers in mancher Hinsicht erregenden Roman, dem man die mehr als achtzig Jahre seit seiner Entstehung nicht anmerkt, komplett zu lesen.

Um den Umfang des Bandes vertretbar zu halten, mußte auf manche Texte verzichtet werden, die der Herausgeber, spielten kalkulatorische Überlegungen keinerlei Rolle, gerne noch aufgenommen hätte und die durchaus den genannten Kriterien entsprechen. Es waren dies Texte von solchen Autoren wie Micha Josef Ben Gorion, Walter Jens, Kalonymos ben Jehuda, S.H. Mosenthal, Jizchak Lejb Perez, Anton Kuh, Jakob Wassermann, Cynthia Ozick, Abraham Cahan oder Paul Goodman. Einer der zentralen Texte zur Geschichte der Juden ist Joseph Roths Essay *Juden auf Wanderschaft* von 1927. Es bestand seitens des Herausgebers kein Zweifel, daß ein Ausschnitt aus diesem bis heute ebenso informativen wie stilistisch faszinierenden Werk eines Autors, der zeitlebens wie kaum ein anderer und auf höchst komplizierte Weise mit der jüdischen Geschichte verbunden war, in die vorliegende Anthologie gehörte. Der Rechteinhaber gab Nachricht: »Aus prinzipiellen Erwägungen heraus haben wir uns vor einiger Zeit entschlossen, keine Abdrucksgenehmigungen mehr für die Werke von Joseph Roth zu erteilen.« Gerne wüßte man, welcher Art diese prinzipiellen Erwägungen sind und in wessen Interesse sie erfolgten.

Stuttgart, im Juli 1991 Thomas Rothschild

Lev N. Lunc
In der Wüste

1

In der Nacht zündeten sie rings um das Lager Feuer an und schliefen in den Zelten. Am Morgen aber gingen sie – voll Hunger und Groll – weiter. Ihrer waren viele: Wer zählt den Staub Jakobs und errechnet die Größe Israels? Und ein jeder führte mit sich sein Vieh und seine Frauen und seine Kinder. Hitze hüllte sie ein und Schrecken. Am Tage aber war noch mehr Schrecken als in der Nacht, denn die Tage waren erfüllt von jenem goldenen, steten Lichte, das in seiner Unveränderlichkeit finsterer ist als das Dunkel der Nacht.

Schrecken war und Öde. Nichts konnte man tun – nur gehen, immer weiter gehen. Ob der brennenden Langeweile, ob des Hungers, ob der Schwermut der Wüste stahlen sie einander, nur um ihre behaarten Hände mit den erstarrten Fingern zu beschäftigen, Hausrat, Felle, Vieh und Frauen; diejenigen, die gestohlen hatten, aber wurden erschlagen. Sodann wurde Rache genommen für das Morden und jene erschlagen, die getötet hatten. Wasser gab es keines, doch gab es viel Blut. Vor ihnen aber lag das Land, das von Milch und Honig fließt.

Es gab kein Entkommen. Wer zurückblieb, starb. Israel aber kroch weiter, hinter ihm her krochen die Tiere der Wüste, und vor ihm her kroch die Zeit.

Eine Seele besaß keiner mehr: die Sonne hatte sie ausgebrannt. Da war nur noch der Leib, der schwarze, ausgedörrte und starke: das bärtige Gesicht, das aß und trank, die Beine, die gingen, und die Hände, die töteten, die das Fleisch zerrissen und die Frauen auf dem Lager umfingen. Über Israel jedoch: der Gnadenreiche und Langmütige, der Gerechte, Wohlwollende und Wahrhaftige, – Gott –, schwarz und bärtig wie Israel, der Rächer und Mörder. Und zwischen Gott und Israel: der blaue, stete, bartlose und schreckliche Himmel, und Mose, der Besessene, der Führer Israels.

2

An jenem sechsten Tage ertönten am Abend die Hörner, und Israel ging hin zum Zelt der Offenbarung und drängte sich vor jenem Zelte aus gezwirntem Byssus und vielfarbiger Wolle. Am Opferaltar aber stand Aaron, der Hohepriester, schwarz und bärtig, in einem kostbaren Ephod, und er schrie und wehklagte. Ihn umringten seine Söhne und seine Enkel und seine Anverwandten aus dem Geschlechte Levi, schwarz und bärtig, in Purpur und Karmesin, und sie schrien und wehklagten. Israel aber stand, schwarz und bärtig, in Ziegenfellen, voll Hunger und Furcht, und schrie und wehklagte.

Dann aber hielten sie Gericht. Ein hohes Gerüst erstieg Mose, der Besessene, der mit Gott sprach, die Sprache Israels aber nicht zu sprechen vermochte. Und auf dem hohen Gerüst warf er sich nieder, sein Mund stieß Schaum und mit dem Schaum Laute aus, die unverständlich und doch schrecklich waren. Israel bebte und heulte und flehte, auf die Knie fallend, um Vergebung. Die Schuldigen bekannten ihre Schuld, und auch Unschuldige bekannten sich schuldig, denn es war schrecklich. Und diejenigen, die bekannt hatten, steinigten sie. Dann aber gingen sie weiter nach dem Land von Milch und Honig.

3

Wenn die Hörner ertönten –

– Gold und Silber und Kupfer und Stoffe von blauem und rotem Purpur und von Karmesin, Byssus und Wolle aus Ziegenhaar und rotgefärbte Widderfelle, feines Leder und Akazienholz, Gewürze für das Salböl und für das wohlriechende Räucherwerk und Edelsteine –

– trug Israel zum Offenbarungszelt, wenn die Hörner ertönten. Aaron aber, und seine Söhne und seine Enkel und seine Anverwandten aus dem Geschlechte Levi nahmen sich das Dargebrachte.

Wer aber weder Gold noch Purpur oder Edelsteine besaß, der brachte Schüsseln und Teller und Becher und Krüge für das Trankopfer, die besten Salböle, das beste vom Weinstock und vom Korn, gesäuertes und ungesäuertes Brot und mit Salböl bestrichene Fladen und Schafböcke und Stiere und Widder.

Wer aber weder Salböl noch Weinreben, weder Vieh noch Hausrat besaß, den erschlugen sie.

4

Als sie aber keine Kraft mehr zum Gehen hatten, als der Sand ihre Sohlen und die Sonne ihre Haut verbrannt hatte, es aber kein Wasser gab; als sie Eselsfleisch verzehrten und den Harn der Esel tranken, da ging Israel hin zu Mose und wehklagte und drohte: »Wer gibt uns Fleisch zu essen und stillt unseren Durst mit Wasser? Wir denken an die Fische zurück, die wir in Ägypten aßen, an die Gurken und Melonen und an den Lauch, die Zwiebeln und den Knoblauch. Wohin führst du uns? Wo ist dieses Land, das von Milch und Honig fließt? Wo ist dein Gott, der uns führt? Wir wollen ihn nicht fürchten. Wir wollen zurückkehren nach Ägypten.« Mose aber, der Führer Israels, der Besessene, warf sich zur Antwort auf dem Gerüst nieder, sein Mund stieß Schaum und Schmähworte aus, die unverständlich und doch schrecklich waren. Aaron aber, sein Bruder, in Purpur und Karmesin, stand daneben und drohte und schrie: »Erschlagt die Murrenden!« Und sie erschlugen die Murrenden.

Wenn aber Israel fortfuhr zu murren und ausrief: »Genügt es etwa nicht, daß du uns aus dem Lande Ägypten fortgeführt hast, daß wir in der Wüste verderben sollen? In das Land aber, das von Milch und Honig fließt, hast du uns nicht geführt. Und Weinberge und Felder hast du uns nicht gegeben. Wir gehen nicht weiter, nein, wir gehen nicht weiter!« – dann sprach Aaron zu seinen Anverwandten aus dem Geschlechte Levi: »Zieht die Schwerter und geht mitten durch das Volk!« Und die Söhne des Geschlechtes Levi zogen die Schwerter und gingen mitten durch das Volk, und sie erschlugen jeden, der auf ihrem Wege stand. Israel aber schrie und weinte vor Furcht, denn Mose sprach mit Gott, und die Leviten besaßen Schwerter.

Dann aber erhoben sie sich und gingen weiter nach dem Land von Milch und Honig. Und die Jahre krochen dahin wie Israel dahinkroch, und Israel kroch dahin, so wie die Jahre dahinkrochen.

5

Wenn sie auf ihrem Marsch einem Stamme, einem Volke begegneten, so töteten sie es. Gierig, wilden Tieren gleich, rissen sie es in Stücke und, hatten sie alles zerrissen, krochen sie weiter. Hinter ihnen her aber krochen die Tiere der Wüste und gierig wie Israel zerrissen und fraßen sie, was von jenem Volke übrig war. Die Edomiter und Moabiter, die Baschaniter und Amoriter zwangen sie in den Staub. Ihre Opferstätten verwüsteten sie, und ihre Heiligtümer zerstörten sie, und ihre heiligen Bäume fällten sie. Und sie ließen keinen einzigen Mann am Leben. Ihre Güter aber, ihr Vieh und ihre Frauen nahmen sie an sich und, hatten sie sich des Nachts an einer Frau vergnügt, so töteten sie diese am folgenden Morgen. Den Schwangeren schnitten sie den Leib auf und töteten die Frucht, die Frauen aber nahmen sie zu sich bis zum Morgen. Am Morgen jedoch töteten sie sie. Das beste aber vom Hausrat, vom Vieh und die besten von den Frauen nahm sich das Geschlecht Levi.

6

Die Jahre krochen dahin, so wie Israel dahinkroch. Und gemeinsam mit den Jahren und mit Israel krochen der Hunger und der Durst und das Entsetzen und der Groll. Es gab nichts mehr, was sie zum Offenbarungszelt tragen konnten, wenn die Hörner ertönten. Und Israel tötete sein Vieh und trug es zu Aaron und zu seinen Anverwandten aus dem Geschlechte Levi. Diejenigen aber, die mit leeren Händen kamen, erschlugen sie. Und immer öfter ging Israel hin zu Mose und schrie und murrte, und immer öfter zogen die Söhne des Geschlechtes Levi die Schwerter und gingen mitten durch das Volk. Und es wuchsen die Kinder und die Jahre und das Entsetzen und der Hunger.

7

Einmal aber geschah es, da traf Israel auf die Midianiter. Und es entbrannte eine große Schlacht. Pinchas aber, der Sohn Eleasars, des Sohnes des Hohepriesters Aaron, führte Israel an, und die heiligen Geräte und die Kriegstrompeten waren in seinen Händen. Und Israel errang den Sieg, und da es gesiegt hatte, wütete Israel. Dann aber teilten sie das Vieh und die Frauen. Und die beste Herde und die beste Frau nahm sich Pinchas, der Enkel des Hohepriesters.

Es geschah aber am Morgen, da sich Pinchas an der Frau vergnügt hatte, daß er sein Schwert nahm, um sie zu töten. Die Frau aber lag nackt vor ihm. Und Pinchas konnte sie nicht töten. Und er ging vor das Zelt und rief einen Sklaven, gab ihm das Schwert und sprach: »Geh hinein in das Zelt und töte die Frau!« Der Sklave aber sagte: »So sei es. Ich werde die Frau töten.« Und er ging in das Zelt. Und es verging einige Zeit, da sprach Pinchas zu einem anderen

Sklaven: »Geh hinein in das Zelt und töte die Frau und den, der bei ihr liegt!« Und später sagte er dieses zu einem dritten und vierten und zu einem fünften Sklaven. Und alle sagten: »So sei es« und gingen in das Zelt. Und die Zeit verstrich, doch keiner kam aus dem Zelt. Da trat Pinchas in das Zelt, dort aber lagen die Sklaven erschlagen auf dem Boden, der als letzter in das Zelt gegangen war, aber lag bei der Frau. Und Pinchas nahm sein Schwert und tötete den Sklaven und wollte auch die Frau töten. Die Frau aber lag nackt vor ihm. Und Pinchas konnte sie nicht töten; und er ging hin und legte sich vor den Eingang des Offenbarungszeltes.

8

Und großer Wahnwitz und große Unzucht brach aus unter den Israeliten. Denn die Frau lag auf ihrem Lager, die Söhne Israels aber töteten einander am Eingang des Zeltes, und der Sieger legte sich zu der Frau. Sobald er aber wieder vor das Zelt trat, töteten sie ihn.

So verstrich ein Tag, und nach dem Tage eine Nacht, und nach der Nacht ein neuer Tag, und nach dem Tage eine weitere Nacht. Es gab kein Brot, doch niemand murrte; es gab kein Wasser, doch niemand dürstete.

Und am Abend des sechsten Tages ertönten die Hörner nicht, und Israel kam nicht zum Zelt der Offenbarung, sondern dränge sich rings um das Zelt des Pinchas, des Sohnes Eleasars. Pinchas aber lag vor dem Eingang des Offenbarungszeltes.

Und es verging der siebente Tag, der Tag des Sabbat, Israel aber hatte sich nicht beim Zelt der Offenbarung versammelt und hatte keine Gaben dargebracht. Und die Söhne des Geschlechtes Levi gingen hin, um die Frau zu töten, doch sie töteten einander, der Sieger aber legte sich zu der Frau.

Mose aber, der Besessene, warf sich auf dem Gerüst nieder und schrie, und er stieß Schaum und Schmähworte aus, doch niemand hörte ihm zu.

Pinchas aber, der Sohn Eleasars, lag vor dem Eingang des Offenbarungszeltes, doch niemand beachtete ihn.

Und das Lager der Israeliten kroch nicht weiter nach dem Lande, das von Milch und Honig fließt, sondern stand still. Und die Tiere der Wüste, die hinter ihm her gekrochen waren, standen still, und die Zeit stand still.

9

Und es geschah am zehnten Tage, da trat die Frau vor das Zelt und ging nackt durch das Lager. Israel aber kroch im Staube hinter ihr her und küßte die Spuren ihrer Füße. Und die Frau sprach: »Zerstört die Opferstätten eures Gottes und errichtet dem Baal von Peor Heiligtümer, denn er ist der wahre Gott.« Und Israel zerstörte die Opferstätten seines Gottes und errichtete dem Baal von Peor Heiligtümer. Und die Frau ging hin zum Zelt der Offenbarung, vor dem Eingang des Zeltes aber lag Pinchas, der Sohn Eleasars. Und die Frau wagte nicht, in das Zelt zu gehen, sondern sprach: »Was liegst du hier, einem Wüstenhunde gleich? Komm mit mir in das Zelt und lege dich zu mir!« Und sie sprach weiter: »Schlagt diesen Menschen!« Und Simri, der Sohn Salus, des Oberhauptes eines Geschlechtes der Simeoniten, trat hinzu und stieß Pinchas mit dem Fuß. Und die Frau ging in das Zelt. Und Simri, der Sohn Salus, folgte ihr nach.

Es geschah aber am Abend, da stand Pinchas, der Sohn Eleasars, auf und ging in sein Zelt, um sich zu der Frau zu legen. Und Israel sah, daß Pinchas kam, und wich vor ihm zurück. Und Pinchas trat in sein Zelt, in seiner Hand aber trug er einen Speer. Da lag die Frau nackt auf dem Lager, und nackt lag auf ihr Simri, der Sohn Salus. Und Pinchas, der Sohn Eleasars, stieß ihm den Speer mitten in den Rücken und durchbohrte seinen Leib und den Leib der Frau, und der Speer bohrte sich in das Lager. Danach stürzte Pinchas das Zelt um, Israel aber erblickte die Frau und Simri, den Sohn Salus, wie sie nackt auf ihr Lager gespießt waren, und Israel heulte auf und begann zu wehklagen. Pinchas aber, der Sohn Eleasars, des Sohnes des Hohepriesters Aaron, ging hin und legte sich vor den Eingang des Offenbarungszeltes.

10

Und es geschah am Morgen. Und es gab kein Brot und kein Fleisch und kein Wasser. Und der Hunger erwachte wieder und auch der Durst und das Entsetzen und der Groll. Und Israel ging hin zu Mose, dem Besessenen, und sprach zu ihm: »Wer gibt uns Fleisch zu essen und stillt unseren Durst mit Wasser? Wir denken an die Fische und an den Lauch zurück, den wir in Ägypten aßen, und an die Gurken und Melonen, an die Zwiebeln und an den Knoblauch. Warum hast du uns in diese Wüste geführt, daß wir hier zusammen mit unserem Vieh umkommen? In das Land aber, das von Milch und Honig fließt, hast du uns nicht geführt. Wir gehen nicht weiter, nein, wir gehen nicht weiter.« Und zur Antwort warf sich Mose, der mit Gott sprach, auf dem Gerüst nieder, sein Mund stieß Schaum und unverständliche Schmähworte aus. Aaron aber, der Hohepriester, erhob sich und sprach zu den Söhnen des Geschlechtes Levi: »Zieht die Schwerter und geht durch das Lager!« Und die Söhne des Geschlechtes Levi zogen die Schwerter und gingen durch das Lager, und jeden, der auf ihrem Wege stand, erschlugen sie.

Und es geschah am Abend, da stand Israel auf und begann weiter nach dem Lande zu kriechen, das von Milch und Honig fließt: ihm voran kroch die Zeit, und hinter ihm her krochen die Tiere der Wüste und die Dunkelheit.

Pinchas aber, der Sohn Eleasars, ging als letzter und im Gehen wandte er sich um. Und dort hinter ihm waren die Frau und Simri, der Sohn Salus, des Oberhauptes eines Geschlechtes der Simeoniten, nackt und auf ihr Lager gespießt.

Über Israel aber und über der Zeit und über dem Lande, das von Milch und Honig fließt: schwarz und bärtig wie Israel, der Rächer und Mörder, – Gott –, der Gnadenreiche und Langmütige, der Gerechte, Wohlwollende und Wahrhaftige.

Philon von Alexandrien
Flaccus

ERSTES KAPITEL

Wie Flaccus, der Statthalter von Ägypten, ein Feind der Juden wurde.

Die Nachfolge in der Feindschaft gegen die Juden trat Flaccus Avillius an. Dieser Flaccus, ein Freund des Tiberius, erhielt nach des Tode des Iberus (32 n. Chr.) den Posten eines Statthalters über Alexandrien und das Land Ägypten, wo er zu Anfang zahllose Beweise seiner Tüchtigkeit lieferte. Denn er war eifrig und beständig, besaß einen scharfen Verstand und die nötige Energie bei der Durchführung seiner Pläne und er war ein begabter Redner, der auch die unausgesprochenen Gedanken eines Anderen zu erraten imstande war. So arbeitete er sich in kurzer Zeit in die komplizierten Staatsgeschäfte Ägyptens ein, die selbst für jemand, der mit ihnen von frühester Jugend an vertraut ist, kaum zu überschauen sind, und erfüllte Stadt und Land mit Gerechtigkeit.

Flaccus verwaltete die Provinz sechs Jahre lang, davon fünf Jahre zu Lebzeiten des Kaisers Tiberius. Während dieser Periode sorgte er für Frieden und regierte so straff und energisch, daß er alle seine Vorgänger übertraf. Im letzten Jahre (37 n. Chr.) starb Tiberius, und Gaius wurde Kaiser. Damals begann er die Zügel locker zu lassen, sowohl aus Trauer über Tiberius, den er aufrichtig beweinte, als auch weil er bei seinem Nachfolger schlecht angeschrieben war; denn er hatte zur Partei der Gegner der Mutter des Gaius gehört, als sie ehemals angeklagt und verurteilt wurde. Die Nachricht, daß Gaius seinen Mitregenten, den Enkel des Tiberius hatte ermorden lassen, traf ihn dann wie ein Donnerschlag. Denn solange dieser junge Mann lebte, hatte er die Hoffnung auf seine eigene Rettung noch nicht ganz aufgegeben, mit dessen Tode schien aber auch seine letzte Stunde gekommen zu sein. Seine letzte Stütze war seine Freundschaft mit Macro, der zu Anfang einen entscheidenden Einfluß auf Gaius besessen und sich um seine Thronbesteigung und überhaupt seine Rettung größte Verdienste erworben hatte. Denn Tiberius dachte oft daran, den Gaius zu beseitigen, weil er ihm wegen seines schlechten Charakters als Regent nicht geeignet erschien und er auch für das Leben seines Enkels fürchtete. Durch Macros Lob, der seinen Verdacht zerstreute und den Gaius als ehrlich, anständig, umgänglich und dem Enkel besonders ergeben hinstellte, ließ sich Tiberius täuschen; ahnungslos hinterließ er sich, seinem Enkel und dessen Familie, ihrem Fürsprecher Macro und allen Menschen einen unversöhnlichen Feind. Als Macro dann sah, wie Gaius entartete und sich zügellos seinen Leidenschaften überließ, warnte und ermahnte er ihn, in dem Wahn, vor sich noch denselben Gaius zu haben, wie er zu Lebzeiten des Tiberius gewesen war, ein freundlicher und leicht beeinflußbarer Mensch. Der Unglückliche erlitt zum Dank für seine besondere Anhänglichkeit die schlimmste Strafe: Gaius ließ ihn mit Frau und Kindern wie eine lästige Bürde beseitigen.

Als Flaccus auch von dessen Tod erfuhr, gab er seine letzte Hoffnung auf und war vor Angst und Verwirrung überhaupt nicht mehr imstande, sein Amt zu verwalten. Wenn aber der Regent an seiner Herrschaft verzweifelt, beginnen die Untertanen, zumal die niederen Schichten, sofort rebellisch zu werden. Dabei steht das ägyptische Volk an erster Stelle: ein kleiner Funken genügt bei ihm, um die gewaltigsten Aufstände zu entfachen. In seiner Ohnmacht schwankte nun Flaccus haltlos hin und her und veränderte sich vollkommen. Seine Wendung zum Schlechteren zeigte sich zuerst in seinem Verhalten gegenüber seiner Umgebung: Er mißachtete seine besten Freunde, schloß sich Leuten an, die von Anfang an seine erklärten Feinde waren, und machte sie zu seinen Ratgebern. Diese verbargen ihren Groll, heuchelten Versöhnung, sannen aber in Wirklichkeit nur auf Böses; sie spielten sich als seine ehrlichsten Freunde auf und brachten ihn bald in ihre Hörigkeit. So wurde der Herrscher zum Untergebenen und die Untergebenen zu Herrschern.

Sie erfanden nun gemeinschaftlich einen furchtbaren Plan gegen die Juden und sprachen zu Flaccus, als sie mit ihm allein waren: »Die Hoffnung auf den Enkel des Tiberius und deinen Freund Macro ist dahin, der jetzige Herrscher ist dir nicht günstig gestimmt. Du mußt als deine Fürsprecher uns nehmen, von denen Gaius allein besänftigt werden kann. Dein Anwalt ist die Stadt Alexandria, die von dem gesamten Haus des Augustus von Anfang an, vor allem aber von dem jetzigen Herrscher ausgezeichnet wurde. Sie wird dir beistehen, wenn sie von dir ein bestimmtes Geschenk erhält. Ein passenderes Geschenk aber gibt es für sie nicht, als wenn du ihr die Juden auslieferst.« Obwohl Flaccus daraufhin die Sprecher als Rebellen und Staatsfeinde hätte maßregeln müssen, ging er auf ihren Vorschlag ein. Zuerst verheimlichte er noch seine Pläne, zeigte sich zunächst nur in den Prozessen parteiisch und war auch sonst nicht gerecht, sondern wandte sich ab, wenn ein Jude auf ihn zutrat, und verhielt sich nur ihnen gegenüber abweisend. Bald aber deckte er seine Feindschaft ganz auf.

ZWEITES KAPITEL

Agrippa, der König der Juden, trifft in Alexandrien ein.

Seine Abneigung, die mehr angelernt als natürlich war, steigerte sich noch durch folgenden Vorfall. Der Kaiser Gaius übergab Agrippa, dem Enkel des Königs Herodes, als Königreich ein Dritteil der großväterlichen Erbschaft. Vor seiner Abreise (38 n.Chr.) rät ihm Gaius, die lange und beschwerliche Reise von Brindisi nach Syrien zu vermeiden, lieber die Passatwinde (im Frühsommer) abzuwarten und die kurze Route über Alexandria zu benutzen. Agrippa gehorchte ihm als seinem Herrscher und weil er ihm auch einen nützlichen Rat zu geben schien. In Puteoli, wo er die Küste erreichte, traf er alexandrinische Schiffe, die gerade zur Abfahrt bereit lagen, stieg mit seinen Leuten ein und langte nach glücklicher Fahrt einige Tage später unerwartet und unerkannt in Alexandria an. Als gegen Nachmittag der Leuchtturm von Pharos auftauchte, befahl er den Schiffsleuten, die Segel einzuziehen, nicht weit davon auf See bis zum späten Abend zu kreuzen und erst nachts vor Anker zu gehen, damit er ungesehen während der Schlafenszeit in die Herberge kommen könnte. So groß war seine Zurückhaltung beim Betreten der Stadt, und wenn es möglich gewesen wäre, hätte er sich vor allen verborgen gehalten. Denn er kam ja nicht nach Alexandrien, um die Stadt zu besuchen, sondern wollte nur auf kürzestem Wege in seine Heimat gelangen.

Die Ägypter aber, mißgünstig von Natur und neidisch, da sie fremdes Glück für eigenes Unglück hielten, ärgerten sich bei ihrem angeborenen Haß gegen die Juden über die Ernennung eines jüdischen Königs nicht weniger, als wenn jeder einzelne von ihnen der Königskrone seiner Ahnen verlustig gegangen wäre. Auch den unseligen Flaccus hetzte seine Umgebung zu gleichen Neidgefühlen auf. »Seine Landung«, sprachen sie, »ist dein Verderb. Er hat sich mit mehr Prunk und Ehrenzeichen umgeben als du. Die Speerträger seiner Leibwache ziehen mit dem Schmuck ihrer versilberten und vergoldeten Schilde aller Augen auf sich.

War es durchaus nötig, daß er in eine fremde Provinz kommen mußte, wo er geradeswegs in seine eigene hätte fahren können? Auch wenn Gaius es erlaubte oder befahl, hätte er nicht inständig darum bitten müssen, nicht gerade hier zu landen, um den Präfekt des Landes nicht herabzusetzen?« Diese Worte brachten ihn noch mehr auf, und während er in der Öffentlichkeit vor Agrippa aus Furcht vor Gaius, der ihn ja schickte, den vertrauten Freund spielte, machte er insgeheim aus seinem Haß kein Hehl, spottete über ihn und erlaubte dem herumlungernden Pöbel der Stadt, der wie jede Masse Spott und Verleumdung liebt, den König zu schmähen. Diese ergriffen den willkommenen Anlaß und brachten ihre Tage im Gymnasion damit zu, über den König ihre Witze zu reißen. Wenn aber der Mob erst einmal mit seinen Übergriffen angefangen hat, dann bleibt er dabei nicht stehen.

DRITTES KAPITEL

Wie die Alexandriner den König Agrippa verhöhnten.

Es gab da einen harmlosen Geisteskranken mit Namen Karabas, der sich Tag und Nacht bei Hitze und Kälte in den Gassen herumtrieb und den Kindern und jungen Burschen zum Zeitvertreib diente. Diesen Unglücklichen schleppten sie ins Gymnasion, hoben ihn hoch, damit er von allen gesehen werden konnte, setzten ihm statt einer Krone einen Schilfkranz auf den Kopf, hängten ihm statt einen Mantels Stroh um den Leib und jemand steckte ihm statt eines Szepters einen kurzen Stengel aus einheimischem Papyrus, der auf der Straße lag, in die Hand. So erhielt er wie in einer Theaterposse die Insignien eines Herrschers und wurde als König ausstaffiert, wobei junge Leute, die Stöcke statt Lanzen auf der Schulter trugen, die bewaffnete Leibgarde nachmachten. Andere traten dann heran, um ihm zu huldigen oder sich Recht zu holen oder ein Gesuch einzureichen, und schließlich erscholl aus der umstehenden Menge der Ruf »Marin«; so soll nämlich der König bei den Syrern heißen und man wußte, daß Agrippa von Herkunft ein Syrer war und über einen großen Teil Syriens regierte. Flaccus hätte, als er davon erfuhr, den Verrückten festnehmen und einsperren müssen, um den Spöttern keinen Anlaß zur Verhöhnung zu geben, und die Drahtzieher bestrafen sollen, weil sie einen König und Freund des Kaisers, der zudem noch vom römischen Senat mit Verleihung des prätorischen Titels geehrt worden war, durch Wort und Tat offen zu verhöhnen wagten. Aber Flaccus griff nicht zu und hielt es nicht einmal für nötig, die Bewegung aufzuhalten, sondern ließ diesen Bösewichtern freie Hand und tat, als hörte und sähe er nichts.

VIERTES KAPITEL

Die Entweihung der Synagogen.

Als der Pöbel merkte, daß Flaccus sich schmählich verkauft hatte, strömte er des Morgens im Theater zusammen und rief wie auf ein Zeichen, man solle in den Synagogen Standbilder des Kaisers errichten. Das war ein verbrecherischer Vorschlag, der bisher noch nie gemacht worden war. Bei ihrer Begabung zu Schurkereien wußten sie dies natürlich und benutzten daher schlauerweise den Namen des Kaisers als Deckung. Sie schlossen sich zu gewaltigen Horden zusammen, zündeten die Synagogen, von denen sich viele in den verschiedenen Stadtteilen befanden, an oder zerstörten sie bis auf den Grund, nachdem sie Feuer darin angelegt hatten, wobei sie in ihrer Raserei auch die benachbarten Häuser nicht schonten. Die anderen Synagogen, die sie durch Brandstiftung und Zerstörung nicht vernichten konnten, weil in ihrer Umgebung zu viele Juden wohnten, entweihten sie, indem sie in ihnen alte Statuen des Gaius und in der größten und berühmtesten ein Erzstandbild von ihm mit einem Viergespann aufstellten. Dabei gingen sie mit so wilder Hast vor, daß sie aus Mangel an einer geeigneten und neuen Quadriga eine alte verrostete Gruppe aus dem Gymnasion herbeischleppten, die verstümmelte Ohren, Nase, Beine usw. hatte und einmal zu Ehren einer Frau, der Großmutter der letzten Kleopatra, aufgestellt worden sein soll.

Der Statthalter des Landes aber, der wissen mußte, daß Alexandrien sowie ganz Ägypten zweierlei Einwohner hatte, Ägypter und Juden, und daß die Zahl der ägyptischen Juden kaum weniger als eine Million betrug, daß sich der Anschlag gegen alle Juden richtete, schenkte dem allen keine Beachtung und ließ die Aufstellung geschehen, obwohl er als Herrscher durch Befehl oder als Freund durch Ratschläge auf vielfache Weise hätte dagegen Vorsorge treffen können. Er hielt es dagegen für richtig, die Flamme des Aufruhrs durch immer neue Übeltaten zu schüren, und soweit es an ihm lag, erfüllte er wirklich die ganze Welt mit Bürgerkriegen. Denn es bestand kein Zweifel, daß die Nachricht von der Entweihung der Synagogen von Alexandrien über die ägyptischen Gaue zu den östlichen und westlichen Völkern eilen würde. Wegen ihres Menschenreichtums kann nämlich ein einzelnes Land nicht alle Juden fassen. Deshalb bewohnen sie auch die Mehrzahl der fruchtbaren Inseln und Kontinente Europas und Asiens. Dabei halten sie für ihre Hauptstadt die heilige Stadt, in der der heilige Tempel des höchsten Gottes steht, betrachten aber als Vaterland den Ort, an dem sie geboren und aufgezogen sind und seit Generationen zu wohnen pflegen. So bestand die Gefahr, daß man überall die Gelegenheit ergreifen würde, um die jüdischen Mitbürger zu reizen und ihre Synagogen sowie ihre gesetzliche Überlieferung anzutasten. Diese aber würden dann, wenn sie auch von Natur friedlich waren, nicht bis zu Ende ruhig bleiben, weil bei allen Menschen der Kampf um die Verteidigung der eigenen Gesetze noch über der Sorge für das Leben steht.

FÜNFTES KAPITEL

Aufhebung des Bürgerrechts und Vertreibung der alexandrinischen Juden aus den vier Stadtteilen.

Nachdem der Anschlag auf die Gesetze gut ausgegangen war, die Synagogen geraubt und nicht einmal ihr Name übrig geblieben war, wandte man sich zu einer neuen Untat, der Aufhebung unseres Bürgerrechts. Unser Leben sollte damit des Haltes der väterlichen Sitten und politischen Rechte beraubt werden, damit wir steuerlos dahintreiben und ohne Schutz schwerstem Unrecht preisgegeben wären. Wenige Tage darauf veröffentlichte Flaccus ein Edikt, wonach er uns ohne Nennung von Gründen und ohne Rechtsverfahren einfach zu Fremden und Nichtbürgern erklärte. Die Gegner ergriffen die Gelegenheit und taten Folgendes: Es gibt fünf Stadtteile, die nach den ersten Buchstaben des Alphabets heißen. Von diesen heißen zwei die »jüdischen«, weil die Mehrzahl ihrer Bewohner Juden sind, während sie in den anderen nur verstreut wohnen. Man verjagte die Juden aus vier Bezirken und trieb sie, wie wilde Tiere in einen Käfig, in ein einziges Stadtviertel zusammen. Als sie diese drangvolle Enge nicht mehr aushalten konnten, strömten sie in die Wüste, zur Küste und zu den alten Häusern, um nur reine und gesunde Luft zu atmen. Die Gegner aber stürmten inzwischen in die leeren Häuser, raubten und plünderten nach Herzenslust, erbrachen die jüdischen Läden, die aus Trauer über den Tod der Drusilla (der Schwester des Kaisers) geschlossen waren, trugen was sie fanden – und es war sehr viel – heraus, stapelten die Beute mitten auf dem Markt auf und behandelten sie als ihr Eigentum. Schlimmer noch als die Plünderung war der Stillstand des Handels; denn die Kaufleute verloren ihr Kapital, weil niemand, kein Bauer, Reeder, Handwerker und Händler mehr kaufen wollte. Eine andere Rotte stellte sich am Hafen auf, um die einfahrenden Juden abzufassen und ihre Ware zu kapern. Sie bestiegen die Schiffe, schleppten die Ladung unter den Augen der Besitzer weg, rissen dieselben mit sich und verbrannten sie, wobei sie zur Feuerung Steuer, Ruderstangen und Decksitze brauchten.

SECHSTES KAPITEL

Der Pogrom.

Ausgeplündert und aus den meisten Stadtteilen vertrieben, von Feinden wie in einer belagerten Stadt umringt, vom Mangel an Lebensmitteln furchtbar gepeinigt und vor sich den Anblick ihrer Frauen und Säuglinge, die vor Hunger starben, konnten sie ihre Not nicht länger verbergen, sondern zogen vor die Häuser ihrer Verwandten und Freunde und baten um Lebensmittel. Andere, deren Stolz und Schamgefühl sich gegen das sklavische Los des Bettlertums empörte, wagten sich auf den Markt, wo sie nur für ihre Angehörigen Lebensmittel kaufen wollten. Diese Unglücklichen wurden von den Führern des Mob sofort ergriffen und ermordet, durch die Stadt geschleift und zerrissen, so daß nicht einmal ein Rest von ihnen zum Begräbnis übrig blieb. Diese Tiere in Menschengestalt erfanden noch unzählige andere Formen der Grausamkeit bei ihren Mordtaten. Sowie ein Jude erschien, steinigten sie ihn oder schlugen auf ihn mit Knütteln ein, wobei sie nicht sofort die empfindlichsten Stellen trafen, damit die Armen nicht zu schnell sterben und der Anblick der Gemarterten länger währte. Andere verachteten die stumpfen Waffen, griffen zu den unfehlbarsten Geräten, dem Feuer und Eisen, und töteten mit dem Schwert oder der Flamme. Diese Greueltäter verbrannten inmitten der Stadt ganze Familien, Männer und Frauen, Kinder und Eltern, ohne sich des Alters, der Jugend und der schuldlosen Kindheit zu erbarmen. Wenn gerade kein Holz zur Stelle war, sammelten sie Reisig zündeten es an, warfen die Unglücklichen darauf, die nur halb verbrannten und mehr durch den Qualm als durch die Flammen umkamen. Wenn aber die zum Reisigsammeln Ausgeschickten zu lange Zeit brauchten, steckten sie die

Besitzer mit ihrem Eigentum, das sie ihnen vorher geraubt hatten an, nachdem sie die Kostbarkeiten ausgesondert hatten und den wertlosen Rest statt Holz in die Flammen warfen. Vielen, die sie lebendig fingen, banden sie die Füße an den Fesseln zusammen und nagelten diese aneinander, und auch nachdem sie schon tot waren, schändeten sie noch ihre Körper, indem sie sie durch die Gassen der Stadt schleiften, bis von den Leichnamen Haut, Fleisch, Sehnen durch das holprige und harte Pflaster abgerissen wurde und die Glieder sich von einander lösten. Wer aber von den Freunden und Verwandten auch nur Mitleid mit den Gequälten zeigte, wurde abgeführt, gepeitscht, gerädert, und nachdem sein Körper alle erdenklichen Marter erduldet hatte, harrte seiner zum Schluß die Strafe der Kreuzigung.

Nachdem Flaccus seine Zerstörungsarbeit beendet und keinen Teil der Juden von Nachstellungen unbehelligt gelassen hatte, ersann dieser erfinderische Verbrecher einen neuen und ungewöhnlichen Anschlag. Er ließ 38 Mitglieder des Rats der Ältesten in ihren Häusern verhaften, knebeln und die alten Leute, die Hände auf den Rücken mit Riemen und Eisen gefesselt, über den Markt marschieren. Danach führte er sie ins Theater, wo sie sich ihren Feinden gegenüber sahen, die sich dort zur Schaustellung ihrer Schande eingefunden hatten. Dort ließ er sie entkleiden und auspeitschen, eine Strafe, die sonst nur die schlimmsten Verbrecher zu erleiden hatten, so daß ein Teil auf Bahren herausgetragen werden mußte und sofort starb, die anderen nach ihrer Rückkehr einem langen Siechtum verfielen.

SIEBENTES KAPITEL

Die Häuser der Juden werden auf Waffen durchsucht.

Darauf bereitete Flaccus einen neuen Anschlag vor, mit dem er auch das Heer gegen uns einzusetzen gedachte. Die neue Verleumdung lautete, daß die Juden Waffen in ihren Häusern verborgen hielten. Er ließ einen ihm besonders ergebenen Centurio mit Namen Castus zu sich kommen, gab ihm Order, aus seiner Abteilung die verwegensten Soldaten auszuwählen, ohne vorherige Ankündigung in die Häuser der Juden einzudringen und sie nach verborgenen Waffen zu durchsuchen. Dieser führte den Befehl sofort aus. Die Juden aber, die seine Absicht nicht kannten, standen zuerst vor Schreck erstarrt da, während ihre Frauen und Kinder sich weinend an sie klammerten. Als sie aber von einem der Suchenden die Worte hörten: »Wo habt ihr die Waffen versteckt?«, atmeten sie etwas auf, öffneten ihnen Winkel und Ecken und zeigten ihnen alles. Wieviel Waffen wurden nun bei dieser genauen Haussuchung gefunden? Kamen dabei Helme, Panzer, Schilde, Dolche, Lanzen, Rüstungen in Mengen zum Vorschein? Nichts davon, aber auch gar nichts. Nicht lange vorher wurden dagegen auf Befehl des Flaccus die Ägypter auf dem Lande bewaffnet. Damals konnte man sehen, wie ganze Flottillen, die von Waffen starrten, an den Flußufern landeten, wie Karawanen Lanzenbündel abschleppten, die auf beiden Seiten der Lasttiere herunterhingen, und wie dann hohe Wagenladungen von Rüstungen zum Depot in Reihen geordnet abgingen. Denn die Entfernung vom Ufer zum königlichen Waffenarsenal, wo die Waffen deponiert wurden, betrug etwa zwei Kilometer. In den Häusern der Leute, die sich mit diesen Waffen ausgerüstet hatten, hätte man suchen müssen. Warum mußten wir solches erleiden? Waren wir etwa des Aufruhrs verdächtig? Galten wir nicht immer als friedfertig? War unsere tägliche Beschäftigung nicht frei von jedem Tadel und trug sie nicht zu Ordnung und Frieden der Stadt bei? Aber wie gesagt, das Ganze war ein Brutalitätsakt des Flaccus und der Pöbelmassen.

ACHTES KAPITEL

Flaccus verhindert die Übersendung einer jüdischen Ehrenurkunde an den Kaiser.

Ferner versuchte Flaccus uns nicht nur durch eigene Kraft sondern auch mit Hilfe des Kaisers zu schädigen. Nachdem wir für Gaius alle erdenklichen Ehrungen, soweit unsere Gesetze sie erlaubten, beschlossen und vollzogen hatten, unterbreiteten wir die Beschlußakte dem Flaccus und baten ihn, da er uns trotz unseres Wunsches keine Gesandtschaft erlaubte, sie selber zu übersenden. Er las sie durch, nickte bei jedem einzelnen Beschluß zustimmend mit dem Kopf, lächelte, tat so, als freute er sich, und sprach: »Ich lobe eure Ergebenheit und werde gern auf eure Bitte die Sendung übernehmen, damit Gaius von eurer Dankbarkeit erfährt, und selber bezeugen, was ich weiß, ohne der Fülle der Beweise für euer rechtliches Verhalten und euren Gehorsam etwas hinzuzufügen. Die Wahrheit ist das beste Lob.« Voll Freude über dieses Versprechen dankten wir ihm, als hätte Gaius bereits von unserem Beschluß Kenntnis genommen. Denn was durch die Statthalter mit der Eilpost abgeschickt wird, pflegt vor dem Herrscher sofort verlesen zu werden. Flaccus aber schlug unsere Wünsche und seine Worte in den Wind und hielt den Beschluß bei sich zurück, damit wir als einzige von allen Menschen unter der Sonne als Feinde des Kaisers gelten sollten. Gott aber, wie es scheint, der auf die Taten der Menschen achtet und die betrügerischen Schmeichelworte des Flaccus, seinen frevlerischen Plan und die Ränke seines Herzens verabscheute, erbarmte sich unser und gab uns nicht lange darauf eine Gelegenheit zur Erfüllung unserer getäuschten Hoffnungen. Der König Agrippa, dem wir während seines Aufenthaltes von der Intrige des Flaccus erzählten, brachte die Angelegenheit wieder in Ordnung, indem er den Beschluß zu überbringen versprach, lieferte ihn dann, wie wir später erfuhren, ab, wobei er die Verzögerung damit entschuldigte, daß wir nicht etwa das kaiserliche Haus zu spät zu ehren beschlossen hatten, sondern gleich zu Anfang darum bemüht waren, durch die Ränke des Präfekten aber den rechten Termin für die Veröffentlichung versäumt hätten. Damals begann die Macht der Gerechtigkeit, die den Unterdrückten beisteht und die Frevler für ihre Taten bestraft, sich gegen Flaccus zu wenden. Denn er sollte Schimpf und Schande erleiden wie kein anderer Statthalter zuvor, seitdem das Haus des Augustus die Regierung über Land und Meer angetreten hatte. Auch unter Tiberius und seinem Vater gab es Statthalter, die ihre Provinzen ungerecht verwalteten. Diese wurden aber erst nach Ablauf ihres Amtes und bei ihrer Rückkehr noch Rom von den Kaisern vor Gericht gestellt. Dagegen traf den Flaccus die gerechte Strafe für seine zahllosen Untaten und Übergriffe noch während seiner Amtsperiode und nicht erst nachher.

NEUNTES KAPITEL

Flaccus' Verhaftung.

Seine Verhaftung ging folgendermaßen vor sich: Er bildete sich ein, den Argwohn des Gaius durch Briefe, die von Schmeicheleien trieften, öffentlichen Reden, die lange Lobeshymnen auf ihn enthielten, sowie auf Grund der besonderen Vorliebe des Kaisers für Alexandrien beschwichtigt zu haben. Aber er täuschte sich. Inzwischen war nämlich auf Gaius' Befehl ein Centurio namens Bassus mit einer Abteilung Soldaten von Italien abgeschickt worden. Dieser benutzte eines der Eilschiffe und langte wenige Tage darauf am Spätnachmittag bei Alexandria vor der Pharosinsel an.

Er läßt den Steuermann bis Sonnenuntergang draußen kreuzen, um plötzlich zu erscheinen, noch bevor Flaccus etwas erfahren und zum Widerstand rüsten konnte. Das Schiff legt abends im Hafen an. Bassus steigt mit seinen Leuten aus und zieht in die Stadt, ohne jemanden zu erkennen oder von jemandem erkannt zu werden. Auf dem Weg trifft er einen Soldaten von der Ronde und befiehlt, ihm das Haus des Militärkommandeurs zu zeigen. Diesen wollte er in das Geheimnis einweihen, um gegen eine etwaige Übermacht Hilfe zu haben. Auf die Nachricht, daß dieser gemeinsam mit Flaccus bei jemandem zu Gaste sei, eilt er unverzüglich zum Haus des Gastgebers (es war Stephanus, einer der Freigelassenen des Kaisers Tiberius, bei dem sie zu Besuch waren), hält sich selbst im Hintergrund und schickt einen von seinen Leuten zur Auskundschaftung hinein, den er als Diener ausstaffiert, damit ihn keiner erkennt. Dieser tritt verkleidet als Sklave eines Teilnehmers der Gesellschaft ein, schaut sich genau um, kehrt zurück und berichtet dem Bassus. Als dieser feststellt, daß die Eingänge unbewacht und die Begleitschaft des Flaccus nur klein war (sie bestand aus zehn bis fünfzehn Dienern), gibt er ein Zeichen, bricht mit seinen Leuten überraschend in das Haus ein, und plötzlich stehen seine Soldaten vor der Tafel und umringen mit gezückten Schwertern den Flaccus, der gerade einem Teilnehmer zutrinken und an die Anwesenden freundliche Worte richten wollte. Als er den Bassus plötzlich in den Raum treten sah, war er vor Schrecken wie gelähmt und versuchte aufzuspringen. Als er aber die Cohorte ringsherum erblickte, begriff er, noch bevor einer den Mund öffnete, die Absicht des Gaius, den Auftrag der Eindringlinge und was seiner wartete. Die anderen Teilnehmer am Gastmahl erhoben sich voller Schrecken und Furcht, daß auch sie für die Teilnahme an der Gesellschaft eine Strafe treffen könne. Zu fliehen war gefährlich, ja unmöglich, da die Ausgänge besetzt waren. Auf Befehl des Bassus wurde Flaccus abgeführt, nachdem er zum letztenmal auf einem Gastmahl Zerstreuung gefunden hatte. In Haus und Hof sollte die Strafe gegen ihn beginnen, da er unzählige unschuldige Menschen von Haus und Hof vertrieben hatte.

ZEHNTES KAPITEL

Die Juden erfahren von Flaccus' Verhaftung.

So wurde Flaccus in seinem eigenen Herrschaftsgebiet wie ein Feind gefangen genommen. Diese ungewöhnliche Strafe empfing er, wie ich glaube, um der Juden willen, die er in seiner unersättlichen Gier ausrotten wollte. Ein klarer Beweis dafür ist auch der Termin seiner Verhaftung. Er fiel auf das Volksfest der Juden zur Zeit der herbstlichen Tag- und Nachtgleiche, das sie sonst in den Laubhütten zu verbringen pflegen (Herbst 38). Dieses Mal aber konnte das Fest nicht wie üblich begangen werden, da die Ältesten nach unerträglichen Martern und Entbehrungen noch im Gefängnis saßen, die einfachen Leute jenes Unglück für einen Schicksalsschlag des ganzen Volkes betrachteten und ein jeder zudem noch von seinem eigenen Leid niedergedrückt war. Während sie so in tiefer Trauer versunken bei Einbruch der Nacht in ihren Häusern zusammen kauerten, kamen Leute, die die Nachricht von der erfolgten Verhaftung brachten. Zuerst hielt man die Kunde für eine Versuchung und grämte sich noch mehr über den Hohn und die Hinterhältigkeit. Als sich aber in der Stadt Lärm erhob, die Nachtwachen hin- und herliefen, Reiter von und zum Militärlager in Eile und Hast auf- und abjagten, kamen einige, die die ungewöhnliche Bewegung beunruhigte, aus ihren Häusern hervor, um sich zu erkundigen; denn es schien auch ihnen, als ob sich etwas Besonderes ereignet hätte. Als sie dann erfuhren, daß Flaccus verhaftet und bereits im Gefängnis sei, erhoben sie die Hände zum Himmel und stimmten Danklieder an, priesen Gott, den Schirmherrn der menschlichen Taten, und sprachen: »Herr, wir freuen uns nicht über die Bestrafung unseres Feindes, denn wir haben durch die heiligen Gesetze gelernt, daß wir menschlich empfinden sollen. Aber wir danken dir, daß du dich unser in Gerechtigkeit erbarmt und die Last der ständigen Leiden von uns genommen hast.« So verbrachten sie die Nacht mit Dankgebeten und Gesängen. Bei Morgengrauen strömten sie durch die Tore der Stadt über die nahen Felsen, traten unter freiem Himmel zusammen (denn die Synagogen hatte man ihnen geraubt) und riefen wie aus einem Herzen: »Land und Meer, Luft und Äther, die Teile des Alls und den ganzen Kosmos rufen wir, höchster König aller Sterblichen und Unsterblichen, zu deinem Lobpreis auf. Denn sie allein sind uns noch zu unserem Aufenthalt geblieben, da wir der Werke von Menschenhand beraubt, aus der Stadt und ihren Mauern vertrieben und, als einzige unter der Sonne, durch die Nachstellungen des Gewalthabers ohne Haus und Hof sind. Du erweckst in uns schöne Hoffnungen auf weitere Wiedergutmachung. Denn du hast bereits damit begonnen, unserem Flehen Gehör zu schenken, indem du den Feind unseres gesamten Volkes, den Anstifter und hoffärtigen Lehrmeister unseres Unglücks, plötzlich vernichtet hast, und zwar nicht fern von uns, damit die Betroffenen davon nur gerüchtweise vernähmen und deshalb geringere Freude empfinden, sondern in nächster Nähe, beinahe vor den Augen der Unterdrückten, zum sinnfälligen Zeichen für eine jähe und unerwartete Bestrafung.«

ELFTES KAPITEL

Flaccus' Verurteilung und seine Reise in die Verbannung.

Noch ein drittes Ereignis scheint mir ein Werk der göttlichen Vorsehung gewesen zu sein.

Als Flaccus zu Beginn des Winters nach schweren Leiden während der Seefahrt mit knapper Not in Italien landete, hatten seine beiden Hauptfeinde Isidoros und Lampon bereits die Anklage gegen ihn übernommen. Kurz vorher hatten sie ihn als seine Untertanen noch als ihren Herrn, Wohltäter, Retter und dergleichen bezeichnet. Jetzt aber zeigten sie sich als seine entschlossensten Gegner, nicht nur weil sie auf ihr Recht vertrauten, sondern weil sie sahen, daß auch Gaius, der Lenker der menschlichen Dinge, sein unversöhnlicher Gegner war und noch vor Erhebung der offiziellen Anklage seine Verurteilung beschlossen hatte. Zudem waren diese beiden nicht einfache Untertanen, die sich plötzlich als Ankläger entpuppt hatten, sondern waren schon während des größten Teils seiner Amtsperiode seine Erzfeinde gewesen. Lampon stand als Protokollführer den Statthaltern bei den Prozessen zur Seite. Dabei nahm er alle möglichen Fälschungen und Rechtsverdrehungen vor, weswegen er im Volksmund treffend »der Federschlächter« hieß, und hatte infolge seiner Bestechlichkeit viele Menschen unglücklich gemacht. Da es bei der Größe des Landes unmöglich war, daß die Regenten sich an alle Einzelheiten erinnerten, machte er aus der Vergeßlichkeit der Richter ein Geschäft, trug die siegende Partei unter die Verurteilten und nach Erhalt einer Bestechungssumme auch umgekehrt die Unterlegenen unter die Sieger ein. So war der Ankläger Lampon beschaffen. Isidoros aber, der ihm an Schurkerei nichts nachgab, war ein Mann der Massen, ein Volksverführer, der das Wühlen und Intrigieren verstand, ein Feind des Friedens und der Ruhe, begabt Tumulte und Aufstände zu inszenieren und eine bereits bestehende Erregung immer weiter zu schüren. Er hatte den Auswurf des Volkes um sich versammelt und auch oft im geheimen gegen Flaccus gehetzt. Als dann seine Beteiligung an einer Kundgebung gegen Flaccus aufgedeckt wurde, hatte er es für klüger befunden, die Stadt zu verlassen.

Flaccus, der frühere Herr über Tod und Leben, wurde nun von seinen früheren Untergebenen und ständigen Feinden angeklagt. Das Urteil fiel sehr hart aus: Zunächst wurde sein gesamtes Vermögen konfisziert, dann wurde er zur Verbannung nach Andros, einer Insel des Ägäischen Meeres, verurteilt. So mußte er also wieder von Rom nach Brindisi reisen. Es war die gleiche Strecke, die er wenige Jahre vorher nach seiner Wahl zum Statthalter Ägyptens und Libyens zurückgelegt hatte, damit die Städte, die ihn damals stolz und geschwellt vom Glück erblickt hatten, ihn jetzt auf dem Gipfel seiner Schande wiedersehen sollten. Man wies auf ihn mit Fingern, spottete über seinen jähen Fall, und die doppelte Last des Unglückes drückte ihn nieder. Dann fuhr er durch die Meerenge (von Korinth) und bot den Bewohnern der peloponnesischen Küstenstädte, die von seinem plötzlichen Sturz gehört hatten, ein denkwürdiges Schauspiel. Bei jeder Landung liefen sie zusammen, die Bösewichter um ihn zu schmähen, die andern um ihn zu bedauern. Danach überquerte er den Isthmus und fuhr an den Inseln vorbei, bis er schließlich vor Andros anlangte. Als der Unglückliche das Ziel seiner Fahrt von fern erblickte, strömten ihm die Tränen über die Wangen herab, er schlug seine Hüften, seufzte bitterlich und sprach: »Ihr meine Wächter und Begleiter, Andros ist ein schönes Land, aber keine glückliche Insel, denn ich tausche sie für das glückliche Italien ein – ich, Flaccus, der in der Hauptstadt Rom geboren und aufgezogen wurde, Gefährte der Enkelinnen des Augustus war, zu den Freunden des Kaisers Tiberius zählte und einst mit der Statthalterschaft über seinen kostbarsten Besitz Ägypten betraut wurde. Welche Wendung! Wie bei einer plötzlichen Finsternis hat die Nacht mein Leben am Tage umfangen. Wie soll ich diese Insel nennen? Den Ort meiner Verbannung, ein neues Vaterland, die Zufluchtsstätte eines Unglücklichen? Ihr treffendster Name wäre: mein Grab. Entweder bricht mein armes Herz an diesem Leid oder, wenn ich weiter zu leben vermag, gehe ich mit vollem Bewußtsein einem langsamen Tode entgegen.«

So lauteten seine Klagen.

ZWÖLFTES KAPITEL

Flaccus in der Verbannung.

Als das Schiff anlegte und er heruntersteig, wandte er sein Haupt zu Boden, neigte seinen vom Unglück gebeugten Nacken abwärts, als trüge er eine schwere Last, und wagte den Umstehenden, die ihn zu sehen gekommen waren und den Weg zu beiden Seiten umsäumten, nicht in die Augen zu blicken. Man geleitete ihn zur Volksversammlung der Andrier und stellte dort den Verbannten vor. Nachdem seine Begleiter ihren Dienst getan hatten, gingen sie fort. Als Flaccus kein vertrautes Gesicht mehr erblickte, erwachte das Leid in ihm von neuem in noch deutlicherer Gestalt. Er schaute sich im Kreise um, sah die Einsamkeit, in der er belassen worden war, und der gewaltsame Tod in der Heimat erschien ihm verglichen mit der Gegenwart ein geringes und sogar angenehmeres Übel. Er geriet in Erregung, gebärdete sich wie ein Wahnsinniger, sprang auf, rannte hin und her, schlug die Hände zusammen, warf sich auf den Boden und rief aus: »Ich bin Flaccus, der Herrscher über die große Stadt Alexandria, der Statthalter des gesegneten Landes Ägypten, auf den Tausende und Zehntausende von Augen gerichtet waren, der zahllose Fußsoldaten, Reiter und Matrosen zu Untergebenen hatte, dem jeden Tag Unzählige bei seinem Ausgang das Geleite gaben. War es Traum oder Wahrheit? Ich sah wohl die Szenen der einstigen Heiterkeit im Schlaf. Nichtige Schattenbilder waren es, Erfindungen einer Seele, die sich Dinge ausgemalt hat, die nie geschehen sind. Es waren also keine Tatsachen, sondern nur ihre Schatten, nicht die Wirklichkeit, sondern ihr Abbild! Wie die Traumbilder beim Erwachen ins Nichts verfliegen, so sind auch die Herrlichkeiten jener Tage beim leisesten Wink des Schicksals für immer entschwunden.«

DREIZEHNTES KAPITEL

Flaccus' Reue und Bekehrung.

Solche Gedanken quälten und peinigten ihn. Aus Scham mied er das Zusammensein mit der Menge, stieg nicht zum Hafen herunter und getraute sich sogar nicht, auf dem Markt zu erscheinen, sondern schloß sich in sein Haus ein und wagte nicht einmal, die Türschwelle zum Hof zu überschreiten. Oft trat er im Morgengrauen, während die anderen noch schliefen, ungesehen hinter den Mauern seines Hauses hervor, streifte in der Einsamkeit umher und mied die Plätze, wo er jemanden treffen konnte. Noch immer gellten seine Ohren von den früheren Untaten und die Erinnerung daran marterte seine Seele. Dann kam die Nacht mit ihren unergründlichen Schrecken. In seiner ständigen Angst vor der Finsternis betete er am Abend, daß der Morgen komme, und wenn er einmal Schlaf fand, des Morgens wieder, daß es schon Abend werde: denn die Dunkelheit in seinem Innern überschattete den Glanz des Tageslichts.

Nach einigen Monaten kaufte er sich ein kleines Landgut, wo er sich die meiste Zeit aufhielt, und beklagte dort in der Einsamkeit sein Schicksal. Einmal soll er um Mitternacht wie ein Besessener aus seinem Landhaus gestürzt sein, sein Antlitz zum Himmel und den Sternen erhoben und ausgerufen haben: »König der Götter und Menschen, also ist es wahr, daß du deine sorgende Hand nicht von dem Volk der Juden abgezogen hast, und sie lügen nicht, wenn sie von deiner Vorsehung sprechen, sondern es irrt, wer behauptet, daß du nicht ihr Schirmherr bist. Mein Schicksal ist ein klarer Beweis. Was ich gegen die Juden gefrevelt, das habe ich erlitten. Ich duldete, daß man ihren Besitz raubte und ließ den Plünderern freie Hand; darum wurde ich des väterlichen und mütterlichen Vermögens beraubt. Ich habe sie, die Vollbürger waren, entrechtet und entehrt, um ihren Gegnern, einer Pöbelmenge, von der ich Unglücklicher umschmeichelt und getäuscht wurde, eine Freude zu bereiten. Darum bin ich des Bürgerrechts verlustig gegangen, aus der Welt in die Verbannung getrieben und hier eingekerkert worden. Ich ließ einige von ihnen vor den Augen ihrer Todfeinde im Theater vorführen und befahl, sie wider Recht und Gesetz zu martern. Darum wurde ich mit Recht nach schimpflichster Behandlung meines Körpers und vor allem meiner armen Seele nicht in *einem* Theater oder in *einer* Stadt vorgeführt, sondern zog durch ganz Italien bis Brindisi, durch den ganzen Peloponnes bis Korinth, durch Attika und die Inseln bis nach Andros, meinem Gefängnis. Ich bin überzeugt, daß auch dies nicht das Ende meiner Leiden ist, sondern mir noch weitere Schläge als Sühne für meine Untaten bevorstehen. Ich habe getötet und nicht verhindert, daß andere töten. Es wurden Leute gesteinigt und lebendig verbrannt, über den Markt geschleift, bis sich die Glieder von ihrem Körper lösten. Ich weiß, daß meiner noch die Strafe dafür wartet. Die Göttinnen der Rache stehen schon zum Lauf bereit und drängen zum Mord. Jeden Tag, nein jede Stunde sterbe ich viele Tode, bevor ich den einen letzten erleiden muß.«

Häufig wurde er von Schreckgespenstern gepeinigt: Schauer jagten über seinen Körper, sein Herz erbebte vor Angst, da er des einzigen Trostes im menschlichen Leben, der Hoffnung auf ein besseres Schicksal beraubt war. Keine günstigen Zeichen erschienen; alles hatte sich gegen ihn gewandt. Böse Ahnungen, qualvolles Erwachen, Schlaflosigkeit und die unmenschliche Einsamkeit. Wie konnte ihn Geselligkeit trösten, da ihm der Umgang mit den Städtern verhaßt war? Auch das Alleinsein auf dem Lande schaffte ihm keine Ruhe, sondern verstärkte noch das Gefühl der Schande in ihm. Wer auf ihn freundlich zutrat, war ihm verdächtig. »Er plant etwas gegen mich«, so sprach er zu sich, »indem er so schnell auf mich zukommt. Er geht doch sonst nie so eilig, er will mich verfolgen. Dieser Scheinheilige stellt mir nach. Mit seinen freimütigen Reden verhöhnt er mich. Er gibt mir Speise und Trank wie dem Vieh vor der Schlachtung. Wie lange soll ich noch mit eiserner Geduld dieses Unglück aushalten? Ich weiß, daß ich den Tod fürchte, denn mein Dämon spottet meiner und erlaubt mir nicht, ein Ende mit diesem elenden Leben zu machen. Er hat ja noch Unheil und Verderben in Fülle für mich aufgespart, womit er mich zur Sühne für die Ermordeten bedenken will.«

Mit solchen Wahngedanken im Herzen erwartete er das Ende seines Schicksals.

VIERZEHNTES KAPITEL

Flaccus' Ende.

Gaius, der grausam von Charakter und unersättlich in seinem Rachedurst war, ließ nicht wie andere Menschen nach, nachdem er jemanden einmal bestraft hatte; er vergaß seinen Groll nicht und suchte ständig nach einer neuen Strafe. Den Flaccus haßte er ganz besonders, so daß er selbst die Träger des gleichen Namens böse anblickte. Oft bereute er, daß er ihn nur zur Verbannung und nicht zum Tode verurteilt hatte. Eines Nachts, als er nicht einschlafen konnte, soll er sich der hohen Beamten, die er in die Verbannung geschickt hatte, erinnert haben, die als unglückliche Menschen galten, ihm aber in Wirklichkeit ein sorgloses, ruhiges und freies Leben zu führen schienen. Daher änderte er auch die Bezeichnung für ihre Strafe ab und sprach: »In Wahrheit ist ihre Ausweisung nur ein Aufenthalt in der Fremde, wo sie mit allem reichlich versehen sind und in sorgloser Ruhe leben können. Es ist doch widersinnig, daß sie ihren Frieden genießen und ein beschauliches Leben führen dürfen.« Darauf gab er den Befehl, die Vornehmsten und Bekanntesten unter ihnen zu töten. Die Liste, die er aufstellen ließ, trug als ersten den Namen des Flaccus.

Als seine Häscher in Andros ankamen, war Flaccus gerade vom Lande in die Stadt gegangen, während sie ihm vom Hafen entgegen zogen. So bemerkten sie einander von ferne. Flaccus begriff sofort ihre Absicht (denn die Seele ist im Unglück hellsichtig), bog vom Wege ab und begann über das felsige Land zu fliehen, ohne daran zu denken, daß er sich nicht auf dem Festlande sondern auf einer vom Meer umschlossenen Insel befand, wo jede Flucht zwecklos war. Nach einer langen Jagd gelang es den Häschern endlich, ihn zu fangen. Einige begannen sofort eine Grube zu schaufeln, andere schleppten ihn mit Gewalt dorthin, während er schreiend Widerstand leistete und mit ihnen rang. So kam es, daß sein Körper vollkommen durchlöchert wurde; denn er klammerte sich an seine Mörder an und suchte sie festzuhalten, so daß diese mit ihren Schwertern nicht von vorn zustoßen, sondern ihre Hiebe nur von der Seite beibringen konnten. Schließlich stürzte er an Händen, Füßen, Kopf, Brust und Hüften zerhauen und zerfleischt wie ein Opfertier nach der Schlachtung nieder. Denn die Gerechtigkeit wollte es so, daß zur Sühne für seine Mordtaten die gleiche Zahl von Schwertstößen, mit denen er die Juden wider Recht und Gesetz hatte töten lassen, seinen Körper allein durchbohren sollte. Der ganze Platz schwamm im Blute, das aus den zerfetzten Adern hervorströmte. Während der Leichnam zur Grube getragen wurde, rissen die Sehnen und, die Glieder lösten sich vom Rumpf.

So mußte auch Flaccus zugrunde gehen, als untrüglicher Beweis dafür, daß das Volk der Juden nicht von der göttlichen Hilfe verlassen ist.

Flavius Josephus
Der jüdische Krieg

[4. Kapitel] 5. Titus zog indessen wieder auf die Antonia zurück. Er war entschlossen, sich bei Anbruch des nächsten Tages (11. Ab) mit seiner gesamten Heeresmacht auf die Feinde zu werfen und den Tempel ringsherum einzuschließen. Diesen hatte Gott jedoch schon längst zum Feuer verurteilt, und in den Umläufen der Zeiten war jetzt der schicksalhaft bestimmte Tag herbeigekommen, nämlich der 10. des Monats Loos, an welchem der Tempel auch schon ehemals vom König der Babylonier in Brand gesteckt worden war. Daß der Tempel in Flammen aufging, war diesmal freilich von den Juden selbst veranlaßt und verschuldet. Als Titus nämlich zurückgewichen war und die Aufrührer ein wenig ausgeruht hatten, fielen sie wieder über die Römer her (10. Ab), und es kam zu einem Gefecht zwischen den Tempelwachen und den im inneren Tempelbezirk mit Löscharbeiten beschäftigten Römern. Dabei schlugen diese die Juden in die Flucht und blieben ihnen bis ans Tempelgebäude auf den Fersen. Hier geschah es nun, daß einer von den Soldaten, ohne einen Befehl abzuwarten und ohne vor solch einem Unternehmen zurückzuschrecken, aus einem übermenschlichen Antrieb heraus ein Stück aus dem lodernden Brande ergriff: er ließ sich von einem anderen Soldaten emporheben und schleuderte das Feuer zum goldenen Fenster hinein, durch welches man von der Nordseite her in die Räume rings um das Tempelhaus gelangen konnte. Als nun die Flamme emporschoß, erhoben die Juden ein Geschrei, das diesem schrecklichen Unglück durchaus entsprach. Sie liefen zusammen, um dem Feuer zu wehren, und nahmen dabei weder Rücksicht auf ihr eigenes Leben noch sparten sie ihre Kräfte, schwand doch jetzt gerade das dahin, wofür sie vorher all ihre Wachsamkeit aufgeboten hatten.

6. Ein Soldat lief zu Titus und brachte ihm die Nachricht. Jener wollte sich gerade in seinem Zelt vom Kampf ausruhen; nun sprang er auf und lief, so wie er war, zum Tempel, um dem Feuer zu wehren. Gleich hinter ihm folgten auch sämtliche Offiziere, und nach diesen wiederum die aufgescheuchten Legionen. Dabei entstand ein Schreien und Lärmen, wie es eben die ungeordnete Bewe-

gung einer solchen Truppenmasse mit sich brachte. Zwar versuchte der Caesar jetzt mit Rufen und Gebärden, den kämpfenden Soldaten anzuzeigen, daß sie das Feuer löschen sollten, jedoch vernahmen sie sein Rufen nicht, weil ihre Ohren von einem noch lauteren Geschrei voll waren, und auf seine Handbewegungen achteten sie nicht, da die einen vom Kämpfen, die anderen aber von ihrer Erbitterung ganz und gar eingenommen waren. Die Angriffswut der hereinbrechenden Legionen war weder durch Ermahnungen noch durch Drohungen aufzuhalten; den Oberbefehl führte bei allen jetzt die Wut. Dabei stießen sie an den Eingängen so hart aufeinander, daß viele von ihren eigenen Leuten niedergetreten wurden, viele stürzten auch in die noch heißen und rauchenden Trümmer der Hallen und erlitten das Schicksal der unterliegenden Feinde. Die Soldaten, die in die Nähe des Tempels kamen, stellten sich so, als ob sie die Befehle des Caesars nicht einmal hörten, und riefen noch dazu ihre Vordermänner auf, den Brand in den Tempel zu werfen. Für die Aufrührer gab es jetzt keine Möglichkeit mehr, das Unglück abzuwenden; allenthalben wurden die Juden niedergemetzelt und in die Flucht geschlagen. Zum größten Teil aber waren es schwache Leute aus dem Volk, die überhaupt keine Waffen trugen, die jetzt in die Hand der Feinde gerieten und auf der Stelle abgeschlachtet wurden. In großer Menge häuften sich die Toten um den Brandopferaltar, Blut floß in Strömen von den Stufen des Tempels, gefolgt von den hinabgleitenden Leibern der weiter oberhalb Getöteten.

7. Als der Caesar aber die Angriffswut seiner Soldaten, die von leidenschaftlicher Raserei erfüllt waren, nicht mehr zurückzuhalten imstande war, und nun auch das Feuer die Oberhand bekam, da trat er zusammen mit seinen Offizieren ins Innere; er beschaute sich das Heilige des Tempels und was sich in ihm befand, – alles war noch viel erhabener als sein Ruf bei den Fremden, und doch stand es dem nicht nach, was ihm die Einheimischen an Ruhm und Glanz zusprachen. Da nun die Flammen noch an keiner Stelle nach innen gedrungen waren, sondern erst die rings um das Tempelgebäude liegenden Gemächer verheerten, glaubte Titus – was ja auch der tatsächlichen Lage entsprach – man könne das Bauwerk noch vor den Flammen retten. Er eilte also nach draußen, versuchte, durch persönliche Ermahnungen die Soldaten zum Löschen des Feuers zu veranlassen, und befahl dann noch dem Liberalius, einem Centurio von den ihn umgebenden Speerträgern, mit Stockschlägen diejenigen in Schach zu halten, die den Anordnungen des Caesars nicht gehorchten. Aber mächtiger als die Scheu vor

dem Caesar und die Furcht vor dem Centurio, der sich ihnen in den Weg stellte, lebten in ihnen jetzt die Wut, der Haß gegen die Juden und eine überwallende Kampfesgier. Den großen Haufen jedoch trieb die Aussicht auf Raub; waren diese Soldaten doch fest davon überzeugt, daß das Tempelinnere ganz voll sein müsse von Schätzen, da sie ihn ja schon von außen mit Goldarbeiten eingefaßt sahen. Als der Caesar nun gerade nach draußen geeilt war, um die Soldaten aufzuhalten, legte einer von den Römern, die schon ins Innere vorgedrungen waren, in der Dunkelheit in aller Eile Feuer an die Angeln des Tores. Als dann plötzlich vom Tempelinneren her die Flamme aufleuchtete, mußten sich auch die Offiziere zusammen mit dem Caesar zurückziehen; jetzt machte auch niemand mehr den Versuch, die Soldaten draußen an der weiteren Brandstiftung zu hindern. Auf diese Weise ging also das Tempelgebäude wider den Willen des Caesars in Flammen auf.

8. Man muß gewiß um ein solches Bauwerk sehr trauern; es war ja von allen Bauten, von denen wir aus Berichten oder eigener Anschauung Kenntnis haben, das Wunderbarste; zunächst wegen seiner Bauart und Größe, dann aber auch wegen seiner Kostbarkeit in jeder Einzelheit und wegen der Erhabenheit seiner heiligen Räume. Doch wird man überreichen Trost finden in dem Gedanken, daß Werke und Stätten der Menschen dem Verhängnis ebensowenig entrinnen können wie lebende Wesen. Man muß sich jedoch sehr über die Genauigkeit im Umlauf der Zeiten wundern, die in diesem Schicksal zu erkennen ist: Paßte es doch, wie ich schon erwähnt habe, den Monat und sogar den gleichen Tag ab, an welchem der Tempel einstmals von den Babyloniern in Brand gesetzt worden war. Von seiner ersten Gründung, die durch den König Salomo erfolgt war, bis zu seiner jetzigen Zerstörung, die in das zweite Regierungsjahr Vespasians fiel, ergeben sich 1130 Jahre, 7 Monate und 15 Tage, von der zweiten Gründung, die Haggai im 2. Jahre des Königs Kyros vollzog, bis zur Eroberung unter Vespasian 639 Jahre und 45 Tage.

[5. Kapitel] 1. Während der Tempel brannte, raubten die Soldaten alles, was ihnen gerade in die Hände fiel, und mordeten sie die Juden, deren sie habhaft wurden, in ungezählter Menge. Dabei kannten sie kein Erbarmen mit dem Alter und keine Scheu vor dem Heiligen, sondern Kinder und Greise, Laien und Priester wurden ohne Unterschied umgebracht. Der Krieg wütete ohne Ausnahme gegen jede Sippe, gleich ob die Menschen um Gnade baten oder sich noch zur Wehr setzten. Das Prasseln der weit aufschießenden Flamme begleitete das Stöhnen der Fallenden: Wegen der Höhe des Tempelberges und der Größe des im Feuer flammenden Bauwerkes hätte man meinen können, die ganze Stadt stehe in Brand, aber man hätte sich auch wohl nichts Gewaltigeres und nichts Schrecklicheres vorstellen können als das Geschrei, das sich dort erhob. Bei den römischen Legionen erhob sich der Kampfruf, wenn sie auf die Feinde stießen, und Klagegeheul bei den durch Feuer und Schwert ringsum eingeschlossenen Aufrührern; das Volk, das sich oberhalb befand und jetzt abgeschnitten war, wandte sich voller Schrecken zur Flucht – gerade den Feinden in die Hände! Und zu dieser Schreckensszene kam das Jammergestöhn. In das Geschrei der Menschen auf dem Tempelberg stimmte die Menge von der Stadt her ein. Selbst viele von denen, die schon vor Hunger am Verschmachten waren und kein Wort mehr hervorbringen konnten, fanden wieder Kraft zu Jammer und Klage, als sie den Tempel brennen sahen. Die gegenüberliegende Landschaft sowie die Berge ringsum hallten wider und machten das Getöse noch stärker. Doch weit fürchterlicher als dies schreckliche Geschrei waren die Leidensszenen selber. Dem Betrachter schien es, als wenn der Tempelberg von seinem Fuße ab nur noch eine brodelnde Masse sei, allenthalben vom Feuer überflutet, als ergieße sich das Blut in noch mächtigeren Strömen als das Feuer, und als seien die Ermordeten noch zahlreicher als die Mörder. Vor lauter Leichen war nirgends mehr der Erdboden zu sehen; vielmehr mußten die Soldaten auf Haufen von Leibern treten, um den Fliehenden nachzusetzen. Der Haufe der Räuber brachte allerdings die Römer zum Weichen, schlug sich mit Mühe in den äußeren Tempelhof durch und entkam von dort aus; doch was von der Volksmenge noch übrig war, mußte sich auf die äußere Säulenhalle flüchten. Einige Priester rissen zunächst die spitzen Stangen vom Tempeldach samt dem Blei, in das sie eingesetzt waren, herunter und warfen sie auf die Römer; später aber, als sie damit nichts ausrichteten und das Feuer bis zu ihnen emporschlug, zogen sie sich auf die 8 Ellen breite Mauer zurück und verharrten dort. Zwei der angesehensten indessen, denen es freigestanden hatte, durch Übergang zu den Römern ihr Leben zu retten, oder zusammen mit den anderen das Unheil abzuwarten, stürzten sich selbst in das Feuer hinab und verbrannten mit dem Tempel. Es waren Meir, der Sohn des Belgas, und Josephus, der Sohn des Daläus.

2. Da die Römer es für sinnlos hielten, nun, da der Tempel brannte, gegen die um ihn liegenden Gebäude schonend zu verfahren, setzten sie alles miteinander in Flammen, sowohl die restlichen Hallen, wie auch die Tore

außer zweien, einem von den Osttoren und dem Südtor; auch diese machten sie später der Erde gleich. Sie zündeten auch die Schatzkammern an, in denen eine zahllose Menge Geld, Gewänder und andere Kostbarkeiten, kurz der ganze Reichtum der Juden aufgehäuft war, da dorthin die Wohlhabenden ihren Besitz geschafft hatten. Die Römer kamen auch zu der noch übriggebliebenen Halle des äußeren Tempelbezirks; dorthin aber hatten sich Frauen, Kinder und sonst allerlei Volk, an die 6000, geflüchtet. Ehe jedoch der Caesar über diese Leute eine Entscheidung getroffen hatte und ehe die Offiziere Befehle ausgegeben hatten, legten die Soldaten, von ihrer Raserei fortgerissen, Feuer an die Halle; so kam es, daß die einen zugrunde gingen, als sie sich aus der Glut herausstürzten, die anderen aber in ihr selbst. Gerettet aber wurde von so vielen kein einziger. Schuld an ihrem Verderben war ein falscher Prophet, der an jenem Tag auftrat und dem Volk in der Stadt verkündete, Gott befehle, zu dem Heiligtum hinaufzusteigen und die Zeichen der Rettung zu erwarten. Es gab damals überhaupt viele Propheten, die von den Tyrannen beim Volk eingesetzt wurden und verkündeten, daß man auf die Hilfe von Gott warten solle, damit weniger Leute überliefen und diejenigen, die über Furcht und Gefängnis schon hinaus waren, durch Hoffnung ermuntert würden. Wie schnell läßt sich der Mensch im Unglück bereden! Wenn ihm aber der Betrüger gar die Errettung aus der furchtbaren Not, die ihn niederhält, vorspiegelt, dann gibt sich der Leidende völlig der Hoffnung hin.

Joachim Rosenauer
Sád-ud-Dewlet

Über tausend Jahre waren seit der Zerstörung des heiligen Tempels zu Jerusalem verflossen. – Die spärlichen Überreste Israels, in alle Enden der Welt zerstreut, hatten allmälig die Erinnerung ehemaliger Herrlichkeit aus ihrem blutenden Herzen gerissen, und nach langen, verzweiflungsvollen Kämpfen gegen die Macht der stolzen Unterdrücker, nachdem unter Bar Kochba ihr letzter Hoffnungsstern gesunken, nachdem in Alexandrien und mehrern Städten des römischen Reiches Tausende von ihnen als wahre Opferlämmer auf der Schlachtbank der Würger ihr dem heiligen Väterglauben geweihtes Leben ausgehaucht, das müde Haupt endlich widerstandlos unter das Joch der Sklaverei geneigt. – Ungeschwächt aber blieb die verzehrende Sehnsucht, die sie hinzog zu der heiligen Gottesstätte, und glücklich pries sich, wem es nur gegönnt war vor deren Trümmern (denn sie betreten durften sie nicht!) die Brust mit zitternder Rechten zu schlagen, und das tränenüberströmte Antlitz tief in den Staub zu beugen. – Doch auch über ihre Widersacher war der Tag des Gerichtes gekommen. – Mit erderschütterndem Falle war der Riesenkoloß des römischen Reiches in sich selbst zusammengestürzt, größeres Unheil als sie selbst je einem anderen Volke zugefügt, ward den verweichlichten Römern durch die wilden aus dem Osten sich heranwälzenden Völkerzüge angetan, und Alarich der kühne Westgotenfürst hatte sie von dem Wermutskelche Carthagos und Jerusalems kosten lassen; auch ihre Stadt sank in Schutt und ihre Herrlichkeit in grausige Trümmer. – Doch damit war dem armen Volke Jakob's wenig geholfen. – Kaum hatte den einen Quäler das göttliche Strafgericht erreicht, als sich schon ein anderer, ein noch furchtbarerer wider sie erhob. – Aus bisher wenig gekanntem und genanntem Lande, mit einem in dürren Wüsten sich herumtummelnden, von der heißesten Sonne Asiens gebräunten Volke hatte sich ein Sturm erhoben, Länder und Reiche erschütternd und die arme Saat des Menschengeschlechtes nach allen Winden zerstreuend und teilweise auch vernichtend. – Es war Mahomed, der schwertumgürtete Gesandte Gottes mit seinen Arabern, der solches Unheil über die Völker brachte. Aber das Weh keiner Nation war unter seinen, noch mehr als er kriegerisch gesinnten Nachfolgern größer als das Juda's. – Schreckliches sollten sie erdulden, alle Schmach, die nur auf ein Menschenhaupt gehäuft werden kann, ertragen. Schon der zweite Nachfolger des Propheten, Omar, hatte ihre ewige Erniedrigung und Knechtschaft zum Gesetz erhoben, wozu sich alles andere Leid gesellte.

Doch auch diesen Drängern ward ein Ziel gesetzt von der Vorsehung. Ein ostasiatisches Volk erhob sich, um ihnen so zu tun, wie sie getan. – Es war im dreizehnten Jahrhundert, als die Mongolen von ihren Bergen zu steigen begannen, um unter ihrem furchtbaren Tschingiskhan weltstürmende Züge zu unternehmen.

Durch die unendlichen Ebenen Sibiriens bis hinauf in das europäische Rußland streifend und wie eine verzehrende Flamme Alles vernichtend und zerstörend, setzten sie ihre Eroberungen bis tief in unser Erdteil fort, bis endlich ihre Wut sich an den Eisenharnischen und der Heldenkühnheit der Abendländer ohnmächtig vertobte. – Doch nicht so gelang es ihrem nächsten Nachbar, dem Reiche der Araber. – Diese, einst durch Fanatismus zur größten Tapferkeit aufgestachelt, hatten endlich auf ihren Lorbeern sich in süßen Schlummer eingewiegt, und wie die Römer allmählich verweichlicht und auch deren Schicksal über sich selbst heraufbeschworen. Nachdem schon lange das Khalifat eine bloße Scheingewalt geworden war, fand endlich jene von der Nachfolgerschaft des Propheten sich stolz benennende Würde ihr vollkommenes Ende durch die Tartaren.

Diese Volk aber erfüllte bald ganz Asien mit dem Geräusche seiner Waffen, der Schrecken schritt vor ihm her, Tod und Brand waren seine Begleiter und trostlose Öde und Menschenleere die lang andauernden Spuren seiner Gegenwart. – Unter den furchtbaren Streichen desselben sank eine Säule nach der anderen des einst so stolzen Länderbaues des Propheten in Trümmer.

In dieser für das Araberreich so verhängnisvollen Zeit lebte in einem Örtchen unweit Bagdad ein hochgelehrter Israelit, weit berühmt und gekannt durch seine Kenntnis der Kabbala und aller Arzneiwissenschaften. Als geistvoller Mann hatte er aber auch in allen andern Fächern menschlicher Erkenntnis sich umgetan, und ausgerüstet mit scharfem praktischem Blicke, besonders den Staatswissenschaften viel Fleiß und Eifer zugewendet. – Er war von herrlichem schlankem Körperbau, ein Feuerblick zeugte von der Überlegenheit seiner Seele und das wohlgeformte bartumsäumte Antlitz von menschenfreundlicher Milde sowohl, als bedächtiger Weisheit. – Kaum fand sich Einer in der Gegend, den nicht schon sein helfender Arm aufgerichtet; sei es in Krankheit oder sonstiger Not, er linderte wenigstens, wo er nicht ganz das Weh beseitigen konnte, und ungetröstet verließ ihn sicherlich keiner. – Als Vater und schützender Engel wurde er also weit und breit gepriesen.

Er befand sich eines Tages in seinem Hause im Nachsinnen über seine Folianten versunken. – Da erhob sich entsetzliches Geschrei ringsum im Orte. – Wildes Kriegsgetümmel, Weinen und Wehklagen von Frauen und Kindern schlug an sein Ohr. – Totenbleich stürzte sein Diener ins Zimmer. – »Herr! Herr! eine wilde Mongolenrotte ist in das Dorf gefallen und plündert, mordet und raubt. – Um Gotteswillen rette dich, bevor es zu spät ist.« –

Jedoch der Weise wandte kaum den Blick nach ihm um, sondern fuhr fort im Studium und sprach nur beruhigend lächelnd: »So laß sie nur kommen die Barbaren! Setz dich ohne Furcht in jene Ecke, und bemeistere deine Angst.«

Es verging auch kein viertel Stündchen, als schon die Raubrotte zu dem einfachen Hause des Gelehrten heranstürmte. – Drei der Wildesten drangen voran in sein Gemach. Nachdem sie hier ein Weilchen ihn, der Alles ruhig mit sich geschehen ließ, gehöhnt und verspottet, wagte es einer sogar an sein Antlitz zu greifen und ihn an seinem Bart zu zupfen. – Da fühlte der Heide plötzlich, ohne daß er wußte woher es kam, einen heftigen lähmenden Schlag im Arme, so daß er laut heulend wegsprang, und kaum seinen wilden Genossen bei dem mit seltenem Gaunergeschick vollführten Verpacken der Habseligkeiten zu helfen vermochte. – Unbekümmert um dieses Treiben hatte der Gelehrte kein Auge aus seinem Buche verwandt, kaum daß er es wahrzunehmen schien, daß sein Diener sich zitternd an sein Knie geklammert hatte.

Doch als jetzt die drei Strolche, nachdem sie alles Kostbare sorgsam zusammengerafft und verpackt hatten, zur Türe eilten, da erhob er majestätisch seinen flammenden Blick und – wie festgewurzelt an den Boden standen die Plünderer da, reg- und bewegungslos in der gebeugten Haltung, in welche sie ihre Last genötiget hatte. – Ein furchtbarer Jammerruf entfuhr ihrem Munde, und bald war die ganze Rotte versammelt, um staunend das Mirakel zu sehen. – Da waren denn mehrere, die sich an die Räuber hinan wagten, um sie von dem Platze zu bewegen; doch wie nur Einer den Arm an sie legte, so war er auch schon in die Stellung gebannt, die er zur Rettung seiner Genossen angenommen hatte. –

Da erkannte alles Volk, daß hier Geistermacht im Spiele sei, und jubelte um die bestürzten Mongolen herum, und jauchzte dem kabbalakundigen Gelehrten zu. – Doch dieser hatte wieder seine vorige Beschäftigung fortgesetzt. – Da erhob sich plötzlich lauter kriegerischer Ruf vor dem Hause, eine wilde Musik ertönte.

»Platz dem Feldherrn!« rief es durcheinander, und von seiner Leibwache geleitet, erschien der Heerführer der Tartarn, Orducaya geheißen, und bahnte sich seinen Weg in das Gemach des Gelehrten. – Dieser erhob sich nun und ging dem Kriegsfürsten entgegen, der, ein stattlicher freundlicher Mann, ihn ehrfurchstvoll begrüßte. – »Was hast du mir da getan, großer Magier?« begann er in demütigem Tone. – »Was haben diese mir getan?« erwiderte der Israelit; »weißt du es auch, Feldherr?« – »Wie, sie haben doch nicht gar bei dir zu plündern gewagt? – Nun dann löse sie immer von dem Banne, weisester der Menschen, denn ihre Strafe wird noch härter sein!«

Nach diesen Worten reichte wieder ein Blick des Hebräers hin, den Plünderern ihre frühere Beweglichkeit wieder zu geben. – Die Sage kundet nun nicht, welche Strafe den Verbrechern geworden, aber dafür erzählt jetzt die Geschichte von den weitern Schicksalen des merkwürdigen Israeliten, der kein anderer war, als der später – »Glück des Reiches« – Sád ud Dewlet genannte Minister des Khans Argun.

»Glücklich die Stunde«, fuhr der Feldherr fort, »in der ich dich getroffen! – Ein rettender Engel des Himmels wirst du meinem Herrn erscheinen, der an einer schmerzlichen Krankheit ohne Hoffnung darniederliegt. – Komme, du Trost der Bedrängten, und folge mir zu Ehre und Ruhm.«

Der nicht minder weise als tatenlustige Mann war sogleich bereit dazu, und nur von seinem treuen Diener begleitet machte er sich mit dem Feldherrn auf den Weg.

Es war in Peking, der heutigen Hauptstadt Chinas, wo damals die weltbeherrschenden Mongolenfürsten residierten. Auf der weiten Reise dahin, die durch ganz Persien ging, war schon der Ruf dem großen Kabbalisten vorausgegangen, und scharenweise strömte das Volk herbei, ihn zu verehren. – Besonders aber seine Glaubensbrüder, die nun seit dem im Jahre 1258 durch den Khan Hulagu erfolgten Sturze des Araberreiches freier aufatmeten, umgaben ihn mit ihrem Jubel.–

Vielleicht wird es so Manchem, der nach allem, was er in der Geschichte von ihnen gelesen, sich den schlimmsten Begriff von den Tartaren gemacht, merkwürdig sein zu hören, daß gerade unter ihnen der armen Herde Israels eine merkliche Erleichterung wurde.–

Aber so war es! Es gibt schon so merkwürdige Widersprüche im Leben wie in der Geschichte. – Jene verfeinerten Araber, von denen gerühmt wird, daß sie der Wissenschaft wieder aufgeholfen und der verlassenen Kunst der Griechen sich freundlich angenommen, waren, mit Ausnahme etwa der spanischen, die grausamsten Peiniger des Judentums, trotzdem einzelne Israeliten sich unter ihnen zu hohen Würden aufgeschwungen. Und gerade die Mongolen, deren Barbarei ein Weltschrecken geworden, die der einstigen Geißel Europas, den Hunnen, wohl nicht an Wildheit nachstanden, hegten freundlichere Gesinnungen gegen anders Denkende, gegen Juden und Christen; dem schrecklichen Götzen der Intoleranz weihten sie wohl keines ihrer zahlreichen Opfer. – Eben jener Zertrümmerer des Khalifats Hulagu wird als der mildeste Herrscher in dieser Hinsicht gepriesen, seine Toleranz gegen Juden und Christen soll sehr groß gewesen sein. – Und selbst als später Tagudar (Nikudar) Ogul zum Muhamedanismus überging und demgemäß den Namen Sultan Ahmed annahm, blieb das Los der Juden in seinem Reiche ein freundlicheres. Zwar lag es ihm ob, seinen Eifer für den neuen Glauben zu manifestieren und die Muhamedaner zu begünstigen; doch wenn auch ein Bericht ihn als unduldsamen Verfolger Andersgläubiger darstellt, so schildern wieder andere ihn als milden Beschützer aller Culte. – Immerhin ist, wenn auch die rigorosen Gesetze des Muhamedanismus gegen die Ungläubigen stellenweise nicht ohne Ausführung geblieben, doch gegen sie jene Huld geübt worden, die man im Khalifat nicht gewohnt war, doch im Mongolenreiche natürlich fand.

Doch zu unserem Sád ud Dewlet zurück. Er kam nach Peking und fand in der Stadt allgemeine Betrübnis herrschend; denn der Khan lag ohne Hoffnung darnieder. Sogleich wurde er von seinem Freunde und Beschützer, dem Feldherrn Orducaya, zu dem Herrscher geführt. – Der gelehrte Mann erkannte alsbald den Sitz des Übels. – Und es waren noch keine vier Wochen vergangen, als schon zu allgemeinem Jubel der getreuen Mongolen ihr Herrscher wieder gesund in ihre Mitte trat.

Die Dankbarkeit des geretteten Monarchen gegen Sád ud Dewlet war außerordentlich. – Dieser hatte, wie schon gesagt, früher sich gründliche Kenntnisse in allen Staatswissenschaften erworben, und benützte nun die große Gunst des Herrschers, ihm die Mangelhaftigkeit der bestehenden Reichs- und Steuerverwaltung auseinander zu setzen, und mit überzeugender Beredtsamkeit wies er ihm nach, daß der größte Teil der Einkünfte in die Hände der Beamten komme. – Da bevollmächtigte ihn der Khan, nebst seinem Freunde Orducaya zurück nach Bagdad zu reisen, und eine bessere Verwaltung herzustellen.–

Wieder angelangt in der Heimat, konnte der gelehrte Mann mit Recht wie Jakob sagen: Mit meinem Stabe überschritt ich den Jordan, und nun bin ich Herr zweier Lager. Er unterzog sich aber seinem Geschäfte mit großem Geschicke, so daß er bald in der Lage war seinem Herrn unerwartet große Summen zur Verfügung zu stellen.

Dieser war außerordentlich zufrieden mit ihm, und als er in die Hauptstadt zurückkehrte, belohnte er ihn mit den reichsten Geschenken und bestellte ihn zum Aufseher aller Einkünfte seines Reiches.

Dieses außerordentlichen Vertrauens zeigte sich aber auch der Gelehrte würdig. – Von allgemeinem Beifall begleitet, wirkte er lange segensvoll für seinen Fürsten, so daß dieser auf Ermahnung seiner treuen Räte endlich keinen Anstand nahm, den Juden – zum Finanzminister seines ganzen großen Reiches zu erheben.

Nun war ein goldenes Zeitalter, ein Zeitalter des Glükkes nicht nur für seine Glaubensgenossen, sondern auch für die, nicht minder unter dem Araberregimente gedrückten Christen gekommen. Da die Moslemen sich als eigennützige Verwalter erwiesen hatten, besaß der wackere, unerschrockene Mann den Mut diese abzusetzen und die meisten Verwaltungsstellen mit Juden und Christen zu besetzen. – Seine Brüder, die getreuen Unterstützer seines heilsamen Strebens, machte er alle zu Aufsehern und Beamte im Reiche.

Und der Erfolg seiner Bemühungen war auch ein gesegneter, allenthalben blühten Glück und Wohlstand in den weiten Ländern empor, und Khan Argun konnte nicht umhin sich glücklich zu preisen, einen solchen Diener und Freund zu besitzen.–

Doch, warum muß immer die Tugend ihre Schmäher finden, und das Glück seine Neider? – Auch Sád ud Dewlet entging diesen nicht. Mit großer Seelenstärke und ausdauernder Energie wußte er zwar sich lange allen Schlingen seiner Feinde zu entziehen und den Verrat zu bekämpfen; von nah und fern waren Juden zu ihm geströmt als ihrem milden, schützenden Vater, wie die Küchlein sich unter den Fittichen der Henne sammeln um Schutz vor dem Sturme zu suchen; – aber der Tag des Unglückes nahte wieder. –

Unser großer Gelehrte nämlich hatte sogar, um den fortwährenden Reibungen zwischen den verschiedenen Religionsgenossen vorzubeugen, den gewaltigen Entschluß gefaßt, alle Menschen unter dem Schirme Einer Religion zu verbinden und zu verbrüdern. Das konnten ihm aber am wenigsten die ohnedies gegen ihn erbitterten Moslemen verzeihen. – Ihre Tücke wütete anfangs im Stillen gegen ihn, bis sie endlich ihr Ziel erreichte. –

Zwei Jahre hatte eben sein beglückendes Regiment gewährt, als der Khan Hargun tödlich erkrankte. – Keine Hilfe war mehr möglich, selbst dem gelehrten Sád ud Dewlet war bald alle Hoffnung auf Wiedergenesung verschwunden. – Kaum hatten die Moslems diesen Zustand erkannt, als sie ihre geheimen Rachepläne ausführten.

Der edle, biedere Arzt und Menschenfreund, dem allgemein der Name des »Glück des Reiches« zu Teil geworden war, verschwand plötzlich vom Schauplatze seines segensreichen Wirkens und – keine weitere Kunde ist uns geworden, wie und wo er sein Ende erreicht, wo ihm der Haß der Feinde sein Grab bereitet.

Nach seinem Tode – doch wozu, freundlicher Leser! dir wieder die Vorstellung mit Gestalten des Schreckens anfüllen und mit blutigem Griffel die grausigen Szenen des Mordes und der Plünderung vor die erschütterte Seele führen? – Genug sei es gesagt, daß die Muhamedaner wieder auf einige Zeit die Herrschaft errangen. – Aber auch – ein schwacher Trost bei solcher Bedrängnis! – die Juden hatten ihren alten Heldenmut in sich wach gerufen, und mit großer Tapferkeit das Schwert der Feinde von sich abgewehrt.

Auch diese Tage des Schmerzes gingen vorüber, und wieder lachte auf kurze Zeit unter einem verschwenderischen aber gutmütigen Fürsten die Sonne des Friedens dem hart gequälten Israel!

Danilo Kiš
Hunde und Bücher

Für Philippe David

Im Jahre des Herrn 1330, am dreiundzwanzigsten Tage des zwölften Monats, vernahmen die wachsamen Ohren des ehrwürdigen Vaters in Christo, Monseigneur Jacques, Bischof von Pamiers durch Gottes Gnaden, daß Baruch David Neumann, ehemaliger Jude und Flüchtling aus Deutschland, die Blindheit und Perfidie des Judaismus aufgegeben und den christlichen Glauben angenommen habe; daß er, als die glaubenstreuen Pastoureaux ihre Verfolgungen begannen, in der Stadt Toulouse das Sakrament der Taufe empfangen und später, »wie ein Hund, der sein Erbrochenes frißt«, die Gelegenheit wahrgenommen habe, in der Stadt Pamiers, wo er mit anderen Juden weiterhin nach jüdischer Art lebte, zum Gott jener abscheulichen Sekte zurückzukehren, so daß besagter Monseigneur, der Bischof, ihn verhaften und einkerkern ließ.

Eines Tages befahl er ihn zu sich, und Baruch David Neumann erschien im großen bischöflichen Saal, dessen linker Flügel an die Folterkammer grenzte. Monseigneur Jacques ließ besagten Baruch durch die Folterkammer führen, als wollte er ihn an jene Instrumente erinnern, die der barmherzige Gott zur Verteidigung Seines Heiligen Glaubens und zur Rettung unserer Seele bereitgestellt hat.

Monseigneur Jacques wurde am Tisch von Bruder Gaillard von Pamiers, dem stellvertretenden Inquisitor von Carcassonne, assistiert; anwesend waren ferner Magister Bernard Faissessier, der Offizial von Pamiers, sowie Magister David von Troyes, ein Jude, den Monseigneur der Bischof als Dolmetscher hatte rufen lassen, für den Fall, daß Baruch sich ins Gebiet der Dogmen und Gesetze vorwagen würde, war er doch ein reputierter Kenner des Alten Testaments, der judaistischen Gesetze und des »Teufelsbuchs«*.

* »Das Buch des Teufels« ist nur eine von zahlreichen berühmten Metaphern für den nicht weniger berühmten Talmud. A.D. 1320 ließ Papst Johannes XXII. sämtliche Exemplare dieses häretischen Buches beschlagnahmen und auf dem Scheiterhaufen verbrennen; es ist bekannt, daß in jener Zeit auf dem gesamten christlichen

Monseigneur Jacques begann ihn darauf über die obenerwähnten Ereignisse auszufragen, nachdem der Jude beim Gesetz Mosis geschworen hatte, er werde nur die Wahrheit sagen – in erster Linie über sich selbst, aber auch über andere, Lebende und Tote, auf die er sich als Zeugen berufen würde.

Als dies getan war, legte er das folgende Geständnis ab:

»In diesem Jahre (am letzten Donnerstag war es genau einen Monat her) kamen ehrwürdige Pastoureaux nach Granada; sie waren mit langen Messern, Säbeln und Knüppeln bewaffnet, trugen auf den Gewändern Kreuze aus Ziegenhaar, schwangen Rebellenfahnen und drohten, sie würden alle Juden ausrotten. Salomon Vudas, ein junger Jude, suchte daraufhin den Generalverteidiger von Granada und dessen Schreiber, den Juden Eleasar, auf und fragte den Generalverteidiger, wie er mir später erzählte, ob ihn dieser vor den ehrwürdigen Pastoureaux beschützen würde. Er bejahte. Als die Pastoureaux jedoch in immer größerer Zahl herbeiströmten und sogar die Häuser der Christen und der Notabeln zu durchsuchen begannen, sagte der Generalverteidiger zu Salomon, daß er ihn nicht länger beschützen könne, und riet ihm, ein Boot auf der Garonne zu besteigen und nach Verdun zu fahren, wo einer seiner Freunde ein großes und sicheres Schloß besitze. Salomon nahm also ein Boot und wollte damit den Flußlauf hinunter nach Verdun fahren. Als die Pastoureaux ihn jedoch vom Ufer aus erspähten, beschafften sie sich rasch

Archipel die Wachsoldaten an den Zöllen jüdische Karawanen durchsuchten, wobei sie Schmugglerware, Seide, Leder und Gewürze durchstöberten, ohne daran zu rühren (es sei denn aus persönlicher Begierde), und daß die auf den Geruch der »Teufelsschrift« sensibilisierten Bernhardinerhunde die speckigen Kaftane der bärtigen Kaufleute beschnüffelten und ihre Schnauzen unter die Röcke der erschrockenen Frauen steckten, bis sie zu guter Letzt eine schwere Tollwutepidemie auslösten und sogar christliche Kaufleute anfielen und ihre Schnauzen unter die Gewänder unschuldiger Pilger, Priester und ehrwürdiger Schwestern steckten, die getrockneten Fisch und Camembert aus Katalonien schmuggelten, im Volksmund »crotte de diable«, Teufelskot, genannt. Doch damit endete die Fahndung nach dem Talmud nicht; Jean Gui, »der Eiserne«, beschlagnahmte und verbrannte allein im Jahre 1336 zwei ganze Wagenladungen des inkriminierten Buchs, während seine früheren und späteren Taten dem heutigen Forscher leider unbekannt sind. Derselbe Jean Gui, »der Eiserne«, *en fer* (was einige seiner Gegner wegen lautlicher Assoziationen und aus Neid wie *Enfer*, Hölle, aussprachen und sogar schrieben), zeigte sich offenbar besonders beflissen, da er, außer dem Talmud, auch solche Bücher und Menschen zu verbrennen begann, die nicht auf dem offiziellen päpstlichen Index standen; so geriet er eine Zeitlang unter den Druck des Klerus, der ihn sehr fürchtete und sich seinerseits an die päpstlichen und göttlichen Weisungen hielt. Es ist bekannt, daß Jean Gui, »der Eiserne«, aus jenem blutigen Kampf als Sieger hervorging, während ein Großteil seiner Gegner auf dem Scheiterhaufen endete. Er soll halbverrückt in seiner Mönchszelle gestorben sein, umgeben von Büchern und Hunden. (Anmerkung des Übersetzers) ein Boot mit Rudern, zogen ihn ans Festland und führten ihn gefesselt nach Granada, wobei sie ihm drohten, sie würden ihn töten, wenn er sich nicht taufen lasse. Der Generalverteidiger, der, die Hand vor der Stirn, vom Ufer aus alles genau beobachtet hatte, trat hinzu und sagte: Falls sie Salomon töteten, so sei dies, als ob sie ihm selbst den Kopf abschlügen. Da erwiderten sie, daß sie seine Bitte respektieren würden. Als Salomon dies vernahm, sagte er, er wünsche nicht, daß der Richter seinetwegen Unbill leiden müsse, und bat die Pastoureaux, ihm ihre Forderungen bekanntzugeben. Sie wiederholten: entweder er lasse sich taufen, oder er werde umgebracht. Besagter Salomon erklärte, er wolle lieber getauft werden als sterben. Da tauften sie ihn im trüben Wasser der Garonne, zusammen mit dem Schreiber Eleasar, denn sie hatten einen jungen Priester dabei, der sich auf solches verstand. Zwei ehrwürdige Frauen nähten ihnen Kreuze aus Ziegenhaar aufs Gewand und ließen sie ziehen.

Am nächsten Tage kamen besagter Salomon und Eleasar zu mir nach Toulouse, berichteten über das Vorgefallene und gestanden, sie seien getauft worden, aber nicht aus eigenem Entschluß, und würden gern in den Schoß ihres Glaubens zurückkehren. Falls Jahwe jedoch, so fügten sie hinzu, ihnen eines Tages durch seine Gnade die Augen öffnen und ihnen zeigen würde, daß die neuen Gesetze besser seien als die alten und die Seele sich im Schoße des neuen Glaubens weniger versündige an Mensch und Tier, würden sie sich freien und aufrichtigen Willens taufen lassen. Ich sagte, ich wisse nicht, was ich ihnen raten solle; wenn die christlichen Gesetze ihre Seele freigäben, könnten sie vielleicht ungestraft in den Schoß des Judaismus heimkehren; ich wolle diesbezüglich Bruder Raymond Lesnac, den Stellvertreter Monseigneurs des Inquisitors von Toulouse, konsultieren: er könne ihnen ohne Zweifel Rat und Absolution spenden. So begab ich mich denn mit Bonnet, einem Juden aus Agen, zu besagtem Bruder Raymond sowie zum Advokaten Jacques Marquès, dem Notar von Monseigneur dem Inquisitor von Toulouse, und erzählte ihnen vom Mißgeschick, welches Salomon zugestoßen war, und fragte sie, ob eine Taufe, die gegen den Wunsch und Willen des Täuflings vollzogen, sowie ein Glaube, der aus reiner Todesangst angenommen worden sei, überhaupt Gültigkeit hätten. Sie erwiderten, daß eine solche Taufe ungültig sei. Alsbald eilte ich zu Salomon und Eleasar und überbrachte ihnen die Nachricht von Bruder Raymond und Advokat Jacques, wonach ihrer Taufe die Kraft des wahren Glaubens fehle, sie also berechtigt seien, zum mosaischen

Glauben zurückzukehren. Salomon vertraute sich nun Monseigneur dem Ratsherrn von Toulouse an, auf daß dieser die Meinung der römischen Kurie in bezug auf die Gültigkeit seiner Taufe erfrage, denn besagter Salomon fürchtete, daß seine Rückkehr zum Judaismus als Heuchelei ausgelegt werden könnte.

Als dies getan war, kehrten Salomon und Eleasar zum mosaischen Glauben zurück; nach talmudischem Brauch schnitt man ihnen mit einer scharfen Schere an Händen und Füßen die Nägel ab, schor ihr Haar und wusch ihren Körper in Quellwasser, so wie nach dem Gesetz Körper und Seele einer Fremdstämmigen gereinigt werden, die einen Juden ehelicht.

Die Woche darauf ließ Herr Aloder, stellvertretender Bürgermeister der Stadt Toulouse, vierundzwanzig Wagen mit Bürgern und Pastoureaux herbeitransportieren, die wegen des Blutbads, das sie in und um Castelsarrasin an hundertzweiundfünfzig Juden jeden Alters angerichtet hatten, festgenommen worden waren. Als die Wagen mit besagten Leuten beim gräflichen Schloß von Narbonne ankamen und als bereits zwanzig Wagen durch die Toreinfahrt getrieben worden waren, strömte eine große Menge von Toulousern herbei. Da riefen, die in den letzten Wagen saßen, um Hilfe und klagten, man wolle sie einkerkern, obwohl sie keine Sünde begangen, vielmehr Christi Blut gerächt hätten, das bis zum Himmel schreie. Im Glauben, daß hier Unrecht geschehe, begann die Menge der Toulouser alsbald, mit Messern die Stricke durchzuschneiden, mit welchen die Rächer gefesselt waren, letztere von den Wagen zu heben und im Verein mit ihnen lauthals ›Tod den Juden!‹ zu schreien, worauf sich die ganze Menge ins jüdische Stadtviertel begab. Ich war gerade am Lesen und Schreiben, als ein großer Haufen dieser Leute in mein Zimmer gestürzt kam – bewaffnet mit Unwissenheit, stumpf wie ein Knüppel, und mit Haß, scharf wie ein Messer. Nicht wegen meiner Seide liefen ihre Augen blutig an – wegen meiner Bücher, die in Reih und Glied in den Regalen standen. Die Seide stopften sie sich unter die Mäntel, die Bücher aber warfen sie auf den Boden, traten sie mit den Füßen und zerrissen sie vor meinen Augen. Diese Bücher aber waren in Leder gebunden, mit Zahlen versehen und von gelehrten Männern verfaßt; hätten jene sie lesen wollen, so hätten sie tausend Gründe gefunden, wofür man mich auf der Stelle hätte töten können, und sie hätten auch, hätten sie die Bücher lesen wollen, Arznei und Balsam für ihren Haß gefunden. Ich sagte, sie sollten die Bücher nicht zerreißen, denn *viele* Bücher sind ungefährlich, gefährlich ist nur ein einziges; sie sollten die Bücher nicht zerreißen, da deren Lektüre Weisheit erzeuge und nur die eines einzigen Unwissenheit, Tobsucht und Haß. Sie aber erwiderten, alles stehe im Neuen Testament geschrieben, welches sämtliche Bücher sämtlicher Zeiten enthalte, weshalb man alle andern Bücher verbrennen müsse; falls aber in diesen andern Büchern etwas stehe, was in jenem einen nicht enthalten sei, müsse man sie um so eher verbrennen, da sie ketzerisch seien. Dann fügten sie hinzu, sie bedürften keiner gelehrten Ratschläge, und schrien: ›Laß dich taufen, oder wir klopfen dir sämtliche Buchweisheiten aus dem Kopf.‹

Als ich die blinde Wut des Pöbels sah, als ich sah, wie sie vor meinen Augen Juden umbrachten, die sich (teils aus Beharrlichkeit, teils aus Stolz, der mitunter verhängnisvoll sein kann) der Taufe widersetzten, antwortete ich, daß ich mich lieber taufen lassen wolle als eines gewaltsamen Todes sterben, da, *trotz allem*, das vorläufige Leiden im Diesseits mehr wert ist als die endgültige Leere des Nichts. Da ergriffen sie mich und zerrten mich aus dem Haus, ohne daß ich mein Hausgewand gegen eine angemessenere Kleidung hätte vertauschen können, und führten mich, so wie ich war, in die Kathedrale Saint-Étienne. Als ich zur Kathedrale kam, zeigten mir zwei Priester die verstreuten Leichen einiger Juden; ihre Leiber waren verstümmelt, ihre Gesichter blutüberströmt. Dann wiesen sie auf einen Stein vor der Kirche, bei dessen Anblick ich selber versteinerte: Auf dem Stein lag, gleich einer blutigen Kugel, ein Herz. ›Sieh hin‹, sagten sie, ›dies ist das Herz eines Mannes, der sich nicht hat taufen lassen wollen.‹ Um das Herz hatte sich eine riesige Menge versammelt, die dieses mit Verwunderung und Abscheu betrachtete. Als ich die Augen schloß, um es nicht sehen zu müssen, schlug mich einer der Anwesenden mit einem Stein oder Knüppel auf den Kopf, wodurch er meine Entscheidung beschleunigte: Ich sagte, ich wolle mich taufen lassen, wünschte mir jedoch zum Taufpaten einen befreundeten Priester, Jean der Teutone genannt. Ich sagte dies in der Hoffnung, ich könne ungeschoren zu Bruder Jean gelangen, der ein guter Freund von mir war und mit dem ich lange Glaubensgespräche geführt hatte; vielleicht vermochte er mich vor dem Tode zu erretten und vor der Taufe zu verschonen.

Da beschlossen die beiden Priester, mich zu Jean dem Teutonen zu bringen, denn dieser war ihr Vorgesetzter, und sie fürchteten, ihm gegenüber einen Fehler zu begehen. Als wir die Kirche verließen, nahm ich Brandgeruch wahr und sah Feuersäulen aus dem jüdischen Viertel aufsteigen.

Dann schlachteten sie vor meinen Augen den Juden Ascher ab, einen Burschen von etwa zwanzig Jahren, und sagten: ›Er hat sich auf deine Lehre und dein Beispiel berufen.‹ Und sie zeigten auf einen andern Burschen, der, wie ich später erfuhr, aus Tarascon stammte, und fügten hinzu: ›Dein Aufschub tötet jene, die an deine Lehre glaubten und deinem Beispiel gefolgt sind.‹ Dann ließen sie den Burschen los, und dieser stürzte, das Gesicht gegen mich gewandt, zu Boden – denn bevor ich etwas vorbringen konnte, hatten sie ihm bereits einen tödlichen Stoß in den Rücken versetzt. Die vor der Kirche versammelten Bürger von Toulouse, welche dem Schauspiel zugesehen hatten, fragten meine beiden Begleiter, ob ich getauft sei, was diese verneinten; ich hatte sie zwar beim Verlassen der Kirche gebeten, falls jemand sich danach erkundigte, zu antworten, daß ich getauft sei, doch hatten sie meine Bitte abgeschlagen. Da hieb jemand aus der Menge erneut mit einem Knüppel auf meinen Kopf, so daß ich glaubte, die Augen fielen mir aus dem Schädel; ich betastete die schmerzhafte Stelle, doch statt Blut war da nur eine Beule, die bald von selber heilte, ohne Zuhilfenahme von Arzneien, Verbänden oder sonstigen Mitteln. Als ich sah, wie man weitere Juden umbrachte, und deren Wehklagen vernahm, und als mir die beiden Priester erklärten, daß sie mich weder vor dem Zorn des Pöbels schützen noch zum Haus des besagten Beichtvaters bringen könnten, da ich getötet würde, bevor wir die Straße erreichten, bat ich sie um Rat. Sie sagten: ›Schlage jenen Weg ein, den wir alle gehen, und wir reichen dir die Hand.‹ Und sie fügten hinzu: ›Suche keine andern Pfade außerhalb des Wegs, den alle beschreiten.‹ Zum Schluß sagten sie: ›Viele von jenen, die deinem Beispiel gefolgt sind, sind umgekommen.‹ Da erwiderte ich: ›Laßt uns in die Kirche zurückkehren.‹

So kehrten wir denn in die Kirche zurück, wo knisternd Kerzen brannten und das kniende Volk mit blutverschmierten Händen betete. Ich sagte zu meinen beiden Wächtern, sie sollten noch etwas warten, ich wolle nur nachsehen, ob meine Söhne kämen.* Sie warteten eine Weile, doch als meine Söhne nicht erschienen, sagten sie, nun sei es des

* Ein moderner Kommentator (Duvernoy) liefert zu diesem Satz folgende Erklärung: »Obwohl uns die Archive diesbezüglich im unklaren lassen, neigen wir dazu, in Baruchs Äußerung nicht nur die Hinauszögerung der ebenso qualvollen wie erniedrigenden Taufprozedur zu sehen, sondern ein Zeichen von List und Taktik: Sollte es seinen Söhnen gelungen sein, der Taufe zu entkommen, wäre dies für den gelehrten Baruch ein hinreichender Grund gewesen, sich ihrer Verachtung nicht auszusetzen; waren sie jedoch tot, wäre sein Entschluß durch den Schmerz bekräftigt worden und hätte sein Tod einem Loskauf geglichen.«

Wartens genug und Zeit, daß ich mich endgültig entschiede: Entweder ich ließe mich taufen, oder mein Platz sei vor der Kirche, wo man die Unentschlossenen niedermetzelte.

Da sagte ich, ich wünschte mir den Vikar von Toulouse zum Taufpaten, wobei ich an den Gerichtsvollzieher Pierre de Savardun dachte, der ein guter Freund von mir war und der mich vor dem Tod und der Taufe hätte bewahren können. Sie aber sagten, der Vikar sei verhindert, da er am selben Tage die Pastoureaux aus Castelsarrasin herbegleitet habe und sich nun ausruhen müsse. Da erhoben sich einige der Knienden, umringten mich von allen Seiten und drängten mich zum steinernen Taufbecken; bevor sie meinen Kopf mit Gewalt ins Wasser tauchten, stieß ich das Wort ›Vikar‹ hervor, dann aber konnte ich nichts mehr vorbringen, denn sie ließen meinen Kopf lange nicht los, so daß ich glaubte, sie würden mich wie einen Hund im heiligen Taufwasser ersäufen. Schließlich führten sie mich zu den Steinstufen und zwangen mich, neben die Betenden hinzuknien. Ich weiß nicht, wie viele es waren und wer es war, denn ich sah niemanden an, sondern senkte den Kopf zum Steinboden. Dann vollzog der Priester, wie mir schien, die für die Taufe notwendigen Zeremonien. Doch bevor er den Text des Taufritus vorzulesen begann, flüsterte mir einer der beiden Fratres ins Ohr, ich solle sagen, daß ich mich freiwillig der Taufe unterzogen hätte, andernfalls ich umgebracht würde. So bekräftigte ich denn, daß ich alles aus freiem Willen täte, obwohl es genau umgekehrt war. Man gab mir den Namen Johann oder Jean; das Volk, das mich umringte, entfernte sich.

Als alles beendet war, bat ich die beiden Fratres, mich nach Hause zu begleiten, damit wir sähen, was von meinem Hab und Gut noch übriggeblieben war; sie aber erwiderten, daß sie nicht mit mir gehen könnten, da sie müde und verschwitzt seien. Doch führten sie mich zu sich, und wir feierten meine Taufe mit Wein aus ihrem Keller. Ich trank den Wein wortlos, da ich mit ihnen über Glaubensfragen nicht reden wollte, obwohl sie mich dazu aufforderten. Schließlich begleiteten sie mich dennoch nach Hause, um zu sehen, was von meiner Habe übriggeblieben war; meine Bücher hatte man zerfleddert und verbrannt, mein Geld geraubt; wir fanden nur sieben Stoffballen, von denen einige geliehen, die andern mein persönliches Eigentum waren, sowie eine Decke aus Aragonseide. Der Frater, der sich seit kurzem für meinen Taufpaten ausgab, stopfte die Stoffe in einen Sack. Als wir das Haus verließen, trafen wir einen Beamten der Stadtverwaltung von Toulouse an, einen

Bekannten meines neuerworbenen Taufpaten, der die Vollmacht und Pflicht besaß, die am Leben gebliebenen Juden zu beschützen. Mein ›Pate‹ also sagte zum Wächter: ›Dieser hier ist getauft und ein guter Christ.‹ Der Wächter gab mir ein Zeichen, und ich trat näher zu ihm heran. ›Möchtest du ein guter *Jude* werden?‹ fragte er mich im Flüsterton. Ich erwiderte: ›Ja.‹ Da fragte er: ›Hast du genug Geld?‹ ›Nein‹, sagte ich, ›aber nehmen Sie dies hier‹, und ich reichte ihm den Sack, in den wir die obenerwähnten Stoffe gestopft hatten. Er übergab ihn einem seiner Leute und sagte: ›Du brauchst nichts zu fürchten; jedem, der dich fragt, gib zur Antwort, daß du ein guter Christ seist, und du wirst heil davonkommen.‹

In einiger Entfernung von meinem Haus stießen mein ›Pate‹ und ich auf zehn städtische Beamte in Begleitung zahlreicher bewaffneter Wächter. Einer der Beamten rief mich zur Seite und fragte im Flüsterton: ›Bist du ein Jude?‹, was ich flüsternd bejahte, damit es der Frater nicht höre. Da forderte der städtische Beamte den Frater auf, mich freizulassen, und dieser übergab mich einem Bewaffneten im Rang eines Sergeanten, mit der Bitte, mich im Namen der Stadtverwaltung und der Munizipalität so zu beschützen, als beschützte er ihn selbst. Der Sergeant nahm mich an der Hand. Solange wir in der Nähe des Kapitols waren, sagte ich allen, die sich erkundigten, ich sei Jude; als wir jedoch in die verrufenen engen Gassen kamen und der Sergeant gefragt wurde, ob ich nicht zufällig ein Jude sei, der sich der Taufe widersetzt habe, antwortete dieser auf meinen Ratschlag, ich sei getauft und ein guter Christ.

Das Gemetzel und die Plünderung unter den Juden dauerten bis zum späten Abend; die Stadt war vom Feuer erhellt, und allerorten heulten die Hunde. Als sich das Volk abends in die Häuser zurückzuziehen schien, wurde ich vom schlechten Gewissen ergriffen, und ich bat den Sergeanten, mich zum Vikar von Toulouse zu führen, damit ich diesen fragen könne, ob eine unter Androhung des Todes vollzogene Taufe gültig sei oder nicht. Wie wir zum Vikar kamen, nahm dieser gerade das Abendbrot ein, und der Sergeant sagte in meinem Namen: ›Da bringe ich Ihnen einen Juden, der von Ihnen persönlich getauft sein möchte.‹ Der andere erwiderte: ›Wir speisen, setzen Sie sich zu uns an den Tisch.‹ Da ich weder essen wollte noch konnte, betrachtete ich die geladenen Gäste und erblickte unter ihnen auch meinen Freund Pierre de Savardun. Ich gab ihm ein Zeichen, und wir gingen hinaus. Ich sagte ihm, daß ich nicht die Absicht hätte, mich taufen zu lassen; er möge dem Vikar ausrichten, dieser solle mich nicht zwingen, da eine erzwungene Taufe ungültig sei. Er tat, wie ich ihn geheißen, und flüsterte dem Vikar meine Worte ins Ohr; den Sergeanten aber hieß er gehen, da er selber mich beschützen werde. Schließlich übergab er mich einem andern Sergeanten, einem seiner Vertrauensmänner, mit dem ich zum Narbonner Schloß aufbrach, um festzustellen, ob sich unter den getöteten Juden, deren Leichen im Schloßhof aufbewahrt wurden, nicht einer meiner Söhne befand. Als wir zurückkehrten, fragte mich der Herr Vikar: ›Willst du heute getauft werden, oder gedenkst du bis morgen zu warten?‹ Da führte ihn Pierre de Savardun beiseite und besprach sich vertraulich mit ihm. Ich weiß nicht, was er ihm sagte, jedenfalls erwiderte der Herr Vikar: ›Natürlich will ich niemanden mit Gewalt taufen, sei er Jude oder sonst wer!‹ Daraus schloß ich, daß die Zwangstaufe, der ich unterworfen worden war, als ungültig zu betrachten sei.

Als diese Sache geklärt war, bat ich besagten Pierre de Savardun um seinen Rat: Sollte ich im Narbonner Schloß bleiben oder weggehen? Als Pierre erklärte, daß alle Juden, die im Schloß Zuflucht gesucht hatten, entweder getauft oder getötet würden, beschlossen wir, daß ich nach Toulouse gehen sollte. Pierre gab mir drei Schillinge und begleitete mich bis zur Wegkreuzung, wo die Hauptstraße nach Montgiscard verläuft; er riet mir, unverzüglich aufzubrechen und, falls ich unterwegs jemanden antreffen sollte, mit diesem nur deutsch zu sprechen.

So beeilte ich mich denn, möglichst rasch nach Montgiscard zu gelangen. Als ich endlich ankam und den Hauptplatz überquerte, stürzten aus irgendwelchen Toreinfahrten Rotten von Menschen auf mich los, bewaffnet mit Knüppeln und Messern, die mich umringten und fragten, ob ich Jude sei oder Christ. Ich fragte, wer sie selber denn seien, sie aber erwiderten: ›Wir sind die ehrwürdigen Pastoureaux im Dienste des christlichen Glaubens.‹ Und sie fügten hinzu: ›Im Namen des himmlischen und des irdischen Paradieses werden wir all jene ausrotten, die von Seinem Wege abweichen, Juden und Nichtjuden.‹ Da sagte ich, daß ich kein Jude sei, und fragte: ›Führt der Weg zum himmlischen und irdischen Paradies etwa durch Feuer und Blut?‹ Sie aber erwiderten: ›Eine einzige ungläubige Seele genügt, um uns alle des Paradieses und der Hoffnung zu berauben, so wie ein einziges räudiges Schaf genügt, um die ganze Herde zu verseuchen.‹ Und sie fügten hinzu: ›Ist es nicht besser, ein einziges räudiges Schaf abzuschlachten, als zuzulassen, daß die ganze Herde verseucht wird?‹ Und sie riefen: ›Nehmt ihn fest, denn seinen Worten haftet Zweifel und Unglaube an.‹ Da fesselten sie mir die Hände und führten mich ab. Ich fragte sie: ›Seid ihr etwa bemächtigt, über die Freiheit der Menschen zu verfügen?‹ Sie aber erwiderten: ›Wir sind Christi Krieger und haben alle Macht, die Verseuchten von den Gesunden abzusondern und die Zweifelnden von denen, die glauben.‹

Da sagte ich ihnen, daß der Glaube aus Zweifel entstehe und daß ich selber ein Jude sei; ich hoffte, sie würden mich nicht töten, denn meine Hände waren gebunden; die Menge aber, der es weder um gelehrte Erörterungen noch um Spitzfindigkeiten ging, hatte sich bereits in Richtung jener düsteren Gassen zerstreut, wo andere Opfer auf sie warteten. Man führte mich in ein großes Haus und daselbst in einen geräumigen Keller, wo sich bereits zehn Juden befanden, unter ihnen der gelehrte Bernardo Lupo mit seiner Tochter, die wegen ihrer Güte La Bonna genannt wurde. Die Nacht und den folgenden Tag verbrachten wir im Gebet. Wir beschlossen, uns nicht taufen zu lassen, vielmehr im eigenen Glauben auszuharren. Unser Gebet wurde nur von den schweren, fetten Ratten gestört, welche die ganze Nacht in den Ecken kreischten und durch den Keller rannten. Am folgenden Tag wurden wir freigelassen und unter Aufsicht nach Mazères verbracht und von dort aus weiter nach Pamiers.«*

»Sind Sie in Pamiers oder anderswo wieder zum jüdischen Glauben zurückgekehrt, gemäß den Formen und Riten des mosaischen Glaubens?«

»Nein. Denn die talmudische Lehre sieht vor, daß einer, der sich freiwillig gemäß den christlichen Vorschriften hat taufen lassen und wieder zu seinem alten Glauben zurückkehren will, sich jenen Riten unterzieht, die ich bereits erwähnt habe (Schneiden der Nägel und des Haars, Körperwaschung), andernfalls er als unrein gilt. Wurde einer jedoch weder freiwillig noch nach den christlichen Vorschriften getauft, vielmehr unter Zwang, dann braucht nicht so verfahren zu werden, da die Taufe als nichtig gilt.«

»Haben Sie einer oder mehreren Personen, die unter Androhung des Todes getauft wurden, gesagt, daß ihre Taufe ungültig sei und sie ruhigen Gewissens zum Judaismus zurückkehren können?«

* In der Diözese von Pamiers hatten die Juden, aufgrund des Dekrets von Arnaud Dejean, dem Inquisitor von Pamiers, das Recht, frei zu leben; dieses Dekret vom 2. März 1298, welches den Bewohnern und Zivilbehörden verbietet, sich Juden gegenüber »allzu streng und grausam« zu verhalten, zeigt nur, wie sehr in schweren Zeiten persönliche Einstellung und bürgerliche Tapferkeit das sogenannte Schicksal beeinflussen können, das von Feiglingen für unabänderlich gehalten und zum Fatum beziehungsweise zur historischen Notwendigkeit deklariert wird. (Anm. des Übersetzers)

»Nein, außer was ich oben in bezug auf Salomon und Eleasar erwähnt habe.«

»Haben Sie einem oder mehreren Juden gestanden, daß Sie sich nur deshalb haben taufen lassen, um dem Tod zu entgehen, und daß Sie später zum Judaismus zurückkehren wollen?«

»Nein.«

»Haben Sie schon einmal an einem Ritual teilgenommen, als ein getaufter Jude in den Schoß des mosaischen Glaubens zurückgekehrt ist?«

»Nein.«

»Betrachten Sie Ihre eigene Taufe als ungültig?«

»Ja.«

»Weshalb setzen Sie sich freiwillig der Gefahr ketzerischer Gedanken aus?«

»Da ich in Frieden mit mir selbst, nicht mit der Welt, leben will.«

»Erklären Sie sich.«

»Da ich nicht weiß, woran und weshalb die Christen glauben, umgekehrt jedoch weiß, woran und weshalb die Juden glauben, und da ich der Überzeugung bin, daß der Glaube der Juden in den Gesetzen und in den Büchern der Propheten belegt ist, die ich während zwanzig Jahren meines Gelehrtendaseins studiert habe, erkläre ich, daß – solange mir nicht durch meine Gesetze und meine Propheten bewiesen wird, daß der christliche Glaube mit ihnen übereinstimmt – ich mich weigere, das Christentum anzunehmen, und dies trotz der Sicherheit, die mir im Schoß dieses Glaubens gewährt würde, und daß ich lieber zu sterben bereit bin, als meinen Glauben aufzugeben.«

So begann der Disput über den christlichen Glauben zwischen Baruch David Neumann, der mit der ganzen Kraft seiner Argumente Widerstand leistete, und dem ehrwürdigen Vater in Christo, Monseigneur Jacques, durch Gottes Gnaden Bischof von Pamiers, der besagten Baruch mit unendlicher Geduld, ohne Zeit und Kraft zu sparen, der Wahrheit zuzuführen versuchte. Besagter Jude beharrte hartnäckig auf seinem Glauben, indem er sich aufs Alte Testament berief und das Licht des christlichen Glaubens, das Monseigneur Jacques ihm barmherzig spendete, verwarf.

Am 16. August 1330 A.D. geriet besagter Baruch schließlich ins Wanken, bekannte und unterschrieb, daß er sich vom jüdischen Glauben lossage.

Als besagtem Baruch das Protokoll des Verhörs vorgelesen und er gefragt wurde, ob er sein Geständnis während der Folterung oder gleich danach gemacht habe, erwiderte dieser, daß er sein Geständnis kurz nach der Folterung, gegen neun Uhr morgens, abgelegt und in den Abendstunden desselben Tages wiederholt habe, ohne daß man ihn in die Folterkammer gebracht hätte.

Jenem Verhör wohnten bei Monseigneur Jacques, durch Gottes Gnaden Bischof von Pamiers, Bruder Gaillard von Pamiers, Magister Bernard Faissessier, Magister David von Troyes, ein Jude, und wir, Guillaume Pierre Barthes und Robert de Robecourt, die Notare Monseigneurs des Inquisitors von Carcassonne.

Es ist bekannt, daß Baruch David Neumann noch zweimal vor dem nämlichen Tribunal erschien: das erste Mal Mitte Mai des folgenden Jahres, als er erklärte, daß er durch die neuerliche Lektüre der Gesetze und Propheten in seinem Glauben erschüttert worden sei. Es folgten lange Dispute über die hebräischen Quellen; die geduldige und langwierige Argumentation von Monseigneur Jacques veranlaßte Baruch, sich abermals vom Judaismus loszusagen. Das letzte Urteil stammt vom 20. November 1337. Das Protokoll des Verhörs hat sich nicht erhalten, indes spricht Duvernoy die klare Vermutung aus, der unglückliche Baruch sei wahrscheinlich an den Folterungen gestorben. Eine andere Quelle nennt einen gewissen Baruch, der für nämliches Meinungsdelikt verurteilt und zwanzig Jahre später auf dem Scheiterhaufen verbrannt worden sei. Es dürfte sich schwerlich um dieselbe Person handeln.

Anmerkung

Die Geschichte von Baruch David Neumann ist eigentlich die Übersetzung des dritten Kapitels des Inquisitionsregisters *(Confessio Baruc olim iudei modo baptizati et postmodum reversi ad iudaismum)*, in welchem Jacques Fournier, der nachmalige Papst Benedikt XII., sämtliche Geständnisse und Zeugnisse, die vor seinem Tribunal abgelegt worden waren, detailliert und gewissenhaft wiedergibt. Die Handschrift wird im Lateinischen Fonds der Vatikanischen Bibliothek unter der Registrationsnummer 4030 aufbewahrt. Ich habe am Text lediglich unbedeutende Kürzungen vorgenommen, und zwar an den Stellen, wo über die Heilige Dreifaltigkeit, über Christus, den Messias, über die Erfüllung der Worte des Gesetzes und über die Widerlegung gewisser Wahrheiten des Alten Testamentes disputiert wird. Die Übersetzung erfolgte aufgrund der französischen

Version von Monseigneur Jean-Marie Vidal, ehemals Vikar der Kirche des heiligen Louis in Rom, sowie jener des katholischen Exegeten Hochwürden Ignaz von Döllinger, die 1890 in München erschienen ist. Diese Texte wurden, mit gelehrten und nützlichen Kommentaren versehen, seither mehrmals nachgedruckt, das letzte Mal, meines Wissens, im Jahre 1965. Das Original des erwähnten Protokolls (»eine schöne Pergamenthandschrift, zweispaltig in Druckbuchstaben geschrieben«) erreicht den Leser somit als dreifaches Echo einer fernen Stimme – der Stimme Baruchs, falls wir auch seine Stimme in der Übersetzung dazurechnen, gleichsam als Widerhall von Jahwes Gedanken.

Die zufällige und unverhoffte Entdeckung dieses Textes – eine Entdeckung, die zeitlich mit dem glücklichen Abschluß meiner Arbeit an der Erzählung *Ein Grabmal für Boris Dawidowitsch* zusammenfiel –, gewann für mich die Bedeutung einer Offenbarung und eines Mirakels: die Analogien zur erwähnten Geschichte sind dermaßen offensichtlich, daß ich die Übereinstimmung der Motive, Daten und Namen für einen göttlichen Eingriff halte, *la part de Dieu*, oder für eine Machination des Teufels, *la part du diable*.

Die Beständigkeit der moralischen Überzeugungen, das Vergießen unschuldigen Opferbluts, die Ähnlichkeit der Namen (Boris Dawidowitsch Nowskij – Baruch David Neumann), die zeitliche Koinzidenz zwischen der Verhaftung Nowskijs und derjenigen Neumanns (am gleichen Tage des verhängnisvollen Monats Dezember, im Abstand von sechs Jahrhunderten, 1330 – 1930), all dies kam mir plötzlich vor wie eine entwickelte Metapher der klassischen Doktrin vom zyklischen Kreislauf der Zeiten: »Wer die Gegenwart sah, hat alles gesehen: was sich in der fernsten Vergangenheit zugetragen hatte sowie das, was sich in der Zukunft ereignen wird« (Mark Aurel, *Gedanken,* Buch VI, 37). Mit den Stoikern (und mehr noch mit Nietzsche) polemisierend, hat J.L. Borges ihre Lehre wie folgt formuliert: »Die Erde wird periodisch vom Feuer zerstört, das sie erschaffen hat, und stets wiedergeboren, um dieselbe Geschichte von neuem durchzumachen. Wieder vereinigen sich verschiedene Samenpartikel, wieder erhalten Steine, Bäume und Menschen Konturen, und selbst die Tugenden und Tage, denn es gibt für die Griechen kein Substantiv ohne Substanz. Wieder erscheinen jedes Schwert und jeder Held, wieder jede triviale schlaflose Nacht.«

In diesem Zusammenhang spielt die Reihenfolge der *Varianten* keine besondere Rolle; ich habe mich indes für die Reihenfolge der geistigen, nicht der historischen Daten entschieden: die Geschichte von David Neumann habe ich, wie gesagt, *nach* der Abfassung der Geschichte über Boris Dawidowitsch entdeckt.

Chajim Bloch
Verkündigung der Verwüstung Spaniens

Der Maranne Rabbi Abraham ben Josef diente jahrelang dem König von Spanien als Leibarzt. Im Alter kehrte er zum Glauben seiner Ahnen zurück und unterzog sich zur Buße seiner Sünden der großen Kasteiung. Dann ging er nach Erez Israel und ließ sich in der heiligen Stadt Safed nieder. Rabbi Abraham erzählte verschiedene wunderliche Dinge aus dem Leben unserer Brüder, der Marannen. Auch gab er die Rede wieder, in der ein Mönch dem König den Untergang Spaniens verkündet hat.

Als sich der König eines Tages vor Tisch die Hände wusch, tauchte jäh ein fremder Mönch vor ihm auf. Er verneigte sich vor dem Herrscher und begann: »Herr und König! Durch vierzehn Jahre erschienen mir Nacht für Nacht zwei Engel und trugen mir auf, deinen Vater, der damals die Krone Spaniens trug, zu warnen und zu ermahnen, die Marannen nicht allzusehr zu martern. So lade er schwere Schuld auf sich und werde einmal für diese Menschenopfer schwer zu büßen haben. Ich erfüllte meine Sendung. Dein Vater aber schalt mich und handelte meinen Ermahnungen zuwider. Da kam die furchtbare Krankheit über ihn und er wand sich jahrelang in gräßlichen Schmerzen. Es war offenbar, daß der König die Qualen, die er den Marannen zugefügt hatte, nun selber büße. Alle Welt hielt es für einen Fingerzeig Gottes, daß er den Leuten seiner Umgebung lästig wurde, sodaß sie seinen Tod beschleunigten. ›Du Menschensohn, wie mächtig du auch sein magst, du wirst ein böses Ende nehmen!‹ Als du zum König gesalbt wurdest und auf den väterlichen Thron kamst, wurden die Befehle noch gehässiger, wurden die Verfolgungen noch grausamer. Nun erschienen mir vor kurzem die beiden himmlischen Boten wieder und trugen mir neuerlich eine schwere Botschaft auf. ›O mächtiger König und Herrscher, du hast vor, jene Marannen, die aus Spanien flohen, durch hinterlistige Versprechungen und Zusagen zur Rückkehr zu bewegen, um sie dann insgesamt auszurotten. Lasse ab davon, Herr und König, denn dein Ende wird sonst noch furchtbarer sein, als das deines Vaters!‹ So lautete die Botschaft des Engels. Da ich zaghaft war und deinen Ingrimm und deine Vergeltung fürchtete, vermied ich es, dir die Botschaft zu verkünden. Nun aber erschienen mir diese Nacht zwei Engel und waren nahe daran, mir mit blankem Schwert das Haupt abzuhauen, weil ich die Botschaft zurückgehalten habe. Erst als ich schwor, noch am heutigen Tage vor dir zu erscheinen, ließen sie von mir ab. Nun höre, was ich dir verkünden muß: ›Vor allem gebe ich dir kund, daß du selbst Marannenblut in deinen Adern hast, deine Großmutter entstammte dem Hause Juda. Wie kannst du also gegen Menschen deines Blutes und deines Fleisches so grausam verfahren, sie so grimmig hassen und verfolgen? Ich habe den Befehl, dir, o Herr und König, zu verkünden, daß du auf dich, auf dein Land und auf das edle Volk Spaniens schwere Schuld lädst, die einst zehnfache Sühne fordern wird. Gott ist langmütig. Entbrennt aber sein Ingrimm und schlägt die Stunde der Vergeltung, dann wehe dir, blühendes Spanien! Du wirst deinen Wohlstand verlieren und zum blutigsten und unglücklichsten Land der Welt werden. Deine stolze Hauptstadt wird sich in einen Trümmerhaufen verwandeln, Heiligtümer werden geschändet, die Gotteshäuser von einem blutroten Feuerschein erleuchtet werden und grauenhafte Kriege werden auf deinem Boden wüten. Furchtbar werden die Verwüstungen sein. Und die Wege des herrlichen Landes werden veröden‹.« Wer bei diesen Reden des Priesters zugegen war, verwunderte sich, daß der König an sich gehalten und den Worten des Mönches gelauscht hatte. Kaum hatte der Mönch seine Rede beendet, da rief der König zornentbrannt: »Hund, scher' dich zum Teufel!« Der Mönch aber blieb unerschrocken: »Lasse dich vom Großinquisitor nicht beirren! Er ist blutdürstig und ein Mann, der im Gewande der heiligen Kirche seinen Lüsten fröhnt. Indem er dich zu den Verfolgungen unschuldiger Menschen beredet, bereitet er dir, unserem edlen Volke und unserem geliebten Lande großes Leid. Er sät den Samen des Hasses und der Blutgier; die Saat aber, die aufgehen wird, wird grauenhaft sein.« Da rief der König den Großinquisitor zu sich, damit er den Mönch zum Schweigen bringe.

Als der Großinquisitor erschien, rief der Mönch mit starker Stimme: »Auch in deinen Adern fließt Judenblut! Ehe aber der Teufel von dir Besitz ergreift, will ich dir durch zwei Vorzeichen die Wahrheit meiner Botschaft beweisen: Morgen gegen Mitternacht wird am Himmelsgewölbe ein Stern mit langem Schweif erscheinen. Am gleichen Tage aber wirst du aus dem Leben scheiden.«

Wie Rabbi Abraham versicherte, trafen die Zeichen ein. Über das Schicksal des Mönches aber wußte er nicht Bescheid.

Karl Emil Franzos
Im »Cheder«

Wer jene engen, dumpfigen Gäßchen polnischer und russischer, rumänischer und ungarischer Landstädtchen durchschreitet, wo die Juden hausen, dem senkt sich, sofern er ein Mensch weichen Herzens ist, ein schwerer Alp auf der Brust. Denn diesen Hütten ist es deutlich abzusehen, daß die alle jene Erbübel bergen, die den Menschensohn bei seiner mühseligen Wanderung belasten. Hier eint sich zur Armut die Verwahrlosung, zum äußeren Druck die innere Rohheit. Kleingeistige Menschen mögen sich jenen Alp durch Ironie verscheuchen, edlere Naturen werden selbst den Spott, zu welchem sie sich bei solcher Wanderung oft genug versucht fühlen, wie ein Joch empfinden. Denn hier verstummt jenes Wahrwort, daß selbst dem traurigsten Ding eine lichte Seite abzugewinnen ist, wenn man nur recht zu suchen versteht; das podolische Ghetto hat keine Lichtpunkte, nicht einmal frisches Grün und helles Kinderlachen. In diesen Gassen rauscht kein Baum und duftet keine Blume; so arm sind diese Menschen, daß ihnen selbst jener Born stiller, tröstlicher Schönheit, der sonst allüberall auf Erden quillt, verschlossen ist. Mächtige Gewalten haben sie der Natur abgewendet: der Haß, der sie zu Flüchtlingen oder Gefangenen gemacht, welchen kein Teilchen der Erde als Eigentum gegönnt war, und die fanatische Verfinsterung ihres an sich so lichten und rein menschlichen Glaubens. Was aber die Kinder betrifft, so sieht man ihrer nur wenige, und diese sind bleich und schwächlich und schleichen trübselig dahin. Wer sich der Tatsache erinnert, daß im Laufe aller Geschichte noch nie eine göttliche Verheißung so reich erfüllt worden, wie jene von der Vermehrung des auserwählten Volkes, mag erstaunt sein, wenn ihm nur zuweilen ein Büblein begegnet, das hastig sich und seinen langen Kaftan und gewöhnlich noch ein schweres Buch obendrein vorwärts schiebt. Aus keinem Hause dringt Lachen oder gar Gesang von Kinderstimmen auf die Gasse – Israel singt nicht! – nirgendwo zeigen sich Rudel von Spielenden. Wo sind sie, wird er fragen, wo sind die Kinder des Ghetto?

Nicht sein Auge kann ihn auf ihre Spur leiten, wohl aber sein Ohr. Wer so langsam eines der alten Gäßchen durchschreitet – und schier in jedem kann ihm dasselbe begegnen – dem tönt plötzlich seltsames, gedämpftes, unaufhörliches Summen ins Ohr. Es schwimmt in den Lüften, es tönt über die Gasse hin, als wäre da irgendwo ein ungeheurer Bienenstock aufgerichtet. Aber Bienenzucht im Ghetto? Wer weiter geht, wird in der Tat rasch seines Irrtums inne; er kann zwei Grundtöne unterscheiden: einen helleren und einen tieferen; es ist der Klang von Menschenstimmen, die unisono sprechen; zuweilen verstummen sie, und es erhebt sich nur eine Stimme, heiser, rauh, und gleich darauf eine andere, die jammernd kreischt oder schluchzend um Erbarmen fleht. All dies Getön dringt aus einer ärmlichen Hütte, gewöhnlich der kleinsten und wackeligsten des Gäßchens. Die Lehmmauern sind geborsten, das Strohdach sitzt schief und tief auf ihnen, wie ein Riesenhut auf dem Kopfe eines betrunkenen Zwerges, die Fensterscheiben sind mit einer Schmutzschicht bedeckt, und hier und dort ist nur geöltes Papier in den Rahmen geklebt. Wer gleichwohl die knarrende Tür öffnet und eintritt, dem schlägt eine Luft entgegen, so stickig, so giftgeschwängert, daß er unwillkürlich einen Schritt zurückweicht, daß ihm das Herz rascher zu schlagen beginnt und der Angstschweiß auf die Stirn tritt. Ein Blick in die Hütte macht ihm diesen Höllendunst erklärlich; in dem einzigen Raume hocken und knien vierzig, fünfzig, zuweilen siebzig bis achtzig Menschen, darunter zwei Erwachsene, die übrigen aber kleine, verkümmerte Männlein und Weiblein mit blassen, ängstlichen oder stumpfen Gesichtern, Kinder von vier bis zwölf Jahren. Es ist schier unbegreiflich, wie die Schar innerhalb dieser engen Wände Platz findet, aber der Raum ist auch prächtig ausgenützt, so prächtig, daß dem Menschenfreunde das Herz blutet. Um die beiden Erwachsenen sind zwei große Halbkreise formiert; um den jüngeren Mann haben sich die kleineren, um den älteren die größeren Kinder geschart. Die erste Reihe sitzt auf dem Boden und streckt die Füßchen vor sich hin, die zweite kniet, die dritte hockt auf gekrümmten Beinen, die vierte steht, hält jedoch den Kopf und Rücken gebeugt, die fünfte muß den Kopf emporrekken oder sich auf die Zehen stellen, um den Mann, der in der Mitte auf einem niedrigen Schemel thront, noch zu erspähen. Was die törichten Pädagogen des Westens erst nach langem Experimentieren im Bau der Schulzimmer und der Schulbanke erreicht, ist hier in einfachster, sinnigster Weise verwirklicht: hier sieht der Lehrer jeden Schüler und Alle sehen ihn.

Lehrer und Schüler – das zeigt gleichfalls schon der erste Blick. Freilich paßt, was wir im Hintergrunde sehen, nicht ganz zu der Vorstellung, die sich Europäer von einem Schulzimmer machen. Denn dort präsentiert sich der Wohn-, Schlaf- und Küchenraum einer zahlreichen Familie. Zwei kleine halbnackte Rangen wälzen sich auf einem zerwühlten Bette herum, ein Säugling kreischt in seiner Wiege und ein welkes Weib bereitet am offenen Herde ein Mahl, just kein lukullisches, wenn wir unserer Nase trauen dürfen. Der Herdrauch, der Speisenduft vereinen sich mit der Ausdünstung der vielen Menschen und helfen jenen entsetzlichen Brodem bilden, der uns beim Eintritt fast betäubt. Aber wir sind ja nicht mehr in Europa, sondern in Halb-Asien, und es ist doch ein Schulzimmer, in dem wir stehen, ein »Cheder«. Und nicht bloß heute, sondern Tag für Tag erleiden diese armen Kinder die Tortur des stundenlangen Ausharrens in naturwidrigen Stellungen, die Tortur, verpestete Luft einatmen zu müssen. Doch das geschieht ihrem Körper, was aber ihrem Geiste? »Wer seinen Körper kasteit«, sagt ein uralter Weisheitsspruch dieses Volkes, »um seinen Geist zu erleuchten, ist ein Wohltäter an sich selbst.« Die armen Kinder sehen so betrübt drein, als wüßten sie nichts von diesem Trostspruche, aber sind sie mindestens unfreiwillige Wohltäter an sich selbst? Das ist eine Frage, die sehr verschiedene Beantwortung erfährt. Fanatische Bejahung oder energische Verneinung, es kommt auf den Standpunkt an. Wir aber wollen nicht schon hier urteilen, sondern zunächst die Tatsachen verzeichnen, auf die sich ein Urteil stützen kann.

Der junge Mann dort, um den sich die kleineren Knaben und Mädchen geschart, unterrichtet im Hebräisch-Lesen und -Schreiben. Das Erstere geschieht nach sehr einfacher Methode; der Mann bezeichnet in einem großgedruckten Buche mit einem Stäbchen die einzelnen Buchstaben und ruft ihre Benennung aus, die dann von den Kindern einstimmig wiederholt wird. Das geht durch einige Wochen fort, bis die Kleinen Form und Namen der Buchstaben kapiert haben oder doch haben könnten. Dann beginnt das Prüfen, gleichfalls kollektiv. Der Lehrer deutet auf die Buchstaben, der Chorus brüllt die Namen. Ebenso wird das Buchstabieren, das Lesen, ähnlich das Rezitieren der Gebete gelehrt. Beim Schreibunterrichte kann freilich diese Methode des Vorsagens und Vorschreiens nicht geübt werden; auch fehlt es an Raum, die Kinder gleichzeitig eine Vorlage nachmalen zu lassen; sie treten einzeln an ein Tischchen und malen dort die Zeichen nach. Wer nicht daneben zu Hause schreiben lernt, profitiert wenig vom Unterricht des »Belfer«. So heißt im Jargon dieser jüngere Lehrer; er ist der »Behelfer«, der Hilfslehrer des »Melamid«, des Mannes, der die Schule leitet.

Um diesen sind durchweg Knaben gruppiert, hier werden der Pentateuch und einige Propheten gelesen, in den Jargon übersetzt und kommentiert. In diesem Halbkreise wird etwas minder laut gebrüllt, im übrigen ist die Methode dieselbe, wie auf der ersten Stufe. Der Lehrer sagt Text und Übersetzung vor und läßt sie so oft wiederholen, bis sie sich dem Gedächtnisse eingeprägt; von Formenlehre, von grammatikalischem Unterricht überhaupt findet sich keine Spur; in derselben sinnigen Weise wird die Erklärung des Textes dem Hirn eingetrichtert. Daß sich beide Halbkreise nicht stören, ist zu verwundern, aber diese Erzieher wissen eben die Aufmerksamkeit ihrer Zöglinge zu fesseln: durch das große, quadratische, an den Ecken mit Metall beschlagene Lineal in der Rechten, durch die Birkenrute an der Tür, durch das mit scharfen Kieselsteinen bequem ausgestattete Knieplätzchen am Ofen, denn im »Cheder« wird oft und viel geprügelt.

Und aus welchen Gründen! Strafbar ist, wer seinen Blick von dem Antlitz des Lehrers abwendet, strafbar, wer nichts kann; aber als eigentümliche Spezialität wird in diesen Schulen die Strafe auch dazu verwendet, um denjenigen herauszufinden, der Strafe verdient. Treten wir einen Moment dem größeren Halbkreis näher, hören wir dem Belfer zu.

»Was ist das?« kreischt er und deutet auf einen der Buchstaben. Es ist das hebräische M. »Mem!« schreit der Chorus. Aber einige haben sich geirrt, den Buchstaben mit dem W verwechselt und demgemäß »Wow!« gerufen.

Das geübte Ohr des Belfer hat das herausgehört; die Stimme vermag er jedoch natürlich nicht zu erkennen. Er springt empor. »Wer hat ›Wow‹ gerufen?« schreit er.

Tiefste Stille; »nur die Herzen pochen laut.«

»Du hast gerufen!« ruft der blasse, hagere, nervöse Mensch, und das Lineal trifft die Hand des Knaben vor ihm. Das Bübchen schreit laut auf, beteuert seine Unschuld und wälzt das Verbrechen auf seinen Hintermann. Nun erneuert auch dieser die ohnehin schon sehr vertraute Bekanntschaft mit dem Lineal und so noch ein halb Dutzend Kinder nacheinander. Daß unter den Gestraften vielleicht kein einziger ist, der die Buchstaben verwechselt, tut weiter nichts zur Sache. »Schläge sind heilsamer als Segen«, sagt ein Weisheitsspruch des Orients, und so läßt dieser junge Pestalozzi des »Cheder« das Lineal mit dem Eisenbeschlag auf Gerechte und Ungerechte niederströmen, wie es die Sonne mit ihren Strahlen tut...

Aber auch im anderen Halbkreise gilt nicht bloß das milde, mahnende Wort als Strafe, das beweist ein Blick in das Antlitz des »Melamid«.

In unheimlicher Glut strahlt die mächtige Hakennase aus dem bleichen, verhärmten Gesichte hervor, in welches die Not tiefe Furchen gezogen; die Augen blicken starr und glanzlos und lohen dann wieder in wildem Eifer auf; die dünnen Lippen pressen sich fest zusammen. Die Kleidung verschärft den peinlichen Eindruck; auf dem glattrasierten Haupte sitzt schief ein klebriges Tuchkäppchen, das zerlumpte Westchen mit den Schaufäden daran, die Linnenhose, die schiefgetretenen Pantoffel an den Füßen und nun gar die Wäsche – es ist eine Verwahrlosung, die anschaulich zu schildern vielleicht unmöglich, keinesfalls erfreulich wäre. Und wenn auch der Mann vor uns zufällig ein freundlicher und wohlwollender Lehrer wäre, reinlich ist er sicherlich nicht; ein reinlicher »Melamid« ist in praxi eine Unmöglichkeit und schon der Begriff eine contradictio in adjecto. Und undenkbar, wie die Reinlichkeit, ist am »Melamid« die Enthaltsamkeit von Lineal, Rute und Knieplatz.

In jedem »Cheder« wird gezüchtigt, wie in jedem, mag es nun in einer ungarischen oder dreihundert Meilen weiter nach Nordost in einer russischen »Gasse« stehen, nach derselben Methode gelehrt wird. Sie ist oben bereits angedeutet, ein Beispiel mag sie deutlicher machen.

Nehmen wir an, die Lektüre der Bibel werde eben begonnen. Die Lektüre, richtiger das Memorieren, denn in der Regel haben weder der Lehrer noch die Schüler den Pentateuch vor sich aufgeschlagen; er kann ihn auswendig, sie sollen das Gleiche erlernen. Der Mann räuspert sich. »Macht die Ohren auf«, sagt er, »denn dieses Buch hat Gott selbst aufschreiben lassen, und wer nicht Acht gibt, dem will ich's eintränken!« Das ist die gesamte pädagogisch-historische Einleitung ins Bibelstudium. »Dieses Buch hat Gott selbst aufschreiben lassen« – die schlichte Tatsache enthebt ja wirklich aller weitläufigen Erörterungen!

Die Knaben rücken näher zusammen und richten den Blick noch eifriger als bisher auf das Antlitz des Lehrers – wohl nicht so sehr aus Ehrfurcht vor Gottes literarischer Tätigkeit, als aus Furcht vor Strafe. Der »Melamid« versetzt seinen Oberleib in schwingende Bewegung von rechts nach links und näselt den Text des ersten Verses, der im Dialekt des Ostens beiläufig klingt: *»Beireisches buru eloihim haschumajim weies huerez.«* Und nun hebt er die Hand, und die Knaben schwingen hin und her und wiederholen im Chor die ihnen völlig unverständlichen Worte vier-, fünf-, sechsmal, immer lauter und heftiger, bis der Lehrer wieder die Hand hebt.

»Was bedeut' das?« fragt er und näselt wieder: »Zuerst hat Gott getun machen Himmel und Erd'.« Und wieder wiederholen die Knaben die Übersetzung ein halb dutzendmal. Ob *»buru«* ein Substantiv ist oder ein Verbum, ein Imperfekt oder ein Präsens, ob *»haschumajim«* ein Singular oder ein Plural ist – das erklärt er nicht; sagt er doch nicht einmal, ob und wie sich Text und Übersetzung dekken! So kommt's, daß der orthodoxe Jude trotz seiner unausgesetzten, ja oft genug ausschließlichen Beschäftigung mit der »heiligen Sprache« – nebenbei bemerkt, eine der klarsten, sinnigsten und klangvollsten Sprachen der Erde – gleichwohl sehr selten zu ihrer genauen Kenntnis oder gar faktischen Beherrschung gelangt. Und in diesen seltenen Fällen gewiß nicht durch das »Cheder« und die Talmud-Thora-Schule, sondern auf dem mühseligen Pfade eigenen Nachdenkens und selbständigen Studiums.

Der Übersetzung eines jeden Verses folgt die Erklärung, und sie ist ebenso feststehend wie diese.

»Wie ist das zu verstehen?« fragt der Lehrer. »Warum hat Gott gemacht Himmel und Erde? Nun, wer denn hat sie machen sollen? Wenn Gott sie nicht gemacht hätt', wären sie nicht da, sowie keine Uhr wär', wenn Awrumele Uhrmacher sie nicht gemacht hätt'! Warum hat aber Gott – sein Name sei gepriesen – zuerst Himmel und Erde gemacht? Nun, womit denn hätt' er anfangen sollen? Mit den Sternen? Wohin hätt' er sie hinhängen sollen, wenn noch kein Himmel ausgewölbt war? Oder mit dem Menschen? Wo hätt' er ihn hingestellt, wenn die Erde noch nicht fertig war? Also hat Gott zuerst gemacht Himmel und Erde! – Nun, Moschele, sag's noch einmal.«

Aber Moschele verspricht sich oder vergißt des Uhrmachers zu erwähnen und das Lineal beginnt seine Wirksamkeit. Dann muß Chaim wiederholen; aber der hat noch weniger aufgemerkt, und darum tritt nun eine längere, für ihn sehr schmerzliche, für seine Mitschüler erfreuliche Pause ein, da eine Exekution mit der Rute geraume Zeit erfordert.

Angesichts dieser häufigen Unterbrechungen und dieser Lehrmethode darf es nicht verwundern, wenn trotz des zehnstündigen Unterrichts täglich kaum zehn Verse erlernt und erklärt werden. So würgen die armen Jungen lange Jahre an dem Pentateuch, um schließlich ein Wissen zu erwerben, welches an sich problematisch ist und ihnen zudem unter anderen Umständen binnen ebensoviel Monaten beigebracht werden könnte. Aber die schlimmste Folge dieser Lehrmethode ist noch nicht erwähnt und kann auch nur angedeutet werden: nicht etwa in einer editio castigata wird hier der Pentateuch vorgetragen, sondern Vers für Vers, Wort für Wort. Der »Melamid« schlüpft über keine Stelle hinweg, und wäre sie die bedenklichste; er übersetzt und erklärt seinen sechs- bis zwölfjährigen Schülern Alles, buchstäblich Alles mit einer Genauigkeit, die dem kaltblütigsten Hörer Grauen erwecken müßte! Man wird dies leicht glauben, es gehört wenig Phantasie dazu, um zu erwägen, wie die Geschichte Lots und seiner Töchter samt ausführlichem Kommentar auf Kinder wirken muß!...

So mag dem Manne, der unversehens bei seiner Wanderung durch das östliche Ghetto in ein »Cheder« tritt, nicht die stickige Luft allein das Herz ängstlicher schlagen machen und die Kehle zusammenschnüren. Er flüchtet ins Freie, er atmet reinere Luft, aber die Empfindung des Mitleids, des Staunens wird nicht weichen...

Was bewegt dieses Volk, wird er sich vor Allem fragen, so gegen Leib und Seele seiner eigenen Kinder zu wüten?

»Sein Glaube!« hört man häufig antworten, »die Satzungen der jüdischen Religion«. Das ist nun freilich eine Unwahrheit, gewöhnlich sogar eine bewußte. Das Judentum, die jüdische Religion sind an dem »Cheder« genau ebenso schuldig oder unschuldig, wie das Christentum, die christliche Religion an jener sonderbaren Erziehung, welche die »unwissenden Brüder« in romanischen Ländern ihren Zöglingen angedeihen lassen. Beides sind Auswüchse, welche nichts mit dem Wesen der betreffenden Glaubenslehre zu tun haben. Für das »Cheder« in seiner gegenwärtigen traurigen Form ist die jüdische Religion weder durch ihre Prinzipien, noch durch ihre Satzungen verantwortlich, sondern es ist nur eben ein Produkt jener sozialen und politischen Verhältnisse, unter deren Druck die Judenschaft des europäischen Ostens seit Jahrhunderten ihr Dasein verbracht hat und noch verbringt.

Die Grundanschauung, welche einst zur Errichtung dieser Schulen geführt, ist eine schöne und edle. Es ist dies jene religiös-demokratische Anschauung, welche einst der eigentümlichste Zug dieser Volksseele war. Daß das Wissen ehrenvoll ist und die Unwissenheit schändlich, haben auch andere Völker auf ihr Banner geschrieben; das Judentum ging weiter: Wissen ist die größte, die einzige Ehre, Unwissenheit die größte Schande. Nicht bloß vor Gott, auch untereinander sind alle Juden gleich, sofern sie gleich gebildet sind – nach der Anschauung des nationalen Judentums gab es keinen anderen Adel in Israel, als jenen der Gelehrsamkeit. Wenn heute ein reicher Jude sich überhebt und verächtlich auf einen ärmeren Glaubensgenossen herabblickt, so donnert ihm dieser entgegen: »Auch meine Seele ist vor dem Sinai gestanden!« – und es gibt auch heute nur Wenige, die sich der Gewalt dieses Wortes entziehen, welches das Alpha und Omega des Judentums ist. Jeder Einzelne war dazu berufen, Mehrer oder zum mindesten Erhalter jener geistigen Erbschaft zu sein, welche der Gesamtheit von Gott anvertraut worden, Keiner war mehr, Keiner weniger hierzu berufen; Jeder galt nur insofern, als er diese Mission erfüllte. Reich oder arm – das stand in Gottes Hand; unwissend oder gebildet – dafür konnte Jeder selbst sorgen. So spitzte sich der Gegensatz zwischen Israel und den anderen Völkern schließlich dahin zu, daß das »auserwählte Volk« um Gottes, nicht wie jene, um der Wissenschaft oder sonstiger irdischer Zwecke willen Bildung erwarb. Hier ward das Streben nach Wissen zu einer frommen Handlung, die Unwissenheit zur Sünde.

Freilich bezog sich diese religiöse Pflicht zunächst auch nur auf religiöses Wissen: Kenntnis der Bibel und ihrer Kommentare, der Gebote und Gebete, der hebräischen Sprache. Zunächst, aber keineswegs ausschließlich. Im Gegenteil; es lag im Wesen jener Bücher, die Einbeziehung profaner Kenntnisse und Wissenschaften notwendig zu machen. Der Pentateuch ist ja im Grunde nur ein Kompendium all' des Wissens, welches die Verfasser als ihrem Volke nützlich und notwendig erachteten. Schon die Erläuterung der fünf Bücher Mosis lockte zu näherem Eingehen auf historische, medizinische und sozial-politische Themen. So waren die heiligen Schriften der Kern, um den sich eine ganze Enzyklopädie der verschiedensten Wissenschaften anschloß: der Talmud. Dieses älteste und merkwürdigste Konversationslexikon beweist auf jeder Seite die Universalität der Bildung, des Bildungsstrebens, welches zur Zeit seiner Abfassung im Judentum waltete. Jüdische Gelehrte nahmen Anteil an der Entwickelung der Wissenschaften, die Gelehrten anderer Bekenntnisse schöpften aus jüdischen Quellen. Diese befruchtende Wechselwirkung läßt sich durch Jahrhunderte verfolgen – bis in die Zeit der Kreuzzüge. Hier bricht sie ab. Zwischen den jüdischen und christlichen Pflegern derselben Wissenschaft, der Medizin z.B., erhebt sich eine Scheidemauer: der religiöse Fanatismus. Der Jude wird ins Ghetto gesperrt; was er darin studiert und erforscht, kümmert die christliche Welt nicht mehr. Er freilich versucht es noch lange, mit den wissenschaftlichen Strebungen seiner Unterdrücker in geistiger Verbindung zu bleiben; doch gelingt ihm dies schwer und immer schwerer, je länger die Zeit der Verfolgung, der gewaltsamen Abdrängung währt. Und so wenden sich endlich Wissenstrieb und Eifer jenem Gebiete zu, welches ihm unverschlossen geblieben, von dem er ausgegangen: dem religiösen Gebiete...

Freilich wirkten daneben noch andere, innere Motive in gleicher Richtung: die Frömmigkeit, das Gemüt. Je mehr dieses Volk um seines Glaubens willen leiden mußte, desto inniger hing es an dem »heiligen Worte«, desto tiefer versenkte es sich in sein Studium. Der Wissenstrieb ward zum inbrünstigen, gottbegeisterten Drange. Jeder Axthieb, der an die Tore des Ghetto donnerte, jede Brandfackel, die in das Haus eines Juden flog, jeder Blutstropfen, der um des Glaubens willen vergossen wurde, stärkte diesen Trieb, bis er endlich allmächtig alle sonstigen geistigen Interessen dieses Volkes aufsog und in seine Bahnen zwang.

Noch immer gab es Schulen im Ghetto, und ihre Zahl wurde stets nach Möglichkeit vermehrt. Aber in diesen Lehrstätten wurde hinfort nur noch das »Wort Gottes« gelehrt. Das hatte der Druck von außen bewirkt, und *diese* Tradition nahmen die Juden des Westens: Frankreichs, Deutschlands und Österreichs mit, als sie, durch erneute Verfolgung immer weiter nach Osten gedrängt, endlich in Polen und Rußland sich niederließen. Auch hier erfüllte sich ihre Hoffnung auf ein menschenwürdiges Dasein nur für kurze Zeit. Anfangs milder behandelt, sanken sie bald auch hier zu Parias hinab. Diese äußere Bedrückung wirkte, je länger sie währte, immer verhängnisvoller auf ihre geistige Entwicklung zurück: sie stockte und erstarrte endlich ganz. Ein Produkt dieser geistigen Erstarrung sind das »Cheder« und seine Lehrmethode.

Ich würde mich mit diesen Andeutungen begnügen und zu ihrer Begründung kurzweg auf die Geschichte verweisen, wenn nicht die Erfahrung der letzten Jahre bewiesen hätte, daß selbst Autoritäten die Geschichte des östlichen Judentums nicht kennen oder in ihrer Weise interpretieren, um daraus Kapital für die neueste »Strömung deutschen Geistes«, die Judenhetze, zu schlagen. Darum seien hier zwei historische Momente hervorgehoben. Fixieren wir die Stellung der Juden, wie sie sich etwa vierzig Jahre nach ihrer Einwanderung in Polen darstellt. Das »Volk der Fremdlinge, welches sich nie assimilieren kann«, nimmt kräftigen Anteil an dem geistigen Leben der polnischen Nation. Die Juden werden Ärzte, Rechtsanwälte und Lehrer, an den Universitäten hören jüdische Studenten medizinische, juridische und philosophische Kollegien, das ganze Volk hat seine aus dem Westen mitgebrachte deutsch-spanische Tracht abgelegt und dafür die polnische Nationaltracht angenommen: den langen, durch einen Gürtel zusammengehaltenen Kaftan und die Pelzmütze. Jawohl! diese »polnische Judentracht«, welche heute genügt, um ihren Träger im Westen zum Typus jenes nationalen Judentums zu machen, welches sich selbst in äußeren Dingen der Kultur nicht zu assimilieren vermag, ist die Tracht des polnischen Bürgers und Adeligen im fünfzehnten Jahrhundert und der sprechende Beweis für das Gegenteil.

Freilich sollte diese Tracht bald nur mehr eine Erinnerung an jene Zeit bedeuten, wo es dem Juden gegönnt war, sich der polnischen Nation anzuschließen. Der Neid, der religiöse und nationale Fanatismus riefen auch hier eine Reaktion hervor, und sie gestaltete sich desto grimmiger, je barbarischer das Volk war, von dem sie ausging, und je wuchtiger das Unglück auf diesem Volke lastete. Denn auch hier treffen wir auf jene alte Wahrheit, die eben zur Schmach unseres Jahrhunderts im Westen wieder einmal neu geworden: der Jude ist der Sündenbock für alles Unheil, welches einem Volke zustößt; nur in Zeiten materieller Bedrängnis und geistiger Verrohung erhebt der Judenhaß sein Haupt. Je trostloser der Zustand der »*Respublica Polonia*« wurde, desto schwerer lastete der Bann der Verachtung, Bedrückung und Gemiedenheit auf den Juden. Das hatte aber für die Unglücklichen nicht bloß äußere Folgen. Je düsterer sich das Schicksal eines Volkes gestaltet, desto lauter und kühner regt sich in seiner Mitte der religiöse Fanatismus, die Verpfaffung. Immer finsterer, immer starrer wurden die Formen, bis sie endlich im »Schulchan Aruch«, dem religiösen Zeremonienbuche des siebzehnten Jahrhunderts, gleichsam kodifiziert wurden. Noch immer blühten die »Cheder« und die »Talmud-Thora-Schulen«, aber nun ward ihnen zum Gesetz auferlegt, was früher nur eben ein Produkt herben, äußeren Zwanges gewesen: die ausschließliche Pflege religiösen Wissens. Nun galt die »christliche Wissenschaft« als Sünde. Weil ihr Glaube der einzige Schutz, die einzige Zuflucht dieser beklagenswerten Menschen war, darum türmten sie seine Mauern immer höher, bis dieselben endlich auch allem Lichte den Eintritt versperrten. So gesellte sich zum äußeren Druck das innere Unheil und als notwendige Folge die Verwahrlosung und Rohheit. Und was vier Jahrhunderte verschuldet, können zwei Jahrzehnte nicht wieder gutmachen...

Wie kann das »Cheder« hinweggeräumt werden? Man hat verschiedene Mittel vorgeschlagen. Bestrafung der Eltern seitens der Behörden, amtliche Sperrung dieser Stuben usw. Ein Erfolg läßt sich hiervon nicht erwarten; polizeiliche Maßregeln haben ein Volk noch nie aus seiner geistigen Erstarrung erweckt. Vielmehr bleibt uns hier nur derselbe Trost und dieselbe Antwort, mit welcher unsere Betrachtung der gegenwärtigen Eheverhältnisse im Ghetto geschlossen: auch die »Cheder« werden erst dann aufhören, wenn dereinst die religiöse Duldung, die Bildung ihren Einzug in die Gassen jener entlegenen Landstädte halten werden. Und dieser Tag wird kommen – daran wollen wir auch heute nicht verzweifeln, wo die jüdisch-orthodoxen Knappen des »Schulchan Aruch« einerseits und die Judenhasser andererseits ihre Banner siegreicher entfalten, als man sich vor wenigen Jahren hätte träumen lassen. Habeant sibi! Der letzte entscheidende Sieg bleibt doch immer der Wahrheit und der Menschlichkeit.

Scholem Alejchem
Schmilik

Schmilik ist kein erfundener Name und das, was ich euch erzählen will, keine Legende. Schmilik ist ein wirklich existierender Mensch, lebt in unserer Gegend, und ich kenne ihn! Ein Bursche von siebzehn Jahren, ein einfacher Junge, ein Dorfjunge von einer Eisenbahnstation. Sein Vater – er heißt Naftoli, und die Bauern nennen ihn Pantelej – wohnt bei der Station und lebt von der Eisenbahn; und da er hier seit mehr als dreißig Jahren lebt und sich in dem Dorfe noch vor den Judenverfolgungen des Grafen Ignatjew niedergelassen hat, so hört er auf alle Minister und ihre Zirkulare wie der Bösewicht Haman auf die Gragger; vom Pristaw und Revieraufseher schon gar nicht zu reden. Gar mancher Pristaw und mancher Revieraufseher haben sich hier seit der Zeit abgelöst, und ein jeder von ihnen ließ sich Naftolis Papiere zeigen und hatte große Lust, den Juden aus dem Dorfe zu jagen. Es half ihnen aber wie der vorjährige Schnee. Naftoli pflegte ihnen ganz offen zu erklären: »Ich habe schon mehr als einen Pristaw und einen Revieraufseher überlebt; eher werde ich euch von hier ausräuchern als ihr mich.« Und er behielt jedesmal recht, denn wie der Pristaw so auch der Revieraufseher gingen nach ganz kurzer Zeit zugrunde, und zwar an unheilbarer Liebe. Ihre Liebe war ungeheuer groß, hatte keine Grenzen und bezog sich auf zwei Dinge: auf einen Rubel und einen Schluck Branntwein. Und es ist schwer zu sagen, was sie eigentlich lieber hatten, den Rubel oder den Schluck Branntwein. Ich fürchte, daß sie in dieser Hinsicht einem kleinen Kinde glichen, welches gefragt wird: › Wen hast du lieber – den Vater oder die Mutter?‹ Sollen aber beide in die Erde versinken, wie der Pristaw so auch der Revieraufseher. Wir kehren wieder zu Naftoli und seinem Sohn Schmilik zurück.

Da Schmilik unter Bauern geboren, erzogen und aufgewachsen ist, so redet er wie ein Goj, kleidet sich wie ein Goj, lebt wie ein Goj, denkt wie ein Goj und kümmert sich nur um gojische Interessen, er weiß ganz genau, was Iwan will, was Iwan hat und was Iwan fehlt; er fühlt, wo Iwan der Schuh drückt, und weiß, was Iwan kann, was Iwan nicht kann und was Iwan könnte, wenn Iwan wollte ... Und da Schmilik immerhin Naftolis und nicht Iwans Sohn ist, so kann er beten und russisch wie jüdisch lesen und schreiben; und da er Naftolis und nicht Iwans Sohn ist, so liest er täglich die Zeitung und weiß, was in der Zeitung über den Krieg, den Frieden, die Streiks, Aufstände, Manifeste, Pogrome und andere schöne Sachen steht, die bei uns in unserem gesegneten Lande vorgehen. Schmilik teilt alles, was er gelesen hat, den Bauern mit. Denn die Bauern verstehen, nebbich, nicht zu lesen, wollen aber gerne wissen, was in der Welt vorgeht; sie lechzen danach, wissen aber gar nichts; und selbst das, was sie wissen, wissen sie nur stückweise und von einer Seite wie kleine Kinder oder Wilde.

»Ihr seid ein finsteres Volk«, sagte ihnen Schmilik. »Ihr wißt gar nichts.«

»Es ist wahr«, antworten die Bauern. »Wir sind ein finsteres Volk und wissen gar nichts.«

Und da sie ein finsteres Volk sind und gar nichts wissen, aber gerne alles wissen wollen, so muß Schmilik ihnen die Zeitung vorlesen und alles erklären.

»Erzähle uns doch, Schmilik«, bitten sie ihn, »was die Gelehrten schreiben, was die Klugen sagen.«

Und Schmilik ist nicht faul; er setzt sich zu ihnen auf die Erde und liest ihnen vor, was die Gelehrten schreiben und was die Klugen sagen. Und die Bauern hören ihm zu, starren ihm in den Mund und glauben ihm jedes Wort. Sie glauben nur ihm allein und sonst niemand. Und wenn sie etwas hören, was sie nicht verstehen, so fragen sie Schmilik. Und wenn man ihnen etwas Neues erzählt, so glauben sie nicht und wenden sich an Schmilik. In allen Fällen wenden sie sich an Schmilik.

Man kennt Schmilik nicht nur in dem einen Dorf, wo seine Eltern wohnen, sondern in der ganzen Gegend, in fünfzig Dörfern ringsherum. Groß ist Schmiliks Name!

Als die Nachricht eintraf, daß man in allen großen Städten die Juden schlägt, kamen die Bauern von allen fünfzig Dörfern zu Schmilik und baten ihn, er möchte ihnen den kaiserlichen Ukas vorlesen, durch den den Bauern erlaubt wird, die Juden drei Tage hintereinander zu morden und zu plündern.

»Geht nach Hause«, sagte ihnen Schmilik, »es gibt keinen Ukas, daß man die Juden morden und plündern soll.«

Die Bauern hörten seine Worte, blieben aber noch unentschlossen stehen und kratzten sich die Nacken. »Geht nach Hause!« sagte ihnen Schmilik noch einmal. »Was kratzt ihr euch?«

Die Bauern standen noch eine Weile da, erklärten aber schließlich Schmilik, er solle *für sich* keine Angst haben ... Schmilik hörte sie an und sagte, daß er für sich auch so keine Angst habe ... Darauf sagten ihm die Bauern, er solle auch für seinen Vater keine Angst haben ... Darauf sagte ihnen Schmilik, daß auch sein Vater keine Angst habe. Es kostete Schmilik große Mühe, sie davon zu überzeugen, daß es keinen Ukas gäbe, nach dem man drei Tage hintereinander die Juden schlagen dürfe. Die Bauern gingen nach Hause, kamen aber bald wieder und baten Schmilik, er möchte ihnen erklären, was in der Welt vorgeht, was die Konstitution sei und wieviel Land ein jeder von ihnen zugeteilt bekommen werde. Und Schmilik erklärte ihnen, was in der Welt vorgeht, was die Konstitution sei und wieviel Land ein jeder von ihnen zugeteilt bekommen werde. Und Schmilik hat keine Angst mehr vor einem Pogrom, weder in seinem Dorf noch in den fünfzig Dörfern ringsherum. Schmilik ist auf der Hut, und wenn fremde Bauern aus fremden Dörfern kommen, um einen Judenpogrom zu veranstalten, so wird man ihnen die Köpfe blutig schlagen und sie dorthin jagen, wo der schwarze Pfeffer wächst. Denn wie ist ein Pogrom ohne Schmilik möglich?

Nicht nur ein Judenpogrom, auch ein Pogrom gegen die Gutsbesitzer ist ohne Schmiliks Einwilligung undenkbar. Wenn Schmilik sich nicht ins Zeug gelegt hätte, so hätten die Bauern schon längst die Gutsbesitzer überfallen und mit ihnen abgerechnet. Schmilik hält sie aber davon ab und sagt ihnen, daß Rauben und Morden, Brennen und Schlachten unvernünftig sei und daß sie damit nichts erreichen werden. Schmilik sagt ihnen, daß sie noch abwarten sollen. Sie sollen warten bis zum Frühjahr, wenn die Natur aufersteht, wenn die Erde erwacht, ihre weiße Bettdecke von sich wirft und bittet, daß man sie bestellt, – dann sollen sich die Gutsbesitzer selbst bemühen: sie sollen nur selbst die Felder bestellen, selbst pflügen, säen, mähen, binden, das Getreide einbringen, dreschen, mahlen, Teig kneten und Butterbrot backen; alles sollen sie selbst tun! Und die Bauern hören auf Schmilik, sitzen still in ihrem Dörfern und rühren niemanden an.

Plötzlich kam aber die Obrigkeit, trieb die Bauern von allen fünfzig Dörfern zusammen und las ihnen das Manifest vom siebzehnten Oktober vor. Die Bauern hörten das Manifest an, beschlossen aber, Schmilik kommen zu lassen. Man holte Schmilik, rollte ein leeres Faß herbei, stellte Schmilik auf das Faß und bat ihm, er möchte vorlesen, was im Manifest steht. Denn sie wollen niemand außer Schmilik glauben. Groß ist Schmiliks Name!

Natürlich gefiel das der Obrigkeit gar nicht. Sofort ging ein Papier aufs Landamt, und aus dem Landamt in die Stadt, und bald darauf zeigten sich in der Gegend berittene Gendarmen, und der Pristaw forderte von den Bauern die Auslieferung Schmiliks, dieses ›jüdischen Gapon‹. Als die Bauern hörten, daß man auf Schmilik fahndet, gaben sie Schmilik zu wissen, daß man Schmilik sucht, und sie verkleideten Schmilik als einen Bauern und gingen mit Schmilik zu Schmilik ins Haus, um Schmilik, diesen ›jüdischen Gapon‹ zu verhaften ...

Von nun an laufen jeden Montag und Donnerstag im Landamt ganze Stöße von Papieren ein, in denen befohlen wird, Schmilik einzufangen, zu verhaften und in die Stadt zu bringen. Die Gendarmen, Polizeiagenten und Kosaken suchen, spionieren und beschnuppern die Luft. Und die Bauern mitsamt Schmilik helfen ihnen, Schmilik zu suchen. In der ganzen Gegend spricht man nur von Schmilik. Alle suchen Schmilik, und Schmilik ist verschwunden!

Groß ist der Name Schmiliks, des jüdischen Gapon!

Woody Allen
Chassidische Geschichten
Mit einer Anleitung zu ihrem Verständnis von einem anerkannten Gelehrten

Ein Mann reiste nach Chelm, um den Rat des Rabbi Ben Kaddisch zu suchen, der der heiligste aller Rabbis des neunten Jahrhunderts und vielleicht der größte *nûdnik* des Mittelalters war.

»Rabbi«, fragte der Mann, »wo kann ich Frieden finden?«

Der Chassid musterte ihn und sagte: »Schnell, schau dich um!«

Der Mann drehte sich um, und Rabbi Ben Kaddisch schmettere ihm einen Kerzenleuchter auf den Hinterkopf. »Ist dir das friedlich genug?« kicherte er und rückte sich seine *jarmulke* zurecht.

In dieser Geschichte wird eine bedeutungslose Frage gestellt. Und nicht nur die Frage ist bedeutungslos, auch der Mann, der nach Chelm reist, um sie zu stellen. Nicht nur, daß er so weit von Chelm entfernt wohnt, um damit anzufangen, warum bleibt er denn nicht einfach dort, wo er ist? Warum belästigt er den Rabbi Ben Kaddisch – hat der Rebbe nicht schon genug Kummer? Denn die Wahrheit ist, der Rabbi steckt bis zum Hals in Spielschulden, und von einer gewissen Frau Hecht ist sein Name bei einer Vaterschaftsklage genannt worden. Nein, der springende Punkt dieser Geschichte ist, daß dieser Mann nichts Besseres zu tun hat, als in der Weltgeschichte herumzureisen und den Leuten auf die Nerven zu gehen. Deswegen schlägt ihm der Rabbi den Schädel ein, was nach der Tora eine der feinsinnigsten Methoden ist, seine Betroffenheit zu zeigen. In einer ähnlichen Version dieser Geschichte hüpft der Rabbi dem Mann in seiner Wut auf den Kopf und schnitzt ihm mit einem Stichel die Geschichte Ruths in die Nase.

Rabbi Raditz aus Polen war sehr klein und hatte einen langen Bart, und von ihm wurde gesagt, er habe mit seinem Sinn für Humor viele Pogrome ausgelöst. Einer seiner Schüler fragte ihn: »Wer von beiden kannte Gott besser: Moses oder Abraham?«

»Abraham«, sagte der Zaddik.

»Aber Moses führte die Israeliten zum Gelobten Land«, sagte der Schüler.

»Na schön, dann Moses«, antwortete der Zaddik.

»Ich verstehe, Rabbi. Es war eine dumme Frage.«

»Nicht nur das, auch du bist dämlich, deine Frau ist mies, und wenn du nicht endlich von meinem Fuß runtergehst, wirst du exkommuniziert.«

Hier wird der Rabbi gebeten, ein Werturteil über Moses und Abraham abzugeben. Das ist keine leichte Sache für einen Mann, der nie die Bibel gelesen und immer nur so getan hat. Und was ist unter dem hoffnungslos relativen Begriff »besser« zu verstehen? Was für den Rabbi »besser« ist, muß nicht unbedingt auch für den Schüler »besser« sein. Zum Beispiel schläft der Rabbi gern auf dem Bauch. Aber auch der Schüler schläft gern auf dem Bauch – vom Rabbi. Hier wird das Problem offenbar. Es sollte auch bemerkt werden, daß einem Rabbi auf den Fuß zu treten (was der Schüler in der Geschichte tut), nach der Tora eine Sünde ist, vergleichbar der, die Mazze mit anderer Absicht zu streicheln, als sie zu essen.

Ein Mann, der seine häßliche Tochter nicht verheiraten konnte, besuchte Rabbi Schimmel von Krakau. »Mein Herz ist schwer«, sagte er zum Rebbe, »weil Gott mir eine häßliche Tochter gegeben hat.«

»Wie häßlich?« fragte der Heilige.

»Wenn sie zusammen mit einem Hering auf einem Teller läge, wäre man nicht imstande, die beiden auseinanderzuhalten.«

Der Rabbiner dachte lange nach und fragte endlich: »Welche Art Hering?«

Der Mann, von der Frage überrascht, dachte schnell nach und sagte: »Äh – Bismarck.«

»Zu schade«, sagte der Rebbe, »wenn es Matjes wäre, hätte sie bessere Chancen.«

Das hier ist eine Geschichte, die die Tragik vergänglicher Eigenschaften, wie zum Beispiel der Schönheit, illustriert. Ähnelt das Mädchen tatsächlich einem Hering? Warum nicht? Haben Sie heutzutage noch nie solche Geschöpfe rumlaufen sehen, besonders an Badestränden? Und selbst wenn sie es täte, sind nicht in Gottes Augen alle Kreaturen schön? Vielleicht, aber wenn ein Mädchen sich in einem Topf mit Essigmarinade wohler fühlt als in einem Abendkleid, hat sie schwere Probleme. Seltsam, auch von Rabbi

Schimmels Frau wurde gesagt, sie sehe einem Tintenfisch ähnlich, allerdings nur im Gesicht, und sie mache es durch ihren trockenen Husten wieder mehr als gut – aber den Zusammenhang begreife ich nicht.

Rabbi Zwi Chaim Yisroel, ein orthodoxer Toragelehrter und ein Mann, der das Klagen zu einer im Westen beispiellosen Kunst entwickelte, wurde von seinen Mitjuden, die ein sechzehntel Prozent der Bevölkerung ausmachten, übereinstimmend als der weiseste Mann der Renaissance gerühmt. Einmal, als er gerade auf dem Weg zur Synagoge war, um den heiligen jüdischen Feiertag zu begehen, an dem man aller von Gott nicht gehaltenen Versprechen gedenkt, hielt ihn eine Frau an und stellte ihm folgende Frage:

»Rabbi, warum dürfen wir kein Schweinefleisch essen?«

»Dürfen wir denn *nicht*?« fragte der Rabbi ungläubig. »Ojeoje!«

Dies ist eine der wenigen Geschichten in der ganzen chassidischen Literatur, die sich mit dem Jüdischen Gesetz befassen. Der Rabbi weiß, daß er kein Schweinefleisch essen sollte; er kümmert sich aber trotzdem nicht darum, weil er Schweinefleisch *liebt*. Aber er liebt nicht nur Schweinefleisch, er hat auch großen Spaß an den kullernden Ostereiern. Kurz, er kümmert sich sehr wenig um die traditionelle Rechtgläubigkeit und betrachtet Gottes Bund mit Abraham als »genauso ein Gequatsche«.

Warum Schweinefleisch durch das Jüdische Gesetz verboten wurde, ist immer noch unklar, und einige Gelehrte glauben, daß die Tora bloß empfahl, Schweinefleisch nur in bestimmten Restaurants nicht zu essen.

Rabbi Baumel, der Weise von Witebsk, beschloß, in Hungerstreik zu treten, um gegen das ungerechte Gesetz zu protestieren, das den russischen Juden verbot, außerhalb des Gettos Slippers zu tragen. Sechzehn Wochen legte sich der heilige Mann auf eine nackte Pritsche, starrte an die Decke und verweigerte jede Art von Nahrung. Seine Schüler fürchteten um sein Leben, da kam eines Tages eine Frau an sein Lager, beugte sich zu dem Weisen hinab und fragte: »Rabbi, von welcher Farbe waren Esthers Haare?« Der Rebbe drehte sich schwach herum und sah sie an. »Schau doch einer an, was sie sich für eine Frage an mich herausgepickt hat!« sagte er. »Du kannst dir doch denken, was ich nach sechzehn Wochen ohne einen Happen Essen für Kopfschmerzen habe.« Darauf geleiteten die Schüler des

Rabbis sie persönlich in die *sukka*, wo sie reichlich aus dem Füllhorn aß, bis ihr die Rechnung gebracht wurde.

Diese Geschichte ist eine scharfsinnige Behandlung des Problems von Stolz und Eitelkeit und scheint zu besagen, daß das Fasten ein großer Fehler ist. Besonders auf leeren Magen. Der Mensch soll sein Unglück nicht selber herbeiführen, denn Leiden sind wirklich Gottes Wille, aber warum Er so großen Spaß daran hat, geht mir nicht in den Kopf. Gewisse orthodoxe Kreise glauben, Leiden sei die einzige Möglichkeit, die Erlösung zu erlangen, und die Gelehrten schreiben von einer Sekte, die Essener hießen und in der Gegend herumliefen und absichtlich mit dem Kopf an die Wand bumsten. Gott ist, den späteren Büchern Moses zufolge, gütig, obwohl es dort noch eine Menge Themen gibt, über die er ziemlich wenig nachgedacht hat.

Rabbi Jekel aus Zans, der die beste Aussprache der Welt hatte, bis ihm ein *goj* seine Resonanzunterwäsche klaute, träumte drei Nächte hintereinander, daß er, wenn er nur nach Vorki reise, dort einen großen Schatz fände. Er sagte seiner Frau und seinen Kindern Lebewohl und machte sich mit dem Versprechen auf den Weg, nach zehn Tagen wieder da zu sein. Zwei Jahre später fand man ihn, wie er gerade den Ural durchwanderte und eine platonische Beziehung zu einem Pandabären hatte. Kalt und ausgehungert wurde der Rebbe heimgebracht, wo er mit dampfender Suppe und Hammellendchen kuriert wurde. Dann bekam er erst mal was zu essen. Nach dem Essen erzählte er seine Geschichte:

Als er drei Tage von Zans weg war, wurde er von wilden Nomaden verfolgt. Als sie herausbekamen, daß er Jude sei, zwangen sie ihn, alle ihre Sportjacketts zu ändern und die Hosen enger zu machen. Wie wenn das noch nicht demütigend genug gewesen wäre, schmierten sie ihm saure Sahne in die Ohren und siegelten sie mit Wachs zu. Schließlich entkam der Rabbi und steuerte auf die nächste Stadt zu, aber statt dessen landete er im Ural, weil er zu schüchtern war, nach dem Weg zu fragen.

Nachdem er seine Geschichte erzählt hatte, erhob sich der Rabbi und ging in sein Schlafzimmer, um zu schlafen, und siehe da – unter seinem Kopfkissen lag der Schatz, den er zu Anfang gesucht hatte. Verzückt fiel er nieder und dankte Gott. Drei Tage später war er wieder zum Wandern im Ural, diesmal jedoch in einem *rabbit*-Habit.

Das vorstehende kleine Meisterwerk illustriert hinlänglich die Absurdität des Mystizismus. Der Rabbi träumt *drei* Nächte hintereinander. Wenn man die *fünf* Bücher Moses von den *Zehn* Geboten abzieht, bleiben *fünf*. Minus die Brüder Jakob und Esau, macht *drei*. Ähnlich verliefen die Überlegungen, die den Rabbi Yitzok Ben Levi, den großen jüdischen Mystiker, dazu brachten, zweiundfünfzig Tage hintereinander die Große Einlaufwette in Aqueduct zu gewinnen und trotzdem von der Fürsorge zu leben.

Schalom Asch
Der Libanon

Das Meer lag in tiefem, geheimnisvollem Schlafe. Wie ein schwarzes, schreckliches Untier lag es da, das von irgendwo gekommen ist und über die weite Unendlichkeit sich hingelagert, mit seinem riesigen Leib sie bedeckt, mit seinen schwarzen, triefenden Flossen sie beschattet hat. Jeden Augenblick mußte es sich aufrichten und alles von sich abschütteln. Aber es schlief noch, das Tier, das Meer. Nur von Zeit zu Zeit zitterte ein Lichtstrahl über seine schimmernden Flossen dahin, oder bohrte ihm vom Himmel her ein Stern sein Licht ins dunkle Fell ... Und aus der Weite klang des schwere, ernste Rauschen der Wellen, als atmete das Tier so schwer, klang so schrecklich, so grausig rätselhaft.

Aber unser Schiff fuhr ruhig und sicher, wie auf Gottes Hilfe vertrauend, seine Straße zwischen den tiefbestirnten Himmeln und den dunklen Wassern. Wie ein stiller, geheimnisvoller Bote, der von einem Ende der Welt nach dem andern zieht, um eine unbekannte Botschaft auszurichten. Streckte seinen langen Hals vor, den Weg durch die Unendlichkeit suchend. Niemand auf dem Schiffe schlief in dieser Nacht. Es war die letzte, ehe wir im syrischen Hafen vor Anker gingen. Hin- und hergehend die einen, mit ihrer Sehnsucht zurückgezogen die andern, erwarteten wir den Augenblick, da die Morgensonne hinter dem Libanon hervorkommen mußte. Eine gewaltige Sehnsucht, die Küsten des heiligen Landes zu sehen, hatte uns alle erfaßt.

In einer Ecke sitzen die alten Juden, die nach dem Lande Israels fahren, um dem Ölberge einverleibt zu werden, der dem Tempelberge gegenüber steht. Beim Scheine kleiner Lichter lesen sie Psalmen. Und die alten Frauen stehen ein wenig abseits. Sind nicht gewürdigt, am Chor Anteil zu nehmen. Reiben die Hände an der meerwasserfeuchten Brüstung des Schiffes und lesen und sagen vor sich hin, was sie können: die eine liest die Tchino, die zweite erinnert sich an einige Sätze aus den Gebeten, eine dritte sagt Segenssprüche ohne Wahl her ... Eine ist da, eine ganz kleine, ganz alte, ganz unwissende Frau, die weiß gar nichts zu sagen; bewegt nur die alten zahnlosen Kiefer, murmelt ein über das andere Mal: »Die heiligen Erzväter«, »die heiligen Erzmütter«, »die Mutter Rahel«, »die Mutter Rahel« und blickt mit Ernst und Ehrerbietung auf die psalmenlesenden Männer ... In einer zweiten Ecke hat der alte Pope alle Bauern und Bäuerinnen um sich versammelt, die zum heiligen Grabe pilgern. Sie singen heilige Kirchenlieder. Und der Wind trägt die Töne hinüber zu den Juden, die Psalmen sagen. Und die Gebete vereinigen sich und schwimmen zusammen dahin über die dunkle Meeresfläche ... Auf dem Deck stehen junge Männer und junge Mädchen. Die jungen Männer kommen von Plonsk, einem polnischen Städtchen, fahren, die Herzen voll Hoffnung und Liebe, um in den Kolonien den Boden des Landes Israels zu bebauen, singen schon hebräische Lieder. Die zarten Mädchenstimmen klingen mit ... Auf dem Oberdeck spaziert der »Gelehrte« umher (der nicht das erste Mal nach Palästina fährt), sieht auf uns alle wie auf liebe Kinder: »Freuen sich des Landes Israels, die lieben Kleinen«. Kommt aber schließlich auch heran, drückt sich in einen Winkel (auf daß man ihn nicht bemerke) und hört dem Gesange zu ... Aus dem Zelt, das der Pascha von Damaskus auf dem Oberdeck für seinen Harem hat aufstellen lassen, grüßt ein Lichtschein ... Der Kapitän wacht auf seinem Posten, lenkt das Schiff, und der hohe schwarze Mastbaum wirft seinen riesigen Schatten über das dunkle Meer ... Und ich und wir alle fühlen uns wie Kinder, die irgendwo in die Fremde verschlagen, in der Fremde gefangen waren, und nun nach vielen, vielen Jahren zur Mutter in die Stube treten ... Aber ich kenne meine Mutter noch nicht.

So warten wir alle – jeder nach Stamm und Glauben in einer anderen Ecke – auf die Sonne, die für uns das erste Mal die Küste unseres Heimatlandes bestrahlen wird ...

Schon sieht man, wie der Tag hinter einem dunklen Riesen, der furchtbar und mächtig seinen Schatten ins Meer wirft, heranbleicht. Und je bleicher es wird, desto klarer treten die scharfen Umrisse des gewaltigen Gebirges hervor ... Schon beleuchtet der Tag graue, in der Luft hängende Schneeberge. Schon badet er in Schnee. Und ich weiß nicht, aus wessen Brust zuerst der Ruf kommt: Der Libanon!

Und alles, Groß und Klein, Jude und Christ, stürzt an die Brüstung des Schiffes. Einige heben die Hände, einige senken still die Köpfe. Die Christen bekreuzen sich. Alle schweigen: Der Libanon!

Die Sonne badet in seinem Schnee, ehe sie hinausgeht, die Welt zu bescheinen. Badet und heiligt sich. Und Schneelicht und Sonnenlicht schlagen in eine helle Flamme zusammen, die alles ringsum mit Glut übergießt. Wolken jagen über den Himmel, eine nach der anderen, kommen an die Spitze des Berges heran, gleiten an ihm hinab, bleiben auf ihm liegen wie Himmelsscherben. Und die Sonne schmilzt Wolken und Schnee zusammen, und sie stürzen miteinander als leuchtender Schneestrom, Schneewellen im Sonnenglanze, im Strahlentanze den Berg hinab ins weite, lichte Meer.

Frei und licht ruht die See zu den Füßen des Berges. Fort ist das schwarze Tier, das die ganze Nacht auf ihr lag. Sie ist frei von den schwarzen Flossen. Freie Sonne und freie Luft lachen über meinem heimatlichen Meer ...

Und wir stehen auf dem Oberdeck und sehen zu dir hinüber, o Libanon ...

Sei gegrüßt, Sonne über meiner Heimat!

Sei gegrüßt und gesegnet, o Heimat!

Wie bin ich stolz auf dich, ich, dein irrendes, unruhiges Kind, auf dich, du Libanon! ... Meinen Adel suchen, kam ich zu dir, meinen Stamm finden. Meinen Ursprung. Mein Ich!

Du Heimatsfleck, auf dem meine Eltern lustwandelten, als sie Bräutigam und Braut waren. Du hörtest die Liebeslieder meiner Mutter, die sie sang, als sie froh des Segens war, den ihr Leib barg. Komm, Berg, und stelle mir dein Zeugnis aus! In deinen Spalten ruhen doch noch die Schwüre meiner Eltern aus der Zeit ihres jungen Schöpfungsglückes. Du hörtest sie, du hörtest ihre Freudenrufe.

Warum schweigst du?

Als ein Einsamer komm ich zu dir – verschlagen aus einem fremden Heimatland, das mir zur Mutter wurde, an deren Brust ich meinen Kopf lehnte, der ich alles, alles anvertraute ... Aus meinem fremden Heimatlande komme ich zu dir, um dein Zeugnis komme ich zu dir ...

Warum schweigst du, o Berg? Wen sucht dein stolzer Blick? Erkennst du mich denn nicht? Ich bin ja ein Sproß jenes Paares, das unter deinen Zedern ruhte ... Du bist ja ihr Zeuge. Sieh, ich beuge mein Haupt vor dir. Ich wasche meinen Leib, auf daß er deinen Staub berühren darf. Erzähle, o Berg! Lege dein Zeugnis ab für mich!

Hinter mir steht eine alte Frau, eine von den Frauen, die des Nachts ihre Sprüche sagten. Dem Lande Israels zu Ehren hat sie die neue Sabbathaube mit den weißen Spitzen und den Samtbändern umgebunden. Mit der Brille auf der Nase und einem dickleibigen Gebetbuche in der Hand, so steht sie hinter mir. Und fragt:

»Seid so gut! Das ist er also, der Berg aus der Bibel?«

»Ja, das ist er, Mütterchen, das ist der Berg aus der Bibel, der Libanon ...«

»O, du Berg Libanon, aus der Bibel! Bitt' für uns, bitt' für deine Magd Jente, Tochter Leas, für ihre Kinder, die sie daheim zurückgelassen hat, und für ganz Israel! Amen! Sselah!«

Ja, bitt' für uns, du Berg Libanon! Denn groß, groß ist dein Ansehen vor Gott ...

Und die alten Männer, zu Ehren des Libanon in ihren Sabbat-Kaftanen, haben den Tallis umgelegt, die Tfillin umgeschnürt, und angesichts des Berges, in Land Israels-Luft, sprechen sie das Morgengebet.

Die jungen Leute, die Plonsker, einige Zionisten, Handwerker, legen sich ihre Sachen zurecht. Sie landen in Beirut, der größten syrischen Handelsstadt. Von dort wollen sie nach den galiläischen Kolonien.

»Und ihr wollt nicht vorher Jerusalem sehen, die Tempelmauer, das Grab der Mutter Rahel?« wundern sich die Alten.

»Wir kommen ja nicht nach Palästina, um da zu sterben. Darum brauchen wir uns auch nicht nach Jerusalem schleppen, um Gräber zu besuchen ... Wir kommen, um hier zu leben, in den Kolonien zu arbeiten« – ist die stolze Antwort der Jungen.

»Ei, ei«, wundern sich die Alten weiter, »ein neues Land Israels, das!«

Die Landungsboote kommen herangefahren. Der Hafen ist offen.

»Wenn ihr in Jerusalem seid, grüßt mir dort den Bezalel, nicht den alten Grabstein, die Westmauer«, ruft noch ein junger Mann herüber, den Koffer auf den Schultern.

»Wen?«

»Den Bezalel, das Volkshaus, die Kindergärten ...«, ruft er, bereits weit entfernt, zurück.

»Wen, sagt er? Wen?« fragt der Alte herum.

»Ach, laß ... Sind Zionisten«, winkt ihm ein zweiter ab.

In einer Ecke hat der Pope seine Bauern versammelt. Auch sie sind zu Ehren des Libanon sonntäglich herausgeputzt. Die Stiefel gefettet. Die roten Bauernhemden gewechselt. In den zerknüllten Festtagsröcken, die sie aus ihren Bündeln hervorgeholt haben. Der Geistliche zeigt auf den Libanon. Sie beugen demütig die Köpfe und bekreuzen sich.

So begrüßte unser Schiff den ersehnten Strand.

Emile Zola
Sendschreiben an Felix Faure

Diese Blätter erschienen in der »Aurore« vom 13. Januar 1898. Es ist unbekannt, daß diese Blätter zuerst als Broschüre gedruckt waren wie die beiden vorhergehenden Schreiben. Als diese Broschüre zum Verkauf gestellt werden sollte, kam mir der Gedanke, meinem Schreiben eine weitere, umfassendere Öffentlichkeit zu geben, indem ich es in einer Zeitung veröffentlichte. Die »Aurore« hatte schon mit bewundernswertem Unabhängigkeitssinn und Mut Partei ergriffen. Seitdem ist dieses Blatt für mich die Zufluchtsstätte, die Tribüne der Freiheit und der Wahrheit geworden, wo ich alles habe sagen können. Ich habe dafür dem Redakteur, Herrn Ernst Vaughan, eine tiefe Dankbarkeit bewahrt. – Nach dem Verkaufe der »Aurore« in der Höhe von dreihunderttausend Exemplaren und den sich anschließenden gerichtlichen Verfolgungen blieb die Broschüre selbst auf dem Lager. Übrigens glaubte ich nach der Tat, die ich beschlossen und ausgeführt hatte, in der Erwartung meines Prozesses und der Folgen, die ich davon erhoffte, schweigen zu müssen.

Herr Präsident!

Wollen Sie mir in meiner Dankbarkeit für den gütigen Empfang, den Sie mir vor einiger Zeit zu teil werden ließen, gestatten, für Ihren gerechten Ruhm besorgt zu sein und Ihnen zu sagen, daß Ihr bisher so glücklicher Stern durch den schimpflichsten, unauslöschlichsten Flecken bedroht ist?

Sie sind heil und unversehrt aus den niedrigen Verleumdungen hervorgegangen, Sie haben die Herzen erobert. Sie erscheinen strahlend im Glanze jenes patriotischen Festes, das das russische Bündnis für Frankreich war, und Sie schicken sich an, dem feierlichen Triumphe unsrer allgemeinen Ausstellung, die unser großes Jahrhundert der Arbeit, Wahrheit und Freiheit krönen wird, die Weihe zu geben. Aber welchen Schmutzfleck auf Ihrem Namen – ich möchte sagen auf Ihrer Regierung – bildet diese häßliche Dreyfus-Angelegenheit! Ein Kriegsgericht hat soeben auf Befehl einen Esterhazy freigesprochen, der schwerste

Schlag ins Gesicht für jede Wahrheit, jede Gerechtigkeit! Es ist geschehen, Frankreich hat jenen Schmutz auf der Wange, die Geschichte wird berichten, daß unter Ihrer Präsidentschaft ein solches soziales Verbrechen begangen werden konnte.

Da jene die Kühnheit gehabt haben, will auch ich es wagen. Die Wahrheit – ich werde sie sagen, denn ich habe es versprochen, sie zu sagen, wenn die Justiz auf dem ordentlichen Rechtsweg sie nicht voll und ganz ans Licht brächte. Es ist meine Pflicht zu sprechen, ich will kein Mitschuldiger sein. Meine Nächte werden von dem Gespenst des Unglücklichen heimgesucht, der in weiter Ferne, unter den gräßlichsten Qualen ein Verbrechen büßt, das er nicht begangen hat.

Und Ihnen, Herr Präsident, werde ich diese Wahrheit zurufen mit der ganzen Kraft meiner Entrüstung als ehrlicher Mann. Zu Ihrer Ehre bin ich überzeugt, daß Sie sie nicht kennen. Und bei wem sollte ich diese Verbrecherbande der wahren Schuldigen denunzieren, wenn nicht bei Ihnen, dem ersten Beamten des Landes?

*

Zuerst die Wahrheit über den Prozeß und die Verurteilung von Dreyfus.

Ein unheilvoller Mann hat alles angezettelt, alles getan, es ist der Oberstleutnant du Paty de Clam, damals noch Major. Er ist die Seele der ganzen Dreyfus-Angelegenheit. Man wird diese erst recht kennen lernen, wenn eine unparteiische Untersuchung seine Handlungen und seine Verantwortlichkeit klargelegt hat. Er erscheint als der hinterhältigste, der raffinierteste, der ränkesüchtigste Charakter, der sich mit Vorliebe der Mittel unsrer Zeitungsromane bedient, der gestohlenen Papiere, der anonymen Briefe, der Zusammenkünfte an einsamen Orten, der geheimnisvollen Frauen, die bei Nacht erdrückende Beweise von Haus zu Haus tragen. Er ist es, der auf den Gedanken kam, Dreyfus das Bordereau zu diktieren, er, der den abenteuerlichen Plan faßte, ihn in einem Zimmer zu beobachten, das rings an den Wänden mit Spiegeln bedeckt war, er, den uns der Major Forzinetti schildert, wie er mit einer Blendlaterne sich Zutritt zu dem schlafenden Angeklagten zu verschaffen sucht, um auf sein Gesicht einen plötzlichen Lichtstrahl fallen zu lassen und ihn in der Verwirrung des Erwachens zu einem Geständnis zu bringen. Ich brauche nicht alles zu sagen, suchet, so werdet ihr finden. Ich erkläre einfach, daß der als Mitglied des Kriegsgerichts mit der Einleitung der

Untersuchung gegen Dreyfus betraute Major du Paty de Clam im Zusammenhange der Ereignisse und der einzelnen verantwortlichen Schritte der Hauptschuldige an dem entsetzlichen Rechtsirrtum ist, der begangen wurde.

Das Bordereau befand sich schon seit einiger Zeit in den Händen des Obersten Sandherr, des Direktors des Nachrichtenbureaus, der seitdem an allgemeiner Paralyse gestorben ist. Entwendungen fanden statt, Papiere verschwanden, wie sie auch heute noch verschwinden; der Schreiber des Bordereaus wurde gesucht und dabei allmählich als von vornherein feststehend angenommen, daß dieser Schreiber nur ein Offizier vom Generalstabe und ein Artillerieoffizier sein könne: ein doppelter offenbarer Irrtum, der beweist, mit welcher Oberflächlichkeit man dieses Bordereau geprüft hatte, denn eine genaue Untersuchung zeigt, daß es sich hierbei nur um einen Linienoffizier handeln konnte.

Man veranstaltete nun Haussuchungen, man prüfte die Schriftzüge, es galt gleichsam als Familienangelegenheit, einen Verräter in den Bureaux selbst zu finden, um ihn daraus zu entfernen. Ich will hier nicht eine teilweise bekannte Geschichte wiedergeben, kurz, der Major du Paty de Clam tritt in Tätigkeit, sobald nur der erste Verdacht auf Dreyfus fällt. Von diesem Augenblicke an ist er es, der Dreyfus erfand; die Angelegenheit wird sein Werk, er macht sich anheischig, den Verräter zu entlarven und ihn zu einem vollen Geständnisse zu bringen. Es war wohl der Kriegsminister General Mercier, dessen Begabung sehr mittelmäßig zu sein scheint, dabei beteiligt, sowie der Chef des Generalstabs, General de Boisdeffre, der seiner klerikalen Leidenschaft nachgegeben zu haben scheint, und der zweite Chef des Generalstabs, General Gonse, dessen Gewissen sich einer Menge Dinge anbequemen konnte. Aber im Grunde ist es anfangs nur der Major du Paty de Clam, der alle leitet, der sie hypnotisiert, denn er beschäftigt sich auch mit Spiritismus, mit Okkultismus, er hat Verkehr mit Geistern. Man kann sich die Experimente kaum vorstellen, die er bei dem unglücklichen Dreyfus anwandte, die Fallen, in denen er ihn fangen wollte, die sinnlosen Verhöre, die ungeheuerlichen Einfälle, mit einem Worte, eine wahnsinnige Quälerei.

Ja, diese erste Entwicklung der Angelegenheit ist ein Alp für den, der sie in ihren wahren Einzelheiten kennt. Der Major du Paty de Clam verhaftet Dreyfus und bringt ihn in Einzelhaft. Er geht zu Frau Dreyfus, bringt sie durch Einschüchterungen zum Schweigen, sagt ihr, daß, wenn sie spreche, ihr Gatte verloren sei. Während dieser Zeit machte der Unglückliche die verzweifeltsten Anstrengungen, beteuerte laut seine Unschuld. So wurde die Untersuchung wie in einer Chronik des fünfzehnten Jahrhunderts mit allem Geheimnis umgeben, mit einer Fülle von Grausamkeiten geführt, und alles dies auf Grund eines einzigen kindischen Belastungsmittels, dieses einfältigen Bordereaus, das nicht nur ein gewöhnlicher Verrat war, sondern auch die frechste Schurkerei, denn die berüchtigten verratenen Geheimnisse stellten sich sämtlich als wertlos heraus. Wenn ich dies hervorhebe, so geschieht es, weil hier der Ausgangspunkt ist, von dem aus sich später das Verbrechen entwickeln sollte, die furchtbare Rechtsverweigerung, an der Frankreich krankt. Ich könnte mit dem Finger darauf zeigen, wie der Irrtum der Richter möglich war, wie er den Umtrieben des Majors du Paty de Clam entsprang, wie der General Mercier, die Generale de Boisdeffre und Gonse sich haben einfangen lassen, nach und nach eine verantwortliche Rolle bei diesem Irrtum spielten, den sie später geglaubt haben, als untrügliche Wahrheit, als eine Wahrheit, die keiner Versicherung mehr bedarf, hinstellen zu müssen. Anfänglich war von ihrer Seite nur Sorglosigkeit und Verstandesschwäche im Spiele. Höchstens merkt man noch, wie sie den religiösen Leidenschaften ihrer Umgebung und ihren Standesvorurteilen nachgeben. Sie haben der Dummheit das Feld überlassen.

Jetzt steht Dreyfus vor dem Kriegsgericht. Die unbedingteste Geheimhaltung wird verlangt. Wenn ein Verräter dem Feinde die Grenze geöffnet haben würde, um den Deutschen Kaiser bis zur Notredame zu führen, hätte man nicht strengere Maßregeln zur Beobachtung des Schweigens und zur Hütung des Geheimnisses treffen können. Die Nation ist vor Schreck erstarrt, man zischelt sich schreckliche Geschehnisse zu, spricht von jenen ungeheuerlichen Verrätereien, die die Weltgeschichte empören, und natürlich gibt die Nation ihnen Gehör. Es gibt keine Strafe, die streng genug wäre, sie jubelt der öffentlichen Degradation zu, sie will, daß der Schuldige auf seinem Schandfelsen bleibt, verzehrt von Gewissensqualen. Ist es denn wahr, das Unsagbare, das Gefährliche, das Europa in Flammen setzen könnte, das man sorgfältig hinter verschlossenen Türen begraben mußte? Nein, es steckte nichts dahinter als die romanhaften und einfältigen Einbildungen des Majors du Paty de Clam. Dies alles wurde nur in Szene gesetzt, um den abgeschmacktesten Schauerroman zu verhüllen. Und um sich davon zu überzeugen, genügt eine aufmerksame Prüfung der Anklageakte, die vor dem Kriegsgericht verlesen wurde.

Ja, die Nichtigkeit dieser Anklageakte! Daß jemand auf Grund dieser Anklageakte verurteilt werden konnte, ist ein Monstrum von Ungerechtigkeit. Ich fordere die ehrlichen Leute heraus, sie zu lesen, ohne daß sich ihr Herz vor Unwillen zusammenzieht und ohne daß sich ihre Empörung Luft macht, wenn sie an die alles Maß übersteigende Bestrafung dort in der Ferne auf der Teufelsinsel denken. Dreyfus kennt mehrere Sprachen – ein Verbrechen; man hat bei ihm kein belastendes Schriftstück gefunden – ein Verbrechen; er reist zuweilen in das Land seiner Geburt – ein Verbrechen; er ist strebsam, er bemüht sich, alles zu erfahren – ein Verbrechen; er gerät nicht in Verwirrung – ein Verbrechen; er gerät in Verwirrung – ein Verbrechen. Dabei die Einfältigkeit im Stil, die positiven Behauptungen ins Blaue hinein! Man hatte von vierzehn Hauptanklagen gesprochen: wir finden am Schlusse der Rechnung nur eine, das Bordereau, und wir erfahren sogar, daß die Sachverständigen nicht einig waren, daß einer von ihnen, Gobert, sich militärische Unannehmlichkeiten zugezogen hat, weil er sich erlaubte, sein Gutachten nicht in dem gewünschten Sinne abzugeben. Man sprach auch von dreiundzwanzig Offizieren, die erschienen waren, um Dreyfus mit ihren Zeugenaussagen zu erdrücken. Wir kennen immer noch nicht die Protokolle darüber, aber es ist sicher, daß alle ihn belastet haben, und es ist außerdem zu bemerken, daß sie alle den Bureaux des Kriegsministeriums angehören. Es ist ein Familienprozeß, man ist dabei ganz unter sich, und man muß sich immer vergegenwärtigen: der Generalstab hat den Prozeß gewollt, hat ihn abgeurteilt und hat ihn soeben ein zweitesmal abgeurteilt.

Es blieb also nur das Bordereau, über das sich die Sachverständigen nicht einigen konnten. Man erzählt, daß die Richter im Beratungszimmer naturgemäß zu einer Freisprechung gelangten. Nun kann man die verzweifelte Hartnäckigkeit verstehen, mit der man, um die Verurteilung zu rechtfertigen, heute das Vorhandensein eines geheimen Schriftstücks behauptet, des Schriftstücks, das man nicht vorzeigen kann, das alles rechtfertigt, vor dem wir uns beugen müssen, des unsichtbaren und unerkennbaren lieben Gottes! Ich bestreite es, diese Schriftstück, ich bestreite es mit allem Nachdruck. Ein lächerliches Schriftstück, ja vielleicht ein Schriftstück, das von kleinen Frauen handelt, und worin von einem gewissen D... gesprochen wird, der zu anspruchsvoll wird: ohne Zweifel ein Ehemann, dem man seine Frau nicht hoch genug bezahlt. Aber ein Schriftstück, das die nationale Verteidigung betrifft, das man nicht zum Vorschein bringen kann, ohne daß morgen der

Krieg ausbricht, nein, nein! das ist eine Lüge! Und sie ist um so widerwärtiger und zynischer, als sie ungestraft lügen, ohne daß man sie überführen kann. Sie verhetzen Frankreich, sie verbergen sich hinter seiner gerechtfertigten Erregung, sie verschließen ihm den Mund und beunruhigen die Gemüter, verwirren die Geister. Ich kenne kein größeres Staatsverbrechen.

Dies sind, Herr Präsident, die Tatsachen, die es erklären, wie ein Rechtsirrtum hat begangen werden können; und die moralischen Beweise, die Vermögenslage von Dreyfus, das Fehlen von Motiven, die beständige Beteuerung seiner Unschuld zeigen ihn vollends als ein Opfer der ausschweifenden Einbildung des Majors du Paty de Clam, der klerikalen Umgebung, in der er sich befand, der Hetze gegen die »schmutzigen Juden«, die unser Zeitalter schändet.

*

Nun kommen wir zu der Esterhazy-Angelegenheit. Drei Jahre sind verflossen, viele Leute sind in ihrem Gewissen aufs Tiefste erregt, sind unruhig geblieben, forschen nach und gelangen endlich zur Überzeugung von Dreyfus' Unschuld.

Ich will hier nicht die Geschichte der Zweifel und der Überzeugung Scheurer-Kestners geben. Während er aber seinerseits nachgrub, ereigneten sich wichtige Begebenheiten im Generalstabe selbst. Der Oberst Sandherr war gestorben, und der Oberstleutnant Picquart war sein Nachfolger als Chef des Nachrichtenbureaus geworden. In dieser Eigenschaft, in Ausübung seiner amtlichen Befugnisse bekommt dieser letztere eines Tages ein Telegramm in die Hände, das von dem Geschäftsträger einer fremden Macht an den Major Esterhazy gerichtet war. Seine einfache Pflicht gebot ihm, eine Untersuchung zu eröffnen. Es ist sicher, daß er niemals ohne Genehmigung seiner Vorgesetzten gehandelt hat. Er unterbreitete also seine Verdachtsgründe seinen militärischen Vorgesetzten, dem General Gonse, darauf dem General Billot, der dem General Mercier als Kriegsminister gefolgt war. Die berühmten Akten Picquarts, von denen so viel gesprochen worden ist, waren nie etwas andres als die Akten Billots, das heißt die Akten, die von einem Untergebenen für seinen Minister angefertigt worden waren, die Akten, die noch heute im Kriegsministerium vorhanden sein müssen. Die Nachforschungen dauerten vom Mai bis September 1896, und was man mit allem Nachdruck betonen muß, General Gonse war von der Schuld Esterhazys überzeugt, General de Boisdeffre und General Billot zweifelten nicht daran, daß das Bordereau Esterhazys Schrift zeige. Die Untersuchung des Oberstleutnants Picquart hat zu dieser unzweifelhaften Feststellung geführt. Aber die Bewegung war groß, denn die Verurteilung Esterhazys zog unvermeidlich die Revision des Dreyfus-Prozesses nach sich, und das wollte der Generalstab um jeden Preis vermeiden.

Es mußte hier einen psychologischen Augenblick voller Beklemmung gegeben haben. Beachten Sie, daß General Billot in keiner Weise kompromittiert war, er kam ganz neu hinzu, er konnte die Wahrheit aufdecken. Er wagte es nicht, offenbar aus Angst vor der öffentlichen Meinung, sicher auch aus Furcht, den ganzen Generalstab, den General de Boisdeffre, den General Gonse, ungerechnet die niedereren Grade, preiszugeben. Nur einen Augenblick dauerte dann der Kampf zwischen seinem Gewissen und dem vermeintlichen militärischen Interesse. Er hatte sich auf die Sache eingelassen, damit war er bloßgestellt. Seitdem ist seine Verantwortlichkeit nur gewachsen, er hat das Verbrechen der anderen auf seine Schultern genommen, er ist ebenso schuldig wie die anderen, er ist schuldiger als sie, denn es stand in seiner Macht, Gerechtigkeit zu schaffen, und er hat nichts getan. Verstehen Sie recht! Seit einem Jahre weiß General Billot, wissen die Generale de Boisdeffre und Gonse, daß Dreyfus unschuldig ist, und sie haben diese entsetzliche Tatsache für sich behalten! Und diese Leute schlafen ruhig und besitzen Frauen und Kinder, die sie lieben!

Der Oberstleutnant Picquart hatte seine Pflicht als Ehrenmann erfüllt. Er drängte seine Vorgesetzten im Namen der Gerechtigkeit, er sagte ihnen, wie unpolitisch ihr Zögern angesichts des heraufziehenden schrecklichen Sturmes sei, der ausbrechen müsse, wenn die Wahrheit bekannt würde. Es war die Sprache, die später Scheurer-Kestner gleichfalls gegenüber dem General Billot führte, indem er ihn bei seinem Patriotismus beschwor, die Sache in die Hand zu nehmen, sie sich nicht so weit verschlimmern zu lassen, daß ein öffentliches Unheil daraus entstände. Nein! das Verbrechen war begangen, der Generalstab konnte sein Verbrechen nicht einräumen. Und der Oberstleutnant Picquart wurde abkommandiert, man schickte ihn weiter und weiter fort bis nach Tunis, wo man ihn sogar eines Tages seiner Tapferkeit wegen mit einer Aufgabe beehren wollte, die ihm den sicheren Untergang gebracht hätte, indem man ihn in die Gegend sandte, wo der Marquis de Morès seinen Tod gefunden hatte. Er war nicht in Ungnade gefallen, der General Gonse unterhielt mit ihm einen freundschaftlichen

Briefwechsel. Nur gibt es Geheimnisse, hinter die gekommen zu sein, einem nicht gut bekommt.

In Paris schritt die Wahrheit unwiderstehlich vor, und es ist bekannt, auf welche Weise der erwartete Sturm ausbrach. Mathieu Dreyfus denunzierte den Major Esterhazy als eigentlichen Urheber des Bordereaus in demselben Augenblick, wo Scheurer-Kestner gerade bei dem Siegelbewahrer ein Gesuch um Revision des Prozesses eingereicht hatte. Und hier nun tritt der Major Esterhazy auf. Zeugenaussagen schildern ihn von Anfang an als überreizt, bereit zum Selbstmord oder zur Flucht. Dann auf einmal hilft er sich durch Frechheit, er setzt Paris durch die Rücksichtslosigkeit seines Auftretens in Staunen. Er hatte Hilfe bekommen, er hatte einen anonymen Brief erhalten, der ihn von den Maßnahmen seiner Feinde unterrichtete, eine geheimnisvolle Dame hatte sogar ihre Nachtruhe geopfert, um ihm ein dem Generalstab gestohlenes Schriftstück zu überbringen, das ihn retten sollte. Ich kann nicht umhin, hierin wieder den Oberstleutnant du Paty de Clam an den Hilfsmitteln seiner furchtbaren Phantasie zu erkennen. Sein Werk, Dreyfus' Strafwürdigkeit, stand in Gefahr, und er wollte sein Werk verteidigen. Die Revision des Prozesses aber war die Vernichtung des so überspannten, so tragischen Zeitungsromans, dessen schändlicher Ausgang auf der Teufelsinsel spielt! Das konnte er nicht zugeben. Seitdem findet das Duell zwischen dem Oberstleutnant Picquart und dem Oberstleutnant du Paty de Clam statt, der eine kämpft mit offenem Visier, der andere mit geschlossenem. Man wird sie demnächst beide vor dem Zivilgerichte wieder antreffen. Im Grunde ist es stets der Generalstab, der sich verteidigt, der sein Verbrechen nicht eingestehen will, dessen Verworfenheit sich von Stunde zu Stunde steigert.

Man hat sich staunend gefragt, wer denn die Beschützer des Majors Esterhazy seien. Zunächst ist es im geheimen der Oberstleutnant du Paty de Clam, der alles angezettelt, alles geleitet hat. Seine Hand verrät sich in den abgeschmackten Hilfsmitteln. Dann ist es der General de Boisdeffre, es ist der General Gonse, der General Billot selbst, die die Freisprechung des Majors unter allen Umständen herbeiführen müssen, weil sie Dreyfus' Unschuld nicht ans Licht kommen lassen können, ohne daß das Kriegsministerium in der öffentlichen Verachtung versinkt. Und das schöne Ergebnis dieser wunderbaren Lage ist, daß der Ehrenmann in dem Handel, der Oberstleutnant Picquart, der allein seine Pflicht getan hat, zum Opfer auserlesen wird, daß er verunglimpft und bestraft werden wird.

O Gerechtigkeit, welch entsetzliche Verzweiflung schnürt das Herz zusammen! Man geht so weit, zu behaupten, daß er ein Fälscher ist, daß er das Telegramm verfertigt hat, um Esterhazy zu vernichten. Aber, großer Gott, warum? zu welchem Zwecke? Gebt ein Motiv an! Ist auch er von den Juden bestochen? Das Schönste an der Sache ist, daß gerade er Antisemit war. Ja! Wir sind Zeugen des schändlichen Schauspiels, wie man Männer, die von Schulden und Verbrechen erdrückt werden, öffentlich als unschuldig erklärt, während man einen Mann, der die Ehre selbst, dessen Leben fleckenlos ist, brandmarkt. Ist eine Gesellschaft erst auf dem Punkte angelangt, dann zerfällt sie von selbst.

Dies ist also, Herr Präsident, der Kern der Esterhazy-Angelegenheit: ein Schuldiger, den es galt weißzubrennen. Seit fast zwei Monaten können wir Stunde für Stunde das schöne Geschäft verfolgen. Ich fasse mich kurz, denn hier will ich nur in großen Zügen den Abriß der Geschichte geben, deren flammende Seiten einst in voller Ausführlichkeit geschrieben werden sollen. Wir haben also den General de Pellieux und den Major Ravary eine verbrecherische Untersuchung leiten sehen, aus der die Schurken zu Ehrenmännern verwandelt und die Ehrenmänner als beschmutzt hervorgehen. Dann hat man das Kriegsgericht berufen.

*

Wie hat man hoffen können, daß ein Kriegsgericht das umstoße, was ein Kriegsgericht ausgesprochen hat?

Ich spreche nicht einmal von der immer möglichen Wahl der Richter. Genügt der alles beherrschende Gedanke der Disziplin, der diesen Soldaten in Fleisch und Blut übergegangen ist, nicht, ihr Billigkeitsempfinden abzuschwächen? Wer von Disziplin spricht, spricht von Gehorsam. Wenn der Kriegsminister, die oberste Instanz, öffentlich unter dem Beifall der Volksvertretung seine amtliche Autorität für die abgeurteilte Sache einsetzt, wie wollen Sie, daß ein Kriegsgericht ihm ausdrücklich widerspreche? Militärisch ist das unmöglich. Der General Billot hat die Richter durch seine Erklärung suggestioniert, und sie haben geurteilt, wie sie ins Feuer gehen müssen, ohne zu erwägen. Die vorgefaßte Meinung, die sie auf ihren Platz mitgebracht haben, ist unzweifelhaft folgende: »Dreyfus ist durch ein Kriegsgericht wegen Landesverrats verurteilt worden, er ist also schuldig; und wir, ein Kriegsgericht, können ihn nicht für unschuldig erklären; nun wissen wir, daß, wenn wir die Schuld Esterhazys anerkennen, dies gleichbedeutend mit der Erklärung von Dreyfus' Unschuld sein würde.« Nichts konnte sie davon abbringen.

Sie haben ein ungerechtes Urteil gefällt, das für ewig auf unsern Kriegsgerichten lasten, das in Zukunft alle ihre Beschlüsse verdächtig machen wird. Das erste Kriegsgericht konnte aus Unwissenheit fehlen, das zweite ist notgedrungen verbrecherisch. Seine Entschuldigung, ich wiederhole es, ist, daß der Oberstkommandierende gesprochen und die abgeurteilte Sache als unangreifbar, heilig und über die Menschen erhaben dargestellt hat; Untergebene konnten also nicht das Gegenteil sagen. Man spricht uns von der Ehre der Armee, man will, daß wir sie lieben, sie achten. Gewiß, ja, die Armee, die sich auf die erste Drohung hin erheben, die den Boden Frankreichs verteidigen würde, sie ist das ganze Volk, und für sie haben wir nur Liebe und Achtung. Aber es handelt sich nicht um sie, deren Würde wir gerade in unserm Gerechtigkeitsbedürfnis wollen. Es handelt sich um den Säbel, den Herrn, den man uns vielleicht morgen geben wird. Und demütig den Griff des Säbels küssen? Bei Gott, nein!

Ich habe anderseits gezeigt: die Dreyfus-Angelegenheit ist die Angelegenheit der militärischen Bureaux, ein Generalstabsoffizier, denunziert durch seine Kameraden vom Generalstabe, verurteilt unter dem Druck des Chefs des Generalstabs. Noch einmal: Dreyfus kann nicht als Unschuldiger zurückkehren, ohne daß der gesamte Generalstab der Schuldige ist. Auch die Bureaux haben durch alle erdenklichen Mittel, durch Zeitungsfehden, durch Mitteilungen, durch Beeinflussungen Esterhazy nur gedeckt, um Dreyfus ein zweitesmal zu vernichten. Mit welch eisernem Besen müßte die republikanische Regierung in diese Pflanzstätte der Jesuiten, wie sie der General Billot selbst nennt, hineinfahren? Wo ist es, das wahrhaft starke und von weisem Patriotismus erfüllte Ministerium, das hier alles umzuwälzen und zu erneuern wagen würde? Wie viele Leute kenne ich, die bei einem möglichen Kriege vor Furcht zittern, da sie wissen, in welchen Händen die nationale Verteidigung liegt! und welches Nest von niedrigen Umtrieben, von Klatsch und von Vergeudung der Staatsmittel ist dieser heilige Ort geworden, an dem sich das Schicksal des Vaterlandes entscheidet! Man entsetzt sich vor dem furchtbaren Licht, das die Dreyfus-Angelegenheit darauf geworfen hat, dieses Menschenopfer eines Unglücklichen, eines »schmutzigen Juden«. Ach, was hat sich hier nicht alles an Wahnsinn und Dummheit, an tollen Einbildungen, an Gepflogenheiten einer niedern Politik, an inquisitorischen und tyrannischen Gewohnheiten getummelt, die Willkür einiger Tressenträger, die mit ihren Stiefeln auf der Nation herumtreten und ihr den Schrei nach Wahrheit und Gerechtigkeit unter dem lügenhaften und gotteslästerlichen Vorwand der Staatsraison in die Kehle zurückzwingen!

Es ist ein weiteres Verbrechen, daß man sich auf die Schmutzpresse gestützt und sich durch die gesamte Gaunerbande von Paris hat verteidigen lassen, so daß jetzt bei der Niederlage des Rechts und der ungeschminkten Ehrlichkeit diese Gaunerbande in der frechsten Weise triumphiert. Es ist ein Verbrechen, daß man die angeklagt hat, Frankreich in Verwirrung zu stürzen, die es edelmütig, an der Spitze der freien und gerechten Nationen sehen wollen, während man selbst vor der ganzen Welt das unverschämte Beginnen anzettelt, dem Irrtum zum Siege zu verhelfen. Es ist ein Verbrechen, daß man die öffentliche Meinung irreleitet und diese Meinung, die man bis zum Wahnsinn verderbt hat, für eine Sache, bei der es sich um Leben und Tod handelt, benützt. Es ist ein Verbrechen, daß man die Armen und Niedrigen vergiftet, die Leidenschaften der Reaktion und der Unduldsamkeit aufstachelt, indem man hinter dem widerwärtigen Antisemitismus Schutz sucht, an dem das große liberale Frankreich der Menschenrechte stirbt, wenn es nicht von ihm geheilt wird. Es ist ein Verbrechen, wenn man den Patriotismus für Werke des Hasses ausbeutet, und es ist ein Verbrechen, daß man aus dem Säbel den modernen Gott macht, während die gesamte menschliche Wissenschaft an dem bevorstehenden Werke der Wahrheit und Gerechtigkeit arbeitet.

Diese Wahrheit, diese Gerechtigkeit, die wir so leidenschaftlich erstrebt haben – welch ein Schmerz, sie so in das Gesicht geschlagen, noch mehr verkannt und verdunkelt zu sehen! Ich kann mir vorstellen, wie in der Seele Scheurer-Kestners alles zusammengebrochen sein muß, und ich glaube wohl, daß er schließlich Gewissensbisse empfindet, nämlich darüber, am Tage der Interpellation im Senat nicht revolutionär gehandelt zu haben, indem er alles sagte, was er auf dem Herzen hatte, um seine Gegner zu Boden zu schmettern. Er ist der große Ehrenmann gewesen, gesetzestreu, wie er sein Lebenlang gewesen ist, er hat geglaubt, die Wahrheit breche sich selbst Bahn, besonders da sie ihm so klar erschien wie die Sonne am Mittag. Wozu alles umstürzen, da doch bald die Sonne scheinen wird? Für diese zuversichtliche Heiterkeit ist er nun so grausam bestraft worden. Ebenso erging es dem Oberstleutnant Picquart, der in seiner hoch ehrenhaften Gesinnung die Briefe des Generals Gonse nicht veröffentlichen wollte. Diese Bedenken ehren ihn um so mehr, als, während er der Disziplin treu blieb, seine Vorgesetzten ihn mit Schmutz bewerfen ließen und selbst den Prozeß gegen ihn auf die unerwartetste und beleidigendste Weise eröffneten. So sehen wir zwei Opfer, beides brave Leute, beides ehrliche Herzen, die Gott haben walten lassen, während der Teufel tätig war. In betreff des Oberstleutnants Picquart hat man sogar noch folgende unedle Handlung erlebt: ein französischer Gerichtshof hat, nachdem er ruhig mitangesehen hatte, wie der Berichterstatter einen Zeugen angriff und ihn aller möglichen Vergehen bezichtete, die Öffentlichkeit ausgeschlossen, als dieser Zeuge vorgerufen wurde, um sich zu äußern und sich zu verteidigen. Ich sage, dies ist ein weiteres Verbrechen, und dieses Verbrechen wird das allgemeine Gewissen aufrütteln. Die militärischen Gerichte haben entschieden einen sonderbaren Begriff von Gerechtigkeit.

Dies ist die schlichte Wahrheit, Herr Präsident, und sie ist furchtbar, sie wird für Ihre Präsidentschaft ein Schmutzflecken sein. Ich glaube, daß Sie der Angelegenheit gegenüber keine Macht besitzen, daß Sie der Gefangene der Verfassung und Ihrer Umgebung sind. Sie haben nichtsdestoweniger eine Menschenpflicht dabei, an die Sie denken und die Sie erfüllen müssen. Übrigens verzweifle ich durchaus nicht am Triumphe. Ich wiederhole es mit der entschiedensten Sicherheit: die Wahrheit dringt siegreich vor, und nichts vermag sie aufzuhalten. Erst von heute ab beginnt die Angelegenheit, da heute die Stellungen klar erkennbar sind: auf der einen Seite die Schuldigen, die nicht wollen, daß Licht in die Sache komme, auf der anderen die Freunde der Gerechtigkeit, die ihr Leben daran setzen wollen, daß dies geschehe. Ich habe es anderwärts gesagt und wiederhole es: wenn man die Wahrheit unter die Erde vergräbt, sammelt sie hier ihre Kräfte; sie erhält eine solche Explosionsgewalt, daß sie an dem Tage, wo sie zum Ausbruch kommt, alles mit sich in die Luft sprengt. Man wird, wenn man sich nicht vorsieht, später das folgenschwerste Unheil erleben.

*

Aber dieses Schreiben ist lang, Herr Präsident, und es ist Zeit, daß ich schließe.

Ich klage den Oberstleutnant du Paty de Clam an, der teuflische Anstifter des Rechtsirrtums gewesen zu sein, unbewußt, wie ich annehmen will, und dann drei Jahre hindurch sein Werk durch die abgeschmacktesten und schuldhaftesten Umtriebe gestützt zu haben.

Ich klage den General Mercier an, sich zum mindesten aus Schwachköpfigkeit zum Mitschuldigen an einer der größten Ungerechtigkeiten des Jahrhunderts gemacht zu haben.

Ich klage den General Billot an, die sicheren Beweise für Dreyfus' Unschuld in den Händen gehabt und sie unterdrückt und sich so des Verbrechens der beleidigten Menschlichkeit und der Gerechtigkeit zu einem politischen Zwecke und um den bloßgestellten Generalstab zu retten, schuldig gemacht zu haben.

Ich klage den General de Boisdeffre und den General Gonse an, sich zu Mitschuldigen an demselben Verbrechen gemacht zu haben, der eine zweifellos aus Hinneigung zum Klerikalismus, der andre vielleicht in jenem Standesbewußtsein, das aus den militärischen Bureaux die heilige unangreifbare Bundeslade macht.

Ich klage den General de Pellieux und den Major Ravary an, eine verbrecherische Untersuchung angestellt zu haben, ich verstehe darunter eine Untersuchung von der ungeheuerlichsten Parteilichkeit, von der wir in dem Bericht des zweiten ein unvergängliches Denkmal naiver Frechheit besitzen.

Ich klage die drei Schreibsachverständigen, die edlen Herren Belhomme, Barinard und Couard, an, lügenhafte und betrügerische Gutachten erstattet zu haben, vorausgesetzt, daß eine ärztliche Untersuchung sie nicht für augen- oder geisteskrank erklärt.

Ich klage die militärischen Bureaux an, in der Presse, vornehmlich im »Eclair« und im »Echo de Paris« einen schändlichen Feldzug geführt zu haben, um die öffentliche Meinung irrezuführen und ihre Schuld zu bemänteln.

Ich klage endlich das erste Kriegsgericht an, das Recht verletzt zu haben, indem es einen Angeklagten auf Grund eines geheim gebliebenen Schriftstücks verurteilte, und ich klage das zweite Kriegsgericht an, diese Ungesetzlichkeit auf Befehl verdeckt zu haben, indem es seinerseits das juridische Verbrechen beging, einen Schuldigen wissentlich freizusprechen.

Indem ich diese Anklage erhebe, weiß ich wohl, daß ich mich auf Grund der Artikel 30 und 31 des Gesetzes über die Presse vom 29. Juli 1881, das die Vergehen der Verleumdung bestraft, schuldig mache. Ich tue dies mit voller Absicht.

Was die Leute betrifft, die ich anklage, so kenne ich sie nicht, ich habe sie niemals gesehen, ich hege gegen sie weder Groll noch Haß. Sie sind für mich nur Wesenheiten, Geister sozialen Verderbens. Und die Tat, die ich hier vollbringe, ist nur ein revolutionäres Mittel, um das Zutagetreten der Wahrheit und Gerechtigkeit zu beschleunigen.

Ich habe nur eine Leidenschaft, die der Aufklärung im Namen der Menschlichkeit, die so viel geduldet hat und ein Recht auf bessere Tage besitzt. Mein flammender Protest ist nur der Aufschrei meiner Seele. Wage man es daher, mich vor das Schwurgericht zu stellen, und möge die Untersuchung im vollen Lichte der Öffentlichkeit geführt werden!

Ich warte.

Genehmigen Sie, Herr Präsident, die Versicherung meiner Hochachtung.

Arthur Schnitzler
Der Weg ins Freie

Georg und Heinrich saßen von ihren Rädern ab. Die letzten Villen lagen hinter ihnen, und die breite Straße, allmählich ansteigend, führte in den Wald. Das Laub hing noch ziemlich dicht an den Bäumen, aber jeder leise Windhauch nahm Blätter mit und ließ sie langsam herabsinken. Herbstglanz lag über den gelb-rötlichen Hügeln. Die Straße stieg höher an, an einem stattlichen Wirtshausgarten vorbei, zu dem steinerne Stufen hinaufführten. Nur wenige Leute saßen im Freien, die meisten in der Glasveranda, als trauten sie nicht ganz der Wärme dieses schmeichlerischen Spätoktobertags, durch den doch immer wieder ein gefährliche Kühle geweht kam. Georg dachte mit ödem Erinnern des Winterabends, an dem er und Frau Marianne als einzige Gäste hier eingekehrt waren. Gelangweilt war er an ihrer Seite gesessen, hatte ungeduldig ihr plätscherndes Gerede über das Konzert von gestern angehört, in dem Fräulein Bellini seine Lieder gesungen; und als er auf der Rückfahrt wegen Mariannens Ängstlichkeit schon in einer Vorstadtstraße aus dem Wagen steigen mußte, hatte er wie erlöst aufgeatmet. Ein ähnliches Gefühl der Befreitheit kam freilich beinahe jedesmal über ihn, wenn er, auch nach schönerem Zusammensein, von einer Geliebten Abschied nahm. Selbst als er Anna an ihrem Haustor verlassen hatte, vor drei Tagen, nach dem ersten Abend vollkommenen Glücks, war er sich, früher als jeder anderen Regung, der Freude bewußt geworden, wieder allein zu sein. Und gleich darauf, ehe noch das Gefühl des Danks und die Ahnung einer wirklichen Zusammengehörigkeit mit diesem sanften, sein ganzes Wesen mit so viel Innigkeit umschließenden Geschöpf in seiner Seele emporzudringen vermochte, flog durch sie ein sehnsuchtsvoller Traum von Fahrten über ein schimmerndes Meer, von Küsten, die sich verführerisch nähern, von Spaziergängen an Ufern, die am nächsten Tage wieder verschwinden, von blauen Fernen, Ungebundenheit und Alleinsein. Am andern Morgen, da den Erwachenden der Duft des vergangenen Abends erinnerungs- und verheißungsschwer umfloß, wurde die Reise natürlich aufgeschoben, bis zu einer spätern, vielleicht nicht gar so fernen, doch gelegeneren Zeit. Denn daß auch dieses Abenteuer, so ernst und hold es begonnen, zu einem Ende bestimmt war, wußte Georg selbst in dieser Stunde, nur ohne jeden Schauer. Anna hatte sich ihm gegeben, ohne mit einem Wort, einem Blick, einer Gebärde anzudeuten, daß nun für sie gewissermaßen ein neues Kapitel ihres Lebens anfing. Und so mußte von ihr, das fühlte Georg tief, auch der Abschied ohne Düsterkeit und Schwere sein: ein Händedruck, ein Lächeln und ein stilles »es war schön«. Und leichter noch war ihm zumute geworden, als sie ihm bei der nächsten Begegnung mit einfach innigem Gruß entgegenkam, ohne die befangenen Töne anschmiegender Wehmut, oder erfüllten Schicksals, wie er sie in den Worten mancher andern beben gehört hat, die zu einem solchen Morgen nicht zum erstenmal erwacht war.

Eine mattgezogene Berglinie erschien in der Ferne und verschwand wieder, als die Straße durch dichten Waldstand in die Höhe führte. Laub- und Nadelholz wuchsen friedlich nebeneinander, und durch die stillere Farbe der Tannen schimmert das herbstlich gefärbte Blätterwerk von Buchen und Birken. Wanderer zeigten sich, einige mit Rucksack, Bergstock und Nagelschuhen wie zu bedeutenden Gebirgstouren ausgerüstet; zuweilen, in beglückter Schnelle, sausten Radfahrer die Straße hinab.

Heinrich erzählte seinem Gefährten von einer Radfahrt, die er anfangs September unternommen hatte, den Rhein entlang.

»Ist es nicht sonderbar«, sagte Georg, »so viel bin ich schon in der Welt herumgekommen, und die Gegend, wo meine Ahnen zu Hause waren, kenn ich noch gar nicht.«

»Wirklich?« fragte Heinrich. »Und es regt sich gar nicht in Ihnen, wenn Sie das Wort Rhein aussprechen hören?«

Georg lächelte. »Es sind immerhin bald hundert Jahre, daß meine Urgroßeltern aus Biebrich fortgezogen sind.«

»Warum lächeln Sie, Georg? Daß meine Ahnen aus Palästina fortgewandert sind, ist noch viel länger her, und doch fordern manche, sonst ganz logische Leute, daß mein Herz in Heimweh nach diesem Lande bebe.«

Georg schüttelte ärgerlich den Kopf. »Was kümmern Sie sich immerfort um diese Leute. Es wird wirklich schon zur fixen Idee bei Ihnen.«

»Ach Sie glauben, ich denke an die Antisemiten? Durchaus nicht. Denen nehm ichs auch weiter nicht übel, manchmal wenigstens. Aber fragen Sie nur einmal unsern Freund Leo, wie er über diese Angelegenheit denkt.«

»Ach so, den meinen Sie. Na, der faßt doch das nicht so wörtlich auf, sondern gewissermaßen symbolisch --- oder politisch«, setzte er unsicher hinzu.

Heinrich nickte. »Diese beiden Begriffe liegen vielleicht hart nebeneinander in Köpfen solcher Art.« Er versank für eine Weile in Nachdenken, schob sein Rad in leichten, ungeduldigen Stößen vorwärts und war gleich wieder um ein paar Schritte voraus. Dann begann er wieder von seiner Septemberreise zu sprechen. Beinahe mit Ergriffenheit dachte er an sie zurück. Alleinsein, Fremde, Bewegung, war es nicht ein dreifaches Glück, das er genossen? »Was für ein Gefühl von innerer Freiheit mich damals durchfloß«, sagte er, »kann ich Ihnen kaum beschreiben. Kennen Sie diese Stimmungen, in denen alle Erinnerungen, ferne und nahe, sozusagen ihre Lebensschwere verlieren; alle Menschen, mit denen man sonst irgendwie verbunden ist, durch Schmerzen, Sorgen, Zärtlichkeit, einen nur mehr wie Schatten umschweben, oder richtiger gesagt, wie Gestalten, die man selbst erfunden hat? Und die erfundenen Gestalten, die stellen sich natürlich auch ein und sind mindestens geradso lebendig wie die Menschen, an die man sich eben als an wirkliche erinnert. Da entwickeln sich dann die allerseltsamsten Beziehungen zwischen den wirklichen und den erfundenen Figuren. Ich könnte Ihnen von einer Unterhaltung berichten, die zwischen meinem verstorbenen Großonkel, der Rabbiner war, und dem Herzog Heliodor stattgefunden hat, wissen Sie, mit dem, der sich in meinem Opernstoff herumtreibt, – eine Unterhaltung so amüsant, so tiefsinnig, wie im allgemeinen weder das Leben noch Operntexte zu sein pflegen ... Ja, wundervoll sind solche Reisen! Und so geht es durch Städte, die man niemals gesehen hat und vielleicht nie wieder sehen wird, an lauter unbekannten Gesichtern vorüber, die gleich wieder für alle Ewigkeit verschwinden ... und dann saust man weiter auf heller Straße zwischen Strom und Weingeländen. Wahrhaft reinigend sind solche Stimmungen. Schade, daß sie einem so selten geschenkt sind!«

Georg empfand stets eine gewisse Verlegenheit, wenn Heinrich pathetisch wurde. »Jetzt könnte man vielleicht wieder fahren«, sagte er, und sie schwangen sich auf die Räder. Ein schmaler, ziemlich holpriger Seitenweg zwischen Wiese und Wald führte sie bald zu einem unerbaulich kahlen, zweistöckigen Haus, das sich durch ein mürrisch braunes Schild als Wirtshaus zu erkennen gab. Auf der Wiese, die durch die Straße vom Haus geschieden war, stand eine große Menge von Tischen, manche mit einstmals weiß gewesenen, andre mit geblümten Tüchern bedeckt. Hart an der Straße, an einigen zusammengerückten Tischen, saßen zehn oder zwölf junge Leute, Mitglieder eines Radfahrklubs. Mehrere hatten ihre Röcke abgelegt, andre trugen sie flott übergehängt; auf den himmelblauen, gelb eingefaßten Sweaters prangten Embleme in erhabener roter und grüner Stickerei. Mächtig, aber nicht sehr rein tönte ein Chorlied zum Himmel auf: »Der Gott, der Eisen wachsen ließ, der wollte keine Knechte.«

Heinrich überflog die Gesellschaft mit einem raschen Blick, kniff die Augen zusammen und sagte zu Georg, mit zusammengepreßten Zähnen und heftig betont: »Ich weiß nicht, ob diese Jünglinge bieder, treu und mutig sind, wofür sie sich jedenfalls halten; daß sie aber nach Wolle und Schweiß duften, ist gewiß, und daher wäre ich dafür, daß wir in angemessener Entfernung von ihnen Platz nehmen.«

Was will er eigentlich, dachte Georg bei sich. Wäre es ihm sympathischer, wenn hier eine Gesellschaft von polnischen Juden säße und Psalmen sänge?

Beide schoben ihre Räder zu einem entfernteren Tische hin und ließen sich nieder. Ein Kellner erschien, in schwarzem, von Fett- und Gemüseflecken übersäten Frack, fegte mit einer schmutzigen Serviette heftig über den Tisch, nahm die Bestellungen entgegen und verschwand.

»Ist es nicht jämmerlich«, sagte Heinrich, »daß in der nächsten Umgebung von Wien beinahe überall so verwahrloste Wirtshäuser stehen? Es macht einen geradezu trübsinnig.«

Georg fand diese übertriebene Wehmut nicht angebracht. »Ach Gott, auf dem Land«, meinte er, »man nimmt es eben mit. Es gehört fast dazu.«

Heinrich ließ diese Auffassung nicht gelten, begann den Plan zur Gründung von sieben Hotels an den Wienerwaldgrenzen zu entwickeln und berechnete eben, daß man dazu höchstens drei bis vier Millionen benötige, als plötzlich Leo Golowski dastand. Er war im Zivilanzug, der, wie oft bei ihm, eines etwas bizarren Elements nicht entbehrte. Heute trug er zu einem hellgrauen Sacco eine blaue Samtweste und eine gelbliche Seidenkrawatte in glattem Stahlring. Die beiden andern begrüßten ihn erfreut und äußerten einige Überraschung.

Leo setzte sich zu ihnen: »Ich habe ja gehört«, sagte er, »wie Sie gestern Ihre Partie verabredet haben, und als wir heute schon um neun aus der Kaserne entlassen wurden, dacht ich mir gleich, es wäre doch hübsch mit zwei klugen, sympathischen Menschen eine Stunde im Freien zu verplauschen. So bin ich nach Haus, hab mich in Zivil geworfen und auf den Weg gemacht.« Er sagte das in seinem gewöhnlichen, liebenswürdigen, fast naiv klingenden Ton, der Georg immer wieder gefangen nahm, aber in der Erinnerung für ihn einen Beiklang von Ironie, ja von

Falschheit zu bekommen pflegte. Doch schien dieser gleichsam schillernde Klang Leos Worten nur in gleichgültiger Unterhaltung eigen; ernste Gespräche wußte er mit einer Bestimmtheit zu führen, die Georg geradezu imponierte. In der letzten Zeit hatte er einigemale Gelegenheit gehabt, im Kaffeehaus Diskussionen zwischen Leo und Heinrich über kunsttheoretische Fragen, insbesondere über die Beziehungen zwischen den Gesetzen der Musik und der Mathematik anzuhören. Leo glaubte der Ursache auf der Spur zu sein, aus der Dur- und Molltonarten die menschliche Seele in so verschiedener Weise berühren. Gerne folgte Georg seinen klaren und scharfsinnigen Auseinandersetzungen, wenn sich auch etwas in ihm gegen den verwegenen Versuch wehrte, allen Zauber und alles Geheimnis der Klänge aus dem Walten von Gesetzen gedeutet zu hören, die, ebenso unerbittlich wie diejenigen, nach denen sich Erde und Sterne drehten, mit jenen ewigen aus gleicher Wurzel stammen sollten. Nur wenn Heinrich die Theorien Leos weiterzuführen und gelegentlich auf Schöpfungen der Wortkunst anzuwenden suchte, wurde Georg ungeduldig und fühlte sich sofort als stillen Verbündeten Leos, der zu Heinrichs phantastischen und wirren Ausführungen mild zu lächeln pflegte.

Das Essen wurde aufgetragen, und die jungen Leute ließen sichs schmecken; Heinrich nicht weniger als die andern, trotzdem er sich über die Minderwertigkeit der Küche höchst mißbilligend äußerte und das Vorgehen des Wirts nicht nur als Ausdruck persönlich niedriger Gesinnung, sondern als charakteristisch für den Niedergang Österreichs auf vielen andern Gebieten aufzufassen geneigt war. Das Gespräch kam auf die militärischen Zustände des Landes, und Leo gab Schilderungen von Kameraden und Vorgesetzten zum besten, über die die beiden andern sich sehr amüsierten. Insbesondere ein Oberleutnant gab zur Heiterkeit Anlaß, der sich der Freiwilligenabteilung mit den gefahrverkündenden Worten vorgestellt hatte: »Mit mir wern S' nix zu lachen haben, ich bin eine Bestie in Menschengestalt.«

Während sie noch aßen, trat ein Herr an den Tisch, schlug die Hacken aneinander, legte die Hand salutierend an die Radfahrkappe, grüßte mit einem scherzhaften »all Heil«, fügte für Leo noch ein kameradschaftliches »servus« hinzu und stellte sich Heinrich vor: »Josef Rosner ist mein Name«. Hierauf begann er jovial die Unterhaltung mit den Worten: »Die Herren machen auch eine Radpartie ...« Da man nicht widersprach, fuhr er fort: »Die letzten schönen

Tage muß man benützen, lange wird ja die Herrlichkeit nicht mehr dauern.«

»Wollen Sie nicht Platz nehmen, Herr Rosner?« fragte Georg höflich.

»Küß die Hand, aber ...«, er wies auf seine Gesellschaft ... »wir sind soeben im Aufbruch begriffen, haben noch viel vor, fahren bis Tulln hinunter und dann über Stockerau nach Wien. Die Herren erlauben ...« er nahm ein Zündhölzchen vom Tisch und brannte seine Zigarette vornehm an.

»Bei was für einem Klub bist du denn eigentlich?« fragte Leo, und Georg wunderte sich über das »du«, bis ihm einfiel, daß die beiden Jugendbekannte waren.

»Das ist der Sechshauser Radfahrklub«, erwiderte Josef. Obzwar keine Staunen geäußert wurde, setzte er hinzu: »Die Herren werden sich wundern, daß ich als Margaretner Kind diesem vorortlichen Klub angehöre, aber es ist auch nur, weil ein guter Freund von mir dort Obmann ist. Sehen Sie dieser Dicke dort, der jetzt gerade in den Rock hineinschlieft. Es ist nämlich der junge Jalaudek, der Sohn von dem Stadtrat und Abgeordneten.«

»Jalaudek ...«, wiederholte Heinrich mit deutlichem Ekel in der Stimme und sagte nichts weiter.

»Ah«, meinte Leo, »das ist ja der, der neulich in einer Debatte über den Volksbildungsverein diese prachtvolle Definition von Wissenschaft gegeben hat. Haben Sie nicht gelesen?« wandte er sich zu den andern.

Diese erinnerten sich nicht.

»Wissenschaft«, zitierte Leo, »Wissenschaft ist das, was ein Jud vom andern abschreibt.«

Alle lachten. Auch Josef, der aber sofort erläuterte: »Eigentlich ist er gar nicht so, ich kenn ihn ja. Nur im politischen Leben ist er so grob ... weil also nämlich da die Gegensätze aufeinanderplatzen in unserm lieben Österreich. Aber für gewöhnlich ist er ein sehr umgänglicher Herr. Da ist der Junge viel radikaler.«

»Ist euer Klub christlich-sozial oder deutsch-national?« fragte Leo verbindlich.

»O, da wird bei uns kein Unterschied gemacht, nur natürlich, wie das schon so ist ...«, er unterbrach sich plötzlich verlegen.

»Nun ja«, ermutigte ihn Leo, »daß euer Klub judenrein ist, das ist doch selbstverständlich. Man merkt's auch schon von weitem.«

Josef hielt es für das richtigste zu lachen. Dann sagte er: »O bitte sehr, auf den Bergen schweigt die Politik; überhaupt die Herren machen sich da falsche Begriffe, wenn wir schon über dieses Thema reden. Wir haben zum Beispiel einen im Klub, der ist mit einer Israelitin verlobt. Aber sie winken mir schon. Habe die Ehre, meine Herrschaften, servus Leo, all Heil.« Er salutierte wieder und entfernte sich wiegenden Schrittes. Die andern, unwillkürlich lächelnd, blickten ihm nach.

Dann fragte Leo plötzlich zu Georg gewandt: »Wie geht's denn eigentlich seiner Schwester mit dem Singen?«

»Wie?« sagte Georg aufgeschreckt und leicht errötend.

»Therese erzählt mir«, fuhr Leo ruhig fort, »daß Sie zuweilen mit Anna musizieren. Ist denn die Stimme jetzt in Ordnung?«

»Ja«, entgegnete Georg zögernd, »ich glaube schon, jedenfalls finde ich sie sehr angenehm, sehr wohllautend, besonders in der tieferen Lage. Schade, daß sie eben nicht ausreicht, für größere Räume, mein ich.«

»Nicht ausreicht«, wiederholte Leo nachdenklich, »das ist auch so ein Wort.«

»Wie würden Sie es denn bezeichnen?«

Leo zuckte die Achseln und blickte Georg ruhig an. »Sehen Sie«, sagte er, »ich habe die Stimme auch immer sehr sympathisch gefunden, aber selbst zur Zeit, als Anna die Idee hatte zur Bühne zu gehen ... ehrlich gestanden, ich habe nie geglaubt, daß aus der Sache was wird.«

»Sie haben eben wahrscheinlich gewußt«, entgegnete Georg absichtlich leicht, »daß Fräulein Anna an dieser eigentümlichen Schwäche der Stimmbänder leidet.«

»Ja freilich wußte ich das; aber wäre sie zu einer künstlerischen Laufbahn bestimmt gewesen, innerlich bestimmt meine ich, so hätte sie diese Schwäche eben überwunden.«

»Sie glauben?«

»Ja, das glaub ich, das glaub ich ganz entschieden. Darum find ich, daß solche Worte wie ›eigentümliche Schwäche‹, oder ›die Stimme reicht nicht aus‹ gewissermaßen Umschreibungen für etwas Tieferes, Seelisches bedeuten. Es liegt offenbar nicht in der Linie ihres Schicksals, eine Künstlerin zu werden, das ist es. Sie war sozusagen von Anbeginn dazu bestimmt, im Bürgerlichen zu enden.«

Heinrich war mit der Theorie von der Schicksalslinie höchst einverstanden und führte den Gedanken in seiner krausen Art weiter und immer weiter, vom Geistreichen übers Verdrehte ins Unsinnige. Dann machte er den Vorschlag, man sollte sich für eine halbe Stunde auf die Wiese hin in die Sonne legen, die in diesem Jahr wohl nicht mehr oft so warm herunterscheinen werde. Die andern stimmten zu.

Hundert Schritt weit vom Wirtshaus streckten sich Georg und Leo auf ihre Mäntel aus. Heinrich setzte sich ins Gras, verschränkte die Arme über den Knien und sah vor sich hin. Zu seinen Füßen senkte sich die Wiese zum Walde hinab. Tiefer unten, in lockeres Laub vergraben, ruhten die Landhäuser von Neuwaldegg. Aus bläulich-grauen Nebeln hervor schimmerten die Turmkreuze und sonngeblendeten Fenster der Stadt, und ganz fern, als trüge bewegter Dunst sie empor, schwebte und verdämmerte die Ebene.

Spaziergänger schritten über die Wiese dem Wirtshaus zu. Einige grüßten im Vorübergehen und einer, ein noch junger Mann, der ein Kind an der Hand führte, bemerkte zu Heinrich: »Das ist aber einmal ein schöner Tag, grad als wie im Mai.«

Heinrich fühlte anfangs gegen seinen Willen, wie manchmal solch wohlfeiler, aber unvermuteter Freundlichkeit gegenüber, gleichsam sein Herz aufgehen. Sofort aber besann er sich, denn er wußte ja, auch dieser junge Mann war nur von der Milde des Tags, dem Frieden der Landschaft wie berauscht; in der Tiefe der Seele war auch der ihm feindselig gesinnt, gleich all den andern, die so harmlos an ihm vorbeispazierten. Und er verstand es wieder einmal selbst nicht recht, warum der Anblick dieser sanftbewegten Hügel, dieser verdämmernden Stadt ihn so schmerzlich süß ergriff, da ihm doch die Menschen, die hier zu Hause waren, so wenig und selten etwas Gutes bedeuteten.

Der Radfahrklub sauste über die nahe Straße, die umgehängten Röcke wehten, die Embleme leuchteten, und ein rohes Lachen schallte über die Wiese.

»Gräßliches Volk«, meinte Leo beiläufig, ohne den Platz zu verändern.

Heinrich wies mit einer unbestimmten Kopfbewegung nach unten. »Und solche Kerle«, sagte er mit zugepreßten Zähnen, »bilden sich dann noch ein, daß sie da eher zu Hause sind als unsereiner.«

»Nun ja«, entgegnete Leo ruhig, »da werden sie wohl nicht so unrecht haben, diese Kerle.«

Heinrich wandte sich höhnisch zu ihm: »Verzeihen Sie, Leo, ich vergaß einen Augenblick, daß Sie selbst den Wunsch hegen, nur als geduldet zu gelten.«

»Das wünsche ich keineswegs«, erwiderte Leo lächelnd, »und Sie brauchen mich nicht gleich so boshaft mißzuverstehen. Aber daß diese Leute sich als die Einheimischen ansehen und Sie und mich als die Fremden, das kann man ihnen doch nicht übel nehmen. Das ist doch schließlich nur der Ausdruck ihres gesunden Instinktes für eine anthropologisch und geschichtlich feststehende Tatsache. Dagegen und daher auch gegen alles, was daraus folgt, ist weder mit jüdischen noch mit christlichen Sentimentalitäten etwas auszurichten.« Und sich zu Georg wendend, fragte er in allzu verbindlichem Ton: »Finden Sie nicht auch?«

Georg errötete, räusperte, kam aber nicht dazu zu erwidern, da Heinrich, auf dessen Stirn zwei tiefe Falten erschienen, sofort erbittert das Wort nahm: »Mein Instinkt ist mir mindestens ebenso maßgebend wie der der Herren Jalaudek junior und senior, und dieser Instinkt sagt mir untrüglich, daß hier, gerade hier meine Heimat ist und nicht in irgend einem Land, das ich nicht kenne, das mir nach den Schilderungen nicht im geringsten zusagt und das mir gewisse Leute jetzt als Vaterland einreden wollen, mit der Begründung, daß meine Urahnen vor einigen tausend Jahren gerade von dort aus in die Welt verstreut worden sind. Wozu noch zu bemerken wäre, daß die Urahnen des Herrn Jalaudek, und selbst die unseres Freundes, des Freiherrn von Wegenthin, gerade so wenig hier zu Hause gewesen sind, als die meinen und die Ihrigen.«

»Sie dürfen mir nicht böse sein«, erwiderte Leo, »aber Ihr Blick in diesen Dingen ist doch ein wenig beschränkt. Sie denken immer an sich und an den nebensächlichen Umstand ... pardon für diese Frage nebensächlichen Umstand, daß Sie ein Dichter sind, der zufällig, weil er in einem deutschen Land geboren, in deutscher Sprache und, weil er in Österreich lebt, über österreichische Menschen und Verhältnisse schreibt. Es handelt sich aber in erster Linie gar nicht um Sie und auch nicht um mich, auch nicht um die paar jüdischen Beamten, die nicht avancieren, die paar jüdischen Freiwilligen, die nicht Offiziere werden, die jüdischen Dozenten, die man nicht oder verspätet zu Professoren macht,– das sind lauter Unannehmlichkeiten zweiten Ranges sozusagen; es handelt sich hier um ganz andre Menschen, die Sie nicht genau oder gar nicht kennen, und um Schicksale, über die Sie, ich versichere Sie, lieber Heinrich, über die Sie gewiß, trotz der Verpflichtung, die Sie eigentlich dazu hätten, noch nicht gründlich genug nachgedacht haben. Gewiß nicht ... sonst könnten Sie über all diese Dinge nicht in so oberflächlicher und in so ... egoistischer Weise reden, wie Sie es tun.« Er erzählte dann von seinen Erlebnissen auf dem Basler Zionistenkongreß, an dem er im vorigen Jahre teilgenommen hatte und wo ihm ein tieferer Einblick in das Wesen und den Gemütszustand des jüdischen Volkes gewährt worden wäre als je zuvor. In diese Menschen, die er zum erstenmal in der Nähe gesehen, war die Sehnsucht nach Palästina, das wußte er nun, nicht künstlich hineingetragen; in ihnen wirkte sie als ein echtes, nie erloschenes und nun mit Notwendigkeit aufflammendes Gefühl. Daran konnte keiner zweifeln, der, wie er, den heiligen Zorn in ihren Blicken hatte aufleuchten sehen, als ein Redner erklärte, daß man die Hoffnung auf Palästina vorläufig aufgeben und sich mit Ansiedlungen in Afrika und Argentinien begnügen müsse. Ja, alte Männer, nicht etwa ungebildete, nein, gelehrte, weise Männer hatte er weinen gesehen, weil sie fürchten mußten, daß das Land ihrer Väter, das sie, auch bei Erfüllung der kühnsten zionistischen Pläne, doch keineswegs mehr selbst hätten betreten können, sich vielleicht auch ihren Kindern und Kindeskindern niemals erschließen würde.

Verwundert, ja ein wenig ergriffen hatte Georg zugehört. Heinrich aber, der während Leos Erzählung mit kurzen Schritten auf der Wiese hin und hergegangen war, erklärte, daß ihm der Zionismus als die schlimmste Heimsuchung erschiene, die jemals über die Juden hereingebrochen war, und gerade Leos Worte hätten ihn davon tiefer überzeugt, als irgend eine Überlegung oder Erfahrung zuvor. Nationalgefühl und Religion, das waren seit jeher Worte, die in ihrer leichtfertigen, ja tückischen Vieldeutigkeit ihn erbitterten. Vaterland ... das war ja überhaupt eine Fiktion, ein Begriff der Politik, schwebend, veränderlich, nicht zu fassen. Etwas Reales bedeutete nur die Heimat, nicht das Vaterland ... und so war Heimatsgefühl auch Heimatsrecht. Und was die Religionen anbelangte, so ließ er sich christliche und jüdische Legenden so gut gefallen, als hellenische und indische; aber jede war ihm gleich unerträglich und widerlich, wenn sie ihm ihre Dogmen aufzudrängen suchte. Und zusammengehörig fühlte er sich mit niemandem, nein mit niemandem auf der Welt. Mit den weinenden Juden in Basel gerade so wenig, als mit den gröhlenden alldeutschen im österreichischen Parlament; mit jüdischen Wucherern so wenig, als mit hochadeligen Raubrittern; mit einem zionistischen Branntweinschänker so wenig, als mit einem christlich-sozialen Greisler. Und am wenigsten würde ihn je das Bewußtsein gemeinsam erlittener Verfolgung, gemeinsam lastenden Hasses mit Menschen verbinden, denen er sich innerlich fern fühle. Als moralisches Prinzip und Wohlfahrtsaktion wollte er den Zionismus gelten lassen, wenn er sich aufrichtig so zu erkennen gäbe; die Idee einer Errichtung des Judenstaates auf religiöser und nationaler Grundlage erscheine ihm wie eine unsinnige Auflehnung gegen den Geist aller geschichtlichen Entwicklung. »Und in der Tiefe Ihrer Seele«, rief er aus, vor Leo stehen bleibend, »glauben auch Sie nicht daran, daß dieses Ziel je zu erreichen sein wird, ja wünschen es nicht einmal, wenn Sie sich auch auf dem Wege hin aus dem oder jenem Grunde behagen. Was ist Ihnen Ihr ›Heimatland‹ Palästina? Ein geographischer Begriff. Was bedeutet Ihnen ›der Glaube Ihrer Väter‹? Eine Sammlung von Gebräuchen, die Sie längst nicht mehr halten und von denen Ihnen die meisten gerade so lächerlich und abgeschmackt vorkommen, als mir.«

Sie redeten noch lang, bald heftig und beinahe feindselig, dann wieder ruhig und in dem ehrlichen Bestreben einander zu überzeugen; fanden sich manchmal wie erstaunt in einer gleichen Ansicht, um einander im nächsten Augenblick in einem neuen Widerspruch zu verlieren. Georg, auf seinen Mantel gestreckt, hörte ihnen zu. Bald neigte sein Sinn sich Leo zu, in dessen Worten ihm ein glühendes Mitleid für seine unglücklichen Stammesgenossen zu beben schien, und der sich stolz von Menschen abkehrte, die ihn als ihresgleichen nicht wollten gelten lassen. Bald wieder war er innerlich Heinrich näher, der sich zornig von einem Beginnen abwandte, das, phantastisch und kurzsichtig zugleich, die Angehörigen einer Rasse, deren Beste überall in der Kultur ihres Wohnlandes aufgegangen waren, oder mindestens an ihr mitarbeiteten, von allen Enden der Welt versammeln und in eine gemeinsame Fremde senden wollte, nach der sie kein Heimweh rief. Und eine Ahnung stieg in Georg auf, wie schwer gerade diesen Besten, von denen Heinrich sprach, denen, in deren Seelen sich die Zukunft der Menschheit vorbereitete, eine Entscheidung fallen mußte; wie gerade ihnen, hin und hergeworfen zwischen der Scheu, zudringlich zu erscheinen und der Erbitterung über die Zumutung, einer fremden Überzahl weichen zu sollen, – zwischen dem eingeborenen Bewußtsein, daheim zu sein, wo sie lebten und wirkten, und der Empörung, sich eben da verfolgt und beschimpft zu sehen; wie gerade ihnen zwischen Trotz und Ermattung das Gefühl ihres Daseins, ihres Wertes und ihrer Rechte sich verwirren mußte. Zum erstenmal begann ihm die Bezeichnung Jude, die er selbst so oft leichtfertig, spöttisch und verächtlich im Mund geführt hatte, in einer ganz neuen gleichsam düstern Beleuchtung aufzugehen. Eine Ahnung von dieses Volkes geheimnisvollem Los dämmerte in ihm auf, das sich irgendwie in jedem aussprach, der ihm entsprossen war; nicht minder in jenen, die diesem Ursprung zu entfliehen trachteten wie einer Schmach, einem Leid oder einem Märchen, das sie nichts kümmerte, – als in jenen, die mit Hartnäckigkeit auf ihn zurückwiesen, wie auf ein Schicksal, eine Ehre oder eine Tatsache der Geschichte, die unverrückbar feststand.

Und als er sich in den Anblick der beiden Sprechenden verlor und ihre Gestalten betrachtete, die sich mit scharf gezogenen, heftig bewegten Linien von dem rötlich-violetten Himmel abzeichneten, fiel es ihm nicht zum ersten Male auf, daß Heinrich, der darauf bestand, hier daheim zu sein, in Figur und Geste einem fanatischen, jüdischen Prediger glich, während Leo, der mit seinem Volk nach Palästina ziehen wollte, in Gesichtsschnitt und Haltung ihn an die Bildsäule eines griechischen Jünglings erinnerte, die er einmal im Vatikan oder im Museum von Neapel gesehen hatte. Und wieder einmal, während sein Auge Leos lebhaften und edlen Bewegungen mit Vergnügen folgte, begriff er sehr wohl, daß Anna für den Bruder ihrer Freundin vor Jahren, in jenem Sommer am See, eine schwärmerische Neigung empfunden hatte.

Immer noch standen Heinrich und Leo einander auf der Wiese gegenüber, und ins Unentwirrbare verlor sich ihr Gespräch. Die Sätze stürmten ineinander hinein, verkrampften sich ineinander, schossen aneinander vorbei, gingen ins Leere; – und in irgend einem Augenblick merkte Georg, daß er nur mehr den Klang der Reden hörte, ohne ihrem Inhalt folgen zu können.

Ein kühler Wind kam von der Ebene her, und Georg erhob sich leicht erschauernd vom Rasen. Die andern, die seine Anwesenheit beinahe vergessen hatten, waren dadurch zur Gegenwart zurückgerufen, und man beschloß aufzubrechen. Noch leuchtete der volle Tag über der Landschaft, aber die Sonne ruhte dunkelrot und matt über einer länglich gestreckten Abendwolke.

Während er seinen Mantel aufs Rad schnallte, sagte Heinrich: »Nach solchen Gesprächen bleibt mir immer eine Unbefriedigung, die sich geradezu bis zu einem wehen Gefühl in der Magengegend steigert. Ja wirklich. Sie führen so gar nirgends hin. Und was bedeuten überhaupt politische Ansichten bei Menschen, denen die Politik nicht zugleich Beruf oder Geschäft ist? Nehmen sie den geringsten Einfluß auf die Lebensführung, auf die Gestaltung des Daseins? Sowohl Sie, Leo, als ich, wir beide werden nie etwas anderes tun, nie etwas anderes tun können, als eben das leisten, was uns innerhalb unseres Wesens und unserer Fähigkeiten zu leisten gegeben ist. Sie werden in Ihrem Leben nicht nach Palästina auswandern, selbst wenn der Judenstaat gegründet und Ihnen sofort eine Ministerpräsidenten- oder wenigstens Hofpianistenstelle angetragen würde –«

»O das können Sie nicht wissen«, unterbrach ihn Leo.

»Ich weiß es ganz bestimmt«, sagte Heinrich. »Dafür gesteh ich Ihnen ja auch zu, daß ich mich trotz meiner vollkommenen Gleichgültigkeit gegen jegliche Religionsform nie und nimmer werde taufen lassen, selbst wenn es möglich wäre – was ja heute weniger der Fall ist als je – durch solch einen Trug antisemitischer Beschränktheit und Schurkerei für alle Zeit zu entrinnen.«

»Hm«, sagte Leo, »aber wenn die Scheiterhaufen wieder angezündet werden ...?«

»Für diesen Fall«, entgegnete Heinrich, »dazu verpflichte ich mich hiermit feierlich, werde ich mich vollkommen nach Ihnen richten.«

»O«, wandte Georg ein, »diese Zeiten kommen doch nicht mehr wieder.«

Die andern mußten lachen, daß Georg sie durch diese Worte, wie Heinrich bemerkte, im Namen der gesamten Christenheit über ihre Zukunft zu beruhigen so liebenswürdig wäre.

Sigmund Freud
Brautbriefe

Sonntag, 23. Juli 1882

Nathan heißt du Jude?
(Ein seltsamer Jude hm)
Sprich weiter, wackrer Nathan.
(Oder so ähnlich; ich kann jetzt nicht in die Stadtbibliothek laufen, um ein Zitat zu verifizieren. Der auf dem Gänsemarkt wird's verzeihen.) Dies war der Anfang unserer Bekanntschaft. Ich hatte plötzlich ein kleines Mädchen sehr lieb und befand mich plötzlich in Hamburg. Sie hatte mir einen Ring gesandt, den ihre Mutter einst von ihrem Vater bekommen hatte; ich hatte nach Muster dieses Ringes einen kleineren für ihren winzigen Finger nachmachen lassen, aber es schien, daß der echte Ring doch bei ihr geblieben, denn alle, die sie sahen und sprachen, hatten sie lieb, und das ist doch das Zeichen des echten Ringes. Mir war es beinahe unlieb, ich sann lange nach, wie ich sie schlechtmachen könnte, daß sie keiner mehr liebgewinnen dürfte, bis mir einmal einfiel, daß es nur darauf ankommt, ob sie mehrere liebhabe, nicht ob mehrere oder alle sie liebhaben. Nachdem mir dieser Einfall gekommen war, befand ich mich in Hamburg sehr wohl. Der Morgen war immer warm und schön, der Abend war dem Morgen so nahe und dem Tag war ich dankbar, daß er die Lücke zwischen schönem Morgen und schönem Abend ausfüllte. Freilich, das tyrannische Naturell, das machte, daß sich die kleinen Mädchen vor mir fürchteten, war nicht zum Schweigen zu bringen. Ich wollte Ausschließlichkeit, und da ich sie im Großen und Bedeutsamen erlangt hatte, strebte ich sie im Kleinen und Symbolischen an. Mein Mädchen war aus einer Gelehrtenfamilie, und schriftstellerte – zunächst nur Briefe – mit unermüdlicher Hand und verbrauchte ihr kleines Geld für Briefpapier. Ich brauchte also Briefpapier für das liebe fleißige Kind und wählte solches, auf dem sie nur mir schreiben konnte. Ein M und S innig verschlungen, wie dies nur die Großherzigkeit der Graveure verstattet, machten jeden Bogen für jeden anderen Verkehr als zwischen Marthchen und mir untauglich. Der Mann, bei dem ich dieses despotische Papier am Freitag bestellte, wollte es erst am Sonntag liefern; denn am

Sonnabend, sagte er, sind wir nicht hier. Es ist so eine alte Sitte bei uns. Oh, ich kenne die alte Sitte. Es war ein jovialer alter Herr, den ich auf vierundfünfzig schätzte; mit diesem Irrtum gewann ich sein Herz, wie kurz zuvor ein anderes Herz durch einen anderen Irrtum. Er war vierundsiebzig Jahre alt und rühmte seine Genuß- und Arbeitsfähigkeit und versicherte, daß er gar nicht so bald von dem Leben zu scheiden gedenke. Der Mann gefiel mir. Ich war gerade in ähnlicher Stimmung. Sonntags sah ich ihn wieder. Er war sehr stolz auf die Eleganz des Monogrammes, aber er wollte mich nicht bloß als Kunden behandeln. Er zeigte mir das Gebäude der Deutschen Bank, seinem Laden gegenüber. »Dort haben die Hamburger Kaufleute ihr Geld liegen, das sie nicht zu Hause lassen wollen, diese Keller liegen voll Gold- und Silbervorrat.« Ich sprach die Hoffnung aus, daß eine Ader des reichen Metallagers auch in seinen Laden hinüberreiche. Aber Kaufleute dissimulieren immer. Er erklärte sodann, weshalb so viele Leute in das Gebäude strömen. Wenn Sie mir etwas schuldig sind, anstatt daß Sie mir bar bezahlen, wird es auf der Bank von Ihrem Konto auf meines geschrieben. Mir wurde schwül; bis auf das Schuldigsein verstehe ich so gar nichts vom Bankwesen. Aber er ließ mich nicht fort, ich mußte einen Stuhl neben ihm einnehmen, und er fragte mich aus, wo ich bereits gewesen, und riet mir diesen und jenen Ausflug an: »Ich würde gerne selbst mit Ihnen gehen, aber ich bin ein alter Jude, und sehen Sie mich an.« Ich sah, sein Bart war struppig. Sie konnten sich gestern nicht rasieren lassen. »Nicht wahr, das wissen Sie, was für ein Fasttag jetzt bald kommt.« Ich wußte das leider; weil Jerusalem vor vielen Jahren um diese Zeit – nach einer falschen Zeitrechnung – zerstört worden war, sollte ich mein Mädchen am letzten Tag meines Hierseins nicht sprechen dürfen. Aber was ist mir Hekuba? Jerusalem ist zerstört, und Marthchen und ich leben und sind glücklich. Und die Geschichtsforscher sagen, wenn Jerusalem nicht zerstört worden wäre, wären wir Juden untergegangen wie so viele Völker vor und nach uns. Erst nach dem Zerfall des sichtbaren Tempels sei der unsichtbare Bau des Judentums möglich geworden. Also neun Tage vor Tischo-B'ow, sagte mein alter Jude, versagen wir uns jedes Vergnügen. Wir sind hier eine Reihe von Männern von der alten Schule, die alle fest an der Religion halten, ohne sich dabei vom Leben abzuschließen. Wir verdanken unsere Erziehung *einem* Mann. In früheren Jahren waren Hamburg und Altona eine jüdische Gemeinde, später trennten sie sich; der Unterricht wurde von untergeordneten Lehrern besorgt, bis die Reform in

Deutschland kam. Da sah man ein, daß man etwas tun müsse, und berief einen gewissen Bernays, den man zum ›Chacham‹ machte. Der Mann hat uns alle gebildet. Er wollte von seinen Leistungen sprechen, aber mich interessierte der Mann zunächst. War er ein Hamburger? Nein, er ist aus Würzburg gekommen, Napoleon I. hat ihn dort studieren lassen. (O sagenbildende Kraft der Völker!) Er kam als ganz junger Mann hierher, vor dreißig Jahren hat er hier noch gelebt. Haben Sie seine Familie gekannt? »Ich bin ja mit den Söhnen aufgewachsen.« Ich erinnerte mich jetzt an zwei Namen, Michael Bernays in München, Jacob Bernays in Bonn. Das sind sie, bestätigte er, es war noch ein dritter Sohn, der hat in Wien gelebt und ist dort gestorben. Ich wußte auch von diesem dritten etwas, dessen Name so hinter den Brüdern in den Hintergrund trat. Das reiche Wesen des Vaters hatte sich in den Söhnen geteilt. Der Vater war Sprachforscher, Schriftausleger und hatte bedeutende Kinder hinterlassen. So blieb denn der eine Sohn bei der Sprache stehen, deren Material die wissenschaftliche Arbeit seines Lebens mit Beschlag belegte, der andere lehrt noch jetzt den feinen Geschmack und die Weisheit schätzen, die unsere großen Dichter und Lehrer in ihre Schriften gelegt haben. Der dritte, ein ernster, verschlossener Mann, erfaßte das Leben noch tiefer, als Wissenschaft und Kunst es vermögen; er war rein menschlich und schuf neue Schätze, anstatt die alten auszulegen. Ehre seinem Andenken, der mir Marthchen geschenkt hat.

Wenn mein alter Jude, der jetzt mit Begeisterung von den Lehren seines Meisters sprach, geahnt hätte, daß sein Kunde, angeblich Dr. Wahle aus Prag, morgens die Enkelin des von ihm so verehrten Mannes geküßt. Er erzählte weiter von seinen Jugenderinnerungen, und Züge des weisen Nathan tauchten jetzt in seinem Gemüte auf. Er war ein außerordentlicher Mensch und lehrte die Religion mit solchem Geist und Humanität. Wenn jemand gar nichts glauben will, ach, dann ist nichts mit ihm zu machen; wenn er aber einen Grund verlangt für dies und jenes, was als unsinnig gilt, so stellte er sich außerhalb des Gesetzes und rechtfertigte es von da aus auch für den Ungläubigen. Zum Beispiel die Speisegesetze: was kann gleichgültiger sein, als was man ißt? Aber da sagte er: gehen wir auf die Schöpfungsgeschichte zurück, es ist vielleicht aus einer Fabel, aber was die ganze Menschheit seit Jahrhunderten glaubt, kann doch kein Unsinn sein, muß einen Sinn enthalten. Als Gott die ersten Menschen geschaffen hatte und sie in den Garten Eden setzte, war nicht das erste Gebot, das er ihnen gab, ein Speisegebot? Von diesem Baum dürft ihr essen und von dem einen hier nicht. Warum war's nicht ein moralisches Gebot? Und wenn Gott als erstes Gebot ein Speisegebot gab, kann es eine gleichgültige Sache sein, wie man ißt?

Er erzählte noch mehrere solcher sinnreicher Stütz- und Erklärungsversuche. Ich kannte ja die Art. Der Anspruch der Heiligen Schrift auf Wahrheit und Gehorsam war so nicht zu stützen, es war da keine Reform berechtigt, nur ein Umsturz; aber es lag ein ungeheurer Fortschritt, eine Art Erziehung des Menschengeschlechts in Lessingschem Sinne in solcher Lehrweise. Die Religion war nicht mehr starres Dogma, sie wurde zum Gegenstand des Nachsinnens, zur Befriedigung des verfeinerten künstlerischen Geschmacks und gesteigerter logischer Anforderungen und schließlich empfahl sie der Hamburger Lehrer, nicht weil sie einmmal als geheiligt vorhanden war, sondern weil er sich des tiefen Sinnes freute, den er in ihr entdeckte oder in sie hineintrug. Es war Kritik, wenn auch willkürlich gehandhabte und fest bestimmten Zielen zusteuernde, wohl geeignet, den Schülern die entscheidende Richtung zu geben, die mein alter Jude jetzt noch bewahrte, als ich für die Enkelin des Lehrers unser Monogramm bei ihm holte.

Er war kein Asket, setzte er fort. Der Jude, sagte er, ist die höchste Blüte des Menschen und für den Genuß geschaffen. Er verachte jeden, der nicht genießen könne. (Ich mußte mich erinnern, was Eli von seiner Weltanschauung zu seinen Ehren im Rausch verraten hatte: Homo sum). Das Gesetz schreibt dem Juden vor, sich jedes kleinen Genusses zu freuen, über jede Frucht die Broche zu sprechen, die an den Zusammenhang mit der schönen Welt, in der sie gewachsen ist, erinnerte. Der Jude ist für die Freude, und Freude ist für den Juden. Der Lehrer erläuterte dies an der Steigerung der Feste.

Zu Neujahr sagt der Christ: Wenn wir nur im neuen Jahr bessere Zeiten haben als im alten. Für den Juden kommt zuerst Roschhaschono, da wird das Los bestimmt fürs ganze Jahr. Da darf uns bange sein vor der göttlichen Entscheidung: Das ist das Fest der Gottesfurcht. Zu Jom Kippur fasten wir den ganzen Tag, Gott zuliebe, nur die Liebe kann ein solches Opfer bringen. Es ist das Fest der Gottesliebe. Dann aber kommt Succoth, von dem geschrieben steht: Der Jude soll nur fröhlich sein an diesen Tagen, und ein Tag heißt Gesetzesfreude. Es ist das Fest der Gottesfreude.

Ein Kunde kam, und Nathan war wieder Kaufmann. Ich empfahl mich bewegter, als der alte Jude ahnte. Wenn er nach Prag kommen sollte, werde er sich das Vergnügen machen, mich aufzusuchen. Er wird mich nicht in Prag finden, aber als Ersatz will ich ihm eine andere Freude bereiten. Wenn mein Marthchen etwas von papierenen Geschenken nach Wien nehmen will, soll sie auf den Adolphsplatz zu unserem alten Juden, dem Schüler ihres Großvaters gehen und ihm ihren Namen nennen. Er soll merken, daß der Stamm seines Lehrers nicht verdorben ist, seitdem er zu seinen Füßen gesessen hat. Und für uns beide glaube ich: wenn die Form, in der die alten Juden sich wohl fühlten, auch für uns kein Obdach mehr bietet, etwas vom Kern, das Wesen des sinnvollen und lebensfrohen Judentums, wird unser Haus nicht verlassen.

Isaac Bashevis Singer
Der Sohn aus Amerika

Das Dorf Lentczyn war winzig klein und hatte einen sandigen Marktplatz, auf dem sich die Bauern der Umgegend einmal in der Woche trafen. Ringsherum standen die kleinen Hütten mit Strohdächern oder moosgrünem Schindeldach. Die Schornsteine sahen wie Töpfe aus. Zwischen den Hütten war ein Streifen Land, auf dem die Eigentümer Gemüse anpflanzten oder ihre Ziegen weideten.

In der kleinsten Hütte lebte der alte Berl, ein Mann in den Achtzigern, mit seiner Frau. Sie wurde Berlcha genannt, denn das bedeutet: Frau des Berl. Der alte Berl gehörte zu jenen Juden, die aus ihren Dörfern in Rußland vertrieben worden waren und sich in Polen niedergelassen hatten. In Lentczyn spotteten die Leute über die Fehler, die er beim Beten machte. Er sprach mit einem gerollten Zungen-Rrrr. Er war von kleiner Statur und hatte breite Schultern und einen kurzen weißen Bart. Im Sommer wie im Winter trug er eine Lammfellmütze, eine wattierte Baumwolljacke und derbe Stiefel. Er ging mit langsamen, schlurfenden Schritten. Er besaß einen halben Morgen Land, eine Kuh, eine Ziege und Hühner.

Das alte Ehepaar hatte einen Sohn, Samuel, der vor vierzig Jahren nach Amerika ausgewandert war. In Lentczyn hieß es, er sei drüben Millionär geworden. Jeden Monat brachte der Briefträger dem alten Berl eine Geldanweisung und einen Brief, den kein Mensch lesen konnte, weil er viele englische Wörter enthielt. Niemand erfuhr, wieviel Geld Samuel seinen Eltern schickte. Dreimal im Jahr gingen Berl und seine Frau zu Fuß nach Zakroczym und kassierten dort das Geld ein. Aber sie schienen es nie zu benutzen. Wozu auch? Der Garten, die Kuh und die Ziege sorgten für fast all ihre Bedürfnisse. Außerdem verkaufte Berlcha Hühner und Eier, und dadurch hatten sie genug, um Mehl fürs Brot zu kaufen. Niemand kümmerte sich darum, wo Berl das Geld aufbewahrte, das ihm sein Sohn schickte. In Lentczyn gab es keine Diebe.

Die Hütte bestand aus einem einzigen Raum, der alle ihre Habe enthielt: den Tisch, das Regal fürs Fleisch, ein anderes Regal für die milchigen Speisen, die zwei Betten und den Ofen aus Lehm. Die Hühner waren im Holzschuppen oder, bei großer Kälte, in einem Verschlag neben dem Ofen untergebracht. Auch die Ziege fand bei schlechtem Wetter einen Unterschlupf in der Hütte. Die wohlhabenderen Dörfler besaßen Petroleumlampen, aber Berl und seine Frau hielten nichts von den neumodischen Mätzchen. Sie blieben bei ihrem Ölnapf, in dem ein Docht schwamm – war das nicht gut genug? Doch für den Sabbat kaufte Berlcha im Kramladen drei Talgkerzen. Im Sommer stand das alte Paar mit der Sonne auf und legte sich mit den Hühnern zu Bett. An den langen Winterabenden spann Berlcha Flachs auf ihrem Spinnrad, und Berl saß neben ihr, in Schweigen gehüllt wie alle, die gern in Ruhe genießen.

Hin und wieder wußte Berl, wenn er nach dem Abendgebet aus der Synagoge kam, seiner Frau allerlei Neuigkeiten zu erzählen. In Warschau gab es Rebellen, die die Abdankung des Zaren verlangten. Und ein Ketzer namens Herzl war aufgetaucht und warb für seine Idee, die Juden sollten sich wieder in Palästina ansiedeln. Berlcha hörte zu und schüttelte ihren mit einer Haube bedeckten Kopf. Ihr Gesicht war gelb und so kraus wie ein Wirsingblatt. Unter den Augen hatte sie bläuliche Säcke. Sie war halb taub. Berl mußte jedes Wort wiederholen, das er zu ihr sagte. Sie pflegte zu seufzen: »Was nicht alles in den großen Städten passiert!«

»Hier in Lentczyn passierte nichts außer den üblichen Ereignissen: eine Kuh bekam ein Kalb, ein junges Paar beging ein Beschneidungsfest, oder ein Mädchen wurde geboren, und dann fand kein Fest statt. Gelegentlich starb auch mal jemand. In Lentczyn gab es keinen Friedhof, und die Leiche mußte nach Zakroczym geschafft werden.

Lentczyn war allmählich zu einem Dorf mit nur wenig jungen Menschen geworden. Die jungen Männer gingen nach Zakroczym, nach Nowy Dwor oder Warschau und manchmal gar nach den Vereinigten Staaten. Ihre Briefe waren ebenso unlesbar wie die von Samuel: das Jiddische war vermischt mit Sprachbrocken aus den Ländern, in denen sie jetzt lebten. Sie schickten Photographien, auf denen die Männer Zylinderhüte trugen und die Frauen so fein wie Gutsbesitzerinnen gekleidet waren.

Auch Berl und Berlcha erhielten solche Photographien. Aber ihre Sehkraft ließ schon nach, und weder er noch sie hatten eine Brille. Sie konnten kaum erkennen, was auf den Bildchen zu sehen war. Samuel hatte Söhne und Töchter mit nichtjüdischen Namen und Enkel, die schon verheiratet waren und auch wieder Kinder hatten. Ihre Namen waren so seltsam, daß Berl und Berlcha sie sich nicht merken konnten. Aber was haben Namen schon groß zu sagen,

Amerika war unendlich weit weg, hinter dem Ozean und am Rande der Welt. Ein Talmudlehrer, der einmal nach Lentczyn gekommen war, hatte erklärt, die Amerikaner hätten die Köpfe unten und die Füße oben. Das konnten Berl und Berlcha nicht begreifen. Wie war so etwas nur möglich? Aber da der Lehrer es behauptete, mußte es wohl stimmen. Berlcha dachte eine Zeitlang darüber nach, und dann sagte sie: »Der Mensch kann sich an alles gewöhnen.«

Und dabei blieb es. Wenn man zuviel nachdachte, konnte man – Gott behüte – bloß den Verstand verlieren!

Eines Freitagmorgens, als Berlcha den Teig für das Sabbatbrot knetete, ging die Tür auf und ein Edelmann trat ein. Er war so groß, daß er sich bücken mußte, um zur Tür hereinzukommen. Er trug eine Bibermütze und einen Mantel, der mit Pelz besetzt war. Hinter ihm erschien Chaskiel, der Kutscher aus Zakroczym. Er trug zwei Lederkoffer mit Messingschlössern. Erstaunt zog Berlcha die Brauen in die Höhe. Der Edelmann schaute sich um und sagte auf Jiddisch zum Kutscher: »Hier ist es!« Er holte einen Silberrubel hervor und zahlte damit. Der Kutscher wollte ihm das Wechselgeld herausgeben, aber der Herr sagte: »Ihr könnt jetzt gehen.«

Als der Kutscher die Tür geschlossen hatte, sagte der Herr: »Mutter, ich bin's! Euer Sohn Samuel – der Sam!«

Berlcha hörte seine Worte, und die Füße wurden ihr weich. Die Hände, an denen noch Teigstückchen klebten, begannen zu zittern. Der Edelmann umarmte sie und küßte sie auf die Stirn und auf beide Wangen. Berlcha begann wie ein Huhn zu gackern: »Mein Sohn!« Im gleichen Augenblick kam Berl vom Holzschuppen her zur Tür herein, er hatte beide Arme voll Holz. Die Ziege lief ihm nach. Als er sah, daß ein Edelmann seine Frau küßte, ließ er die Holzscheite fallen und rief: »He, was soll das?«

Der Edelmann ließ Berlcha los und umarmte Berl. »Vater!« rief er.

Berl konnte lange Zeit keinen einzigen Laut aus der Kehle bringen. Er wollte fromme Sprüche hersagen, die er in der jiddischen Bibel gelesen hatte, aber er konnte sich an keinen erinnern. Dann fragte er: »Bist du Samuel?«

»Ja, Vater, ich bin Samuel.«

»Friede sei mit dir«, sagte Berl und ergriff die Hand seines Sohnes. Er war noch immer nicht überzeugt, ob er nicht vielleicht zum Narren gehalten würde. Samuel war nicht so groß und breit wie dieser Mann gewesen – doch dann erinnerte sich Berl, daß Samuel erst fünfzehn Jahre alt gewesen war, als er sein Elternhaus verlassen hatte. In dem fernen Land hinter dem Meer mußte er wohl gewachsen sein. Berl fragte: »Warum hast du uns nicht geschrieben, daß du kommen wolltest?«

»Habt Ihr denn mein Telegramm nicht erhalten?« fragte Samuel.

Berl wußte nicht, was ein Telegramm war.

Berlcha hatte sich den Teig von den Fingern geschabt und umarmte ihren Sohn. Er küßte sie wieder und fragte: »Mutter, habt ihr kein Telegramm bekommen?«

»Da ich das erlebt habe, will ich gerne sterben«, sagte Berlcha und wunderte sich über ihre eigenen Worte. Auch Berl staunte. Es waren genau die Worte, die er hatte sagen wollen, wenn er sich darauf hätte besinnen können. Nach einem Weilchen kam Berl zu sich und sagte: »Pescha, du mußt außer dem Schmorfleisch einen doppelt so großen Sabbatpudding machen.«

Es war manches Jahr her, seit Berl seine Frau bei ihrem Vornamen genannt hatte. Wenn er ihr etwas zurufen wollte, sagte er einfach: »Hör mal!« oder »Du!« Nur die Jungen oder die Leute in den großen Städten nennen ihre Frau bei ihrem Namen. Jetzt erst begann Berlcha zu weinen. Gelbe Tränen rannen ihr aus den Augen, und alles wurde undeutlich. Dann rief sie laut: »'s ist ja Freitag! Ich muß alles für den Sabbat vorbereiten!« Natürlich, sie mußte den Teig kneten und die Brotlaibe zu Zöpfen flechten. Für so einen Gast mußte sie mehr Schmorfleisch zubereiten. Im Winter sind die Tage kurz, und sie mußte sich beeilen.

Ihr Sohn verstand ihre Unruhe, und er sagte: »Mutter, ich helfe Euch!«

Berlcha wollte lachen, brachte aber nur ein ersticktes Schluchzen heraus. »Was sagst du da? Gott bewahre!«

Der Edelmann legte seinen Mantel und seine Jacke ab und stand in seiner Weste da, über der eine Uhrkette aus dickem Gold hing. Er krempelte sich die Ärmel auf und trat an den Brottrog. »Mutter, in New York war ich viele Jahre lang Bäcker«, sagte er und begann den Teig zu kneten.

»Was! Du bist mein liebster Sohn, und du wirst das Kaddisch-Gebet für mich sprechen!« Sie weinte laut und mußte sich aufs Bett fallen lassen, so schwach war ihr.

Berl sagte: »Ja, ja, die Frauen!« Und er ging zum Holzschuppen, um noch mehr Holz zu holen. Die Ziege legte sich neben den Ofen. Sie blickte erstaunt auf den fremden Mann, der so groß war und so seltsame Kleider trug.

Die Nachbarn hatten die gute Nachricht vernommen, daß Berls Sohn aus Amerika eingetroffen sei, und sie kamen herbei, um ihn zu begrüßen. Die Frauen halfen Berlcha bei den Sabbatvorbereitungen. Manche lachten, und manche weinten. Die Hütte war so voller Leute wie bei einer Hochzeit. Sie fragten Berls Sohn: »Was gibt's Neues in Amerika?« Und Berls Sohn antwortete: »Amerika ist all right.«

»Können die Juden dort Geld verdienen?«

»Auch an den Wochentagen ißt man dort weißes Brot.«

»Bleiben sie jüdisch?«

»Bin ich etwa nicht jüdisch?«

Nachdem Berlcha die Kerzen gesegnet hatte, gingen Vater und Sohn zu der kleinen Synagoge auf der anderen Straßenseite. Es war noch mehr Schnee gefallen. Der Sohn machte große Schritte, aber Berl ermahnte ihn: »Geh langsamer!«

In der Synagoge stimmten die Juden an: ›Lasset uns singen!‹ und ›Komm, mein Freund!‹. Und die ganze Zeit fiel draußen der Schnee. Als Berl und Samuel nach den Gebeten die Synagoge verließen, war das Dorf nicht wiederzuerkennen. Alles war mit Schnee bedeckt. Man konnte nur die Umrisse der Dächer und die Kerzen in den Fenstern sehen. Samuel sagte: »Hier hat sich nichts verändert.«

Berlcha hatte das Essen vorbereitet: gefilte Fisch, Hühnersuppe mit Reis und das Schmorfleisch mir Karotten. Berl sprach über einem Glas Wein das Dankgebet. Die Familie aß und trank, und als es ein Weilchen ganz ruhig wurde, konnte man das Zirpen des Heimchens hören. Der Sohn sprach viel, aber Berl und Berlcha verstanden nur sehr wenig. Sein Jiddisch war anders und enthielt fremde Wörter.

Nach dem Schlußgebet fragte Samuel: »Vater, was habt Ihr mit all dem Geld gemacht, das ich Euch geschickt habe?«

Berl zog die weißen Brauen in die Höhe: »Ich hab's hier!«

»Habt Ihr es nicht auf eine Bank eingezahlt?«

»In Lentczyn gibt's keine Bank.«

»Wo hebt Ihr es denn auf?«

Berl zögerte. »Am Sabbat darf man kein Geld anrühren, aber ich werd's dir zeigen.« Er kauerte neben dem Bett nieder und begann etwas Schweres hervorzuzerren. Ein Stiefel erschien. Oben war er mit Stroh ausgestopft. Berl nahm das Stroh weg, und der Sohn sah, daß der Stiefel voller Goldstücke war. Er hob ihn auf.

»Vater, das ist ein Vermögen!«

»Hm.«

»Warum habt Ihr's nicht ausgegeben?«

»Wofür? Wir haben alles, Gott sei's gedankt!«

 »Warum seid Ihr nicht irgendwohin gereist?«

»Wozu? Das hier ist unser Heim.«

Der Sohn stellte ihm eine Frage nach der andern, und Berls Antwort lautete immer gleich: es fehlte ihnen an nichts. Der Garten, die Kuh, die Ziege und die Hühner versorgten sie mit allem, was sie brauchten. Der Sohn sagte: »Wenn Diebe hiervon erführen, wäret Ihr Eures Lebens nicht mehr sicher!«

»Hier gibt es keine Diebe!«

»Was soll mit dem Geld geschehen?«

»Nimm du es!« Allmählich gewöhnten sich Berl und Berlcha an ihren Sohn und sein amerikanisches Jiddisch. Berlcha konnte ihn jetzt leichter verstehen. Sie erkannte sogar seine Stimme. Samuel sagte: »Vielleicht sollten wir eine größere Synagoge bauen?«

»Die Synagoge ist groß genug«, erwiderte Berl.

»Vielleicht ein Heim für alte Leute?«

»Keiner muß auf der Straße schlafen!«

Am nächsten Tag, nachdem das Sabbatmahl gegessen war, brachte ein Nichtjude aus Zakroczym ein Stück Papier. Es war das Telegramm. Berl und Berlcha legten sich zu einem Nickerchen nieder. Bald begannen sie zu schnarchen. Auch die Ziege schlief ein. Der Sohn zog seinen Mantel an, setzte seine Mütze auf und machte einen Spaziergang. Mit seinen langen Beinen ging er quer über den Marktplatz. Er streckte die Hand aus und berührte ein Dach. Er wollte eine Zigarre rauchen, erinnerte sich aber, daß es an einem Sabbat verboten war. Er hatte Lust, mit jemand zu plaudern, aber ganz Lentczyn schien zu schlafen. Er betrat die Synagoge. Ein alter Mann saß da und rezitierte Psalmen. Samuel fragte ihn: »Betet Ihr?«

»Was sonst soll man tun, wenn man alt ist?«

»Habt Ihr zu leben?«

Der alte Mann verstand den Sinn der Frage nicht. Er lächelte und zeigte dabei seine zahnlosen Kiefer. Dann sagte er: »Wenn Gott Gesundheit schenkt, läßt sich's leben.«

Samuel kehrte nach Hause zurück. Die Dämmerung sank nieder. Berl ging zum Abendgebet in die Synagoge, und der Sohn blieb bei seiner Mutter. Das Zimmer hing voller Schatten.

Berlcha begann einen feierlichen Singsang anzustimmen. »Gott Abrahams, Isaaks und Jakobs, beschütze das arme Volk Israels und Deinen heiligen Namen! Der heilige Sabbat endet. Wir grüßen die neue Woche mit Willkommen. Möge sie Gesundheit und Wohlstand und gute Werke bringen!«

»Mutter, Ihr braucht nicht um Wohlstand zu beten«, sagte Samuel. »Ihr seid schon wohlhabend.«

Berlcha hörte es nicht – jedenfalls tat sie so. Ihr Gesicht war zu einem Schattengewirr geworden.

Samuel steckte im Dämmerlicht seine Hand in die Jakkentasche und berührte seinen Paß, sein Scheckbuch und seine Kreditbriefe. Er war mit großen Plänen hergekommen. Er hatte einen ganzen Koffer voller Geschenke für seine Eltern. Er wollte dem Dorf Wohltaten erweisen. Er hatte nicht nur sein eigenes Geld mitgebracht, sondern Spenden von einem Lentczyner Verein in New York, der zur Unterstützung des Dorfes einen Ball veranstaltet hatte. Aber dieses abgeschiedene Dorf brauchte nichts. Von der Synagoge drang heiserer Gesang herüber. Das Heimchen, das den ganzen Tag geschwiegen hatte, begann wieder mit seinem Zirpen. Berlcha wiegte sich hin und her und sprach fromme Verse, die von Müttern und Großmüttern ererbt waren:

Deine frommen Lämmer
Bewahre voll Gnade
In Tora und guten Werken;
Versorge sie alle
Mit Deinen Gaben,
Mit Schuhen, Kleidern und Brot
und mit des Messias Gebot!

Felix Salten
Neue Menschen auf alter Erde
Eine Palästinafahrt

Ganz nah am Fuße der Gilboah-Berge liegen drei Kolonien in die Ebene geschmiegt. Ain Charoth, die erste, zu der man von der Landstraße kommend gelangt, dann Tel Josef, die zweite, die ein wenig kleiner ist, und zuletzt Beth Alpha, die jüngste dieser Siedlungen. Jede ist eine Kwuza, das heißt ein gemeinwirtschaftlicher Betrieb. Jede ist ein Garten der Jugend, jede der Anfang eines neuen Zeitalters, und in jeder wird der Versuch einer neuen Weltordnung lebendig. Ein Versuch, ohne lautes Parteiprogramm, ohne den starren Eigensinn des Parteigeistes. Begieriges Achten auf alles, was glückt oder mißlingt, festes Zusammenhalten, Arbeiten und die Zustände in ihrer Entwicklung ohne Zwang abrollen lassen. Das ist der Eindruck, den man empfängt.

Zuerst bin ich der Reihe nach in allen drei Kolonien gewesen, so wie sie daliegen, wenn man herzufährt. Dann bin ich von Beth Alpha wieder nach Tel Josef und Ain Charoth und noch einmal von Ain Charoth bis Beth Alpha. Ich gebe zu, daß ich selten im Leben so angeregt war und so in geistiger wie seelischer Alarmiertheit, daß ich selten so erfüllt gewesen bin von hundert kleinen und größeren Bedenken, aber auch selten so erhoben von großen Hoffnungen und niemals noch so begeistert von Jugend, von junger Schwungkraft, von jugendlichem Idealismus, von hoher Religiosität, wie von den jungen Menschen hier, die fast durchwegs Gottesleugner sind.

Hier befindet man sich am äußersten Vorgebirge der Gegenwart. Wie ein Kap der Guten Hoffnung liegt dies Land da im Ozean der Zukunft. Nicht bloß Palästinas Schicksal bereitet sich hier, nicht bloß das Los des jüdischen Volkes auf seiner alten Erde. Hier gehen die alten Probleme der Menschheit, Besitz und Ehe, ihrer Lösung entgegen, hier scheidet sich Konvention von Ethik, und es wird nur derjenige Brauch erhalten bleiben, der aus den Geboten wahrer Sittlichkeit entsprang. Ganz am Rand des Kommenden wandelt man hier und sieht das Morgen langsam zum Heute werden oder das Heute zum Morgen.

Diese jungen Menschen sind vor vier, vor drei Jahren noch in Europa gewesen. Mancher noch vor einem Jahr.

Nur wenige von ihnen haben den Krieg hier in Palästina schon mitgemacht. Die meisten lagen an irgendeiner europäischen Front im Schützengraben. Und sind nach dem Zusammenbruch fort, desillusioniert von den blödsinnigen Beschuldigungen, die als einzige Antwort und Vergeltung für die geleisteten Blutopfer kamen, angewidert von den chaotischen Zuständen, darin kein Aufschwung, an dem sie teilnehmen konnten, das Sehnen junger Herzen erfrischte. Als Opfervieh ins Feuer gejagt, als Sündenbock für fremde Mißerfolge behandelt, das war das Schicksal ihres Volkes, war das Schicksal der meisten einzelnen, die sich dann aufmachten, ohne Verabredung, nur dem Rufe der Idee, nur dem Drang des Herzens folgten und hierherkamen. Freiwillige eines großen Gedankens, der sie bezauberte, Vollstrecker ihres eigenen Entschlusses, Befreite.

Sie bauen hier Tabak und Ölbaum und Mandel wie Orangen und Bananen. Sie säen hier Weizen und Korn. Sie halten hier Kühe, züchten Hühner, pflegen Bienen. Das klingt idyllisch, aber es ist nichts weniger als eine Idylle. Es ist angespannte, heiße Arbeit, Kampf mit dem Boden, mit den Tücken des Fiebers, mit sich selbst.

Andere Bauern sind von Geburt an Bauern; sie haben nichts anderes gesehen, nichts anderes gelernt. Ihnen leben Kenntnis, Geschicklichkeit, Instinkt des Bauernberufes als feste Atavismen von Eltern und Voreltern her im Blut. Den Boden, den sie erben, haben sie als Kinder schon gekannt, haben als kleine Jungens oder Mädels die ersten Handgriffe gelernt, die er verlangt, und die Scholle ist ihnen durch die Arbeit von Generationen vorbereitet, wenn sie eines Tages selber als Besitzer zur Arbeit antreten.

Diese jungen Menschen da haben dagegen vor wenigen Jahren noch in großen Städten gelebt, die meisten von ihnen haben auf Universitäten studiert, haben die Existenz Zigaretten rauchender Intelligenzler geführt. Eines Tages sind sie hier gelandet, um ein neues Leben zu beginnen. Die Arbeit, die da ihrer wartet, fällt hart, weil sie nicht gewohnt ist, und sie wird zehnfach hart, weil die Erde nicht bereitet ist.

Es besteht ein großer Unterschied zwischen den Bauern, die ihr Tagwerk da fortsetzen, wo der Vater aufgehört hat, und den Menschen, die erst Bauern werden müssen, auf einer Erde, die erst Acker werden soll.

Die jungen Menschen, die nun hier Landwirtschaft treiben, haben eine Zeit hinter sich, in der sie sich erprobten. Sie waren Taglöhner, als sie ins Land kamen. Zu schroff ist die Umstellung vom Städter zum Bauern, vom europäischen Deutschen, Polen, Rumänen zum Bewohner Palästinas, von geistiger Beschäftigung zu körperlicher Arbeit. In dieser Wandlung, die durchgreifend ist wie keine, kann der von einer großen Idee noch so hoch gesteigerte Wille leicht zusammenbrechen. Eine erhabene Idee, von der die Seele, besonders aber die jugendliche Seele hingerissen wird, kann den von ihr Ergriffenen manchmal in seinem Urteil über sich selbst verwirren, über seine Eignung, seine Gesundheit, seine Ausdauer, seine Kraft. Deshalb werden die jungen Menschen, die hier einwandern, vorerst zu den harten Taglöhnerarbeiten verwendet. Sie sind schon Auswahl, diejenigen, die nach Palästina kommen, um den Boden zu bebauen. Sie wissen, was hier auf sie wartet, und nur die Besten unter den Guten, nur die Gediegensten unter den Tüchtigen entschließen sich dazu. Aber wenn sie hier eintreffen, werden sie noch einmal gesiebt. Man beschäftigt sie beim Straßenbau und läßt sie Steine klopfen, man läßt sie nassen Wiesengrund drainieren, sie müssen beim Häuserbau Maurerdienst verrichten, sechs Monate, ein Jahr, oft sogar länger, bis sie angesiedelt werden.

Daß einer niederbricht in seinem Sinn oder in seiner Kraft und wieder zurück nach Europa will, kommt natürlich vor. Doch nur selten, nur in vereinzelten Fällen.

Die jungen Siedler aber haben die Gehobenheit derjenigen, die eine Prüfung bestanden und etwas erreicht haben. Sie sind schon in einem höheren Stadium, sind mit ihrer Aufgabe im Reinen, sind es mit sich selbst und mit ihrer Kameradschaft. So viel ausgeglichene, nervenruhige, heitere und freie junge Menschen habe ich nicht oft auf einem Fleck beisammen gesehen wie hier, in allen Ansiedlungen.

Ain Charoth ist eine schöne, große Farm. Auf der höchsten Bodenwelle der Ebene, die hier schon sacht zu den Gilboah-Bergen anschwillt, liegen die Ställe. Ein paar Dutzend Kühe sind darin, syrische und holländische; ein gewaltiger Stier, Zugpferde, Maultiere und Esel. Daran schließt der Schuppen für die Wagen und nebenan die Schmiede. Es ist eine lange Front, die ein weiträumiger Hof gegen das Gebirge abschließt. Dann sind noch die Schuppen da für Getreide und Vorräte. Auf der anderen Seite des Hofes steht der Speisesaal für alle, verbunden mit der Küche, in der für alle gekocht wird. Dann ist noch das Haus, in dem die Säuglinge gepflegt werden, dann ein kleines Spital für Kranke mit einem Zimmer für die ärztliche Ordination. Eine kleine Gasse trennt die Hütten der Ansiedler von diesen offiziellen Gebäuden. Fast alle sind aus Beton und Brettern. Die Ställe aus dem besten Material, Ziegel und Beton, die Wohnhütten aus Brettern zusammengenagelt. Aber viele, sehr viele kampieren noch in Zelten.

Diese Einrichtung! Unter freiem Himmel, unter diesem südlich blauen Firmament, das von kleinen, zarten, weißen Schafwölkchen überhaucht, von einer sengenden Sonne überfunkelt ist, wird alles schön und leicht und reich. In dieser Luft, die den Duft der Felder trägt, den süßen Geruch der Bananen und die tiefen, mühelosen Atemzüge der Freiheit, scheint alles nur Kinderspiel und Jugendsport. Hier draußen, wo der Blick ungehindert ins Weite fliegt, die grüne Ebene entlang, zu den Bergen Galiläas hinüber, hier draußen ist Hoffnung und Erwartung des Guten. In der engen Umschlossenheit der Hüttenkammer, in der flatternden Umkleidung des Zeltes jedoch, die »einstweilen« sagt und Monate, vielleicht Jahre dauert, steht man immer wieder erschüttert. Äußerste Dürftigkeit, die sich streng auch des Letzten noch entdürftigt. Ein Feldbett, eine Waschschüssel, eine kleine Petroleumlampe ... und Bücher. Sonst nichts. Ein bißchen Wäsche liegt geordnet auf offenem Schragen, die paar Kleidungsstücke hängen bloß an der Wand. Der Fußboden in den Zelten, ebenso wie in den Hütten, ist die nackte Erde. Gebretterte Böden gibt es nur in der Küche, im Speiseraum, im Spital und bei den Kindern. Hier, in der Enge und Strenge dieser Zelte, dieser Hütten, ist die Zelle der Entschlußkraft, hier verwirklicht sich Begeisterung für eine Sache zu harter Sachlichkeit. Hier geht das Opfer, das der Anfang erfordert, andauernd vor sich, stündlich, täglich, bei Tag und Nacht, bei Sonnenschein und Regen, bei Hitze und Kälte. Hier ist der Anfang selbst, klein, armselig, mühsam, und unendlich hoch darüber, fast unsichtbar, nur in Träumen erschaut, schwebt das Ziel, das erreicht werden muß, das andere einst erreichen werden. In diesen Zelten habe ich die Essays von Montaigne gefunden, die »Geschichte der Zivilisation in England« von Buckle, »Die Entstehung des modernen Frankreich« von Taine, »Das Kapital« von Marx. In diesen Hütten habe ich das Violinkonzert von Mendelssohn spielen gehört, Kompositionen von Beethoven, von Brahms, von Rachmaninow. Und ich sah Bilder an die kahlen Wände geheftet, aus Zeitschriften geschnittene Reproduktionen nach Tizian und Rembrandt ebenso wie nach Cézanne und Vincent van Gogh. Wenn ich dann wieder ins Freie trat, aufgewühlt von dem Eindruck, den das Leben dieser jungen Menschen in mir hervorstürmte, wenn es mir in die Seele schlug, wie nah diese jungen Menschen allem Geistigen und Kulturellen sind und wie fern von den Zentren der Kultur sie hier dem heiligen Boden sich verwurzeln, wie harmonisch, wie selbstverständlich sie dies Doppelwesen, dies Übergangswesen vereinigen, wie bescheiden, wie genügsam, dann fiel mir ein Wort aus der Bibel in den Sinn: »Wie schön sind deine Zelte, o Jakob, wie herrlich deine Wohnung, o Israel!«

Unter den jungen Leuten, die abwechselnd mit mir gehen, ist einer, der mich besonders anzieht. Ein dünner, hübsch gewachsener Mensch mit einem Gesicht, das an Voltaire erinnert, mit Augen, welche die ganze Welt auszulachen scheinen, und mit einem dünnlippigen, beweglichen Mund, um dessen charakteristische Schwunglinie Klugheit schwebt und Sarkasmus. Da ich zu den Kindern eintreten will, hält er mich zurück. »Nicht viel zu sehen, da drinnen.« Und er lächelt ironisch. »Säuglinge ... Kleine, die in der Wiege liegen ... ist Ihnen das so wichtig?« Statt aller Antwort folge ich ihm vor das Haus auf die Bank. Ich kann ja später zu den Kindern. Wir rauchen, und ich beginne mit ihm das Spiel einer Diskussion; ich vertrete Anschauungen, die gar nicht die meinigen sind, nehme bald den einen, bald den anderen Standpunkt ein, auf dem ich gar nicht stehe und von dem ich weiß, daß er gar nicht hierhergehört. »Sie mögen Kinder nicht ...?« frage ich ihn. Der junge Mann kneift die Augen ein und blinzelt mich erschreckt an. »Wenn ich ein Kind haben werde«, sagte er langsam, »werde ich es mögen ...«

»Sie werden es hierhergeben, in die Anstalt?«

»Selbstverständlich ...«

»Gehört das Kind nicht zu seiner Mutter?«

Er lächelt überlegen: »Nicht jede Frau, die ein Kind zur Welt bringt, ist eine Mutter.« Er deutet mit einer Kopfbewegung in das Haus, vor dem wir sitzen. »Die da drinnen, die sich Tag und Nacht damit befassen, die Säuglinge zu pflegen, das sind Mütter. Aber es hat noch keine von ihnen ein Kind gehabt.«

»Und die Mütter dieser Kinder da, die kümmern sich gar nicht um die Kleinen?«

In dem Blick, mit dem er mich ansieht, lese ich amüsiert, für wie dumm er mich hält. Dann sagt er: »Natürlich kommen sie her zu ihren Kindern, wenn sie mit der Arbeit fertig sind.« Er schaut mich mitleidig, spöttisch an und fügt hinzu: »Auch die Väter kommen.«

Ich schweige. Er wird hart in seinen Zügen und sagt laut: »Unsinn!«

»Was meinen Sie?« erkundige ich mich.

»Daß die Kinder zu ihren Eltern gehören!« entfährt es ihm.

»Haben Sie Eltern?« frage ich ruhig.

Er wird wieder heiter und ironisch. Seine Augen schauen mich fröhlich lachend an. »Nicht von Gefühlen ist hier die

Rede, nicht von Sentimentalitäten. Ein neuer Zustand unter den Menschen muß geschaffen werden, ein höherer. Der alte Zustand taugt nichts.«

»Wollen Sie damit beginnen, Vater und Mutter abzuschaffen?«

»Warum nicht?« antwortete er mit rascher Keckheit. »Hier hat jedes Kind viele Mütter ...«

»Und viele Väter«, ergänzte ich. Er sieht mich an, merkt, daß ich spaße, und wir lachen beide.

Dann wird er ernster und erklärt: »Ich will sagen, wir alle sind hier eine einzige, große Familie.«

»Kommunismus ...?« werfe ich ein.

Er zuckt die Achsel. »Man kann es nennen, wie man will ... es ist die Zukunft.«

»Wie herrlich«, bemerke ich, »daß man nur jung sein braucht, um die Zukunft zu kennen.«

Ohne Zögern erwidert er: »Ich behaupte nicht, daß ich die Zukunft kenne, aber ich glaube an die Zukunft.« Und nach einer Sekundenpause, leiser: »Wäre ich sonst hier ...?«

Wir sprechen vom Eigentum, das er nur in ganz schmalen Grenzen gelten läßt; von Ausbeutern, als die er alle betrachtet, die »andere für sich arbeiten lassen«. Doch er gibt zu, daß manche dieser Ausbeuter schwerer arbeiten und andauernder, als irgendeiner von ihren Lohnsklaven. Da er aber auch noch zugeben soll, daß etliche von denen, die unter seinen Begriff von Ausbeutern fallen, mit ihrer Leistung doch eigentlich für viele andere arbeiten, deren Existenz sie erst geschaffen und ermöglicht haben, wehrt er sich. Er springt auf, geht ein paar Schritte fort, und wie er wieder zurückkehrt, ist alle Ironie, alles Fröhliche aus seinem Antlitz weggewischt; nur Fanatismus steht mit harten Zügen darauf gemeißelt. »Diese ganze Weltordnung ist schief«, sagt er leise und verbissen.

»Sicherlich«, bekräftige ich, »schief, falsch und ungerecht.«

Er sieht mich an; seine Augen lachen wieder, ehrlich und jung. Das: »Ja!« klingt kurz, scharf und erledigend.

»Aber auch in der Natur«, füge ich nicht ohne Provokation hinzu, »auch in der Natur ist vieles ungerecht.«

Ganz bestürzt ruht sein Blick auf mir: »Meinen Sie das im Ernst?« Als ob er fragen wollte: Merkst Du nicht, wie Du Dich blamierst?

»Ich meine«, sagte ich, »wir können diese menschliche Weltordnung weiter und höher bringen. Sie ist ja schon ein wenig weiter und höher gekommen gegen früher. Wir können und wir müssen sie veredeln, so gut wie möglich.

Aber gegen die naturgewollten Dinge sind Verbesserungen unmöglich.«

Sein Gesicht spielt wieder in ironischen Mienen. »Diphtherie«, ruft er aus, »gehört zu den naturgewollten Dingen ... nun? Man heilt sie!«

Ach, wie überlegen ist dieser junge Mensch, wie hübsch sieht er aus in seiner ironischen Klugheit, und wie zerarbeitet sind seine mageren, feinen Hände.

»Gewiß«, stimme ich zu. »Sie dürfen auch sagen, es gehöre zu den naturgewollten Dingen, daß ein Zahn kariös wird ... nun, man plombiert ihn ganz einfach.«

»Also ... man kann die Natur verändern!« sagt er mit einer Gebärde, die »erledigt« heißt.

Aber mir scheint die Sache nicht erledigt. Ich setze die Diskussion fort. »Das sind keine Beispiele für unser Thema, weder die Diphtherie noch der hohle Zahn noch sonst etwas von dieser Art. Wenn Sie den Ackergrund dort unten drainiert haben, so daß er nicht mehr sumpfig ist und keine Fieberdünste mehr atmet, können Sie ebenso behaupten, Sie hätten die Natur verändert!«

Er lacht: »Haben wir auch!«

»Sie haben nur«, fahre ich fort, »natürliche Prozesse in ihrem Verlauf zu menschlichem Vorteil gelenkt. Gegen Bakterien hat man ein Serum gefunden, das die Bakterien vernichtet. Den kariösen Zahn bohrt man aus, verschließt ihn luftdicht und er bleibt jahrelang erhalten. Dem zum Sumpf gesammelten Wasser wird ein Abzug gegraben ... das alles ist verstandene, erforschte, in ihren Geheimnissen belauschte Natur, aber immer doch Natur.«

Er fragt: »Nun ... und ...?«

»Die Natur des Menschen kann verbessert, veredelt werden, aber nicht verändert! Der Eigentumsinn ist den Menschen natürlich, der Familiensinn sitzt ihnen im Blut. Es ist natürlich, daß es Begabte und Talentlose gibt, Wertvolle und Wertlose. Es gibt ein naturgewolltes Proletariat. Jede Revolution, die sich gegen das Unumstößliche wendet, muß scheitern.«

Seine Augen glühen. »Das ist Bürgermoral«, flüsterte er mit zuckenden Lippen, »das muß ausgerottet werden.«

»Lieber, die Bürgermoral ist schlecht, das gebe ich Ihnen zu. Aber welche Moral, als Moral einer Klasse, steht höher? An der Pyramide der Gesellschaft ist vieles, was ganz oben sitzt, kernfaul, und vieles, was ganz unten liegt, ist es erst recht.«

»Deshalb muß sie vom Grund aus umgestürzt werden, diese Pyramide!« sprudelt er.

»Bravo!« rufe ich. »Ausgezeichnet! Solche Umstürze sind notwendig und ein Gebot der Ethik. Sie müssen sich vollziehen und sie vollziehen sich, sei es durch Evolution oder durch Revolution. Es wäre nur zu bemerken, daß die Evolution der Revolution immer weit voraus ist. Die Revolutionsführer meinen immer, sie hätten durch die Gewalt ihres Ansturmes den Riesenbaum, der dem Volk Licht und Sonne nahm, zum Splittern gebracht, indessen ist er von der Entwicklung längst schon durchsägt worden und ein Fußtritt konnte ihn fällen. Lange vor 1789 waren die großen Befreier Voltaire und Rousseau, aber Robespierre und Marat und die anderen sind kleine Leute gewesen.«

Er sieht mich an: »Dennoch waren sie groß an ihrem Platz«, spricht er ruhiger.

»Mag sein«, gebe ich Antwort, »aber vergessen Sie nicht, Revolutionen machen nur diejenigen, die schon befreit sind; der wirklich Unterdrückte macht keine. Und nach 1789 hat sich die alte Gesellschaftspyramide mit einigen, allerdings wichtigen Veränderungen wieder hergestellt ...«

Er lacht und sagt wegwerfend: »Ja ... weil es eine bürgerliche Revolution gewesen ist.«

»Nein«, falle ich ihm ins Wort, »weil sich diese Pyramide immer wieder herstellen wird. Nach Gesetzen, die in der Menschennatur walten. Das wissen auch die Führer und die führenden Geister der proletarischen Revolution. Sie sagen es nicht, weil kein Massenführer, am wenigsten ein Anführer im Umsturz, alles sagen kann. Mag sein, etliche wissen es nicht, oder sie wollen es nicht wissen, dann erfahren sie es, wenn sie darangehen, den Staat nach ihren Theorien aufzubauen. Allerdings, das ist dann ihre bitterste Erfahrung. Es gibt Dinge, die durch keinen Terror aus dem menschlichen Wesen zu tilgen sind. Vor allem die Selbstsucht.«

Er fährt auf: »Die muß sich im Gefühl für die Allgemeinheit lösen.«

Ich beschwichtige ihn: »Möglich, daß ihr Grenzen gezogen werden, sicherlich sogar kann sie beschränkt werden auf ein Maß, das nicht so sehr gemeinschädlich wäre; aber es bleibt undenkbar, sie auszurotten. Man kann gewiß auch die Geschlechtsmoral ›entbürgerlichen‹, wenn Sie wollen! Sagen wir lieber, ›vermenschlichen‹. Aber Mutter, Vater und Kinder bilden eine Einheit, die Keimzelle der menschlichen Gesellschaft. Auf dieser Einheit beruht alle Leistung der Menschheit, alles, was sie bindet und aufbaut, von Anfang an. Und diese Einheit wird die Gesetze der Geschlechtsmoral immer wieder bestimmen, immer wieder und wieder. Niemals kommen Theorien oder Programme oder abstrakte Prinzipien dagegen auf, terroristische Erlässe schon gar nicht. Dann noch der Unterschied, den die Natur zwischen Mensch und Mensch legt. Machen Sie alle gleich; ekrasieren Sie alles, was nur um Millimeterbreite über den Durchschnitt der Masse reicht, und augenblicklich wird die Natur wieder ihre unbesiegbare, ihre durch nichts zu erschütternde Arbeit beginnen und eine neue Pyramide formen, aber ihr Entstehen ist nicht zu hindern und unausbleiblich.«

Er schüttelt den Kopf: »Nein! Es darf keinen Abstand geben zwischen Mensch und Mensch!«

»Oh!« rufe ich aus, »oh, man würde in der besten aller Welten leben, wenn nur der Abstand zwischen Tüchtigen und Untüchtigen vorhanden wäre, zwischen Fleiß und Trägheit, zwischen Genie und Alltagsmensch, zwischen Führernatur und Masse. Möge der Abstand noch so sehr verdeckt und gemildert sein, so bleibt doch immer ein Abstand und er ist ...«

»... naturgewollt«, lächelte er.

»Also ungerecht im Grunde«, schließe ich das Gespräch.

Ricarda Huch
Das Judengrab

In Jeddam gab es nur einen einzigen Juden, der auf folgende Weise dorthin verschlagen war: Seine Frau, mit der ihn treueste Liebe verband, war aus Jeddam gebürtig, und als ihr Vater mit Hinterlassung bedeutender Ländereien starb, war es wünschenswert, daß sie sich zur Regelung ihrer Erbschaft selbst hinbegebe. Mit der Möglichkeit, das Vaterhaus wiederzusehen, erwachte in ihr das Heimweh, und die Familie, die aus Vater, Mutter und zwei kaum erwachsenen Kindern bestand, trat die weite Reise an. Da nun der Ort Jeddam, mit mehr dörflichem als städtischem Charakter, so trotzig und anmutig zwischen mäßig hohen Bergen, reichen Saatfeldern und grünen Geländen lag, die das Flüßchen Melk bewässerte, und da die Frau sich in ihrer vertrauten Kinderheimat so wohl fühlte, willigte der gutmütige Mann ein, ganz und gar überzusiedeln. Er konnte freilich nicht daran denken, das große Gut seiner Frau selbst zu bewirtschaften, sondern stellte dazu einen jungen Verwalter an, während er selbst ein Geschäft in dem Ort eröffnete, wie er es früher betrieben hatte. Da es ein solchens in Jeddam bisher nicht gegeben hatte und die Einkäufe in der nächsten größeren Stadt besorgt worden waren, hätte das Geschäft wohl gedeihen können, wenn nicht der Inhaber ein Jude gewesen wäre, von welchem Volke die Bewohner von Jeddam durchaus nichts wissen wollten. Verkauft wurde zwar genug, aber wenig bezahlt, und wenn Herr Samuel die ausstehenden Gelder einklagen wollte, mußte er erleben, daß sich die Behörden seiner nicht annahmen und er höchstens Prozeßkosten zahlen mußte, ohne zu seinem offenkundigen Recht kommen zu können. Es machte ihm oft Sorgen, was daraus werden sollte, und er wäre gern mit den Seinigen auf und davon gegangen, wenn er gewußt hätte, wie er in dieser feindseligen Umgebung zu seinem Gelde kommen und die Güter seiner Frau ohne zu großen Schaden verkaufen sollte.

Eine Reihe von Jahren ging es so weiter, bis eines Tages Herr Samuel krank wurde und nach dem Arzte im nächsten Städtchen schickte; als er auf seine zweite Bitte, schleunig zu kommen (denn die erste hatte keinerlei Erfolg gehabt), die Antwort erhielt, der Doktor sei sehr beschäftigt und bedaure, dem Rufe nicht Folge leisten zu können, wurde es ihm unheimlich zumute, und er bedachte zum ersten Male gründlich, wie er hier elend sterben und verderben könne. Während die Familie sorgenvoll und ratschlagend um sein Bett herumsaß, sagte er: »Das beste wäre, da ich doch einmal krank bin, wenn ich stürbe, dann könntet ihr unangefochten hier leben und glücklich sein.« Seine Frau Rosette und die beiden Kinder, Anitza und Emanuel, verwiesen ihm so zu reden, da sie ohne ihn auch im Paradiese nicht glücklich sein könnten, und Herr Ive, der Verwalter, der Anitzas Verlobter war, sagte, daß es auch deshalb unrichtig sei, weil die Bewohner von Jeddam die abtrünnige Frau, die einen Juden geheiratet hatte, und dessen Kinder ebensowenig unter sich leiden möchten wie ihn selber.

»Wie wäre es aber«, sagte Anitza, »wenn wir dich, Vater, als tot ausgäben und begrüben, während du heimlich in deine Heimat zurückkehrest, und Ive, als unser natürlicher Freund und Vormund, unsre Angelegenheiten ordnete und uns dann zu dir führte?«

Herr Samuel wollte anfänglich von solchen Schlichen nichts hören, aber da der Verwalter erklärte, er getraue sich wohl, die Sache zu einem guten Ende zu bringen, und da Frau und Kinder zu dem Abenteuer, mittels dessen zugleich denen von Jeddam ein Streich gespielt wurde, voll Lust und Ungeduld waren, willigte er schließlich ein, es ins Werk zu setzen. Kaum war er wieder einigermaßen hergestellt, als er nächtlicherweile Jeddam verließ; es glückte ihm, unbemerkt zu dem nächsten größeren, am Meere gelegenen Ort zu gelangen, wo er sich einschiffte.

Unterdessen stopften Frau Rosette und Anitza mit Herrn Ives Hilfe einen netten Balg aus, befestigten eine passende Larve mit einem Bart aus Roßhaar vor dem Strohkopfe und legten diese Figur, in ein reinliches Sterbehemd gekleidet, auf Herrn Samuels Bett. Die Larve bedeckten sie mit einem Schnupftuch, doch die wachsenen Hände, die sie der Echtheit und Ähnlichkeit halber mit dem schönen Diamantring geschmückt hatten, den Emanuel auf dem Zeigefinger zu tragen pflegte, blieben sichtbar. Der Betrug wäre wohl doch entdeckt worden, wenn das Haus des Juden nicht wie das eines Aussätzigen gemieden worden wäre; als die Nachricht von seinem Tode ausgesprengt war, fehlte es zwar nicht an Neugierigen, aber sie hielten an sich und spähten aus der Ferne, so daß nur die eignen Dienstboten scheu von der Türschwelle aus den künstlichen Leichnam betrachteten.

Demnächst begab sich Herr Ive zum Gemeinderat, um den Tod des Herrn Samuel anzuzeigen und die Beerdigung zu bestellen, wurde dort aber an den Pfarrer verwiesen, der diese Dinge zu erledigen habe. Der Pfarrer war ein Mann mit dichtem, lockigem Haar und kurzer, hölzerner Stirn über einem breiten Gesicht, für gewöhnlich schweigsam, nicht aus Neigung oder Anlage, sondern weil er nichts zu sagen wußte. Seine großen Augen flackerten ängstlich und bekümmert vor der großen Leere seines Schädels, und er war im ganzen ein mehr hilflos trauriger und unschädlicher Mann als ein bösartiger, außer wenn es sich um gewisse kirchliche Fragen handelte. Sowie nämlich irgendeine Sache vorkam, in der er sein Urteil, sei es auch ein noch so verkehrtes, hatte, und in der er überhaupt maßgebend war, bemächtigte er sich derselben mit Heftigkeit, blähte sich auf und spie Gift gegen alle, die ihm nahe kamen, im unbewußten Drange, sich dafür zu rächen, daß sie ihn so oft als einen unwichtigen, blöden Tölpel unbrauchbar in der Ecke hatten stehen sehen. Als Herr Ive sich bei ihm meldete, wußte er schon, um was es sich handelte, und empfing ihn mit den Worten: »Was gibt es, Herr Ive? Da muß etwas Gewaltiges im Schwange sein, daß Ihr zu mir kommt! Ihr pflegt micht nicht zu überlaufen, weder in meinem Hause, noch im Hause Gottes! Diese Leute bedürfen der Seelsorge nicht; aber jetzt gilt es wohl eine Erbschaft oder eine Heirat, wo sie immer bei der Hand sind!«

Herr Ive entschuldigte sich höflich und sagte, daß er nur den Tod des verstorbenen Herrn Samuel anzeigen wolle, was ihm als Vormund der hinterbliebenen Familie zukomme. »Da habt Ihr Euch ein sauberes Amt ausgelesen«, sagte der Pfarrer; »wer Pech angreift, besudelt sich, wißt Ihr das nicht? Bleibt mir mit Euerm toten Juden vom Leibe, ich habe nichts damit zu schaffen!« Herr Ive erklärte, daß der Gemeinderat ihn an den Pfarrer gewiesen hätte, der die Beerdigungsförmlichkeiten samt und sonders zu erledigen pflegte. «Ja«, rief der Pfarrer aufbrausend, »die Beerdigungen von Christenmenschen freilich! Den Juden mögen seine Rabbiner und Pharisäer in ihre Erde graben und sich selber dazu, was desto besser für sie und uns wäre.«

Der Herr Pfarrer wüßte wohl, sagte Herr Ive, daß es in Jeddam weder Pharisäer noch Sadduzäer gäbe, noch weniger einen jüdischen Kirchhof, weswegen der Wunsch des Herrn Pfarrers nicht könnte ausgeführt werden; es müßte der verstorbene Samuel wohl oder übel neben den übrigen Bürgern Jeddams bestattet werden. Der Pfarrer zog die schwachen Brauen über den großen rollenden Augen hoch, schlug mit der geballten Faust dreimal auf den Tisch und rief: »Nichts da! Heraus mit Euch! Werft Euern toten Juden wohin Ihr wollt, aber laßt Euch nicht mit ihm auf unserm christlichen Kirchhof blicken!« Worauf Herr Ive, dem das Blut bereits zu kochen anfing, sich herumdrehte, die Tür laut hinter sich zuschlug und spornstreichs zurück zum Gemeinderat eilte.

Dort gab es ein Köpfezusammenstecken und eiliges Hin- und Herlaufen, bis es Herrn Ive endlich gelang, zum Bürgermeister vorzudringen, der es im allgemeinen nicht liebte, in seinen Geschäften gestört zu werden. Er war ein beleibter Herr, der unter seiner Freundlichkeit äußerste Verachtung der meisten übrigen Menschen verbarg und sich einbildete, seine Stellung als Bürgermeister einzig seiner weltmännischen Gewandtheit und geistigen Überlegenheit zu verdanken. Ihm war alles gleichgültig, außer daß er den Ruf seiner Unfehlbarkeit und seine Beliebtheit nicht einbüßte, und es war deshalb ebenso angenehm, mit ihm zu verkehren, wie schwer, irgend etwas von ihm zu erreichen und in Gang zu bringen.

Herr Ive erzählte atemlos und heftig, was ihm beim Pfarrer begegnet war, häufig unterbrochen vom Bürgermeister, der sich nach unzähligen Einzelheiten erkundigte, teils um seine sachkundige Gründlichkeit und menschliche Teilnahme zu beweisen, teils um im allgemeinen Zeit zu gewinnen. Als Herr Ive durchaus nichts mehr zur Klärung der Sachlage beizubringen wußte und augenscheinlich auf eine Antwort erpicht war, legte der Bürgermeister den Kopf auf die Seite, faltete die Hände über dem Bauche und sagte nachdenklich. »Schade, schade, daß der Herr Samuel sterben mußte! Ein fleißiger Herr, ein braver Herr, als Familienvater ausgezeichnet und als nützlicher Bürger, aber ein Jude. Unleugbar ein Jude! Er hätte noch eine Weile länger leben dürfen.«

Herr Ive sagte ungeduldig: »Euer Gnaden werden Ihre rühmlich bekannte Gerechtigkeitsliebe beweisen und nicht dulden, daß Leute, die Euer Gnaden selbst als nützliche Bürger bezeichnen, wie faules Obst in den Graben geworfen, anstatt rechtlich begraben werden.«

»Wie faules Obst in den Graben werfen!« rief der Bürgermeister erschrocken. »Das wäre in der Tat ein Unfug, den ich scharf ahnden würde. Die Geistlichkeit läßt sich oft, wie wir alle wissen, vom frommen Eifer hinreißen, allein das bürgerliche Haupt der Gemeinde folgt unbestechlich der Gerechtigkeit. Es soll mir nimmermehr ein verstorbener Jude, der tugendhaft gelebt hat, wie faules Obst auf der Gasse liegen!«

So würde, fragte Herr Ive, der Bürgermeister Befehl geben, daß der Verstorbene schicklich auf dem allgemeinen Friedhof beerdigt würde. Das würde er freilich, antwortete jener, nachdem er zuvor die Herren Gemeinderäte versammelt und ihre Meinung eingeholt hätte: »Denn«, sagte er lächelnd, »den Tyrannen möchte ich nicht spielen, gerade weil ich es könnte.«

Herr Ive mußte sich bescheiden, unverrichteter Sache heimzukehren, und eilte zur Familie des Samuel, um von dem Vorgefallenen Bericht zu erstatten. Er hatte im Laufe der Verhandlungen fast vergessen, daß sein Schwiegervater nicht in Wirklichkeit tot war, wie er aber zu Hause die vergnügten Gesichter sah, kam es ihm wieder zur Besinnung, und er mußte lachen, daß der Pfarrer sich dermaßen über eine Sache erhitzt hatte, die nur in der Einbildung bestand. Die zierliche Anitza warf sich auf einen Teppich und lachte lautlos in ein Kissen, so daß ihr die Tränen über das Gesicht liefen, aber ihre Mutter, eine hohe, kräftige Frau, die nicht mit sich spaßen ließ, stand auf und sagte: »Ive, du bist gut, aber du hast einen Lammsmut, du verstehst mit diesen Leuten nicht umzugehen, die man nicht höflich, sondern grob und unverschämt, wie sie selber sind, behandeln muß. Du wirst bescheiden vor der Tür gestanden und um Erlaubnis gefragt haben, anstatt zu sagen: ›Kurz und gut, morgen begraben wir meinen Schwiegervater, und wer sich mir in den Weg stellt, dem zerschmettere ich mit diesen Fäusten die Knochen zu Butter.‹«

»Ich habe mich so fest und entschlossen benommen, wie ich glaube, daß ein Mann soll«, sagte Herr Ive, dessen helles, hübsches Gesicht über und über rot geworden war, als ihm Zaghaftigkeit vorgeworfen wurde. »Wenn es nötig ist, kann ich auch dreinschlagen, doch ich dachte, es wäre dazu immer noch Zeit.«

Der junge Emanuel sagte: »Mama, die Leute haben im Grunde ganz recht. Auf einen christlichen Kirchhof gehören Christen, auf einen jüdischen Juden. Die Frage ist nicht so leicht zu entwirren, wie du dir einbildest.«

Nun loderte Frau Rosette in lichtem Zorne auf und rief: »Geh mir mit deinen Spitzfindigkeiten! Dein Vater ist kein Dieb oder Mörder, sondern ein besserer Mann als alle die Ochsenköpfe von Jeddam, die froh sein können, einen solchen auf ihrem Friedhof begraben zu dürfen. Glaubst du, sie würden dich und mich und Anitza, obwohl wir gut katholische Christen sind, achtungsvoller behandeln? Sie würden uns auch in das erste beste Loch werfen; aber sie haben sich in mir verrechnet. Ich nehme es mit andern

Leuten auf als mit dem hohlköpfigen Pfarrer und dem windigen Bürgermeister.«

Anitza klatschte vor Vergnügen in die Hände und sagte zu ihrem Bruder: »Mama möchte, daß wir beide stürben, nur damit sie uns dem Pfarrer zum Tort ein christliches Begräbnis herrichten könnte!« Und Emanuel, der es liebte, seine Mutter zu necken, sagte: »Frau und Kinder gehen nach des Vaters Seite, und ich bezweifle, ob wir das Recht haben, uns auf dem Jeddamer Friedhof beerdigen zu lassen.«

»Gelbschnabel!« rief seine Mutter. »Meine Urgroßväter, Großväter und mein Vater sind hier begraben, und ich möchte den sehen, der mich hindern kann, an ihrer Seite zu liegen. Ich gehe bis zum Kaiser, wenn es nötig ist, um diesen Prahlhänsen zu zeigen, wo ich mich begraben lassen kann!«

Es gelang Herrn Ive, die zürnende Frau zu bewegen, daß sie den Bescheid abwartete, den er jetzt vom Gemeinderate bekommen würde, und er machte sich alsbald auf, um denselben in Empfang zu nehmen. Ehe er in das Beratungszimmer geführt wurde, wo sich unter den übrigen Herren auch der Pfarrer befand, sagte der Bürgermeister: »Es kommt mir nicht in den Sinn, nach Tyrannenweise das Recht zu beugen, und daß dem Rechte nach kein Jude auf unserm christlichen Gottesacker bestattet werden darf, sehe ich ein; doch halte ich mich gern an den alten lateinischen Spruch, der besagt, daß man zwar unerschütterlich im Handeln, aber gefällig und lieblich in der Form sein soll, und werde deshalb dem jungen Manne den abschlägigen Bescheid so sanft wie möglich eingehen lassen.«

Als hierauf Herr Ive vorgelassen wurde, empfing er ihn mit wohlwollenden Blicken, streichelte kosend über das Protokollpapier, das vor ihm lag, und sagte: »Sie sind ein geschätzter Mitbürger, Herr Ive, auch der verstorbene Herr Samuel war es, soweit er Bürger war, als Bekenner stand er mir fern. Sagen Sie selbst, gibt es eine jüdische Gemeinde hier?«

Diese Frage konnte Herr Ive nicht anders als mit nein! beantworten, worauf der Bürgermeister fortfuhr: »Es gibt hier keine jüdische Gemeinde, oder, was dasselbe sagen will, keine Juden. Gibt es aber keine Juden hier, so gibt es auch keinen Juden, und so hat auch Herr Samuel, der ein Jude war, im rechtlichen Sinne niemals hier existiert. Seine Familie mag ihn beweinen, seine Freunde, ja alle fühlenden Herzen mögen seinen Hinschied betrauern, die Gemeinde als solche muß ihn als nie dagewesen betrachten und kann ihn infolgedessen auch nicht begraben.«

»So bitte ich den Herrn Bürgermeister, mir zu sagen«, rief Herr Ive drohend, »wo ich ihn begraben soll, denn begraben muß er doch einmal werden.«

»Das wäre zu wünschen«, sagte der Bürgermeister, »und es sei ferne von mir, den Hinterbliebenen darin auch nur das geringste in den Weg zu legen. Nur den christlichen Gottesacker bitte ich auszunehmen, und daß innerhalb der Stadtgrenzen kein Toter sich aufhalten darf, ist Ihnen sowie jedermann bekannt.«

Jetzt aber war es mit Herrn Ives Geduld zu Ende, und indem ihm das Blut heiß in die Wangen schoß, rief er: »Wenn ihr den lebenden Juden unter euch dulden konntet, werdet ihr auch den toten ertragen. Ich verlange kein Geläut und kein Geplärr und Gezeter an seinem Grabe, aber ein Fleckchen Erde, wo er ruhig liegen kann, das soll er trotz euch haben. Laßt es euch gesagt sein, daß ich ihn morgen selber auf den Kirchhof bringen und jeden niederschlagen werde, der mich dabei stören will.«

Diese groben Worte entzündeten ein heftiges Wortgemenge, das durch den plötzlichen Eintritt Frau Rosettens unterbrochen wurde, die, des Wartens überdrüssig, selbst gekommen war, um mit ein paar kernigen Worten die Leute zur Vernunft und die Sache zu Ende zu bringen. Als sie in großer Majestät, vom Kopf bis zu den Schuhen in Schwarz gekleidet, auf der Schwelle stand, verstummten alle, und der Bürgermeister beeilte sich, ihr entgegenzugehen und einige Worte des Beileids zu sprechen. »Laßt die Phrasen, Herr Bürgermeister«, sagte sie abwehrend, »auf die ich keinen Wert lege. Ich verlange von Euch nichts als mein Recht, ich will meinen Mann auf den Kirchhof bringen, wo mir Vater und Mutter, Großväter und Urgroßväter ruhen, und darin verlange ich von Euch mehr unterstützt als behindert zu werden.«

»Euer verewigter Vater war mein geschätzter Freund«, sagte der Bürgermeister, indem er sich mit einem großen buntseidenen Taschentuche den Schweiß von der Stirn wischte, »und sein Grab gereicht unserm Gottesacker zur Ehre. Er war ein guter Bürger und ein guter Christ, und mehr braucht es nicht, um in Jeddam gut aufgenommen und begraben zu werden.«

»So denke ich«, sagte Frau Rosette, sich stolz umsehend, »daß ich diese Ehre verdiene. Ich wünsche aber, was niemand einem christlichen Eheweibe verargen wird, dereinst an meines Gatten Seite zu ruhen.«

Der Bürgermeister trocknete sich den Angstschweiß ab und besann sich, welche Gelegenheit der Pfarrer, der sich nur ungern das Wort so lange hatte nehmen lassen, ergriff und losfuhr: »Bückt ihr euch vor dieser stolzen und abgöttischen Jesebel? Du hast einen Greuel in deine Familie und unsre Gemeinde gebracht, Weib, aber auf unsren Friedhof sollst du ihn nicht bringen. Es gibt genug Kehricht auf der Erde, wohin ihr eure ungläubigen Knochen werfen könnt, unserm heiligen Gottesgarten sollen sie fernbleiben!«

Frau Rosette trat dicht an den Pfarrer heran und sagte: »Höre du, ich mache mir zwar keine Ehre daraus, zwischen euern hohlen Gerippen begraben zu liegen, aber mein angeborenes und angestammtes Recht lasse ich mir von euch nicht rauben und möchte gleich auf dem Flecke sterben, damit ihr mit ansehen müßtet, wie ich auf euern Schutthaufen Einzug halte.«

Die Anzüglichkeit der Frau Rosette hatte auch die übrigen Gemeinderäte in Zorn versetzt, von denen einer sagte: »Die Frau eines Juden hat keinerlei Recht mehr in Jeddam.«

»Ja, ich hätte meine Mitgift einem von euch hungrigen Bären bringen sollen!« höhnte sie.

»Besser ein Bär als ein Schwein!« rief ein anderer; denn so pflegte man die Juden in Jeddam zu nennen.

Frau Rosette erbleichte und sagte: »Du mußt wohl ein Hund sein, daß du einen edeln Toten beschimpfst.« Dann legte sie eine Hand auf Herrn Ives Arm und sagte, indem sie ihn mit sich zog: »Komm, wir werden uns selber helfen.«

Während der Bürgermeister auseinandersetzte, daß der Weise und Weltmann nicht schimpfe, sondern fest und gelinde auf dem Buchstaben des Rechtes beharre, trug der Pfarrer Sorge, daß die übermütige Frau Rosette ihren Samuel nicht insgeheim in den Kirchhof einschmuggelte.

Das war diese allerdings willens, aber nicht verstohlenerweise, sondern öffentlich und prächtig, am hellen Tage, indem sie darauf rechnete, daß man es nicht zu einer Prügelei auf dem Kirchhof würde kommen lassen. Der Pfarrer hatte aber noch zur rechten Zeit eine Menge von Bauern versammelt und zu ihnen gesagt: »Kinder, der tote Jude wird unsre gute Erde verpesten! Leidet es nicht! Mag er draußen auf dem Felde liegen, wo es nur Raben und Krähen gibt! Wenn ihr nicht auf der Hut seid, werdet ihr Gift und Pestilenz und Viehseuche haben!« Die Folge davon war, daß die Knechte, die den Sarg mit dem künstlichen Samuel trugen, die Kirchhofpforte verrammelt und von feindseligen Bauern besetzt fanden, die ihnen den Eingang wehrten. Frau Rosette, Herr Ive und die Kinder, die in einem offenen Wagen folgten, sahen voll Erstaunen, wie sich ein tüchtiges Handgemenge entspann, in dem ihre

Knechte bald den kürzeren zogen, da sie bedeutend in der Minderzahl waren. Herr Ive verfolgte den Kampf eine Weile mit dem Kennerblick eines jungen Straßenbuben und wachsender Ungeduld, bis er schließlich nicht mehr an sich zu halten vermochte, aus dem Wagen sprang, die Jacke abwarf und sich mit einem lauten, schnalzenden Schrei unter die Prügelnden mischte. Emanuel, dessen dunkle Augen vor Kampflust feucht geworden waren, schickte sich an, es seinem Schwager nachzutun, und die Mutter hatte Mühe, ihn festzuhalten und Anitzas Heiterkeit, die sich ihrer beim Anblick des tapfer ringenden Bräutigams bemächtigt hatte, durch Zupfen, Winken und Warnen in etwas zu mäßigen. Ihren Schwiegersohn sah Frau Rosette zwar mit Genugtuung und Billigung im Kampfgewühl, dennoch bat sie ihn, angesichts der immer wachsenden Zahl seiner Gegner, für heute abzustehen, da man mit so geringen Streitkräften nicht hoffen könne, den Sieg davonzutragen. Herr Ive, da er einmal im Raufen war, hörte nur ungern auf, doch sah er ein, daß seine Schwiegermutter recht hatte, und führte die Familie unter hellem Übermut der Kinder und prasselndem Zornfeuer Frau Rosettens nach Hause zurück.

Die Zurückgebliebenen prügelten sich weiter und waren so eifrig dabei, daß es der Gemeindepolizei kaum gelang, sie bei einbrechender Nacht auseinander zu treiben. Dieser Auflauf machte den Bürgermeister und mehrere Herren vom Rate so bedenklich, daß sie sich nochmals in einem verschwiegenen Zimmer des Wirtshauses, das öfter zu wichtigen Beratschlagungen diente, versammelten, um einen gütlichen Ausweg dieser heiklen Angelegenheit zu finden.

»Es ist nicht zu leugnen«, begann der Bürgermeister freundlich, indem er tändelnd den Deckel seines Bierkrugs auf- und zuklappte, »daß ein toter Mensch irgendwo begraben werden sollte. Auch kann man der Frau Rosette nicht zumuten, daß sie ihren verstorbenen Gatten zwischen ihren Getreidefeldern und Kartoffeläckern beerdigt.«

»Beileibe nicht!« rief der Pfarrer drohend. »Soll er unseren christlichen Erdboden verpesten? Hinaus mit ihm! Weit weg mit ihm! Werden doch auch die toten Pferde und Hunde da draußen eingescharrt.«

Der Bürgermeister klapperte sinnend mit seinem Deckel und sagte: »Ich gebe zu, Ehrwürden, daß ein Jude kein Christ ist, sollte er aber deswegen unter die Tiere fallen?«

Hieran knüpfte sich eine längere Beratung, und nachdem in dieser Weise genugsam hin und her gestritten war, machte einer der Gemeinderäte folgenden Vorschlag: »Es wird den Herren bekannt sein«, sagte er, »daß wir in einer Ecke des Kirchhofes, wo wildes Unkraut wächst und der Totengräber zu seiner Pflege und Säuberung verpflichtet ist, die kleinen Kinder begraben, die totgeboren wurden oder gleich nach der Geburt starben, so daß sie leider die heilige Taufe nicht empfangen konnten. Diese scheinen mir insofern mit dem Juden vergleichbar, als sie, wie er, ungetauft sind, und es dünkt mich deshalb nicht unschicklich, wenn man ihn dort in aller Stille vergrübe.«

Der Bürgermeister wollte eben einen mäßigen Beifall dieses Vorschlages laut werden lassen, als der Pfarrer, die Hände über dem Kopfe zusammenschlagend, ausrief: »Wo ist euer Christentum? Ihr schwatzt wie Heiden und Türken daher! Wißt ihr nicht, daß die vor und während der Geburt gestorbenen Christenkinder Engel sind? Kleine Engelkinder, die ihre schwarzen Augen niemals aufgetan und durch den Anblick unsrer häßlichen Erde getrübt haben! die mit ihren kleinen Rosenfüßen niemals den Dreck berührt haben, durch den wir waten! Auf der Schwelle unsers Lebens haben sie die Flügel geschüttelt und sind wieder davongeflogen in den Himmel.«

Hier fing der Pfarrer, der die kleinen Kinder zärtlich liebte, an zu weinen, und auch einige Gemeinderäte wischten sich die Augen, indessen der Bürgermeister sagte: »Es bleibt den Kindern unbenommen, in den Himmel zu fliegen, und dem Juden, in die Hölle zu fahren, nichtsdestoweniger sind sie vom bürgerlichen Standpunkte aus alle ungetauft, und es scheint mir daher billig und recht, daß sie am selben Orte begraben werden.« Er fürchtete nämlich die große und behäbige Verwandtschaft Frau Rosettens, die sich zwar um Herrn Samuel wenig gekümmert hatte, von der es aber doch anzunehmen war, daß sie die Kränkung einer von ihrer Sippschaft übel vermerken würde.

Der Pfarrer konnte gegen den Gemeinderat, der einmütig war, nichts ausrichten, machte sich aber an das Volk, stellte ihm die Unbill vor, die ihm angetan werden sollte, und ermunterte es, dieselbe in Gottes Namen mit Fäusten abzuwehren. »Würdet ihr ruhig zusehen«, rief er, »wenn man einen Wolf in euern Schafstall ließe? Und sie wollen einen falschen Judas zwischen eure unschuldigen Kinder legen, die am Throne der Dreieinigkeit für arme Sünder beten. Pestilenz! Feuersbrunst! Wassernot! Kriegsnot und Hungersnot werden über euch kommen, wenn ihr zulaßt, daß der heilige Gottesacker durch diesen Verräter vergiftet wird.«

Die Bürger von Jeddam ließen sich dies nicht zweimal sagen, rotteten sich zusammen und schwuren, jedweden totzuschlagen, der den toten Samuel auf ihren Friedhof bringen würde. Am furchtbarsten unter den Aufwieglern war ein Großbauer namens Pomilko, ein hünengroßer Mann mit dickem Kopf und weißblonden Haaren, der mit seinem Gefolge von Angehörigen, Verwandten, Abhängigen und Knechten das ganze Gemeinwesen hätte über den Haufen werfen können. Pomilko hatte vor kurzem eine zweite Frau genommen, die ihm ein totes Kind geboren hatte. Demselben hatte er zwar keinen Blick geschenkt, sondern, als ihm die Botschaft gebracht worden war, hatte er sich fluchend und zähneknirschend aufs Feld begeben und sich zwei Tage lang nicht im Hause blicken lassen; jedoch sah er es als eine gröbliche Ehrenkränkung an, daß ein Jude in der Nähe seines Sprößlings begraben sein sollte, und er erklärte laut, er fürchte weder den Bürgermeister noch den Kaiser und würde diesen zeigen, was Pomilko vermöchte, wenn sie sich ihn zu beleidigen getrauten. Er hatte aus erster Ehe eine erwachsene Tochter namens Sorka, ein großes, starkes Mädchen mit kecken, blitzenden Augen, einem feinen Munde und Zähnen, die fest wie Kieselsteine und gelbglänzend wie Marmor waren. Als das Mädchen hörte, daß eine Stiefmutter ins Haus ziehen sollte, erklärte sie dem Vater, sie wolle das nicht leiden, er möchte davon abstehen, was ihn bewog, die Heirat um so schneller zu vollziehen. Als Sorka beim ersten gemeinsamen Mittagsmahle fehlte, der Vater sie hereinrief und die Stiefmutter ihr mit saurer Miene die Suppe in den Teller füllte, schob Sorka denselben so heftig zurück, daß das reine Tischtuch über und über bespritzt wurde, sagte: »Ich esse nicht, was du gekocht hast!« und schaute dem Vater und seiner Frau herausfordernd und mit verhaltenem Frohlocken ins Gesicht. »So magst du hungern«, rief der Vater zornig, »andre Speise gibt es hier für dich nicht!« Sorka lachte und sagte: »Lieber such ich mir selbst mein Brot«, und zog stracks mit einem Bündel Habseligkeiten aus dem Hause.

Sie nahm, da sie nicht gleich etwas andres fand, bei einem kleinen Bauer einen Dienst an und hatte bald eine Liebschaft mit dessen Sohn, was der Vater, der alte Darinko, geschehen ließ, weil er wußte, daß Pomilko seiner Tochter ihr mütterliches Erbe nicht vorenthalten konnte. Diese Vorgänge hatten den Pomilko mit übler Laune, Ärger, Zorn und Rachsucht ganz angefüllt, weshalb er die Gelegenheit, zu zanken, zu raufen und allenfalls jemand totzuschlagen, sogleich ergriffen hatte.

Der Bürgermeister konnte sich nicht verhehlen, daß eine förmliche Revolution im Anzuge sei, und in seiner Verlegenheit hielt er eine Ansprache an das Volk, er würde die Frage wegen des Judengrabes Seiner Majestät dem Kaiser zur Entscheidung vorlegen, inzwischen möchten sie ihren Geschäften nachgehen und sich still verhalten, das Gemeinwesen ruhe sicher in seinen Händen. In Wirklichkeit begab er sich nicht zum Kaiser, sondern zu dem Kommandanten einer Garnison, die im nächsten Orte lag, und dieser erklärte sich vollständig damit einverstanden, daß Herr Samuel in jener Ecke des Jeddamer Kirchhofes, wo die ungetauften Kinder lägen, beerdigt würde, bewilligte auch dem Bürgermeister eine kleine Abteilung Soldaten für den Fall, daß bei der Bestattung Ruhestörungen vorkämen.

Es wurde nun der Frau Rosette mitgeteilt, wo und wie sie ihren Gemahl beerdigen dürfe, und sie wurde zugleich ersucht, das Begräbnis bei Nacht vor sich gehen zu lassen, damit Ärgernis vermieden würde. Frau Rosettens Stolz wurde dadurch zwar nicht ganz befriedigt, doch sagte sie sich, daß es sich eigentlich nicht um ihren Samuel, sondern nur um eine nachgemachte Puppe handle, und daß sie froh sein müsse, wenn die Schwindelei so bald wie möglich von der Erde verschwände, und versprach infolgedessen, sich gemäß der empfangenen Weisung zu verhalten.

Die Bürger von Jeddam hatten angesichts der Soldaten beschlossen, sich in diese Sache nicht mehr zu mischen, hielten sich aber während des Begräbnisses in den Häusern, da sie es doch nicht anständig fanden, gegenwärtig zu sein und keinen Tumult zu veranstalten. Es trabte also der schwarzverhangene Wagen durch die stille Mitternacht, als wäre das Dorf durch Zauberei gebannt oder versteinert, und nichts war hörbar als das Trotten der Pferde, das Rollen der Räder und das leise Schwatzen von Frau Rosette und Herrn Ive, die im leichten Gefährt dem Sarge folgten. Mit Hilfe des Totengräbers wurde der vermeintliche Samuel aufs Geratewohl in jene verwilderte Ecke gestopft, worauf die Familie, die unterdessen schon die Koffer gepackt hatte, sich schleunig auf die Reise begab, um sich mit dem Vater wieder zu vereinigen. Herr Ive blieb einstweilen wegen der Angelegenheiten, um derentwillen der ganze Betrug angezettelt war, in Jeddam zurück.

Dort war aber der Kampf noch keineswegs beendet. Es fanden sich nämlich am Tage nach dem Begräbnis auf der Kirchhofmauer, da, wo die ungetauften Kinder lagen, allerlei fürwitzige Inschriften angemalt, wie zum Beispiel: Hier ist Schweinemarkt! oder: Misthaufen von Jeddam! oder: Kehrichthof! und andre Witze dieser Art, was bald zu den Ohren der Leute kam, die Kinder an dieser Stelle begraben hatten. An die Spitze der Beleidigten stellte sich der mächtige Pomilko, dem es ohnehin lieber war, auf seiten der Regierung zu stehen, und der nicht zweifelte, daß der alte Darinko, bei dem sich seine Tochter befand, ihm diese Beschimpfung angetan hätte. Dadurch wurde dieser das Haupt einer geistlichen Partei, die fortfuhr, gegen die Anwesenheit des verstorbenen Samuel auf dem Kirchhof zu meutern; er leugnete zwar, die Inschriften an der Mauer verfaßt zu haben, war es aber übrigens wohl zufrieden, aus seiner ärmlichen Bedeutungslosigkeit herausgerissen zu sein, und raufte und hetzte fröhlich unter dem Schutze der Kirche und des Pfarrers. Allmählich geriet der tote Jude, der die Ursache des langwierigen Kampfes gewesen war, bei den beiden Rotten in Vergessenheit, und sie benutzten die Gelegenheit, um allerlei alten Hader auszufechten, taten sich alle erdenklichen Übel an, und es gab so viel blutige Köpfe, gebrochene Gliedmaßen und brennende Scheuern, daß Ärzte, Bader, Polizei und Löschmannschaft Tag und Nacht vollauf zu tun und zu laufen hatten. Der Bürgermeister hätte gern zum Pomilko gehalten, der der mächtigste und begütertste unter den Bauern war und zudem die gerechte Sache vertrat, allein die geistliche Partei war bei weitem zahlreicher, so daß er es mit dieser auch nicht verderben wollte. Der Pfarrer war trunken vom Gefühl seiner Wichtigkeit und triumphierte außer sich: »Feuer ist da! Brand ist da! Vatermord und Brudermord ist da! Habe ich es nicht prophezeit? Habe ich euch nicht gewarnt? Jeddam ist verpestet! Durch Unglauben ist es verpestet! Heraus mit der Eiterbeule von Jeddam! Heraus mit dem ungetauften Gebein aus Jeddam, oder wir werden alle verderben! Kinder, wir werden alle verderben!« Und er weinte, weil er durchaus nicht mehr zweifelte, daß es wirklich so wäre. Der Bürgermeister bat ihn, gleichfalls unter Tränen, dergleichen aufreizende Reden zu unterlassen und lieber das wütende Heer zu beruhigen, aber er brachte den Pfarrer dadurch nur noch mehr auf, der entrüstet sagte, er würde seinen Gott nicht verkaufen und wenn man ihm hundert Goldgulden dafür böte.

Vielleicht wäre Jeddam in Blut und Flammen untergegangen, wenn sich der Bürgermeister nicht aufgemacht hätte, um noch einmal die Hilfe des Kommandanten in Anspruch zu nehmen. Die Nachricht, daß der Kaiser an der Spitze eines Regimentes daherziehe und die Aufrührer niederschmettern würde, verbreitete lähmenden Schrekken, und einer nach dem andern schlich sich nach Hause und an seine Arbeit.

»Darinko«, sagte der Pfarrer an diesem Tage zum Sohne des kleinen Bauern, der an der Spitze der geistlichen Partei gestanden hatte, »ich verspreche dir, daß du Sorka heiraten und ihr Erbe ungeschmälert erhalten wirst, wenn du diese Nacht auf den Kirchhof gehst, den Samuel ausgräbst und in die Melk wirfst.«

»Das will ich wohl tun«, sagte der junge Darinko, »und ich wundere mich, daß wir es nicht schon längst getan haben.«

»Tu es heute«, sagte der Pfarrer, »und es wird dich nicht gereuen«, was alles Darinko der Sorka getreulich wieder erzählte. Sorka erklärte, dem Geliebten in diesem Unternehmen beistehen zu wollen, da es für ihn allein eine schwierige Sache gewesen wäre, denn er mußte sich mit vielen Werkzeugen versehen, nicht nur um das Grab, sondern auch um den schweren Sarg aus Eichenholz zu öffnen, den er nicht bis zum Flusse hätte tragen können. Als es völlig Nacht und rings alles still war, stahlen sie sich aus dem väterlichen Hof und machten sich auf dem Weg. Es war eine lange und harte Arbeit, das Grab des Samuel zu finden, das auf keinerlei Art bezeichnet war, und sie mußten graben und wühlen, daß ihnen der Schweiß von der Stirne troff, bis sie endlich auf den großen Sarg stießen, den sie als den richtigen erkannten. Sie atmeten erleichtert auf, und da sie noch eine Weile Zeit hatte, kauerten sie sich nebeneinander auf die aufgeworfene Erde nieder, und Sorka holte Brot, Käse und eine Flasche Bier hervor, die sie zur Stärkung mitgenommen hatte. Ohnehin vergnügt über die Aussicht auf die Heirat, die ihnen der Pfarrer eröffnet hatte, teilten sie das Essen miteinander, faßten sich bei den Händen und küßten sich, und Sorka sagte: »Meinetwegen hätte der alte Jude hier können liegen bleiben, der Stiefmutter zum Tort.«

»War sie wirklich so schrecklich böse?« fragte Darinko neugierig.

»Sie war nicht böser als ich«, sagte Sorka, »aber ich mochte sie nicht leiden, und darum bin ich weggelaufen und lache, wenn sie sich ärgert«, und sie lachte, daß ihre gelben Zähne glänzten.

Sie hatten inzwischen die Arbeit wieder aufgenommen und machten sich daran, den Sarg zu öffnen, was um so schwieriger war, als sie sich bemühen mußten, so wenig Lärm wie möglich dabei zu machen. Als es gelungen war, hielt Darinko einen Augenblick inne und sagte: »Jetzt kommt das schwerste Geschäft; es ist dunkle Mitternacht, und wir sind ganz allein.« Sorka sah ihn listig an und sagte: »Fürchtest du dich? Hast du dich doch nicht gefürchtet, als du mir den ersten Kuß gabst, und ich hätte dir doch ebensogut eine Ohrfeige geben können wie der tote Jude?«

Darinko fühlte seinen Mut durch die Erinnerung an dieses Heldenstück neu belebt, schlug den Deckel zurück und faßte den, der im Sarge lag, um den Leib, in der Absicht, geschwind, ohne ihn anzusehen, mit ihm davonzulaufen und ihn in die Melk zu werfen. Kaum hatte er ihn aber gefaßt, als er ihn mit einem Schrei wieder fallen ließ, etwas so Unerwartetes und Unheimliches war es, den Strohbalg zu berühren. Sorka lachte hell auf über die Bangigkeit des Darinko und beugte sich über die zusammengefallene Puppe, um zu sehen, was es da Fürchterliches gäbe. Als sie inne wurden, daß sie wirklich nur eine ausgestopfte Figur mit Larve und Wachshänden vor sich hatten, blieb dem Darinko vor Erstaunen der Mund offen stehen, während Sorka so unmäßig lachte, daß sie sich auf die Erde werfen und hin und her wälzen mußte. »Was kann das bedeuten?« fragte endlich Darinko, der unsicher war, ob es sich vielleicht um eine zauberhafte Verwandlung oder sonst eine höllische Kunst handelte. »Was geht das uns an?« sagte Sorka. »Wir können keinen andern Samuel in die Melk werfen als den, den wir gefunden haben; ob es der richtige ist, das ist nicht unsre Sache.« Sie war unterdessen aufgestanden und untersuchte die Puppe eifrig unter fortwährendem Gelächter, wobei sie denn auch den herrlichen Diamantring entdeckte, der noch am Zeigefinger der einen Wachshand saß, sei es, daß Frau Rosette ihn vergessen hatte, oder daß sie ihn absichtlich als ein freiwilliges Opfer zum glücklichen Ausgang des dreisten Abenteuers hatte mit begraben lassen. Jetzt erschrak auch Sorka und fuhr zurück im Gedanken, es könnte hier Gott weiß was für eine Teufelsschlinge verborgen sein; doch gewöhnte sie sich schnell an die Seltsamkeit und kam zu der Überzeugung, der Ring sei ein kostbarer Ring und nichts weiter, den sie mit Fug und Recht als Belohnung für ihre Arbeit an sich nehmen und für sich behalten könnten. Sie bemächtigten sich des Ringes, gaben sich gegenseitig das Wort, über ihre Entdeckungen gegen jedermann zu schweigen, und fast berauscht vor Glückseligkeit kugelten und tummelten sie sich noch eine geraume Weile auf dem nächtlichen Friedhof; dann schleppte Darinko den Balg in die Melk, während Sorka den leeren Sarg wieder eingrub, die Erde darüberschaufelte und alles so machte, wie es zuvor gewesen war.

Die Soldaten, die am andern Tage in Jeddam einrückten, fanden nichts mehr zu tun, und da die Rädelsführer bei den verschiedenen Brandstiftungen, Raufereien und andern Missetaten schwer festzustellen waren, kam es auch nicht zu erheblichen Bestrafungen.

Nach einiger Zeit, als in weiter Ferne der arglose Herr Samuel, dem die Familie die Vorfälle in Jeddam verschwiegen hatte, damit er sich nicht etwa eine Kränkung daraus zöge, das gute alte häßliche Gesicht von Wiedersehensfreude glänzend, seine Lieben in die Arme schloß, saß der Pfarrer von Jeddam beim Bürgermeister zu Tisch, und der letztere sagte: »Jedermann weiß, daß Ehrwürden in der Theologie und allen Dingen der Gottesfurcht weiser sind als meine Wenigkeit. Doch kann ich die Bemerkung nicht unterdrücken, daß Pestilenz, Feuersbrunst und Kriegsnot vorüber sind, seit die Soldaten bei uns einrückten, wiewohl der tote Samuel nach wie vor inmitten der ungetauften Kinder begraben liegt.«

»Das tut er bei Gott nicht«, triumphierte der Pfarrer und schlug mit der Faust auf den Tisch, daß es klirrte. »In der Nacht, ehe die Soldaten kamen, habe ich ihn ausgraben und in die Melk werfen lassen, die ihn wohl längst ins Meer geschwemmt hat, wo er bei Fischen und anderm Unrat liegen bleiben mag.«

Der Bürgermeister war so verblüfft, daß er nicht wußte, ob er lachen oder zornig werden sollte. »Meint Ihr wirklich«, fragte er endlich, »daß das die Ursache ist, warum Frieden und Wohlergehen wieder bei uns eingekehrt sind?«

»Was sonst?« rief der Pfarrer; »unser Gemeinwesen war in großer Gefahr, und ich habe es gerettet, doch prahle ich nicht laut damit, sondern gebe Gott die Ehre.« Und er erhob das volle Weinglas und hielt es dem Bürgermeister zum Anstoßen hin, der, obwohl ihn seine Niederlage wurmte, es für das Feinste hielt, zu schweigen und zu trinken.

Isaak Babel
Gedalja

Am Abend vor Sabbat befällt mich immer die schwere Wehmut der Erinnerungen. An diesen Abenden streichelte einst mein Großvater mit seinem weißgelben Bart die Bücher von Ibn-Esra, und meine Großmutter im Spitzenhäubchen machte mit knotigen Fingern beschwörende Bewegungen über der Sabbatkerze und weinte sanfte Tränen. An diesen Abenden schwankte mein Kinderherz wie ein Schifflein auf verzauberten Wellen.

Ich irre durch Shitomir und suche den schüchternen Stern. Vor der alten Synagoge, vor ihren abweisenden, gelben Mauern verkaufen alte Juden Kreide, Waschblau und Dochte, Juden mit Prophetenbärten, die eingefallene Brust in erbärmliche Lumpen gehüllt.

Da liegt der Markt und der Tod des Marktes. Die fette Seele des Überflusses ist tot, stumme Schlösser hängen an den Verkaufsbuden, und der Granit der Straße ist glatt wie der Schädel eines Toten. Der schüchterne Stern – er blinkt und erlischt...

Glück hatte ich zu späterer Stunde, Glück hatte ich erst kurz vor Sonnenuntergang. Der Laden Gedaljas lag versteckt zwischen den geschlossenen Buden. O Dickens, wo war an diesem Abend dein Schatten? Du hättest in diesem Trödlerladen vergoldete Schuhe und Schiffstaue erblickt, einen alten Kompaß und einen ausgestopften Adler, ein Jagdgewehr mit der eingravierten Jahreszahl 1810 und eine zerbeulte Kasserolle.

Gedalja, der kleine Ladenbesitzer mit rauchgrauer Brille und in grünem, bis zum Boden reichendem Gehrock, schreitet in der rosafarbenen Leere des Abends seine Schätze ab. Er reibt seine weißen Händchen, zupft an seinem grauen Bart und lauscht mit gesenktem Kopf den unsichtbaren Stimmen, die zu ihm herüber dringen.

Sein Laden sieht aus wie die Schachtel eines ernsten, wißbegierigen Knaben, dem es beschieden ist, einstmals Botanikprofessor zu werden. Auch Knöpfe und einen toten Schmetterling gibt es in diesem Laden, über den der alte Gedalja gebietet. Alle haben den Markt schon verlassen, nur Gedalja ist noch da. Er schwirrt umher in seinem Labyrinth von Globen, Schädeln und toten Blumen, schwingt einen bunten Wedel aus Hahnenfedern und bläst den Staub von den toten Blumen.

Wir sitzen auf Bierfässern. Gedalja wickelt seinen schmalen Bart auf und ab. Sein Zylinder schwankt über uns wie ein schwarzes Türmchen. Ein warmer Luftzug streift uns. Der Himmel wechselt seine Farbe: Eine Flasche ist umgeworfen, und zartes Blut rinnt daraus. Leichter Moderduft umgibt mich.

»Revolution? Nun gut, sagen wir ja zu ihr, zur Revolution; werden wir deshalb aber zum Sabbat nein sagen?« So beginnt Gedalja und umschnürt mich mit den seidenen Gebetriemen seiner rauchgrauen Augen. »Ja, rufe ich der Revolution zu. Ja, rufe ich ihr zu. Aber sie versteckt sich vor Gedalja und läßt ihn nur das Schießen hören.«

»Die Sonne dringt nicht durch geschlossene Augen«, antworte ich dem Alten. »Aber wir werden die geschlossenen Augen aufreißen.«

»Der Pole hat mir die Augen geschlossen«, flüstert kaum hörbar der Alte, »der Pole, der böse Hund! Er packt den Juden und reißt ihm den Bart aus, ach, dieser Hundsfott! Und nun wird er geschlagen, der böse Hund. Das ist großartig! Das ist die Revolution! Und später kommt der zu mir, der den Polen geschlagen hat, und sagt: ›Gib dein Grammophon zum Registrieren her, Gedalja!‹ – ›Ich liebe Musik, Pani‹, antworte ich der Revolution. ›Du weißt nicht, was du liebst, Gedalja; ich werd auf dich schießen, und dann wirst du wissen, was du liebst. Ich muß schießen, Gedalja, denn ich bin die Revolution!‹«

»Sie muß schießen, Gedalja«, sage ich dem Alten, »denn sie ist die Revolution!«

»Aber der Pole hat geschossen, mein lieber Pan, weil er die Konterrevolution ist. Ihr schießt, weil ihr die Revolution seid. Nun, die Revolution ist doch eine Freude, und die Freude duldet keine Waisen im Hause. Gute Taten werden von guten Menschen vollbracht. Die Revolution ist eine gute Tat von guten Menschen. Aber gute Menschen töten nicht. Also machen böse Menschen die Revolution. Aber auch die Polen sind böse Menschen. Wer wird Gedalja sagen, wo Revolution ist und wo Konterrevolution? Einst habe ich den Talmud studiert. Ich liebe die Kommentare von Rasche und die Schriften des Maimonides. In Shitomir leben auch andere gelehrte Leute. Und wir alle, wir gelehrten Leute alle, wir neigen unser Gesicht zur Erde und schreien aus voller Kehle: Wehe uns, wo bleibt die süße Revolution?«

Der Alte verstummte. Und wir erblicken den ersten Stern, der sich auf der Milchstraße seinen Weg bahnt.

»Der Sabbat tritt ein«, sagt Gedalja hoheitsvoll. »Die Juden müssen in den Tempel gehen, Pan Genosse«, sagt er, erhebt sich, und der Zylinder, das schwarze Türmchen, schwankt auf seinem Kopf. »Bringt ein paar gute Menschen nach Shitomir. Ei, in unserer Stadt mangelt's an ihnen, ei, es mangelt an ihnen! Bringt gute Menschen her, und wir geben ihnen alle Grammophone. Wir sind nicht unwissend. Die Internationale? Wir wissen, was die Internationale ist, und auch ich will die Internationale der guten Menschen, und eine jede Seele soll registriert und ihr die höchste Lebensmittelration gegeben werden. Da hast du, Seele, iß bitte, hab deine Freude am Leben. Die Internationale, Pan Genosse, wir wissen nicht, wonach sie schmeckt...«

»Sie schmeckt nach Schießpulver«, antworte ich dem Alten, »und ist mit dem besten Blut gewürzt.«

Und da trat aus dunklem Blau der junge Sabbat hervor und ließ sich auf seinem Stuhl nieder.

»Gedalja«, sagte ich. »Heute ist Freitag, und der Abend ist schon hereingebrochen. Wo kann man jüdische Plätzchen bekommen, ein jüdisches Glas Tee und darin ein wenig von deinem verabschiedeten Gott?«

»Nirgends«, antwortete mir Gedalja und hängte das Schloß vor die Tür. »Nirgends. Nebenan ist ein Wirtshaus, gute Menschen haben darin gewirtschaftet, aber jetzt ißt man dort nicht mehr, jetzt weint man dort.«

Und er knöpfte die drei beinernen Knöpfe seines grünen Gehrocks zu. Er wedelte mit den Hahnenfedern den Staub von sich, besprengte seine weichen Hände mit Wasser und entfernte sich, winzig klein, einsam, versonnen, den schwarzen Zylinder auf dem Kopf und ein großes Gebetbuch unterm Arm.

Der Sabbat fing an, und Gedalja, Begründer einer unerfüllbaren Internationale, ging in den Tempel beten.

Egon Erwin Kisch
Schwarzer Gottesdienst bei den Negerjuden von New York

Noch ist die Sonne nicht untergegangen, also Harlem noch nicht erwacht. Es wird mindestens fünf Stunden dauern, bevor in den Nachtlokalen der Tag zu tanzen beginnen wird, um sich zu Ekstasen der Gliederverrenkung, der Augenverdrehung, der Körperschüttlung, der Nackenzukkung, der Armschleuderung, der Schenkelschlotterung, der Partnerwirbelung, der Zähnefletschung zu steigern und schließlich am Morgen japsend unterzugehen.

Noch ist der Harlemer Himmel nicht so schwarz wie die Menschen unter ihm, man kann noch ohne künstliches Licht lesen. Was man sieht zur Stunde, sind meist freudlose Bewohner. Abgehärmte Negerfrauen, die – kopfschüttelnd ihre Kupfer zählend – vor Nahrungsmittelläden anstehen. Weißgelockte Greisenhäupter tauchen unter in Mülleimern, um deren Inhalt zu untersuchen. Aus einer Pfandleihe tritt ein bambusschlanker Neger und mustert noch immer mißtrauisch den drinnen erstandenen Tuxedo. Wenn er heute nacht seine Steptänze trommeln wird, muß er eine optimistischere Miene aufsetzen.

Auf Schritt und Tritt von Lenox Avenue stellt sich »das große Problem Amerikas« zur Schau: die Negerkinder. Sie werden mit größerer Geschwindigkeit und in größeren Quantitäten erzeugt als die weißen, und das ist die einzige Produktionssteigerung, auf welche die Patentpatrioten von USA nicht stolz sind. »Gefahr ist im Verzuge«, rufen die Faschisten im zweiten Punkt ihres Programms, »in wenigen Jahren wird es mehr Neger als Weiße im Lande geben, das Weiße Haus wird zum Schwarzen Haus werden. Schon jetzt gibt es – bedenkt! – zehn Millionen Nigger.«

Dieses zahlenmäßige Argument spielt nur beim Sturmlauf gegen die Schwarze Gefahr eine Rolle. Punkt eins, die Judenhetze, wird entgegengesetzt begründet, weil die Juden einen kleineren Bruchteil der Bevölkerung ausmachen; gegen sie wird ins Treffen geführt, ihre wirtschaftliche Macht übersteige ihre Zahl.

Aber du bist in Harlem, wo es deines Wissens keine Juden gibt. Es gibt nur Neger. Ihr Nachwuchs, kleine Wuschelköpfe, die »zukünftigen Machthaber von USA«, halten bereits den Bürgersteig besetzt, exerzieren auf der Fahrbahn, kriechen auf dem Gelände der Läden und der Werkstätten umher. Nur scheint die einzige Waffe, mit der sie sich auf die Übernahme der Macht vorbereiten, die Faust zu sein. Jede Straßenecke ist ein Boxring, an jeder sind zwei kleine Negerlein zum Match angetreten, und eine gleichaltrige, gleichfarbige Zuschauerschaft feuert sie an. »Ist es nicht Schmach und Schande«, alarmiert ein faschistischer Senator aus den Südstaaten den Kongreß, »daß ein Neger amerikanischer Boxmeister ist? Morgen kann der Präsident von USA ein Neger sein...« Wer fürchtet sich nicht vor dem schwarzen Mann?

Die Architektur Harlems ist vom gleichen Typ wie die des übrigen Manhattan: unvertünchte Backsteinhäuser mit Treppenvorbau, nur hier etwas mehr ramponiert als im südlichen Manhattan. Dein Auge gleitet über die roten Fassaden aus der Kolonialzeit, entlang der Firmentafeln und Aufschriften: »Saxophon-Unterricht«, »Mittel zur Erzielung glatter Haare«, »Holzsohlen für Steptänzer«. Nach und nach wird dein Blick mechanisch, du denkst an anderes, an die Negerfrage und an die Judenfrage, welch letztere hier nichts zu suchen hat. Wie kommst du überhaupt darauf? Dir diese Frage stellend, erinnerst du dich, daß dein Auge eben über einen Davidstern geglitten ist, unbewußt. Wo? Du gehst die Lenox Avenue zurück und findest wirklich im ersten Stock des Eckhauses an der 133. Straße den dir entglittenen Stern wieder. Seine Dreiecke sind grell konturiert, blau-weiß-violett, und eine Inschrift verkündet, daß hier der Royal Order of Ethiopian Hebrews, Inc., Commandment Keepers, seinen Sitz hat, regelmäßiger Gottesdienst Freitag abend und Samstag früh.

Hm. Äthiopische Hebräer? Ist das eine Herkunftsbezeichnung, ist das der Name einer Sekte? Diese Hebrews müssen nicht notgedrungen Juden sein, nicht einmal Judenchristen, Sabbatianer, Nazarener oder dergleichen; es gibt ja auch andere Sekten, die den Sabbat heiligen und die Zehn Gebote befolgen. Von einem königlichen Orden jüdischer Observanz hast du noch nie gehört. Äthiopier sind von schwarzer Farbe, sonst würden sie nicht in Harlem leben. Neger zu sein ist Angriffsziel genug, weshalb sollten sie sich auch noch als Zielscheibe für Judenhaß hinstellen?

Nachdem du genugsam meditiert hast, entschließt du dich, hinaufzugehen, obwohl du kein äthiopischer Hebräer bist, kein Mitglied ihres königlichen Ordens, Inc., kaum ein Commandment Keeper, ein Befolger der Zehn Gebote. Immerhin – wozu stünde die Aufschrift auf dem Fenster, wenn nicht dazu, Passanten einzuladen...?

Ungünstigerweise ist keine Hausglocke da, günstigerweise versperrt kein Schloß die Haustür und den Eintritt. Ungünstigerweise brennt kein Licht auf Flur und Treppe. Günstigerweise hängt hier eine Tafel mit den Namen der Hausbewohner und neben jedem Namen eine Klingel. Mit Hilfe eines Streichholzes entzifferst du »Hebrew instructor«, W. A. Matthew, aber gerade zu ihm fehlt die Klingel. Du balancierst die Treppe hinan, bis dir an einem Türpfosten ein Metallröhrchen, die Mesusah, mitteilt, daß hier Juden wohnen. Eine korpulente Negerin öffnet, sie ist die Rebezzin persönlich und führt dich vor ihren Gemahl.

Rabbi W. A. Matthew ist, worüber seine Hautfarbe keinen Zweifel zuläßt, ein Neger, und seine Kopfbedekkung, das »Jarmilke«-Käppchen, läßt keinen Zweifel darüber zu, daß er gleichzeitig ein Jude ist. Schwarz wie das Gesicht ist das aus diesem sprießende Bärtchen. Um so weißer begegnen dir seine Augen. Er mißtraut dir, der du so unangekündigt und so weißhäutig bei ihm eintrittst. Du kamst, um zu fragen, zunächst aber wirst du gefragt: Welcher Synagoge gehörst du an? Kennst du Leute, die irgendeinen Standpunkt zu seiner Gemeinde einnehmen? Hast du etwas über den Royal Order gehört? Warum kommst du überhaupt her...?

In deinen Antworten scheint nichts Verdächtiges zu liegen. Dennoch brummt der Rabbi, die Sabbatruhe stehe vor der Türe und er habe noch viel Wichtiges zu tun, so zum Beispiel wisse er noch nicht, wovon er übermorgen die Miete bezahlen werde. Was du eigentlich willst?

Du willst eigentlich wissen, ob seine Gemeinde eine jüdische sei.

Die Antwort erfolgt erregt, fast geschrien. Ja seine Gemeinde sei eine jüdische, das hast du doch ohnehin auf dem Fenster gelesen, sie sei genauso jüdisch wie die anderen jüdischen Gemeinden, nämlich die weißen. Sie sei sogar noch viel jüdischer als die anderen jüdischen Gemeinden, nämlich die weißen, denn diese anderen seien durch Rassenmischung recht dubios. »Wir aber«, fügt er hinzu, »sind eindeutig und rassenrein. Sogar unser Kaiser führt den Titel ›Löwe von Juda‹.«

Ohne Widerspruch, ja anscheinend zutiefst überzeugt, fragst du, seit wann es jüdische Neger gebe.

»Das kann ich Ihnen sagen: genausolang, wie es jüdische Weiße gibt.« Schon die Stammutter aller Juden, Sara, sei die Tochter einer Negerin gewesen. Und in einem Satz, in dem er Abscheu und Entzücken mimisch ausdrückt, stellt Rabbi Matthew die Zwillingsenkel Saras einander krass gegenüber. Esau war behaart, struppig-bärtig und demgemäß ein Weißer, während Jakob die schöne glatte Haut der Neger besaß, so daß er nur mit Hilfe eines Ziegenfells dem blinden Vater vortäuschen konnte, der Erstgeborene zu sein. Des Königs Salomon schwarzer Sohn mit der Königin von Saba, Menelik, herrschte über Ägypten und Äthiopien, und nach ihm führen viele Kaiser Äthiopiens den Namen Menelik bis in die heutigen Tage. »Wir sind schon in Afrika Juden gewesen, wir sind nicht erst in Amerika zum Judentum übergetreten.«

Das betont Rabbi Matthew, um der Behauptung zu widersprechen, daß seine Gemeinde nichts anderes als eine von den vielen hundert Sekten Amerikas sei. Ebenso bestreitet er die Theorie, daß der Royal Order aus Nachkommen der Neger bestehe, die vor der Sklavenbefreiung bei jüdischen Farmern, sozusagen in gut jüdischem Blockhaus, dienten und erst dort den Glauben Moses annahmen.

Du fragst, wieso er Matthew heiße? (Denn das ist kaum ein Name aus afrikanischem Negerkraal.)

Rabbi Matthew wirft dir einen Blick zu, zu dem im Film gewöhnlich die Worte gesprochen werden: »You just think, you are a bright boy, he?« Aber er sagt sie nicht, antwortet nur, daß er aus Westafrika stamme und dort seine Jugend verbrachte, teils in der britischen Kolonie Lagos, teils in der Sierra Leone. Sein Vater, Jehuda ben Benjamin, stand bei einem Engländer Matthew in Dienst und nannte nach ihm seinen Sohn, der ursprünglich Moses ben Jehuda hieß.

»Die meisten Mitglieder unserer New Yorker Gemeinde«, wiederholt Rabbi Wentworth Arthur Matthew, »haben noch immer Familien in Äthiopien, wo trotz aller Pogrome seit Jahrtausenden die mosaischen Riten gehalten werden wie in Europa...«

Na, na. Gottesdienst und Gebräuche der »Abessinischen Juden« unterscheiden sich in gar vielem von dem, was man in Europa als mosaische Riten kennt. Vor allem ist ihnen das Hebräische »absolutement hebrew«. Die Falaschas zum Beispiel halten nicht das Neujahrsfest, sondern fangen das Jahr mit einer Überschreitung an, dem Passah-Fest. Bei diesem opfern sie ein Lamm und nehmen ihre Reinigung mit der Asche der Roten Kuh vor, was in den fünf Büchern Mosis empfohlen, von den weißen Juden aber vergessen ist. Als höchsten Feiertag betrachten sie den Sabbat, der, ihrem Glauben nach, schon existierte, bevor Himmel und Erde geschaffen wurden – rechts war Chaos, links war Chaos, in der Mitte jedoch war bereits der schönste Sabbat. Selbiger Sabbat beginnt bei den Falaschas nicht am Vorabend, sondern am Morgen, wie alle anderen Tage, und beweist seine Heiligkeit damit, daß er Ruhe mitbringt, die niemand stören darf. Die Beschneidung wird von Frauen vorgenommen, nicht nur an den Knaben, sondern auch an den Mädchen (Exzision der Klitoris).

Von diesen Gebräuchen der Falaschas hast du irgendeinmal gelesen und fragst nun den Rabbi Matthew, ob sich die Beschneidungszeremonien der jüdischen Neger von denen der jüdischen Weißen unterscheidet. Da kommst du aber schön an! Sie unterscheiden sich in nichts, verstehen Sie! Der Mohel der Gemeinde sei männlichen Geschlechts und beschneide nur Knaben, keine Mädchen, verstehst du?! Aus der Tatsache, daß du etwas von den dunklen Stellen im Brauchtum der Afrikaner weißt, glaubt der Rabbi seinen Verdacht bestätigt, du seiest ein Spion jener weißen Juden, welche die schwarzen Juden anschwärzen.

Vor ein paar Jahren wurde in New York Geld zum Bau einer Negersynagoge gesammelt. Der Verband New Yorker Synagogen warnte seine Mitglieder, zu dieser Kollekte beizusteuern, worauf Schwarz gegen Weiß zu Felde zog, und zwar auf dem Prozeßwege. Das Gericht bestand aus Andersgläubigen und entschied nach weltlichen Gesetzen: da beide Parteien die gleichen Riten einhalten, dürfen sich die Negerjuden mit Recht als Juden bezeichnen. Es war ein kostspieliger Prozeß für die arme Gemeinde, aber sie führte ihn bis zum Ende. Sie führte ihn just zu der Zeit, da in Deutschland die Nazis die Macht übernommen hatten und dort der Nachweis, kein Jude zu sein, die teuerste Ware war.

Dir auf weitere Fragen zu antworten, lehnt Rabbi Matthew ab, und du siehst dich hinausgeworfen. Wer aber kann dich hindern, am heutigen freitagabendlichen Gottesdienst teilzunehmen. Niemand hindert dich. Wohl starrt die ganze Gemeinde auf dich, aber würde es geringeres Aufsehen hervorrufen, wenn eines Freitagabends ein pechschwarzer Gast in einer Synagoge Europas auftauchte?

Zum Unterschied von europäischen Synagogen trennt kein Stockwerk oder Gitter die Männer von den Frauen. Beide Geschlechter sitzen in der Betstube nebeneinander, wie sie zur Sklavenzeit in Onkel Toms Laubhütte gesessen haben mögen. Einige, das Notenheft in der Hand, nehmen die um das Piano angeordneten Stühle ein und bilden den Gesangschor. An der Wand hängt ein Bild Haile Selassies, des Negus von Abessinien und Königs von Juda; mit eingerahmt ist der Brief seiner amerikanischen Gesandtschaft, die für eine Dollarspende zugunsten des Verteidigungsfonds dankt.

Vor dem Altar waltet dein unfreundlicher Freund Rabbi Matthew seines Amtes. Zwei Riesen flankieren ihn, sie halten die Arme verschränkt und sehen aus wie nachgedunkelte Erzengel, die sich auf ein unsichtbares Schwert stützen.

Links zu Füßen der Bundeslade ist Platz eingeräumt für eine besondere Gruppe von Männern. Sie tragen nicht die am Schädel eng anliegenden Käppchen wie die übrigen, sondern fleischfarbene, nämlich schwarze, hohe Biretten, und sind auffallend gutgekleidete, gutbeschuhte und fromme Leute. Daß sie auf das letztere Adjektiv Anspruch haben, zeigen sie durch lautes Auswendighersagen der Gebete im vorgeschriebenen Tonfall, dem »Nigen«; sie kennen die Stichworte, bei denen sie mit Responsen einzufallen, wissen, wann sie aufzustehen und wann sie sich zu setzen haben. Großartig ist der Moment, da sie mit präzisester Gleichzeitigkeit ihre Talesim entfalten und sie mit einer weit ausladenden, fast kriegerischen Geste über Kopf und Körper schnellen. Nun, mit dem weißen Burnus angetan, sind sie noch schwärzer als vorher.

Wie aus der Predigt hervorgeht, repräsentieren diese Männer das Priestergeschlecht der Kohanim. Bei den weißen Israeliten beweisen die Namen Kohn, Kohner, Cohen und Katz die Abstammung ihrer Träger vom ersten der Hohepriester und verbriefen das Recht, der ganzen Gemeinde den Segen zu erteilen. In den Betstuben Osteuropas gehören alte, gebrechliche, arme Männer zu dieser religiösen Aristokratie, und der Tales hängt oft wie ein fadenscheiniges Kragentuch von ihrem heiseren, hüstelnden Hals. Hier aber, im New Yorker Afrika, rückt das Erzhaus Aarons durchwegs wehrhaft auf den Plan und paßt wahrlich zum Wirkungsbereich ihres Anführers Aaron, zur Wüste. Wenn damals, in der biblischen Zeit, feindliche Heiden von fernen Sandhügeln wütend auf den Gottesdienst der ägyptischen Auswanderer lugten – sie wagten nicht anzustürmen gegen eine solche starke Garde. Auch du wirst dich schön hüten, den Harlemer Kohanim ihren Ritterstand streitig zu machen, obwohl keiner von ihnen Kohn heißt oder Kohner oder Katz!

Das Gebetbuch, das dir der schwarze Küster reicht, gleicht dem, das der Schames der europäischen Bethäuser verleiht. Der Unterschied liegt in der sephardischen Aussprache der Gebete und in der Tonstärke, zu der sich der Nigen der Neger erhebt. Gleich zu Beginn des Gottesdienstes, als sie den Eintritt der Sabbatbraut begrüßten, bot ihr Lied weit mehr als ein Lied. Die sich wölbende Unterlippe schmetterte Fanfaren, aus dem Resonanzboden der breiten Männerbrüste glaubtest du alle Instrumente einer Jazzband einschließlich des Gongs herauszuhören, und die Rezitative sind wahre Spirituals.

Feierlich wird ein Kantus angekündigt, »the Koschat«, welches Wort nicht mit dem englischen sh, sondern mit sch geschrieben wird. Der Chor singt vom Blatt, die Gemeinde weiß den Text auswendig, und dir, dir ergeht es umgekehrt: Du kennst nicht die hebräischen Worte, wohl aber die Melodie, so daß du einstimmen könntest: »Verlassen, verlassen – Verlassen bin ich – Wie der Stein auf der Straßen – Kein Dirndl mag mich ...«

Du erinnerst dich des alten Koschat, des Choristen der k.k. Hofoper. Oft hast du ihn in Wien im Café Dobner sitzen gesehen, am Stammtisch der musikalischen Intellektuellen. Ganz Österreich sang seine Volkslieder, alle Militärkapellen spielten sie, er war populär. Aber er hatte den Ehrgeiz, von den modernen Komponisten wie Gustav Mahler, Alexander von Zemlinsky, Arnold Schönberg anerkannt zu werden. Sie anerkannten ihn und seine primitiven Tonverbindungen nicht. Sie spotteten, er habe sich einmal von G-Dur nach Es-Dur verirrt und finde nun nicht mehr heraus. Und wer weiß, ob die Tatsache, daß sein kärntnerisches Liebeslied den äthiopischen Hebräern als hochheilige Hymne dient, sein Renommee im Café Dobner erhöht hätte.

Die Predigt des Abends ist unverhüllt gegen dich gerichtet, das weiße Schaf in der schwarzen Herde, wenn nicht gar den Wolf im weißen Schafspelz. Rabbi Matthew eifert (von zustimmendem Halleluja-Amen begleitet) gegen Neugierige und Späher, die da nahen im Auftrag jüdischer Bleichgesichter, um wahre Juden als Heiden zu entlarven. Da sei heute einer zu ihm gekommen und habe gefragt, ob in der Gemeinde die Beschneidung von Frauen vorgenommen und auch Mädchen beschnitten werden, der Unverschämte! (»Halleluja-Amen, Halleluja-Amen.«) Unheimlich funkelt es von allen Seiten auf dich zu, der du am Marterpfahl stehst.

Erich Fried
Meine Widerstandsgruppe

Ich kann mich, glaube ich, an nichts sonst in meinem Leben erinnern, in dem ein gewisses Maß von Mut, Realismus und Verantwortungsgefühl sich mit soviel leichtsinniger, unter den damaligen Umständen nicht zu rechtfertigender kindischer Romantik vermischt hat.

Einige Tage nach Hitlers Einmarsch in Wien, in der zweiten Märzhälfte 1938, lud ich einige Schulkameraden zu mir ein, alles Kinder jüdischer Eltern wie ich, und gründete mit ihnen eine Widerstandsgruppe, deren Angehörige einander nicht nur Verschwiegenheit gegenüber den Nazibehörden bis in den Tod gelobten, sondern auch vereinbarten, daß jeder von uns in der unteren Hälfte des Anfangsbuchstabens seines Vornamens einen schrägen Strich von links oben nach rechts unten anbringen sollte. Der Antrag eines Mitglieds, uns auch jeder den Arm zu ritzen und dann Blutsbruderschaft zu trinken, wurde mit Stimmenmehrheit abgelehnt. Dazu kamen wir uns zu erwachsen vor. Gegen den Strich durch den Anfangsbuchstaben hatte niemand etwas einzuwenden.

Die meisten jüdischen Familien unterwarfen damals ihre Bücherschränke einer strengen Zensur. Staatsgefährliche Literatur, besonders marxistische Bücher, wurde ausgereiht und vernichtet, denn sie fürchteten mit Recht das Ärgste, falls diese Bücher in ihren Wohnungen gefunden wurden. Die Kachelöfen der alten Wiener Wohnungen hatten Hochbetrieb.

Ich hatte natürlich von den Bücherverbrennungen in Deutschland gelesen, und mir tat es um jedes Buch leid. Die Hauptarbeit der Widerstandsgruppe bestand daher darin, daß wir alle unsere jüdischen Freunde und Bekannten aufsuchten, ihnen lebhaft ausmalten, wie gefährlich es sei, jetzt, da der eigentliche Winter vorbei sei, immer noch den ganzen Tag lang Papier zu verbrennen, was man riechen und womöglich von draußen an dem aufsteigenden Rauch bemerken könne. Es sei viel besser, diese Bücher uns zu geben. Wir würden sie zu Leuten hintragen, Nichtjuden, die aber die Nazis haßten und gerade solche Bücher brauchten, um Lese- und Unterrichtsmaterial gegen sie zu haben. Nur Exlibris, Namen und Stampiglien, die die

Herkunft der Bücher verraten könnten, mußten natürlich entfernt werden.

Da vielen Bücherbesitzern die Vernichtung ihrer Bücher ohnehin wehtat, und anderen das Verbrennen leid war oder zu gefährlich schien, bekamen wir genug Bücher, manchmal mehr als genug. In großen Koffern wollten wir sie nicht tragen. Schultaschen und Einkaufstaschen hielten wir mit Recht für unauffälliger. Wir alle machten auch die Erfahrung, daß Bücher in einiger Menge gar nicht leicht zu tragen sind, und wenn wir nicht durch die Gepäckmärsche unserer uns aufgezwungenen vormilitärischen Erziehung in den eben erst vergangenen Jahren im Tragen trainiert gewesen wären, wäre uns die Bewältigung dieser selbstgesetzten Aufgabe noch schwerer gefallen. Wir brachten die Bücher zu Leuten, die wir als Sozialisten oder Kommunisten kannten. Dabei unterliefen uns, entsprechend unseren lückenhaften Kenntnissen, auch einige kleine Fehler. Zum Beispiel brachten wir zu einer parteitreuen kommunistischen Familie eine ganze Anzahl Bücher von Leon Trotzki, die dann wahrscheinlich noch etwas rascher verbrannt wurden, als dies in den jüdischen Wohnungen der Fall gewesen wäre.

Wesentlich weniger als die Bücher wog das illegale Propagandamaterial, das wir mit vielen Durchschlägen auf unseren Schreibmaschinen abgetippt hatten. Daß man Schreibmaschinen an ihrer Schrift identifizieren kann, genauso wie Handschriften, das wußten wir nicht. Keiner von uns hatte eine Ahnung von Kriminologie.

Das abgetippte Material bestand zum Teil aus Auszügen aus Werken wie Leonhard Frank, ›Der Mensch ist gut‹ oder Nicolai, ›Aufruf an die Europäer‹, zum Teil aber auch aus erbaulichen Gedichten, die meistens ich verfaßt hatte. Nicht ohne Schamgefühl erinnere ich mich noch an den Kehrreim eines meiner von uns verbreiteten Gedichte:

Auf! Die Menschheit zieht zur Höhe!
Über Haß und Unterdrückung
Siegt ihr göttlich freier Schritt.
Alle gilt es zu beglücken,
Die noch Not und Tod bedrücken:
Komm und ziehe mit uns mit!

Auch der Anfang dieser Dichtung war nicht wesentlich staatsgefährdender oder konkreter als dieser Kehrreim. Er lautete:

Not und Hunger, Haß und Krieg
Wüten auf der Erde,
Darum rufen wir euch auf,
Daß es besser werde.
Führt die Menschlichkeit zum Sieg!
Den Enttäuschten richtet auf!

So wenig konkret diese Parolen auch waren, so wären solche Verse in vielen Exemplaren in den Taschen von jüdischen Schülern, wenn wir den Nazis in die Hände gefallen wären, doch genug gewesen, um uns nicht nur schweren Mißhandlungen auszusetzen, sondern auch um uns ins Konzentrationslager zu bringen. Für jugendlichen Überschwang hatte das Hitlerregime nur dann Verständnis, wenn es ihm in den Kram paßte.

Vorsichtsmaßregeln wie etwa, Hakenkreuze anzustekken, bevor wir Bücher einsammelten und austrugen oder unser Propagandamaterial durch Briefschlitze und Türspalten warfen, hatten wir nicht getroffen. Nicht, daß wir die Tarnung mit Hakenkreuzen verschmäht hätten. Wir waren gar nicht auf die Idee gekommen, ebensowenig, wie wir daran gedacht hatten, daß der Bau oder gar Ankauf eines einfachen Vervielfältigungsapparates weit einfacher gewesen wäre als das ewige Abtippen von Propagandamaterial.

So geschah es eines Tages, als mein Freund Edmund und ich durch die Liechtensteinstraße gingen, die Taschen voll von Propagandamaterial, daß wir in Schwierigkeiten kamen. In der Nähe des Zugangs zur Strudelhofstiege sahen wir einen SS-Mann, der auf der Straße stand und uns entgegenblickte. Wir wechselten, wie wir hofften, unauffällig, auf die andere Straßenseite hinüber, wo der Liechtensteinpark seine Mauer hatte. Aber auch dort stand ein SS-Mann, und der hielt uns an.

»Sind Sie Jude? Österreichischer Staatsbürger?« Beides bejahten wir wahrheitsgemäß. »Kommen Sie mit.« Wir wußten, daß das weiter nichts bedeutete, als daß wir in irgendeiner SS-Kaserne Reinemachdienste leisten sollten. Das wäre zwar unangenehm gewesen, und man mußte sich darauf gefaßt machen, einige Tritte oder Schläge zu erleiden, aber das wäre nicht so arg gewesen. Nur wußten wir auch, daß in den letzten Wochen zum Ritual dieser Reinemachaktionen die Entleerung aller Taschen und Prüfung ihres Inhalts hinzugekommen war, und das würde natürlich in unserem Fall schlecht ausgehen. Daß ich, der ohnehin eine leichte Bewegungsstörung hatte und nicht gut marschieren und schon gar nicht laufen und springen konnte, einen KZ-Aufenthalt nicht überleben würde, war so gut wie sicher. So also sah der Tod aus? Ein Mann mittleren Alters in schwarzer Uniform, mit ein wenig traurigem aber gar nicht bösartigem Gesicht, in dem rot aufgesprungene Äderchen an Nase und Wangen vielleicht anzeigten, daß er zuviel trank.

Ich riß mich zusammen und fragte den SS-Mann sehr ernst: »Muß das unbedingt sein?« Ich sah ihn voll an, und er sah mich und meinen Freund an. Ich weiß nicht wie lange, aber es wird wahrscheinlich nicht länger als eine Sekunde gewesen sein. Dann machte er eine Handbewegung und sagte: »Gehen Sie.« Ich sagte: »Besten Dank«, und wir gingen. Nach einer Anzahl von Schritten fragte mich Edmund: »Wie hast du das gemacht?«

»Ich weiß nicht, komm nur.« Unser Mut war für diesen Tag spurlos verschwunden. Wir suchten die nächste Bedürfnisanstalt auf, und jeder von uns, ohne sich mit dem anderen abgesprochen zu haben, begnügte sich nicht damit, sein Propagandamaterial in der Klosettkabine liegenzulassen, nein, wir spülten es hinunter, obwohl das mehrmals wiederholte Spülen auffälliger gewesen sein dürfte, als wenn wir es einfach zurückgelassen hätten.

Später, nach der Verhaftung meiner Eltern, hatte ich weniger Zeit, mich meiner Widerstandsgruppe zu widmen und nach einigen Jahren im Exil hatte ich sie so gut wie vergessen. Erst zwanzig Jahre später traf ich einen anderen ehemaligen Angehörigen dieser Gruppe, Erwin Schön, der mir wegen meiner Vergeßlichkeit ernsthafte Vorwürfe machte. Für ihn war die Zugehörigkeit zu diesem mehr als halb kindlichen Geheimbund eines der entscheidenden Ereignisse seines Lebens. Der Unterschied, wie er es nannte, zwischen bloßem Angespucktwerden und heimlichem Zurückschlagen.

Ladislav Fuks
Kchonys Weg in die Welt

Die Trauer ist gelb und sechszackig wie der Davidsstern. Es war eine große Trauer. Ende Februar, als die großen Fröste waren, sagte Papa zu mir:

»Lade einmal Kchony zu uns ein.«

Ich lud Kchony am nächsten Tag ein, kaum daß ich die Klasse betrat. Und damit es sich nicht verzögerte, sagte ich ihm, er möchte doch gleich heute nachmittag kommen, obwohl auch Papas Bruder Vojta oder der Onkel kommen sollte.

»Aber sei nicht enttäuscht, wenn du von uns fortgehst«, bemerkte ich, »ich weiß, was du gern hast. Aber ich habe nicht so viele Bildchen aus der Welt wie du. Ich habe nur ein einziges Büchlein, in dem ein paar blöde Bildchen sind«.

»Aber das ist doch egal«, stieß Kchony pfeifend hervor, »ich komme auch so. Doch ich ziehe mich an. Es ist Februar und Frost, und weißt du, ich darf mich nicht verkühlen. Weißt du?«

»Bei uns verkühlst du dich nicht«, erwiderte ich, »bei uns wird nur in der Zentralheizung geheizt. Nicht im Ofen! Bei uns ist es wie in einem Backofen.«

Und Kchony nickte beruhigt und wollte noch etwas sagen, aber weiter als zu einem Seufzer kam es nicht. Wir liefen in die Bänke, es läutete. Es begann eine schreckliche Stunde.

Der Geographieprofessor begann zu prüfen, kaum daß er sich eingetragen hatte. Alles vom Anfang des Schuljahres an. Jedem gab er drei Fragen und dann eine Fünf. Mínek, Carda, Bronowski. Wegen der Türkei, Arabien und Ägypten. »Der Februar geht zu Ende, und ihr wißt immer weniger«, knurrte er, »bröckelt euch etwa das Gedächtnis ab?« Alle außer Krappner, auf den der Geograph etwas hielt, hatten wir Angst und überlegten, was das heißen könnte, »das Gedächtnis bröckelt euch ab«, doch am meisten Angst hatte Kchony. Denn Kchony plagte der Professor am meisten, noch mehr als Arnstein und Katz, die vor ihm sitzen. Und so betet Kchony in seiner Bank neben dem Ofen heimlich zum lieben Gott, der Professor möchte ihn nicht aufrufen, sein Nachbar hat es mir gesagt. Wenn ihn aber der Professor aufruft, atmen alle in den

Bänken erleichtert auf und danken heimlich dem lieben Gott, denn sie wissen, daß sie in dieser Stunde nicht mehr drankommen ... Und der Professor rief Kchony schließlich auf und sagte: »Der Februar geht zu Ende, das Gedächtnis bröckelt euch ab, und ich habe Palästina noch nicht geprüft.«

Er fragte ihn, wie viele Einwohner Palästina habe ... Scheu sagte er, fünfzehn Millionen ... Er fragte ihn, ob er dazu auch sich rechne, und gab ihm eine zweite Frage. Was für eine staatlich Ordnung dort sei ... Er war lange nicht imstande zu sprechen, dann stieß er hervor, ein Königreich ... »Ein Königreich«, nickte der Professor, »soso! Sie haben sich geirrt. Da würden euch die Araber heimleuchten. Hier«, schrie er, »ist kein Parlament der Weisen von Zion, verstanden? Was wächst dort ...« Er stotterte: Hafer, Datteln, Orangen. Und was noch? Er flüsterte, noch Zitronen. Und was weiter? Da wußte er nichts mehr, drehte sich verzweifelt nach rechts und links, aber niemand wagte, es ihm einzusagen. In der Geographiestunde war das schrecklich strafbar.

Da lächelte der Professor gutmütig und sagte, daß er ihm also helfen werde. Er möge sich doch, sagte er gutmütig, an ein schönes Gleichnis im Neuen Testament erinnern ... Kchony hatte Tränen in den Augen und hatte es vielleicht auch nahe zu einer Ohnmacht. Krappner und einige andere fingen an zu lachen, in solchen Augenblicken mag der Geographieprofessor das und wird ihnen dafür künftig gnädig sein. Wenn ihm das Gleichnis nicht einfalle, sagte der Professor noch gutmütiger, dann möge er doch zur Jungfrau Maria beten, der immerwährenden Helferin der Christen ... Kchony rannen zwei große Tränen über die Wangen, und er hielt sich mit der rechten Hand an der Tafel fest. Er stieß hervor, das Gleichnis über Christus den Herrn ... Und der Geographieprofessor hieb auf den Tisch und schrie, das Gleichnis von dem verdorrten Feigenbaum, und das sei es, er möge nur seinen Vater fragen, der das bestimmt wisse, da er doch predige, und gab ihm eine Fünf, und in sein Notizbuch vermerkte er: David Kohn weiß nicht, daß in Palästina Feigen wachsen, bringt Religion und Geographie durcheinander ...

Nach der Schule erinnerte ich ihn auf dem Gang, nicht zu vergessen. Heute um vier.

»Versteht sich, daß ich komme«, seufzte er, »aber ich ziehe mich an, weil das wichtig ist. Ich konnte nicht fertig sprechen«, sagte er flüsternd, »du weißt ja nicht, weshalb ich mich so anziehe«.

»Damit du dich nicht verkühlst«, sagte ich.

»Aber warum ich mich nicht verkühlen darf«, erwiderte er aufgeregt, »das weißt du nicht. Überhaupt nicht deshalb, weil ich empfindlich bin. Ich will es dir verraten, wenn du mir dein Ehrenwort gibst. Das darf weder Katz noch Arnstein wissen ...«

»Also Ehrenwort«, ich gab ihm die Hand, doch er blickte seufzend den Gang entlang und sagte, er könnte es erst nachmittags bei uns sagen.

Und daheim, kaum war ich mit dem Mittagessen fertig, klingelte jemand. Růženka schrie, der junge Herr komme schon und rannte, ihm die Tür zu öffnen, fast hätte sie einen Stuhl umgeworfen. Aber sie ist dumm. Es war erst zwei.

Es war Vaters Bruder Vojta oder der Onkel.

Er hielt sich fast nicht auf bei uns. Eilte mit Papa ins Arbeitszimmer, sie sperrten die Tür hinter sich ab. Als ich absichtlich ins Bad ging, hörte ich entfernt und gedämpft, wie der Onkel sagte, daß das nicht sein sollte. Vielleicht betraf es das Verbot der Zeitung, wo der Onkel Redakteur war, oder auch diese Sudeten vom vergangenen Herbst. Papa betraf es nicht. Papa ist der Allerhöchste im Polizeipräsidium, seit der Sudetengeschichte, ich weiß gar nicht weshalb, klärt er die Selbstmorde auf. Als sie aus dem Arbeitszimmer herauskamen, bemerkte der Onkel, daß er in Eile sei, verabschiedete sich rasch von uns und ging fort. Und kaum war er fort, trug Papa der Růženka auf, in dem gewöhnlichen Ofen Feuer zu machen, den er in seinem Arbeitszimmer hatte. Das ist seltsam, dachte ich mir, gerade heute, wo Kchony kommt, wird bei uns im Ofen geheizt, aber es ist eigentlich egal, Kchony wird ohnehin nicht in Papas Arbeitszimmer gehen. Vielleicht war der Kaminkehrer da und hat empfohlen, daß in dem Ofen von Zeit zu Zeit geheizt wird, das ist möglich, bestätigte ich mir selber ... Ich schlenderte durch die Wohnung, probierte, wie die Zentralheizung wärmt, ich wußte nicht, was ich mit mir anfangen sollte. Die Tür zu Papas Arbeitszimmer war geschlossen, also darf ich nicht hinein, nicht einmal, wenn es brennt, und Růženka schüttelte in der Küche Benzin von einer Flasche in die andere, und so war auch nicht mit ihr zu reden. Daß sie gar noch die Wohnung anzündet, dachte ich mir, ist das ein Jammer, wenn es nur schon vier wäre ...

Endlich war es vier, Kchony erschien in Gestalt eines kleinen Bären, so einen warmen zottigen Mantel hatte er an. Im Vorzimmer wollte er die Schuhe ausziehen, Růženka hielt ihm schon Sandalen hin. Doch in dem Moment kam Papa aus dem Arbeitszimmer und sagte: »Überflüssig, draußen ist es trocken ...« Trocken, obgleich es Ende Februar war ...

Und während Papa mit Kchony sprach und an der Wand, wo man die Mäntel aufhing, ein kleiner zottiger Bär hing, erblickte ich durch die halb geöffnete Tür des Arbeitszimmers überall haufenweise Papiere, auf dem Tisch, auf den Stühlen, auf dem Teppich, daß ich meinen Augen nicht traute und heimlich Růženka fragte ... Sie sagte, daß Papa diese Papiere in dem gewöhnlichen Ofen verbrenne, und hatte dabei entsetzte Glotzaugen.

Und so führte ich Kchony rasch weiter, ins Zimmer, und dort forderte ich ihn auf, sich zu setzen. Er setzte sich auf die Couch neben die Zeitung.

»Du liest Zeitungen?« fragte er ängstlich.

»Woher«, antwortete ich lachend, »nur die hintere Seite.«

»Ich lese sie nicht«, er schüttelte den Kopf, »Papa hat es verboten. Mama liest sie, na und siehst du, was sie davon hat. Sie ist krank. Jeder, der Zeitung liest, ist krank. Also darf ich nicht.«

»Nicht einmal die hintere Seite?«

»Nein«, sagte Kchony, »Ehrenwort«.

»Also werde ich dir meine Spielsachen zeigen«, sagte ich und zeigte ihm rasch den elektrischen Zug, den Baukasten, das Auto, verschiedene Mäuse und Katzen und das Korallenspiel. Die Soldaten nicht, weil sie angeschlagen sind und dem einen der Kopf fehlt. »Ich spiel' damit nicht mehr«, sagte ich, »das ist aus der Kindheit. Nur den Zug lasse ich ein wenig fahren. Aber das ist eigentlich kein Spielzeug.«

»Das ist kein Spielzeug«, nickte Kchony, »was meinst du, sollen wir ihn fahren lassen? Läuft er?«

Und so bauten wir die Schienen auf, den Bahnhof, die Brücke und den Tunnel, ich stellte die Züglein auf die Schienen, die Lokomotive, den Personenwagen und den Güterwagen, mehr habe ich nicht, und schaltete den Strom ein. Das Züglein fuhr los. Es fuhr zum Bahnhof, über die Brücke, durch den Tunnel, noch einmal und wieder ständig rundherum, rannte und klapperte und roch nach Lack, sauste um die Kurven, ein Wunder, daß es nicht aus den Schienen flog. Wie ihm das gefiel!

»Wenn das kein Schnellzug ist!« sagte er. »Nicht wahr, das ist einer? Dann ist es ein internationaler. Ich weiß es, ich gehe oft auf den Bahnhof, um zuzuschauen. Ich habe auch Spielsachen, aber einen internationalen Schnellzug nicht.«

Und da erblickte er in dem Schränkchen die angeschlagenen Soldaten und machte sich gleich an sie heran.

»Soldaten«, rief er aus, »dort sehe ich Soldaten! Wie wär's, wenn wir den Zug anhielten und die Soldaten einlüden?«

»Na schön«, seufzte ich, »das tue ich auch, aber nur in den Güterwagen. In den Personenwagen kann man sie nicht hineinstecken. Ich habe sie einmal auf der Straße gefunden.«

Er hielt selber den Zug an und lud die Soldaten ein. »Die sind schön, besonders der ohne Kopf«, er schüttelte begeistert den Kopf, »daß hier kein Kopf ist?«

»Das ist der Heerführer«, erklärte ich, »er hat den Kopf in Schlachten verloren, weil er in der ersten Linie stand. Aber sonst ist er gut, also was ...«

»Also was«, stimmte er zu, »er ist gut. Soldaten sind immer gut. Mit ihnen könnte ich immer spielen. Genauso wie mit dem Zug.« Dann fragte er: »Den Kopf hast du nicht mehr? Wir könnten ihn ankleben.«

»Das geht nicht mehr«, antwortete ich. »Růženka hat ihn mit dem Staub unter der Couch hervorgekehrt und hinausgeworfen.«

»Dann geht es wirklich nicht mehr«, er nickte traurig, und nachdem er mit dem Finger festgestellt hatte, daß die Köpfe der Soldaten gut hielten, fragte er:

»Da muß man hier an dem Hahn drehen?«

Ich nickte, Kchony drehte an dem Hahn – und der Zug fuhr wieder los. Zum Bahnhof, über die Brücke, durch den Tunnel, immer rundherum, rannte und klapperte und sauste um die Kurven, ein Wunder, daß er nicht aus den Schienen sprang, und Kchony schaute, und dann legte er sich ganz auf den Boden und stützte das Kinn direkt neben den Schienen auf.

»Das ist schön«, seufzte er, »der Zug fährt wie ein echter. Kann er entgleisen?«

»Natürlich«, bestätigte ich. »Die Waggons stürzen um und die Soldaten fallen heraus und werden erschlagen. Einigen von ihnen kann auch der Kopf abgerissen werden.«

»Und was hat das für einen Sinn?«

»Das hat den Sinn, daß man ein Begräbnis machen kann.«

Kchony schüttelte den Kopf und sagte, ohne den Zug aus den Augen zu lassen:

»Ein Begräbnis machen wir nicht. Mir würden die Soldaten leid tun. Schau, wie der Zug sie durchbeutelt. Ich würde am liebsten zu ihnen hineinkriechen. Ich fahre schrecklich gern mit dem Zug. Meinetwegen nach Paris oder Afrika, das ist egal. Deshalb gehe ich auf den Bahnhof. Aber ich bin noch nirgends gewesen«, bemerkte er geheimnisvoll mit dem Kinn auf den Schienen, »ich bin vorläufig noch nicht weitergekommen als bis zu einem Schloß bei Prag namens Karlstein.«

Und so kamen wir zu den Bildchen aus der Welt. Zu meinem Büchlein, wo alles in allem nichts ist. Ich zog es aus dem Regal und legte es auf den Tisch. Er setzte sich auf einen Stuhl, legte die Hände in den Schoß, und ich merkte, daß er vor Ungeduld brannte.

»Du wirst enttäuscht sein«, bemerkte ich, »das ist ein blödes Büchlein. Es ist nichts drin. Ich weiß nicht einmal, wie es hergekommen ist.«

Auf dem einen Bild war ein Dom mit einer Kuppel und ein Säulenhof mit einem Obelisk.

»Das ist Rom, die Kirche des heiligen Petrus«, rief er aus, »dort würde ich gern hinfahren. Und was ist weiter?«

»Weiter ist das da!« Ich zeigte ihm das nächste Bild auf der anderen Seite. Es war ein Stück Meer darauf und am Ufer die Kuppel eines Domes mit vier spitzen Türmchen.

»Konstantinopel«, rief er aus, »wieder eine Kirche! Eine Moschee! Dort würde ich auch gern hinfahren. Und weiter?«

Auf dem dritten Bildchen war nichts anderes als der Schatten einer traurigen steinernen Mauer und, mit der Stirn zu den Steinen, Leute in schwarzen Kleidern und Hüten. Ich wollte es ihm gar nicht zeigen. Doch er packte meine Hand und blickte das Bild lange an.

»Was ist da, was ist das?« Er schüttelte den Kopf. »Das kenne ich nicht.«

»Das ist Palästina«, sagte ich flüsternd. »Jerusalem, die Klagemauer ...«

Wir blieben ein Weilchen schweigend sitzen, doch er hob den Kopf und sagte, daß er auch dort gern hinmöchte, und betrachtete die Zeitung, die auf der Couch lag ...

In dem Augenblick rief uns die Mutter zur Jause.

Während der Jause fragte Papa den Kchony, wie es ihm in der Schule gefalle und was seine Eltern machten.

»Mir gefällt es in der Schule«, sagte er, »und Papa ist gesund, aber er predigt nicht mehr oft, weil ihm die Stimmbänder weh tun, und er fürchtet, daß es überhaupt keinen Wert hat. Er ist so mager und grau und hat Schwindelanfälle, und manchmal legt er sich nieder ... Aber Mama ist dafür krank«, stieß er hervor, »sie spricht vom Tod, und ich habe auch Angst. Aber das kommt daher, weil sie die Zeitungen liest. Ich darf sie nicht lesen ...«

Und da sagte Papa, daß Kchony ein hübscher und kluger Knabe sei und fremde Länder gern möge und sich bald die Welt ansehen werde. Denn er werde viel reisen, und Reisen sei schön und gesund ... Und wie Papa das sagte, errötete Kchony und blickte mich geheimnisvoll an.

Dann schlug es bald sechs, und Kchony sagte, daß er jetzt laufen müsse, um noch bei Tag nach Hause zu kommen und ehe der feuchte Nebel einfällt. Ich fragte, ob es bei uns nicht kalt gewesen sei.

»Aber nein«, er nickte zustimmend, »ihr habt Zentralheizung und heizt überhaupt nicht im Ofen. Und das ist für mich sehr wichtig. Ich werde dir einmal verraten, warum, wenn du mir dein Ehrenwort gibst ...«

»Du hast doch versprochen, daß du es mir heute sagst«, stieß ich hervor.

»Und weder Arnstein noch Katz werden es erfahren?«

»Ehrenwort.«

»Auch Katz nicht?« wiederholte er.

»Gut, dann sage ich's dir«, flüsterte er, »aber jetzt geht es nicht mehr. Es ist sechs, und der Nebel fällt ein. Ich sage es dir, wenn du zu uns kommst.«

Im Vorzimmer zog er sich den warmen, zottigen Mantel an und war auf einmal wie ein kleiner Bär, empfahl sich artig und ging fort.

Ich ging ins Zimmer zurück, um die Spielsachen aufzuräumen und bald erschien auch Růženka. Sie sagte, daß das Buch, das auf dem Tisch liege, sehr schön sei und vielleicht auch dem jungen Herrn gefallen habe. Ich sagte, daß es ein ganz dummes Büchlein sei, das nicht einmal dem jungen Herrn gefallen könne, und ob sie wisse, was in Papas gewöhnlichem Ofen geschehe ...

»Im gewöhnlichen Ofen ist es schon wieder kalt«, erklärte sie bedeutungsvoll, »zwei Kübel Asche waren drin. Als ich sie auf den Hof trug, kam mir die Hausmeisterin Ševcová entgegen. Mein Gott, der wackelt ein Zahn!«

Zehn Tage später kam Kchony vor der Stunde zu mir und sagte, ob ich heute nicht zu ihnen kommen wolle.

»Die Reihe ist an dir, und Papa lädt dich ein. Und auch Mama, aber sie sperrt sich in ihrem Zimmer ein, vielleicht siehst du sie gar nicht.«

Ich versprach zu kommen, obgleich mir nicht gut war. Ich war in den letzten Tagen ungewöhnlich schlaff. Růženka behauptete, es sei nichts, nur eine Frühjahrsmüdigkeit, und das war möglich, es war nämlich gerade Mitte März.

»Das ist die Märzmüdigkeit«, und Kchony winkte ab, »das ist nichts. Das hat jeder. Die Reservisten und Soldaten ...« Er wollte noch etwas sagen, aber da läutete es, und so lief er rasch in seine Bank, in die vorletzte neben dem Ofen, die schreckliche Stunde stand bevor.

Der Geographieprofessor begann vom Beginn des Schuljahres an zu prüfen, gab jedem eine Frage und jedem eine Fünf. Mínek, Carda, Bronowski. Wegen der Türkei, Arabien, Ägypten. Er sagte, daß unser Gedächtnis abbröckele. »Voriges Jahr im Herbst habt ihr mehr gewußt«, knurrte er, und wir dachten wieder, was ist ein abgebröckeltes Gedächtnis, und außer Krappner war allen bange. Wir beteten, doch endlich Kchony aufzurufen. Und Kchony fürchtete sich am meisten und betete, nicht aufgerufen zu werden ... Er rief ihn als letzten auf und gab ihm Palästina. Ob er wisse, was in Jerusalem sei! Er stotterte, die Klagemauer. Der Professor sagte: »Ergreifend, und was noch?« Er flüsterte, der Tempel. »Der Tempel?« Er schüttelte den Kopf. »Da bringen Sie etwas durcheinander. Da haben Sie sich schrecklich geirrt!« Kchony zuckte vor Angst zusammen und hielt Ausschau in der Klasse. Aber es war vergeblich. Niemand wagte einzusagen. Ich zuckte zusammen, ob der Professor wieder mit der Jungfrau Maria anfangen und Kchony zum Weinen bringen würde. Doch er fing mit etwas anderem an. »Der Tempel, mit schönen Steinen und Gaben geschmückt, von dem kein Stein auf dem anderen bleiben wird, der nicht fortgefegt würde. Wenn ihr in Judäa seid, flüchtet in die Berge, wenn ihr in der Stadt seid, geht hinaus, wenn ihr gesegneten Leibes seid, wehe!«

Dann sagte er ihm, er möge zur Jungfrau Maria beten, der Mutter von der immerwährenden Hilfe, und sich an die Mauer stellen, um über die neue Fünf zu wehklagen, und in sein Notizbuch schrieb er: David Kohn ist ungebildet in Religion ... Und während Kchony die Tränen über die Wangen liefen, begannen einige von uns zu lachen, damit es der Geographieprofessor sehe, Krappner lachte am lautesten, ahmte das Wehklagen nach und zeigte auf den weinenden Kchony, und ich vergegenwärtigte mir zum erstenmal im Leben eine schreckliche Sache, bei der es mir kalt über den Rücken lief.

Nach der Schule erinnerte mich Kchony scheu auf dem Gang, nicht mein Kommen zu vergessen. Um vier Uhr nachmittags.

»Ich zeige dir das Album mit den Fotografien aus der ganzen Welt«, flüsterte er, »das habe ich. Aber dafür habe ich keinen Schnellzug und keine Soldaten, vielleicht ärgert dich das ... Und ich sage dir auch mein Geheimnis. Gibst du mir das Ehrenwort?« Und als ich nickte, fügte er hinzu: »Erzähle Papa nichts von dieser Fünf, auch nicht, was der Geographieprofessor sonst zu mir gesagt hat. Ich würde ihm noch eine Sorge mehr bereiten. Es genügt, daß ich mich allein fürchte. Du weißt, warum! Daß ich durchfalle ...«

»Aber Kchony, du fällst nicht durch!« winselte ich.

Er lief nach Hause, lief in seinem warmen, zottigen Mantel wie ein kleiner Bär, denn er fürchtete sich zu verkühlen. Und an diesem Tag war tatsächlich ein Wetter zum Verkühlen, alles feucht, es war Mitte März ...

Als ich um halb sieben nach Hause kam, war die Wohnung leer wie eine geschlossene Kirche. Nur in der Küche polterte es, so daß es eigentlich überhaupt keine Stille war, sondern ein großer Lärm. Ich erkannte, daß Růženka das Abendessen richtete. Als ich eintrat, kniete sie auf dem Fußboden vor dem Ofen, hatte in der einen Hand die Benzinflasche und in der anderen das Salzfaß. »Es ist wieder Onkel Vojta hiergewesen«, sagte sie und stand auf, »es hat eine große Debatte gegeben.« Doch worum es ging, das wußte sie nicht. »Wenn man doch durch die Tür im Arbeitszimmer nichts deutlich hören kann«, sagte sie verbittert, »diese Tür ist nur zum Ärgern da.« Ich erinnerte sie ans Schlüsselloch, doch sie machte eine ärgerliche Handbewegung. »Das ist gleich. Auf der anderen Seite ist der Schlüssel, und man kriegt genau das Fenster zu sehen.« Dann teilte sie mir mit, daß Papa wieder im Ofen geheizt und Papiere verbrannt habe. Fünf Eimer Asche. Als sie damit auf den Hof gegangen sei, habe sie wieder die Hausmeisterin Ševcová getroffen und mußte auf einen Sprung zu ihr hineinkommen. Der Zahn, der so gewackelt hat, ist jetzt herausgefallen. »Aber damit es keine Mißverständnisse gibt«, fügte sie hinzu, »nicht in Wirklichkeit. Das alles hat sie nur geträumt ... Wahrscheinlich habe ich mich bei ihr etwas länger aufgehalten. Als ich heraufkam, war Papa schon auf der Polizei und Mama in der Stadt einkaufen.« Sie schüttelte die Flasche mit dem Benzin.

Dann fragte sie, ob ich auf der Straße oder während des Besuchs bei dem jungen Herrn nichts gehört hätte, und stellte das Benzin auf den Tisch und das Salzfaß auf die heiße Platte. Sie sagte, daß sie bald den Verstand verlieren und das Abendessen erst um acht Uhr fertig sein werde, wenn überhaupt.

Dann krachte etwas, und das Salzfaß auf der Platte war entzwei. Sie fegte das Salz mit dem Besen vom Ofen und warf es ins Feuer. Und dann setzte sie sich und wollte, daß ich ihr erzähle, wie es bei dem jungen Herrn gewesen sei.

»Der Herr war sehr freundlich zu mir«, sagte ich, »und hat mir zweimal die Haare gestreichelt.«

Sie wollte wissen, ob er auch etwas zu mir gesagt habe.

»Er hat gesagt, daß ich sehr hübsch und lieb bin.«

Vor Verwunderung riß sie die Augen auf.

»Das ist bestimmt nicht wahr, ein solcher Herr würde nicht lügen«, rief sie entsetzt.

»Er hat auch gesagt, daß ich folgsam bin und in der Schule gute Fortschritte mache«, fügte ich hinzu.

»Na so etwas, das ist nicht zu glauben.« Und sie sprang rasch zum Herd und machte dort etwas und fragte mich, ob ich auch etwas zu essen bekommen hätte.

»Sie haben mir Kakao und Torte gegeben. Aber keine daheim gemachte. Eine gekaufte, vom Zuckerbäcker.«

Sie wandte ein, daß ich so etwas nicht unterscheiden könnte, und begann mit dem Geschirr zu rasseln.

»Ich hätte es auch nicht erkannt, aber die Torte war in einer Schachtel«, sagte ich.

»Die können sie vorher hineingetan haben.«

»Ja, hineingetan, wenn auf der Schachtel die Zuckerbäkkerei stand, hineingetan ...«

Auf einmal gab sie sich damit zufrieden und fragte mich über die Frau aus.

»Sie ist aus dem Zimmer gegangen«, sagte ich, »sie ist krank.«

Dann fragte sie, was für Kleider sie anhatte und welchen Hut, und wie viele Zimmer, und ob sie einen Staubsauger hätten. Und dann blieb mir nichts anderes übrig, als ihr alles bis aufs letzte zu erzählen ...

Wie mir Kchony das Album mit den Fotografien aus der ganzen Welt gezeigt hatte.

»Er hat auf die gezeigt, wo er gern hinfahren möchte. Er hat auf alle gezeigt, weil er gern überall hinfahren möchte. In die ganze Welt, die ... wie hat er nur gesagt ...«, ich überlegte, während ich auf die Benzinflasche auf dem Tisch blickte, »ach, weiß schon, weit, bunt und mannigfach ist. Er würde gern die ganze Welt bereisen.«

»Na ja«, meinte sie, in einem Topf rührend, »das ist ganz schön, wenn sie nur das Geld dafür haben. So ein Prediger hat nicht viel. Höchstens daß ihm ein jüdischer Bankier etwas leiht.« Und ich preßte die Lippen aufeinander, um mich nicht zu versprechen, denn das, was mir Kchony anvertraut hatte, konnte ich ihr nicht sagen.

»Weißt du«, sagte Kchony, als wir im Zimmer allein waren und ich ihm zum sechstenmal das Ehrenwort gegeben hatte, »das ist so. Papa, Mama und ich fahren von hier fort. Wir setzen uns in den Zug und fahren fort. Aber nicht rundherum wie die Soldaten. Wir fahren immer geradeaus, in die Welt, die weit und bunt und mannigfach ist, und auch nicht im Güterwagen, sondern im Personenwagen, und ich bereite mich schon vor. Hier habe ich ein Heft der Stationen und Städte, wo wir hinfahren, und es sind auch die Orte aufgeschrieben, wo wir halten. Und hier habe ich noch ein Heft, in das ich die Denkmäler schreibe, die wir kennenlernen, aber du siehst, daß es schon voll ist, und so werde ich morgen ins Papiergeschäft um ein neues springen. Du weißt doch, was ein Paß und ein Visum ist, nicht wahr?« Und er sagte:

»Also diesen Paß und das Visum werden wir in einem halben Tag haben. Papa hat gesagt, daß dein Papa ihm dabei geholfen hat. Sammelst du Marken?«

Ich schüttelte den Kopf.

»Das ist schade, du solltest es. Du könntest sie von den Briefen ablösen, die ich dir schreibe. Wir fahren mit allem fort, was wir da ringsherum haben. Vielleicht finde ich dort auch Kameraden. Aber ich werde französisch oder englisch sprechen müssen, anders nicht. Ich werde dort auch in eine neue Schule gehen. Vielleicht wird dort ein anderer Geographieprofessor sein als hier, was meinst du. Ein anderer?«

Ich sagte ihm, daß ich das auch meine.

»Ein solcher Geographieprofessor ist nirgends auf der Welt«, sagte ich, und Kchony nickte beruhigt.

»Ja, aber noch was«, erinnerte er sich plötzlich, »das ist wichtig. Wir können nicht früher fahren, ehe Mama ihre Kur beendet, das ist es ... Du weißt, was eine Kur ist ... Mama ist ungeduldig, sie möchte schon morgen fahren, und ich auch, aber wir müssen noch eine Woche warten. Das bringt uns nicht mehr um. Na, und ich muß aufpassen, daß ich mich nicht verkühle. Deshalb habe ich geforscht, ob es bei euch auf Besuch warm ist. Deshalb trage ich diesen zottigen Mantel, begreifst du? Also jetzt weißt du es. Jetzt weißt du alles. Jetzt weißt du wirklich alles ... Du darfst es aber niemandem sagen. Weder Arnstein noch Katz. Du weißt, warum ...

Na, dann werde ich es dir sagen ...«, verkündete er geheimnisvoll. »Deshalb, weil ich es sonst nicht mehr aushalten könnte mit ihnen. Sie würden sagen, daß ich nicht in die Welt kann, weil ich empfindlich wie ein Löwenzahn bin ... Du mußt mir noch einmal dein Ehrenwort geben ...«

Und so habe ich es nicht einmal Růženka gesagt.

Und während ich schwieg, schrie Růženka auf: »Mein Gott, ich habe vergessen, das Essen zu salzen«, und sie stürzte auf die Wand zu, wo das Salzfaß hängt. Dann erinnerte sie sich, daß sie das Salz in den Ofen geworfen hatte. »Mein Gott«, entsetzte sie sich, »ich dachte, ich hätte das Benzin hinausgeworfen. Da muß ich also einen Sprung zur Hausmeisterin machen! Ich bin gleich zurück.«

Sie war in anderthalb Stunden zurück, aufgeregter, als ich von Kchony zurückgekommen war.

»Es tun sich schreckliche Dinge«, rief sie zitternd, »alles brodelt. Brodelt«, sie wiederholte das Wort, das ich nie von ihr gehört hatte, »bei den Hausmeisters war ein Korporal. Und die Hausmeisterin hat eine geschwollene Wange und das Messer verloren, mit dem sie das Fleisch schneidet ...«

Zu Abend gegessen wurde um neun. Das Essen war versalzen und war nicht zu essen. Doch niemand achtete darauf. Mama war nachdenklich, und Papa fragte mich, wie es bei Kchony war ... Ich ging schlafen wie zerschlagen. Vielleicht die Frühjahrsmüdigkeit im März. In der Nacht träumte ich von lauter Zügen und Soldaten. Und das ist ein schlechtes Zeichen, sagte Růženka, genauso wie wenn die Zähne ausfallen oder jemand ein Messer verliert. Magenbeschwerden oder etwas mit der Liebe ...

Am nächsten Morgen nach dem Besuch bei Kchony weckte mich die Klingel. Ich hörte aus dem Vorzimmer, daß ein Schutzmann Papa holen kam und die beiden zusammen weggingen. Ich sprang ans Fenster. Vor dem Haus stand Papas Automobil und neben dem Türchen ein zweiter Schutzmann. Papa setzte sich ins Auto, und das Auto fuhr los, ehe die Tür zugeschlagen wurde ...

Als ich in die Schule ging, begann ein mäßiges Schneien mit Regen. Je näher ich der Schule kam, um so größer war in den Straßen der Schneematsch. Bei diesem Wetter kam mir der Tag besonders düster vor, die erste Stunde war Geographie, und der Professor wollte vom Anfang des Schuljahres prüfen ...

Kaum hatten wir jedoch die Schule betreten, erfuhren wir eine freudige Nachricht: es ist keine Schule! Wir sollten auf dem kürzesten Weg nach Hause gehen und morgen kommen. Ich blickte um mich, suchte Kchony, sah ihn aber nirgends. Vielleicht war er dort, und ich hatte ihn übersehen, oder er war schon nach Hause gelaufen. Auch wir rannten los, damit nicht etwa der Geographieprofessor erscheine und uns zwinge, zu seiner Stunde dazubleiben. Aber diese Angst war überflüssig, wie wir gleich bemerkten ...

Der Geographieprofessor stand vor der Schule, lauschte dem Dröhnen, das aus den Nebengassen herüberdrang, blickte auf die Uhr und lächelte ein wenig vor sich hin ...

In unser Land kamen fremde Soldaten gefahren.

In unser Land kamen Armeen gefahren.

Und so eilte ich auch nach Hause. Auf den Straßen war es indes nicht zum Aushalten. Überall nichts als Menschen,

Rauch und Gerassel. Lauter Fahrzeuge, Lastautos, Tanks. Lauter Benzin und Gummi. Lauter Helme und Soldaten ... und zu alledem flog Schnee mit Regen herum und auf der Erde nichts als Schmutz und schmutzige Pfützen ... Ob sich gestern, um Gottes willen, Kchony schon erkältet hat, fiel mir ein ...

Zu Hause war Růženka.

»Mama ist Vorräte einkaufen gegangen«, schrie sie, »wir sterben Hungers! Ich koche das Mittagessen, es wird vielleicht zum Abend fertig.« Und wie sie so schrie, fiel ihr das Geschirr aus den Händen, und Rauch wälzte sich von der Herdplatte. Dann fiel ihr ein Teller zu Boden und zerbrach. Dann fiel ihr ein Teller nach dem anderen herab, alle zerbrachen, sie sprang zum Fenster, blickte hinaus und schrie, daß sie schon kämen.

Vielleicht war sie schon verrückt geworden.

Ich ging fort, um den elektrischen Zug fahren zu lassen.

Zu Mittag kam Mama und ein Weilchen später Papa.

Als Růženka eine Schüssel mit etwas daherbrachte, das Essen sein sollte, sagte Papa, daß Onkel Vojta nicht mehr zu uns kommen werde. Er war verhaftet worden. Heute um neun Uhr vormittags von der deutschen Polizei ... Und als Růženka die Augen aufriß, hieß er sie, den Ofen in seinem Zimmer zu heizen. Gleich ... Ich war so aufgeregt, daß ich nicht einmal essen konnte ... Dann läutete das Telefon, es war das Präsidium der Polizeidirektion, und jemand teilte dem Vater rasch etwas mit. Und als das Telefon aufgehört hatte, blickte mich der Vater ein Weilchen an, und dann sagte er, daß ich fertig essen und meine Aufgaben machen soll ...

Als wir am nächsten Tag in die Schule kamen, hatten wir die erste Stunde Geographie, denn der Professor hatte für den gestrigen Verlust der Stunde mit dem Tschechischprofessor getauscht. Er kam mit seltsam lustigem Schritt in die Klasse und einem Lächeln, das uns sehr ermunterte. Brachtl flüsterte mir zu, daß er nicht prüfen werde, ich fühlte, wie die ganze Klasse mit Ausnahme von Krappner aufatmete.

Er trat feierlich hinter den Tisch und forderte uns auf, einmal nachzusehen, wer fehle. Wir konnten uns also umdrehen, und da rief er Bronowski auf, ihm zu sagen, wer. Er sagte, daß Chadima und Dostál fehlten. Wer noch, er solle besser schauen. Er sagte, Kohn. Und da hieß er ihn sich setzen und nickte mit dem Kopf.

Er rief Carda auf und fragte, ob sein Vater noch Straßenpflasterer sei und wie die Städte an der Riviera heißen, wo die Reichen die Ferien verbringen. Er rief Mínek auf und fragte, wo in Europa so arme Menschen wie die Straßenpflasterer leben und wo Pelze gemacht werden. Er rief Daubner auf und fragte, wo Seife hergestellt wird. Einer nach dem anderen ging zur Tafel, jeder kam mit einer Fünf zurück. Schließlich rief er Katz und Arnstein aus der Bank neben dem Ofen. Katz fragte er, ob ihre Drogerie blühe und ob sie auch Gifte führen. Arnstein fragte er, ob sie noch die Kürschnerei haben und in der Wohnung das Gas eingerichtet ist.

Und dann machte er sein Notizbuch zu und fragte mit einem Lächeln, ob wir das Gleichnis vom verlorenen Schaf kennen. Das sei Kohn. Weil er sich versündigt habe. Daß jetzt bei uns wenigstens ein schwarzes Schaf weniger sei.

Dann trat der Geographieprofessor ans Fenster und verkündete:

»Der Tempel ist zerstört, und kein Stein ist auf dem anderen geblieben. Wer in Judäa war, sollte in die Berge laufen. Wer in der Stadt war, sollte hinausgehen. Kohn ist zu dieser Zeit schon im Schoß des Urvaters Abraham.«

Aus einer mittleren Bankreihe ertönte Lachen. Krappner lachte.

Dann sagte er zu Bronowski, daß sein Vater Kohn im Leichenhaus finden werde, wenn er ihn sezieren wolle, denn Abrahams Schoß sei eben das Leichenhaus. »Ihr Vater ist doch Professor der pathologischen Anatomie ...«, lachte er und hob die Augen, ohne das Gesicht zu bewegen.

Dann sagte er zu mir, mein Vater würde am besten wissen, wie man Kohn in der Wohnung mit der Zunge auf dem Tisch gefunden habe ... »Ihr Vater ist doch Chef des geheimen Kriminaldienstes dieses verlorenen Königreiches ...«

Dann sagte er, daß Kchonys kranke Mutter gestern verrückt geworden sei und alle bis zum letzten in der Wohnung mit Gas vergiftet habe.

Dann trat er vom Fenster zurück, öffnete lächelnd sein Notizbuch und fuhr mit dem Prüfen vom Anfang des Schuljahres fort.

Ich stürzte, von Grauen überwältigt, nach Hause.

Ich sprudelte die Nachricht hervor.

Papa blickte mich nicht an, sondern das kleine Briefmesser.

Ich ahmte nach, wie er gesagt hatte, daß wenigstens zwischen uns ein Schaf weniger sei.

Papa hörte mir zu und blickte auf das Messer.

Ich seufzte aus, was er zu Bronowski gesagt hatte, und schließlich holte ich heraus, was er zu mir gesagt hatte ...

Papa sagte nichts, steckte das Messer ein, fragte nach seinem Namen und ging aus dem Zimmer ...

Als ich spät am Nachmittag aus einem fiebrigen Schlaf erwachte und geschwächt in die Küche taumelte, erfuhr ich von Růženka, daß der unglückliche Kchony im Zimmer neben seinem Vater lag, dem Doktor Ephraim Kohn, Rabbiner der Jerusalemer Synagoge; ihre Mutter hatte das Gas aufgedreht, ohne daß sie es wußten. Auf dem Tisch lag ein aufgeschlagenes Buch mit vielen Fotografien, als hätte Kchony gerade mit dem Finger darin geblättert, und ein Bleistift und irgendein neues unbeschriebenes Heft.

Das war Kchonys Weg in die Welt.

Niemals habe ich Kchonys Geheimnis von der Reise, das er mir anvertraute, verraten, erst heute. Wäre Kchony heute am Leben, hätte er mich sicher aus meinem Ehrenwort entlassen. Er hätte mir gesagt; »Die Trauer ist gelb und sechszackig wie der Davidsstern.« Aber nein. So hätte er das nicht gesagt. Er hätte gesagt: »Ich war schon in der Welt, und deshalb kannst du es verraten. Auch Arnstein und Katz dürfen es jetzt wissen ...«

Adolf Rudnicki
Ostern

I

Das Morden der Reste menschlichen Lebens in dem zusammengedrängten Getto begann in der ersten Nacht der jüdischen Osterfeiertage, welche die Juden »die Nacht der Wachefeier« nennen. In Kellern, Verstecken, maskierten Zimmern, in Bunkern saßen sie und warteten auf das Kommen des Feindes. »Mein Herz wartet auf Verhöhnung und Schmerz; ich habe gewartet, daß sich jemand meiner erbarme, aber es war niemand; ich habe gesucht, daß mich jemand tröste, aber ich fand niemand. Und sie gaben mir Galle zur Speise, und als mich dürstete, tränkten sie mich mit Essig.« – Diese Sprache der Väter ward noch einmal lebendig. Die Kämpfer gingen in ihre Stellungen. Um zwei Uhr gegen Morgen besetzten Gendarmen die Mauern.

Als sie auf Widerstand stießen, fuhren sie Geschütze auf. Sie brachten sie auf dem Krasińskich-Platz in Stellung, von wo sie die Świetojerska-Straße beschossen, und hinter St. Johannes auf dem Bonifratres-Platz, von wo sie das Feuer auf die Muranowska-Straße richteten. Dieses ganze Viereck auf jener Seite verteidigten Arbeiter. Bürstenbinder.

Sie hatten dies eine Vaterland – diese ihre räudigen Straßen, ausgelichtet von Hunger und Typhus, fett von Blut und Leiden, von Draht umgeben wie Käfige in einem Tierzwinger, und hier wollten sie sterben. Sie traten nicht zum Kampf an um des Sieges willen. Sie hatten ein Maschinengewehr, ein paar schlechte Handfeuerwaffen und Eier-Handgranaten, die nicht explodierten. Sie hatten sie um teures Geld gekauft, um wie Menschen zu sterben.

Die Kanoniere auf dem Krasińskich- und dem Bonifratres-Platz luden und feuerten unter dem Beifall des Mobs. Der Blick mancher Weiber begleitete die bravourösen Anfahrten der SS-Leute zu den Mauern. Man sah das und wollte es nicht glauben. Es war allzu schmerzlich.

Was ein Kessel ist – davon sprachen seit langem die Mauern des Gettos. Jetzt erhielten wir auch noch die Illustration zu anderen Redewendungen des OKW. *Der Feind wurde ausgeräuchert.* – Die im Flaschenhals am Beginn der Świetojerska-Straße Zusammengedrängten sahen, wie hundert Meter in gerader Linie weiter Deutsche gemeinsam mit schwarz gekleideten Ukrainern und Letten durch eine von einer Artillerie-Granate in die Mauer geschossene Bresche Granaten in die Keller warfen. Ab und zu kam von dort etwas heraus, was einmal ein Weib, einmal ein Mann zu sein schien und ein paar schwache Bewegungen machte, bevor ein Schuß fiel. Die Menge streckte die Hände in jene Richtung aus: Da, da, da... Man strengte den Blick an, um recht zu sehen.

Einen Tag lang dauerte dies grausame Heldentum. Warschau hatte immer seine hundert Gerechten, obwohl es keine Gerechtigkeit unter dem Preis des Lebens gab. Am nächsten Tag säuberten die Deutschen die Artillerie-Stellungen von den Menschen und sperrten den Krasińskich-Platz und alle dem Kampfgebiet benachbarten Straßen. Es hieß, daß aus einem der Häuser an der Nowiniarska-Straße auf die Deutschen geschossen worden sei. Man sprach von einem Versuch, den Kämpfenden zum Entsatz zu kommen. Der Feind setzte sich ab, umstellte die äußeren Linien durch Polizei und begann eine Belagerung nach klassischen Mustern.

Die Artillerie schoß in Brand und Trümmer, und wenn die letzte Spur von Leben aus den Häusern rann, zog der Soldat los: Wehrmacht neben Wlassow-Soldaten, ukrainischer Faschist Schulter an Schulter mit marineblauem Polen. Die Offiziere wiesen auf die von den Deutschen errichtete Mauer und sagten zu den Soldaten: »Kommunisten und Polen haben die Festung zu bauen geholfen, die ihr da seht. Die ganze Welt hat diese Banditen mit Waffen versehen. Aber der Soldat Adolf Hitlers ist unerschrocken.«

Der Friedhof Warschaus rückte zu einer »Festung« auf und die versagenden Revolver der Bürstenbinder von der Franciszkańska-Straße zu »Waffen aus der ganzen Welt«. In französischen Zeitungen stand: »Zur Vergeltung für Katyn haben die Polen das Getto angezündet. Die Deutschen tun, was sie können, um die Überfallenen zu verteidigen.« In Goebbels' Schmiede wurde geschweißt und zusammengeschmiedet, was nur und so gut es ging. Die Deutschen glaubten es, und wir wissen am besten, daß nicht nur die Deutschen es glaubten. In diesen Jahren haben wir die Kraft des Feuers kennengelernt, aber schrecklicher war das Gift des Wortes.

Indem der Feind das Kampfgebiet isolierte, stellte er auch die Straßenbahn in der Nowiniarska-Straße ein. Sie fuhr nur noch von Zoliborz bis Muranów und von der Stadt her bis zum Krasińskich-Platz. Auch der Fußgänger-Verkehr wurde gesperrt. Der Weg von Zoliborz zur Stadtmitte führte von nun an über die Neustadt. Sie wimmelte von endlosen Menschenzügen, die von Süden nach Norden und von Norden nach Süden gingen.

Es tauchte ein neues Gewerbe auf. An der Stelle, wo die Straßenbahn nun hielt, wuchsen Reihen von Lastfuhren und Wägelchen. Kleine Leiter- und Kastenwagen. Die Fuhrleute stellten Stühle als Trittstufen hin, innen stellten sie Bänke oder Schemel auf. Für eine Fahrstrecke, die zwei, drei Haltestellen gleichkam, zahlte man so viel wie für fünfzehn Straßenbahnfahrten. Trotzdem ging das Geschäft. Noch lange, nachdem die Kämpfe zur Ruhe gekommen waren, bestachen die Fuhrleute den Kommissar Rostański, damit er die Straßenbahn nicht wieder fahren lasse.

Das christliche Ostern fiel in dem denkwürdigen Frühling des Jahres 1943 auf Ende April. Die Zeitschrift ›Die Woche‹ brachte eine interessante Zusammenstellung, aus der hervorging, daß dies das späteste Ostern im zwanzigsten Jahrhundert war. Während der Karwoche zogen unendliche Menschenzüge zu den Mauern. Sie hörten auch nicht an den Feiertagen auf. Kaum waren die Worte gefallen: »Ite, missa est, halleluja, halleluja!« – rannte die Menge aus den überfüllten Kirchen, noch in der Seele heiß, von Frühling rauschend, mit jungen Blumen in den Händen zu den Mauern zum Schauspiel. Zum Warschauer Osterschauspiel.

Es war ein ungewöhnliches Schauspiel. Die Einwohner der Nachbarhäuser sahen, wie dort, hinter den Mauern, die Menschen halb wahnsinnig aus den Kellern sprangen und wie Eidechsen von Stockwerk zu Stockwerk schlüpften, höher und höher. Das Feuer kroch hinter ihnen her, Kugeln jagten sie, und sie, ratlos, suchten in ihrer Hoffnungslosigkeit einen feuersicheren Winkel, der dem Auge der Gendarmen unsichtbar wäre. Wenn die Flammen an ihren Füßen zu lecken begannen, übergab der Mann das Kind seiner Frau, alle drei gaben einander den letzten Kuß, dann sprangen sie, zuerst das Weib mit dem Kleinen, darauf der Mann. Die Feuerwehrleute, deren Pflicht es war, auf den nahen Dächern darauf zu achten, daß das Feuer nicht auf die arische Seite übergriffe, erzählten, in ihre sicheren Stuben zurückgekehrt, die still wie Gärten am Mittag waren: »Die Kleinen fallen dort wie die Erbsen, und auch die Alten. Den Weibern befehlen sie, die Beine auseinander zu spreizen, und schießen.« – Die Menschen aus den benachbarten Häusern hörten das Krachen der Knochen, das Zischen der auf den Scheiterhaufen geworfenen Menschenkörper: eine Schicht Holz, eine Schicht Menschen.

Die einen kamen, die anderen gingen. Solange es Tag war, standen sie starr an der Mauer. Sie schauten, redeten, jammerten. Sie jammerten um die Waren, die Vermögen, das Gold, das legendäre Gold, aber vor allem um die Wohnungen und Häuser, »die allerschönsten Häuser«. Sie sagten: »Konnte denn König Hitler diese Frage nicht auf eine andere Weise lösen?« – Der Widerschein der Feuersbrünste war aus jedem Stadtwinkel und zu jeder Tageszeit zu sehen. Von all diesem, von den bei lebendigem Leibe geräucherten Kindern sagte man: »Das ist im Getto«, was so klang, als sei es weiß Gott wie weit. Man sagte: »Das ist im Getto«, und die Ruhe kehrte zurück. Und das war in Nowolipie, auf der Muranowska-Straße, auf der Świetojerska, ein paar Dutzend Meter weiter. Hundert Meter weiter im Raum, um fünfzehn Monate in der Zeit zurück – und das genügte. Der gerissene Feind bearbeitete die Gedanken, und die neuen Warschauer Kaufleute fügten sich ihm gern.

Das Getto brannte. Die Leute sagten: »Welch ein Glück, daß kein Wind ist, sonst würde auch das Unsere verbrennen.« – Zwanzig Meter lange Heinkel 111 kreisten ruhig und schnippisch an dem nach Frühling duftenden Himmel, ehe sie in den Rauchring tauchten, ehe sie ihre – wie sie es nannten – Eier abwarfen. Hinter den Mauern starben sie in der Überzeugung dahin, daß die Bestialität ihrem Ende entgegenging. In der Tat, was konnte noch kommen? General Sikorski appellierte an die Gewissen. Aber wir hier an Ort und Stelle sahen, wie klein, wie verschwindend winzig das menschliche Gewissen ist. Die Detonationen erschütterten die Erde, die Straßen, aber nicht die Menschen.

Das österliche Schauspiel dauerte weit über Ostern hinaus. Die Stadt war eine, zwei Wochen lang aufgewühlt, aber dann? Die Gleichgültigkeit im Menschen ist das, was in der Natur der Wald ist, wenn er nicht gelichtet wird, überdeckt er alles. Die Premiere war zu Ende. Die Stadt wurde gleichgültig, da sich dort nichts veränderte... Man klagte über die Beutelschneiderei der Fuhrmänner. Die Einwohner der Neustadt jammerten über das ewige Gedränge – ihr Viertel erinnerte nämlich weiterhin an einen Transmissionsriemen.

II

Und wir?

Uns, die wir mit tausend Schwierigkeiten ringend auf der sogenannten arischen Seite vegetierten, hatte das Heldentum der Kämpfenden innerlich gereinigt. Das Volk, das allerniederste – die Lastenträger von der Milastraße, die Schuster von der Wolyńskastraße, die Schmuggler aus den Stawki – zeigte jetzt seinen oberen Schichten die einfachen und unerschütterten Wahrheiten des Lebens. Geprügelt und verabscheut, durch Haß und Lügen bis zu dem Grade verhärtet, daß wir schon von uns selber mit dem viehischen Geknurr einer Bestie sprachen, das auch die Sprache des Feindes war – in diesen Tagen fanden wir in uns jene Reinheit des Leidens wieder, welche Kampf und Liebe bringen, im Gegensatz zu den verschlammten und schmutzigen Leiden, die aus den Säuren der Passivität entstehen.

Die Stadt verfiel in kühle Starre, in Gleichgültigkeit, wir aber liefen zu den Mauern, ungeachtet der Gefahren, in die Apokalypse hineinhorchend. Unsere Augen – offen wie bei einem Sterbenden – flehten den Himmel um einen Feuerregen an, der keine solch schrecklichen Unterschiede macht. Unser Inneres fühlten wir wie Fäuste. Wir erkannten einander unter Fremden an den von einem plötzlichen, nahen Feuer belebten Augen, und aneinander wortlos vorübergehend, riefen wir, zeigten wir einer dem anderen ihr und unser Schicksal.

Aber alles dies steigerte nur unsere Verzweiflung, denn wir waren ohne Hände. Unsere Hände waren machtlos – nicht organisiert.

III

Zitternd stand dies junge schwarze Weib.

Es war ganz allein übrig geblieben. Hundert Todesarten hatten einen Menschen nach dem anderen von ihm gerissen – wie einen Ast nach dem anderen von einem üppig gekrönten Baum – bis es wie ein Stumpf verblieb, wie ein Fetzen, wie ein Flämmchen, das wie durch ein Wunder unter einem Berg von Sand nicht erstickte, wie ein mürbes, noch nicht zerschlagenes Glas. Ich begegnete ihr auf der Freta-Straße, und inmitten der Menschenflut die Welt vergessend, gingen wir zusammen weiter. Sie sprach nicht von ihren unlängst erlebten Toden. Mit einer schwer und langsam klingenden Stimme – die uns in jenen Tagen am meisten verriet – übermittelten wir einander das, was wir von dort und von jenen wußten: von den Märtyrern und Helden.

Bei der Münze endete das Gäßchen. Und wieder lebte das Schauspiel auf – wie eine Fiebervision. Abgeschirmt durch die Freta-Straße war das eine Erinnerung gewesen,

– jetzt sahen wir es von neuem. Unser Schmerz wuchs gewaltig.

Jetzt zitterte die junge Frau nicht nur. Sie schluckte Tränen. Ich neigte mich über sie, berührte ihren Arm. Man mußte sie retten. Von dem Schicksal jener trennte uns nur ein unwilliger Blick. Die Hand eines Kindes hätte uns töten können. Soldaten der Wehrmacht standen an den Böschungen der Zitadelle. Bekanntmachungen riefen auf, frisch Geflohene oder sich seit langem Versteckende anzuzeigen. In der Menge, die uns umströmte – ähnlich wie in der Stadt –, hatten wir weniger Freunde als Feinde. Im Umkreis alles dessen, was sich tat, bezeichneten uns die Tränen. Sie verrieten. Dazu waren wir beide so schwarz! So schwarz, als wären wir nackt.

»Ruhe, Ruhe«, wiederholte ich, ihren Arm wie die teuerste Wunde berührend. Die Sorge um ihre Sicherheit riß mich hin und her, denn ich gefährdete sie durch meine Gegenwart, indem ich sie zu verbergen suchte.

»Sie gehen zugrunde«, flüsterte sie. »Und spurlos werden sie zugrunde gehen. Und nichts als Trümmer, Asche und ein unklares Angedenken von der ungeheuren Größe des Lebens, der Liebe, der Leiden, der Sitten, der Fähigkeiten wird verbleiben. Nach ihnen, die für unsere Lungen die Atemluft, unser herrlichstes Leben waren...«

»Ruhe.«

Sie sah mich an mit Augen, die ich nicht zu beschreiben versuche.

»Wenn dies wenigstens jemand aufschreiben würde. Es hoch zur Sonne emporheben, Zeugnis von ihrem Leben und ihrem unmenschlichen und so herrlichen Ende geben würde. Wenn einer übrig bleibt, sollte er das in die Bibel schreiben! Daß die Menschen jenseits des siebenten Meeres zu diesen Mauern hergereist kämen und so weinten wie wir heute.«

Sie gab sich nicht einmal die Mühe, ihre Tränen zurückzuhalten.

Ich hielt mich nicht auf. Durch nichts ließ ich meine Verwunderung über einen so ungewöhnlichen Wortschatz in ihrem Munde erkennen. In jenen Tagen kehrten wir alle zu jenen Worten zurück, die, wie man hätte glauben können, für alle Ewigkeiten tot gewesen waren; sie waren so frisch und zeitgemäß, als kämen sie gerade aus einer Rotationsmaschine. Ich ließ mir nicht anmerken, wie tief sie in mich drangen. Nur einen Augenblick konnte ich meine Erschütterung nicht beherrschen und schloß die Augen. Hinter der Wand des Schmerzes und der Hoffnung hervor drang aus der ganzen Welt nur ihr stilles Schluchzen zu mir, für das ich keinen Rat wußte.

IV

Wenn wir nachts über einem unbeschriebenen Blatt sitzen – heute, nach jenen Jahren, die in der Geschichte nicht viele ihresgleichen haben – bereitet uns der Inhalt unserer Kunst nicht geringere Schwierigkeiten als damals. Wie damals müssen wir ihn mit Mühe von neuem wiedergewinnen. Die große Woge, die unsere schöpferischen Hoffnungen zu Gipfeln emporgetragen hatte, hat sie jetzt ins Dunkel gefegt. Aus Propheten, die die STIMME vernommen hatten, haben wir uns wieder in eine taube Herde verwandelt. Das Gelobte Land ist ferne gerückt. Schon wieder haben wir aufgehört zu wissen.

Das ist Ermüdung. Sie mußte nach den Jahren der Spannung kommen, am Ende eines Weges zwischen Messern. Sie hat uns an seinem Ende erwartet – denn jetzt fühlen wir uns schon außerhalb des Krieges.

Unmenschlich ermüdet, können wir nichts mehr aufnehmen. Wir ertrinken in den großen Wassern der Geschichte, die uns überschwemmt. Es ist ihrer zuviel. Das Gehirn ist zermürbt, das Herz ausgetrocknet. Schreiben – das bedeutet, nach rückwärts zu schauen, das bedeutet, stehen zu bleiben. Aber wie die Geschichte aufhalten, zu der wir uns gezwungen sehen und die, ohne auf die bereits unempfindliche Empfindsamkeit zu achten, täglich an jeder Ecke der Straßen von Lódż Höhepunkte erreicht?

Publizisten und Maler haben unlängst von ihrer Ermattung geschrieben. Gestern, in einem neu eröffneten Restaurant, klagte mir ein kleiner, abgehärmter Mensch mit zwei über Kreuz umgehängten Packtaschen – ein großer Schriftsteller – seine schwere Ermattung, von der man nicht reden sollte, denn sie ist genau so beschämend wie jede andere Ohnmacht. Offenbar ist sie heute eine allgemeine Tatsache.

Ja, durch diese Ermattung haben wir uns zugrunde gerichtet. Wenn sich aber die Schönheit des Lebens wieder festigen wird, die Schärfen sich mildern werden, die Ermattung geschwunden sein wird, und wir uns von dem schöpferischen Sturz aufraffen werden, wenn jeder von uns in seiner Kunst zu jenen Wahrheiten zurückkehren wird, die in den vergangenen Jahren, als man besser und tiefer sah, einem als die allerwichtigsten und verpflichtendsten erschienen, dann werde ich zu jenem Hinweis zurückkehren, den ich von dem jungen schwarzen Weib in der Nähe von

Muranów übernommen habe bei dem Feuerschein brennender Häuser, inmitten der Explosionen von Granaten und den verkrampften Schreien der Menschen, »die wie die Erbsen fielen«, inmitten einer Hölle des Todes und einer Hölle der Gleichgültigkeit, inmitten des Gerassels der Wagen.

Ich werde der Worte dieses jungen schwarzen Weibes gedenken wollen, das das Ende nicht mehr erlebt hat.

André Kaminski
Lea und der Gauleiter

Ich war achtzehn Jahre alt und fing an, mich zu rasieren. Ich befand mich im heiratsfähigen Alter – theoretisch –, aber wer konnte damals heiraten? Ein Jude jedenfalls nicht. Ein geduldeter Ausländer noch weniger. Der Sohn eines Kommunisten schon gar nicht, denn die Wehrmacht stand an der Grenze. Die Zähne aus Eisen. Die Krallen aus Stahl. Dreißig Kilometer von meiner Haustür. Morgen konnten sie einmarschieren. Wer Verstand hatte, verkroch sich und machte sich unauffällig.

Meine Tage waren gezählt, aber ich sorgte mich nicht. Im Gegenteil. Ich spielte mit dem Gedanken, Lilo zur Frau zu nehmen. Eine blonde Venus. Ein arisches Wunderwesen mit goldenem Haar und lilienweißer Haut. Das war Selbstmord. Ebensogut hätte ich sagen können, ich wolle Eva Braun zum Altar führen. Oder Leni Riefenstahl, denn Lilo war die Braut des Gauleiters. Die Geliebte des Naziführers in der Schweiz. Er war noch nicht an der Macht, das ist wahr, aber er würde an die Macht kommen. Unweigerlich, und das machte ihn schrecklich. Anfänglich wußte ich nichts von dieser Beziehung. Ich wußte einzig, daß ich sie haben mußte.

Sie ging keinem ordentlichen Beruf nach. Sie verdiente ein Taschengeld als Aktmodell an der Zürcher Kunstgewerbeschule. In der Klasse des Philipp Johansen, der gesagt haben soll, sie sei noch vollkommener als der goldene Schnitt, eine menschgewordene Harmonie, die fixe Idee Gottes. Das ist zwar trefflich ausgedrückt, aber es liegt irgendwo neben der Wahrheit, denn sie war nicht nur schön. Sie war auch im höchsten Maße beunruhigend. Als hätte sie einen Sprung im Glas. Etwas schien zu klirren in ihrem Gehäuse. Der Leib war aus toskanischem Alabaster. Die Augen aus violettem Amethyst. Die Glieder von griechischem Ebenmaß, doch ihre Schläfen bebten. Radioaktiver Staub flirrte durch ihre Wimpern. Man konnte meinen, sie hätte zwei verschiedene Pupillen: eine aus Quecksilber, die andere aus Diamant. Sie spiegelte, blinkte, glitzerte und ionisierte die Atmosphäre.

Es war an einer Tombola, als ich ihr zum ersten Mal begegnete. Eine Veranstaltung für notleidende Künstler, wenn ich mich recht erinnere. Ich erblickte sie, mitten im Gedränge, und meine Haut wurde Pergament. Ich schluckte trocken, denn nie hatte ich ein kompakteres Geschöpf gesehen. Ein Maximum von Weib in einem Minimum von Körper, voller Angriffslust und Lebensgier. Ein süßer Duft ging von ihr aus. Von reifen Früchten und nächtlichem Flieder.

Jahrzehnte sind seither verflossen. Ich weiß nicht mehr genau, wie es geschah. Sie wirbelte durch den Saal und stand plötzlich vor mir. Ich starrte sie an wie ein seltsames Tier. Sie kam näher. Langsam. Ganz nahe. Sie schlang ihre Arme um meinen Hals und flüsterte:

– Weißt du, daß ich von dir geträumt habe? Ohne dich zu kennen. Ich war sicher, daß wir uns treffen würden. Eines Tages. Irgendwo zwischen dem Fudjijama und dem Popocatepetl. Du machst mich scharf, seit ich auf der Welt bin.

– Wer bist du? fragte ich.

– Rate mal, lächelte sie und streichelte behutsam meine Brust.

– Ein magnetisches Feld, gab ich zur Antwort, ein Paradiesvogel, eine Primzahl am Meeresgrund. Sag wie du heißt!

– Lilo, erwiderte sie. Wenn du mich suchst, wirst du mich finden.

Das sagte sie mit rußig-heiserer Stimme, indem sie mich flüchtig auf den Mund küßte:

– Eine Anzahlung, hauchte sie und flatterte davon. Meine Ruhe war dahin.

An den darauffolgenden Tagen schwänzte ich die Schule. Ich paßte sie ab. Hinter dem Bronzebrunnen an der Ausstellungsstraße. Ich malte mir aus, wie sie da irgendwo lag oder saß oder stand. In einer künstlichen Pose. In einem Zeichensaal. Nackt, blütenweiß, und ein paar Dutzend Männer, die nach ihrem Körper lechzten. Ich wartete auf sie. Vom frühen Morgen bis am späten Abend. Und eines Nachmittags, als es schon zu dämmern begann, trat sie aus der Glaspforte. Sie warf den Kopf zurück, spähte im Kreis herum, erkannte jemanden, eilte auf ein Auto zu und stieg ein. Am Steuer saß ein Kahlkopf. Glatt geschoren. Von mädchenhafter Anmut, aber doppelt so alt wie ich und selbstsicher wie ein Dompteur. Ich sah ihn zum ersten Mal. Nur ganz kurz. Aus dem Hinterhalt meines Verstecks, aber ich haßte ihn. Vielleicht aus Eifersucht, vielleicht aus Instinkt. Ich wußte noch nicht, wer er war, aber ich roch den Feind in ihm. Den Todfeind. Er trug Handschuhe aus gelbem Schweinsleder. Typisch für diese Art von Hermaphroditen. Weder Fisch noch Vogel. Zu fein und dünnhäutig, um die Gegenstände auch nur anzutasten. Er zündete eine Zigarette an. Mit einem goldenen Feuerzeug. Hochmütig. Ohne Lilo eines Blickes zu würdigen. Dann ließ er den Motor aufheulen, klinkte den Gang ein, drückte aufs Gas und brauste davon.

Lilo war sein Eigentum. Er besaß sie, wie man einen Hund besitzt. Nicht einmal gegrüßt hatte er sie. Auch nicht die Türe aufgemacht, als sie einstieg. Er hockte in seinem Mercedes. Alles geschah nach seinen Wünschen. Ohne Worte oder Gebärden. Das war mir unbegreiflich. Wer mochte er sein, dieser Zwitter? Klug jedenfalls nicht, denn er hatte kein Gesicht. Auch nicht schlau. Dazu waren seine Züge zu undeutlich. Aber ich wußte, wir würden kämpfen miteinander.

Lilo ist ein sonderbarer Name. Gespalten und widersprüchlich. Li – das heißt »ja« in der Sprache der Singhalesen. Lo hingegen »nein« auf hebräisch. Ja und nein in einem Atemzug. Ein Widerspruch in zwei Silben. Li für mich – schien es mir – und lo für ihn. Oder umgekehrt, auch das war möglich, aber einer war überzählig.

Sie war auf mich zugetänzelt, ohne daß ich sie gerufen hätte. Sie sagte, ich mache sie scharf. Von mir geträumt habe sie. Und dann dieser Kuß als Anzahlung. Doch gleichzeitig war sie zu seinen Diensten. Das ging doch nicht auf.

Mein Vater nahm das alles auf die leichte Schulter. Daß ich meine Haut riskierte, war ihm egal. Er freute sich, wenn ich mit dem Feuer spielte. Er war der Überzeugung, man müsse zuschlagen, wenn man gewinnen wolle. Handeln. Die Initiative behalten!

– Wer zögert, verliert, sprach er zu mir, geh hin und mach dich bemerkbar! Ganz gleich auf welche Weise. Nimm eine Trompete und blase! Früher oder später wird sie dich hören.

Das meinte er nicht wörtlich, und ich nahm auch keine Trompete, um mich bemerkbar zu machen, sondern eine Geige. Ich stellte mich auf. Im Foyer der Kunstgewerbeschule und begann zu spielen. Ich spielte nicht schlecht zu jener Zeit. Eine Solosonate von Bach muß es gewesen sein. Die Akustik war überwältigend. Wie in einem Konzertsaal. Die Studenten strömten herbei, von allen Seiten, und machten einen Kreis um mich herum. Heute würde sich niemand wundern, aber damals war das anders. Man war zugeknöpft in jenen Jahren. Man stellte sich nicht hin, in aller Öffentlichkeit, um Musik zu machen. Höchstens Zigeuner waren so unverschämt, oder Krüppel, die sich mit Schmachtfetzen ein Almosen erfiedelten. Ich aber suchte weder Geld noch Applaus. Einen einzigen Zuhörer wollte ich – Lilo. Da latschte der Hauswart herbei und brüllte schon von fern, er dulde weder Bettler in seiner Schule noch fahrendes Gesindel. Unbefugten sei der Zutritt untersagt, und wenn ich nicht unverzüglich verschwände, hole er die Polizei. Ich wollte mich schon verdrücken, als eine Stimme durchs Foyer klirrte. Ihre Stimme, heiser und rußig, die spitz und herausfordernd fragte, nach welchem Paragraphen und seit wann es verboten sei, in einer Kunstschule Kunst vorzuführen.

Hätte jemand anderer diese Frage gestellt, wäre die Welt untergegangen, denn die Befehle eines Pedells sind heilig in der Schweiz. Unser Land steht auf Hausbesorgern und Wachtpersonal. Sie sind das Gesetz. Aber Lilo stand ja bekanntlich außerhalb des Gesetzes. Oberhalb. Sie war die Mensch gewordene Harmonie und durfte alles.

Ein paar hundert Studenten brachten uns eine Ovation dar. Weil wir es gewagt hatten, gegen die Ordnung aufzustehen. Lilo mit ihrer Frage. Ich mit meiner Geige. Wir hatten uns erhoben gegen die Autorität. Mitten im Zweiten Weltkrieg, als Hitler vor unseren Grenzen stand. Man spürte, daß es plötzlich heller wurde und der Krieg noch nicht entschieden war, denn der Hauswart schlurfte davon. Er hatte eine Schlacht verloren.

Die Klasse des Philipp Johansen mußte an jenem Morgen aus dem Kopf zeichnen. Das Aktmodell war abwesend. Es lag in meinem Zimmer und wälzte sich mit mir im Bett herum. Sie sei in mich verliebt, flüsterte sie, seit dem ersten Blick und schon zuvor. Ich sähe aus wie ein junger Indianer. Ich hätte eine große Nase, und solche Männer seien unermüdlich in der Liebe. Das war eine Übertreibung. Ich war nicht unermüdlich. Beim dritten oder vierten Mal bat ich um eine Pause und dozierte, um Zeit zu gewinnen, über den sonderbaren Widerspruch ihres Namens. Das Ja und das Nein nebeneinander. Zweieiige Zwillinge. Die Janusköpfigkeit ihrer Erscheinung. Die zwei Gesichter, die aus ihr hervorschimmerten. Selbstherrlichkeit und Demut, das sei außerordentlich reizvoll. Atemraubend. Sie habe mich aus dem Gleichgewicht geschleudert und müsse nun mir gehören. Mir allein!

Da stand sie auf von meinem Bett, das noch zerwühlter war als der Zustand meiner Sinne, und zog sich an:

– Das ist ausgeschlossen, mein Lieber, sagte sie so sachlich wie ein Telephonfräulein, ich bin nämlich verlobt. Damit mußt du dich abfinden. Du kannst mich haben. Aber nicht für dich allein.

Sie war verrückt. Ich? Ich sollte mich abfinden? Daß sie verliebt war in mich und verlobt mit einem anderen? Die hatte ja keine Ahnung. Ich sprang auf und packte sie bei den Hüften:

– Mit wem, verdammt, bist du verlobt? Sag es mir. Ich will es wissen!

– Das ist meine Sache, guter Freund. Dich geht das einen Dreck an.

Mit diesen Worten ging sie. Mein Vater lachte sich ins Fäustchen:

– Das kommt davon, wenn man gleich heiraten will. Übrigens, mit wessen Geld? Ich habe keines, und bis zum Abitur geht es noch lang. Mehr als ein Jahr. Du willst arbeiten, sagst du? Geld verdienen? Violinunterricht erteilen? Bitteschön! Erteile Violinunterricht, aber finde zuerst einen Schüler! Einen einzigen. Wenn du ihn findest, gründe deine Familie. Heiraten! Wozu brauchst du diesen Zettel? Kannst du nicht so mit ihr schlafen. Stärkt es dein Selbstbewußtsein oder deine Potenz, wenn du einen Trauschein hast? Oder ist es etwas anderes? Ich weiß, was es ist. Die jüdische Krankheit. Die Angst vor dem Pogrom. Daß sie kommen und dir den Bauch aufschlitzen. Du zitterst seit zweitausend Jahren. Mit oder ohne Grund. Du denkst nicht mit dem Hirn, sondern mit der Haut, und hast Angst, morgen sei es zu spät. Das ist unsere Nationalseuche. Die Erbkrankheit des auserwählten Volks. Heute leben. Schnell leben. Jüdische Hast. Wir laufen und rennen, flitzen und fegen, sogar zum eigenen Begräbnis. Wir überfressen uns aus Angst zu verhungern. Übersaufen uns aus Angst zu verdursten und heiraten aus Angst, allein zu sterben. Laß diesen Unsinn, mein Sohn! Nur keine jüdische Hast!

– Was soll ich denn tun, Vater? Sie ist verlobt. Wenn ich mich nicht beeile, wird sie ihn heiraten.

– Dann geh halt zum Bräutigam, wenn du was tun mußt, und schlag zu.

Das war leichter gesagt als getan. Wie sollte ich das anfangen, wo ich nicht einmal wußte, wie er hieß. Wer er war. Wo er wohnte. Ich mußte es herausfinden. Die Gelegenheit bot sich von selbst. Er kam nämlich zu uns. In die Aula des Gymnasiums. Auf Einladung des Rektors, der schon kollaborierte, als es noch gar nicht nötig war. Er hielt einen Vortrag »Über die Neuordnung Europas und die Juden«. Noch vor wenigen Monaten hätte er mehr Erfolg gehabt mit seinem Gebell. Jetzt aber tobte die Entscheidungsschlacht von Stalingrad, und niemand konnte voraussehen, wer sie gewinnen würde. Darum fiel es ihm schwer, die fünfhundert Kerle warmzuwiegeln. Die Schweizer sind höchst umsichtige Leute und klatschen erst Beifall, wenn sie sicher sind, wer gesiegt hat. Sie hockten also da. Nüchtern, unbeteiligt und mit prüfend gerüsselten Lippen. Vergnügt hörten sie zu, wie seine Stimme sich überschlug. Wie er sich verhaspelte, den Faden verlor und immer neue Kniffe ausprobierte, sein Publikum doch noch anzuheizen:

– Im alten Zürich, meine jungen Volksgenossen, stellte man artvergessene Weiber auf einen Karren, jawoll, stellte man sie. Auf einen Holzkarren und gab sie dem Gespött der Menge preis. Der Schädel wurde ihnen rasiert. Man zog mit ihnen durch die Stadt, zog man, jawoll, und drückte ihnen Judenhüte auf den Kopf. Das Volk bespuckte sie. Ins Gesicht spuckte man ihnen, gradaus. Der Jude aber, der sich in seiner Geilheit an ein unschuldiges Zürchermädchen heranwagte, der wurde ausgepeitscht, bis ihm das Blut aus der Haut spritzte und man verjagte ihn aus dem schönen Schweizerland und zurückkehren durfte er nimmermehr. So war es. Bei Strafe der Blendung, und die Augen hat man ihm ausgestochen mit glühenden Nadeln...

Während er so kläffte, hatte ich den Eindruck, als richte er sich ausschließlich an mich. Persönlich. Denn ich war der einzige Jude, der zu seinem Auftritt erschienen war. Vielleicht hatte er mich erspäht, als ich ihr auflauerte. Hinter dem Bronzebrunnen an der Ausstellungsstraße. Ich weiß es nicht, aber fünfhundert Mitschüler schielten zu mir herüber und wollten wissen, wie ich mich verhalte. Ich verhielt mich tadellos. Ich zuckte mit keiner Wimper, doch niemand konnte wissen warum. Ich schmunzelte nämlich beim Gedanken an das unschuldige Zürchermädchen, das noch vor kurzem Rassenschande getrieben hatte und nicht genug bekommen konnte von mir.

Das war also der Gauleiter. Jetzt wußte ich es. Der künftige Herrscher über dieses Land. Ich hatte ihm Hörner aufgesetzt, ohne es zu wissen. Das verschaffte mir Genugtuung. Mit diesem Zwitter war sie verlobt. Ihn wollte sie heiraten, nicht mich, und als ich sie fragte, gab sie zur Antwort, es gehe mich einen Dreck an.

Kurz darauf stand sie vor meiner Türe. Bleich. Flecken im Gesicht und am Hals. Dunkle Ringe um die Augen. So könne es nicht weitergehn, sagte sie, sie sei hin- und hergerissen. Zwischen dem anderen und mir, aber – sie blickte mir tief in die Augen – dich liebe ich. Ich denke stets an deinen Mund, Tag und Nacht. Ich zehre mich auf vor lauter Sehnsucht. Das alles sagte sie im Treppenhaus. Unten horchte ein Privatdetektiv, der uns beschattete, wovon wir keine Ahnung hatten. Ich nahm sie in die Arme und führte sie in mein Zimmer. Ihr Anblick genügte, um meinen

Zorn verrauchen zu lassen. Hastig rissen wir uns die Kleider vom Leib und schon rollten wir übers Bett. Hungrig auf unsere Haut, auf den salzigen Schweiß unserer Körper. Dann lagen wir regungslos. Ich blickte zur Decke und sagte unvermittelt: »Was wirst du nun tun mit deinem Gauleiter?« Sie wurde bleich wie ein Totenschädel. Sie wußte nicht, was ich wußte. Daß ich ihn gesehen hatte, aus meinem Hinterhalt. Daß er in meiner Schule gewesen war und dort seinen kargen Intellekt ausgeschüttet hatte. Sie brachte keine Silbe hervor. Ihre Augen wurden naß. Sie schämte sich, die göttliche Judenhure, die noch göttlicher war als der goldene Schnitt und einen Sprung hatte im Glas. Dann plötzlich fragte sie mit tränenerstickter Stimme, ob ich sie zum Teufel jagen wolle. Ich nahm ihren Kopf in beide Hände und sagte:

– Jetzt will ich dich erst recht. Jetzt ist jede Rakete, die ich dir zünde, ein Triumph über den Todfeind. Verstehst du das? Ein Sieg über den Schwachkopf, der »die Juden aus dem schönen Schweizerland vertreiben will«. Das hat er gesagt. Wörtlich. Mit glühenden Nadeln will er uns blenden. Die Pupillen will er uns ausstechen. Jeder Stoß in deinen Leib ist eine Strafexpedition. Gegen die Mordbuben, die meine Brüder und Schwestern in die Gasöfen hetzen. Das wirst du nie begreifen, aber so ist es.

Diesmal lief sie nicht davon. Sie wimmerte nur leise vor sich hin. Sie verstehe es sehr gut, und ich solle sie nicht fragen. Ihre Tränen waren mir ein Rätsel. Sie hatte ein Geheimnis, das sie krampfhaft zu verbergen suchte. Irgend etwas verband sie mit diesem Gauleiter. Gott allein wußte, was es war, aber bestimmt nicht die Liebe. Sie war eine Blüte, eine geäderte Orchidee. Ihre Beziehung zum Kahlkopf konnte nicht normal sein.

– Natürlich nicht normal, sagte mein Vater, sie ist pervers. Irgendwie abartig. Der Kerl muß sie foltern.

– Das glaube ich kaum, erwiderte ich, vielleicht schlägt er sie hin und wieder. Letztens hatte sie Flecken im Gesicht. Aber sicher nicht regelmäßig. Sie ist doch ein Aktmodell. Man würde es merken. Sie wäre ja ständig von Wunden übersät und schwarzen Striemen.

– Dann eben umgekehrt, spekulierte mein Vater. Sie kann ja auch ihn quälen. Auch das gibt es. Mag sein, daß ihm das Spaß bereitet. Hunde lieben es, geschlagen zu werden. Sie beißen dann besser.

Ich behaupte nicht, daß er sich irrte. Er war Psychiater und kannte sich besser aus; aber seine Diagnosen gingen mir auf die Nerven. Lilo war viel zu zärtlich für solche Extravaganzen. Das wußte ich aus Erfahrung. Sie war eine

Königin der Zärtlichkeit. Darum war ich ja süchtig nach ihr. Ihre Hände konnten streicheln, aber nicht peinigen. Und außerdem, wem nützten diese Spitzfindigkeiten? Ich wollte nur eines: daß sie Schluß machte mit meinem Rivalen. Daß sie sich abkehrte von ihm und erklärte, daß ich es sei, den sie auserkoren hatte. Kurz und bündig, und das Problem wäre aus der Welt. Wenigstens die Hälfte des Problems. Dann käme ich an die Reihe. Er würde auftauchen, eines schönen Tages, und mit mir abrechnen. Bitteschön! Er sollte nur kommen. Wenn er allein käme, hätte er nichts zu lachen. Schon andere hatten versucht, mich kleinzukriegen. Einverstanden. Wenn er ans Ruder käme, wäre ich verloren. Er würde mich verhaften lassen und ab nach Auschwitz! Aber soweit war es noch nicht. Die Schicksalsschlacht tobte an der Wolga und nichts war entschieden. Noch lümmelte er herum in seinem Mercedes. Mit seinen gelben Handschuhen und dem goldenen Feuerzeug. Noch ließ er den Motor aufkreischen und brauste durch die Stadt, aber mit jedem Tag schmolz der Schrecken, den er verbreitete. Er hielt seine dümmlichen Reden, doch der Applaus wurde dünner. Sein kahler Schädel begann zu schwitzen. Seine Haut wurde schlaffer und in seinen Mädchenaugen zuckte Verzagtheit. Noch brüllte er, daß er den Schweizer Saustall ausräumen, daß er Ordnung machen werde, wenn es soweit sei, aber ich fürchtete ihn nicht. Ich war zu jung und zu phantasielos, ihn zu fürchten. Vor mir stand die Perspektive eines deutschen Krematoriums, aber ich befand mich in Spitzenform. Ich war entschlossen, ihn gelegentlich auf den Rücken zu legen – wie David den Goliath auf den Rücken legte, und mein Vater hetzte unermüdlich: »Geh hin und schlag zu!«

Selbst hätte er sich nicht gemessen mit dem Gauleiter. Dazu war er zu schlau und zu fragil. Er glaubte – wenigstens theoretisch – an die Überlegenheit des Geistes. An den Triumph der Intelligenz über die rohe Gewalt. Aber mich erzog er zum Kraftmeier. Das Leben hatte ihn gelehrt, daß letzten Endes die Fäuste entscheiden. Darum saß er mir im Nacken und flüsterte beharrlich, ich solle zuschlagen: »Nur wenn du davonläufst, sind die anderen stark. Niemals zurückweichen! Angriff ist die beste Verteidigung.« Ich bin ihm dankbar für seine Unterweisung. Sie hat mir genützt. Ich bin zwar ein Hasenfuß, aber ich rannte nie davon. Nur selten drückte ich mich vor der Gefahr, denn stets hatte ich seine Stimme im Ohr. Ich erinnere mich noch genau: es war im vorhergehenden Winter. Am Jakobshorn, wo der fette Schlappner mich zum Gespött machen wollte, sowohl vor den Mitschülern als vor dem Turnlehrer, der uns zu betreuen hatte. Alle kletterten wir bergauf, mit Fellen an den Skiern, als Schlappner mit dem Stock auf eine Sprungschanze wies und höhnte, er wette hundert Franken, daß kein Jud' von da oben herunterspringen würde. Es wurde still um mich herum. Der Turnlehrer – Kretz war sein Name – tat, als hätte er nichts gehört. Alle starrten mich an und harrten der weiteren Ereignisse. Wenn ich sprang – gegen alle Grundsätze des Sports und gesunden Menschenverstands –, war das mein letzter Sprung. Wenn ich nicht sprang, war ich ausgelöscht. Töter als tot. Ein Gegenstand ätzender Verachtung. Eine Schande für alle Juden des Erdballs, und besonders für meinen Vater, der mir eingehämmert hatte, ein Jude habe nur eines zu verlieren: seine Würde. Solchen Unsinn erzählte er. Was nützte mir die Würde, wenn ich tot war? Und dennoch pochte seine Stimme an mein Trommelfell: »Nicht nachdenken, verdammt noch mal! Spring los und den Rest werden wir sehen!« Es war heroisch, was er flüsterte, aber ich war noch nie von einer Schanze gesprungen. Ich hatte keine Ahnung, wie man das machte. Mit Stöcken oder ohne. Nach vorne gebeugt oder nach hinten. Ich wußte nur, daß es um meinen Ruf ging. Um mein Ansehen unter den Mitschülern. Ob ich als Kuhdreck in die Geschichte eingehen würde oder als Mann. Ich entschied mich für den Mann. Ich nahm eine Hundertfrankennote aus der Tasche und schmiß sie Schlappner ins Gesicht. Dann spuckte ich aus vor ihm und stieg die Treppen empor. Die Kollegen wagten nicht zu mucken, obwohl es anfing, ernst zu werden. Die Wette lief und tickte wie eine Zeitbombe. Es gab kein Zurück. Ich hatte ausgespuckt vor meinem Gegenspieler. Eine größere Beleidigung gab es nicht. Ich mußte springen, und ich sprang. Zwei Tage später erwachte ich im Krankenhaus. Neben dem Bett saß mein Vater. Er strahlte übers ganze Gesicht:

– Ich bin stolz auf dich. Jetzt weiß ich, daß du mein Sohn bist. Wie heißt denn der Lehrer, der dabei war?

– Kretz. Man nennt ihn auch Hakenkretz, weil er ein Nazi ist.

– Ausgezeichnet. Den will ich mir vornehmen.

Mit ihm war nicht zu spaßen, obwohl er einen Kopf kleiner war als ich.

Wenn er drohte, schlug er auch zu. Noch am selben Tag ging er in meine Schule. Wie ein Tornado stürmte er ins Rektorat und verlangte nach dem Hundsfott.

– Nach welchem Hundsfott, Herr Doktor?

– Sie wissen, wen ich meine. Das Nazischwein, das zusah, wie man meinen Sohn in den Tod jagte. Bringen Sie ihn her, aber unverzüglich!

Man holte den Turnlehrer, und er kam. Er hatte keine Zeit sich umzuschauen, denn mein Vater verabreichte ihm einen Kinnhaken, daß er gegen die Wand taumelte. Der Rektor stand daneben, totenblaß, und wagte nicht einzugreifen. Auch die Sekretärinnen brachten kein Wort hervor. Mein Vater hatte theoretisch keine Chance, mit dem Hakenkretz fertig zu werden, aber er war überzeugt von seinem Recht und wurde zum Riesen. Er vollbrachte ein Wunder. Er rächte sich für alle Kinder Israels, die je beleidigt worden waren. Wer zuerst schlägt – rühmte er sich nachher –, schlägt am besten. Wenn man uns quält, sind wir selber schuld. Wir denken zu viel und handeln zu wenig. Wir warten auf den Messias und lassen uns vertilgen. Wer sich treten läßt, hat es verdient, oder ein schlechtes Gewissen oder keine Grütze im Kopf... Darum riet er mir allen Ernstes, den Gauleiter fertigzumachen. Ich tat es nicht. Ich hatte ja nicht im Sinn, ihn zu beseitigen. Loswerden wollte ich ihn, das war alles. Ich hoffte, daß Lilo sich für mich entscheiden würde. Nicht weil er tot war und ich lebendig, sondern weil ich besser war. Ein Mensch und kein Raubtier. Aber vorläufig gehörte sie ihm. Warum, um Gottes willen? Was verband sie mit diesem Scheusal? Womit setzte er sie unter Druck? Doch nicht mit seiner Männlichkeit, die er nicht besaß. Auch nicht mit seinem jämmerlichen Intellekt. Nur sie konnte mir Auskunft geben, doch sie wollte nicht. Ich mußte sie überlisten.

Eines Abends, als sie mich besuchte, stellte ich ihr eine Falle. Ich empfing sie kalt und abweisend. Sie erschrak, wollte wissen, was passiert sei. Da entgegnete ich, daß mir nun alles klar sei, ich wisse alles. Sie drang in mich. Sie wollte erfahren, was ich erfahren hatte. Ich schwieg lange, theatralisch und bedeutungsvoll. Ich ging zum Fenster. Blickte hinaus auf die verschneiten Bäume, bis es plötzlich aus mir hervorbrach:

– Du verschacherst deinen Körper, heißt es. Du seist die Hure des Gauleiters. Was suchst du in meinem Haus? Willst du mich ausspionieren oder verraten? Heraus mit der Sprache!

Sie stand wie vom Blitz getroffen. Bewegungslos, versteinert. Sie bebte am ganzen Leib und plötzlich – als erwache sie aus einem tiefen Schlaf – stürzte sie auf mich los. Sie bohrte ihre Krallen in meinen Hals. Zerrte an meinem Haar, schrie, schüttelte mich und wiederholte unaufhörlich:

– Wer hat das erzählt? Welches Luder schmiedet Ränke gegen mich? Lügen sind das. Kein Wort ist wahr daran.

– So erkläre mir bitte, warum du seine Braut bist. Warum bist du mit ihm verlobt und sagst, in mich seist du verliebt? Mich kannst du nicht heiraten, erklärst du, und wenn ich frage warum, beleidigst du mich und sagst, es gehe mich einen Dreck an. Wo ist die Logik? Sag mir endlich, was dich mit ihm verbindet. Andernfalls kannst du gehen. Und zwar sofort!

Meine Szene hatte Erfolg. Sie konnte nicht mehr ausweichen und packte aus. Sie hieß gar nicht Lilo, sondern Lea. Sie war auch keine fixe Idee Gottes. Nur die Tochter von Ostjuden, die vor vielen Jahren in der Schweiz Zuflucht gefunden hatten. Ihr Haar war gefärbt. Sogar unter den Armen und zwischen den Schenkeln. Alles auf goldblond, um die Schande zu verbergen. Niemand durfte wissen, woher sie stammte. Sie umgab sich mit einem Netz von Unwahrheiten, und ihr Vater half ihr dabei. Er vergötterte sie. Betete sie an. Zitterte, sie könnte Schreckliches erleben, wie er, in seinem ukrainischen Kaff, als er selber noch jung war. Er lehrte sie, unter falscher Flagge zu segeln. Fremde Rollen zu spielen. Sich um die Tatsachen herumzuschwindeln. Dieses Spiel beherrschte sie mit Meisterschaft. Sie mogelte virtuos. Sie lebte hinter einer Maske, und niemand ahnte, wer sie war. Sie erzählte, sie wohne bei Freunden ihrer Eltern. Sie werde streng überwacht. Kein Mensch dürfe sie besuchen. Ihr Vater sei in Amerika. Die Mutter tot. Auch ihre Papiere waren gefälscht. Ihr Reisepaß lautete auf den Namen Lustenberger. Daß sie Lutomirsky hieß, Lea Lutomirsky, ahnte kein Mensch. Das war ihr Geheimnis. Niemand kannte ihre Identität. Mit einer Ausnahme. Der Mann, der die falschen Dokumente beschafft hatte. Er war nicht nur Gauleiter und künftiger Alleinherrscher über die Schweiz. Auch Urkundenfälscher war er. Ein schäbiger Ganove, der davon lebte, seine Kunden zu erpressen: Tu, was man dir befiehlt, sonst wirst du es bereuen, pflegte er zu sagen, meine Freunde sitzen in Bern, bei der Fremdenpolizei, in allen Ämtern, ein Anruf genügt und du fliegst, in hohem Bogen über die Grenze, nach Auschwitz oder Majdanek oder anderen Kurorten in Osteuropa!

Das also war die Wahrheit. Lilo lag in meinen Armen und winselte. Jetzt wußte ich alles. Sie war keine Hure, wie ich behauptet hatte. Schlimmer. Ein Judenmädchen war sie. Ein Wort, eine anonyme Anzeige und sie war reif für die Gaskammer.

Zwei Tage später erhielt ich einen Brief. Ein gelbes Couvert. Eingeschrieben. Vom Anwalt meines Todfeindes, und darin stand geschrieben: »Sie sind ein Jude und geduldeter Ausländer. Über Ihre politischen Sympathien sind wir ausreichend informiert. Seit dem 30. November 1942 werden Sie beobachtet. Wir wissen, daß Sie mit dem anderswärtig engagierten Fräulein Lustenberger intime Beziehungen unterhalten und versuchen, besagte Person ihrem Bräutigam abspenstig zu machen. Falls Sie sich weiterhin um Fräulein L. L. bemühen sollten, müßten wir Ihre Abschiebung aus der Schweiz veranlassen.«

Mein Vater explodierte: »Der will uns unter Druck setzen, was? Abschieben? Wir haben doch keine Angst vor dieser Null. Gegenangriff ist der einzige Weg. Anmaßung gegen Anmaßung. Gewalt gegen Gewalt. Wir werden ihn aus dem Busch klopfen. Wir provozieren ihn, bis er platzt.«

– Wie willst du das bewerkstelligen, fragte ich unsicher.

– Ganz einfach. Wir schicken ihm den berühmten Brief der Saporoger Kosaken an den Sultan von Konstantinopel.

– Nie gehört.

– Der Sultan verlangte ein Zeichen der Unterwerfung. Als Antwort bekam er das Pamphlet.

– Und? Was steht darin?

– Das wirst du gleich hören...

Mein Vater ging zum Bücherschrank und holte eine Sammlung historischer Brieftexte heraus. Er setzte die Brille auf und las mir vor:

»Du heidnischer Schlappschwanz, Bruder und Genosse des leibhaftigen Satans!« Eine gute Anrede, nicht wahr? Stimmt genau auf deinen Gauleiter. Aber höre weiter: »Was bist du Hosentrompeter für ein trauriger Furz. Was deine Götzen scheißen, frißt du mit Entzücken, und so ein faules Ei wie du will freie Saporoger Kosaken in die Knie zwingen? Hörst du unser Gelächter, du taubstumme Krötenzehe? Zu Wasser und zu Land werden wir dich in Stücke schlagen. Komm doch, daß wir dir den Garaus machen. Du babylonischer Giftmischer, du alexandrinischer Ziegenmetzger und Erzsauhalter von Ägypten, du armenischer Arschficker, du tatarischer Geißbock. Du Taschendieb von Podolsk und blutbesudelter Hinterfotz von Odessa. Du verlauster Höhlenbewohner, du Schmutzfink aller Zeiten, du dümmster Dummkopf der Erde und der Unterwelt. Höre zu, du Stutenarsch, du Metzgerhund, der du bist. Du bist nicht würdig einer anständigen Mutter aus dem Schlitz gerutscht zu sein. Darum schlagen wir diesen Brief um dein ungewaschenes Maul. Als Beweis unserer Demut und Unterwerfung. Wenn du Krieg willst, kannst du ihn haben, aber jetzt schon sollst du wissen: wir sind frei und werden es bleiben!«

Diesen Brief schrieben wir ab – schmunzelnd und in Hochstimmung – und versahen ihn mit der gebührenden Anschrift: »An den Gauleiter aller Spitzbuben, Erpresser, Hurensöhne und Urkundenfälscher der Eidgenossenschaft«. Zum Schluß schrieben wir den Nachsatz: »Im Einklang mit den Saporoger Kosaken, die ihren Brief nicht nur dem Sultan zugedacht haben, sondern allen Schurken der Welt, erwarte ich Ihre baldige Antwort. Zürich, den 20. Januar 1943. Gemeindestraße 6. Unterschrift.« In einem kurzen Postscriptum fügte ich noch hinzu: »PS. Fräulein Lilo Lustenberger liegt neben mir und sagt, sie billige jedes einzelne Wort dieses Schreibens.«

Die Antwort bekam ich am nächsten Tag. Per Eilpost, selbstverständlich, und eingeschrieben. Der Brief der Saporoger Kosaken hatte seine Wirkung nicht verfehlt, denn da hieß es nun wörtlich:

»Du beschnittenes Judenschwein. Ich fordere Dich zum Duell. Such Dir einen Sekundanten und teile mir mit, wo und wann Du Dich schlagen willst. Da ich mit Untermenschen nicht zu feilschen pflege, überlasse ich Dir die Wahl der Waffe. Wenn du kneifst, wirst Du liquidiert. Wenn Du Fräulein Lustenberger noch ein einziges Mal triffst, wird Deine ganze Sippe ausgerottet.

Mit vorzüglicher Verachtung – der Gauleiter«

Mein Vater jubelte: »Das ist die Chance deines Lebens. Jetzt mußt du zugreifen! Er bietet dir ein Duell an. Schriftlich und aktenkundig. Wenn du ihn erledigst, liegt die Schuld bei ihm.«

– Und wenn er mich erledigt, was haben wir dann davon? Ich weiß nicht einmal, wie man mit einer Pistole umgeht. Dafür weiß er es. Er hat die Mentalität eines Totschlägers. Er schießt mich über den Haufen. Skrupellos und kalt. Er kann nichts, aber das kann er.

– Wer redet von einer Pistole, erwiderte mein Vater, und ein listiges Lächeln durchflackerte seine Pupillen.

– Im Schießen ist er mir überlegen, da gibt es keinen Zweifel. Du selbst hast immer gesagt, blaue Bohnen seien keine jüdische Spezialität.

– Das habe ich gesagt, ja, aber dein Gauleiter überläßt dir die Wahl der Waffen. Pack die Gelegenheit beim Schopf!

– Bei welchem Schopf, Vater? Womit soll ich ihn fertigmachen? Mit Philosophie? Soll ich ein Kreuzworträtsel mit ihm lösen? Eine algebraische Gleichung?

– Ich stelle mir vor, spekulierte mein Vater, indem er bedächtig seine Brillengläser putzte, daß er seine Gründe hat, uns zu hassen. Pathologische Gründe, höchstwahrscheinlich.

– Ich pfeife auf die Gründe; der Mann will mich töten.

– Potenzangst hat er. Weil wir nicht untergehen. Weil man uns verbrennt und vergast und ausrottet; aber wir sind immer noch da. Wir werden immer da sein, und das erfüllt ihn mit Schrecken. Er vermutet unheimliche Kräfte in uns, die er nie haben wird. Das ist seine Achillesferse.

– Was nützt mir das?

– Im Wettstreit der Liebe würde er verlieren, das weiß er.

– Mag sein, daß du recht hast, Vater, erwiderte ich mißmutig, aber was soll ich ihm schreiben?

– Daß du seinen Vorschlag annimmst. Daß du bereit bist, dich mit ihm zu messen, und daß er sicherlich begreifen werde, daß ein jeder den Ehrgeiz hat, im Zweikampf zu überleben.

– Komm zur Sache, Vater!

– Daß du darum die Waffe wählst, die du am besten zu handhaben weißt. Hier grinste er übers ganze Gesicht – du verstehst, was ich meine...

Der Einfall war typisch für meinen Vater. Genial aber undurchführbar. Wie sollte das zugehen? Ein Fickduell? Das gibt es nicht und hat es nie gegeben. Wie würde man feststellen, wer gewonnen hat und wer verloren, welche Kriterien würde man ansetzen? Ausdauer? Häufigkeit der Entladungen? Grad der Ekstase? Und wer würde sich hinlegen als Schiedsrichter? Doch nicht mein goldener Schnitt, hoffentlich!

Mein Vater wußte Rat wie immer: »Niemand wird sich hinlegen, mein Sohn. Was wir brauchen, ist eine zuverlässige Zeugenaussage. Eine Erklärung vor zwei Sekundanten, wer von euch beiden es besser macht. Sie muß es ja wissen, oder nicht?«

Das Duell hat nicht stattgefunden. Leider. Der Gauleiter zog es vor, dem Kampfplatz fernzubleiben. Nicht meinetwegen, um die Wahrheit zu sprechen. Auch nicht aus Potenzangst. Die Weltgeschichte ist uns dazwischengekommen. Am 2. Februar des Jahres 1943, zwei Tage vor unserem Zweikampf, in den Ruinen von Stalingrad, wo die Armee des deutschen General-Feldmarschalls von Paulus eingekesselt und zermalmt wurde. Hitler hatte den Krieg verloren. Alle seine Gauleiter ebenfalls. Wir erschienen am Zürichhorn, wo das Duell hätte stattfinden sollen, doch der Todfeind kam nicht.

Seit jenem Tag war alles anders auf der Welt. Sogar ich war nicht mehr derselbe und hatte keine Lust mehr, Lilo zu heiraten. Gott allein weiß, warum. Vielleicht, weil etwas klirrte in ihrem Gehäuse.

Lion Feuchtwanger
Wollstein

Herr Wollstein war ein Kunsthändler von Namen. Seine Galerie war klein, aber bekannt dafür, daß sich in ihr niemals etwas von Unwert fand.

Herr Wollstein war ein Mann Anfang der Fünfzig, untersetzt, fast dick, aus einem fleischigen Gesicht schauten braune, traurige, verhängte Augen, die dann wieder unvermutet schlau und lebendig blicken konnten. Herr Wollstein war schwerfällig, die Worte kamen ihm mühsam, er hatte, wie er selber betonte, nicht die leiseste schriftstellerische Fähigkeit. Er kehrte lieber den Geschäftsmann heraus als den Kunstliebhaber. Aber wenn er einmal aus sich herausging, dann merkte man, daß er, wiewohl er das übliche Vokabular der Kunstkritik verschmähte, eine nuancierte Kenntnis und eine fanatische Liebe zu Kunstdingen besaß.

Ich lernte Herrn Wollstein näher kennen auf einer Reise, bei der ich mehrere Stunden hindurch das Coupé mit ihm teilte. Ich schien ihm zu gefallen, und er gefiel mir. Er wurde gesprächiger, und als wir uns trennten, bat er mich, einen Abend in seinem Hause zu verbringen.

Das tat ich. Es war noch seine Stieftochter da, ein kluges, unscheinbares Mädchen Mitte der Zwanzig. Man wartete auf noch einen Gast, man zögerte den Beginn des Abendessens hinaus; aber als eine gute halbe Stunde über die festgesetzte Zeit vergangen war, drängte das Mädchen, man solle zu essen anfangen, Herr Frey sei nun einmal so, und wir setzten uns zu Tisch.

Der erwartete Herr Frey stellte sich ein, unmittelbar bevor wir mit dem Essen zu Ende waren. Es war ein Mann von etwa dreißig Jahren, ein Maler. Herr Wollstein belebte sich sichtlich von dem Augenblicke an, da Herr Frey eintrat. Herr Frey entschuldigte sich nicht, er gab sich barsch und hochfahrend und schien mir nicht angenehm. Herr Wollstein rühmte die künstlerische Leistung des jungen Menschen, keineswegs kritiklos, doch mit Enthusiasmus.

Herr Frey blieb nicht lange. Das junge Mädchen, nachdem er gegangen war, klagte über die vielen Ungelegenheiten, die Herr Frey Herrn Wollstein bereite. Der aber sagte, das müsse man hinnehmen. Es sei von Herbert Frey Großes zu erwarten, wenn er auch noch viel zu lernen habe.

Von andern erfuhr ich, man könne nicht recht verstehen, was Herr Wollstein an den Bildern Herbert Freys finde. Persönlich sei der Junge besonders unangenehm. Später las ich von Herbert Frey im Zusammenhang mit einer Skandalgeschichte.

Ich traf Herrn Wollstein wieder in Paris, nachdem die Herrschaft der Nazis der deutschen Kunst ein Ende gemacht hatte. Er gründete dort eine kleine Galerie, die sich rasch Namen machte. Herr Wollstein verfehlte nicht, mich, sooft ich in Paris war, in sein Haus zu bitten. Dort traf ich jedesmal einen gewissen Michael K., einen jungen Polen, etwas schlampig, scheu und doch hochfahrend. Herr Wollstein erklärte, Michael K. habe noch viel zu lernen, es sei aber von ihm Großes zu erwarten. Mir machten die Bilder Michael K.s, die mir Herr Wollstein stolz und enthusiastisch zeigte, keinen starken Eindruck. Ähnlich ging es meinen Freunden, sie fanden seine Bilder weder gut noch schlecht. Herr Wollstein aber erwiderte, es dauere eben seine Zeit, bis ein Genie von der Art des Michael K. reif sei. »Gewiß«, meinte er, »›Der grüne Alte‹ ist noch stark abhängig vom frühen Picasso, aber Sie werden sehen, Michael K., der schafft es, der wird was ganz Großes.«

Vorläufig bereitete Michael K. Herrn Wollstein und vor allem seiner Tochter nur Ungelegenheiten. Er verbrauchte viel Geld, für das Herr Wollstein aufzukommen hatte. Er fing ein Verhältnis mit Herrn Wollsteins Tochter an und weigerte sich mit Händen und Füßen, sie zu heiraten. Dem sehr bürgerlichen Herrn Wollstein war das gar nicht recht. Aber es beeinflußte nicht sein Urteil über die künstlerische Leistung Michael K.s und hielt ihn nicht ab, ihn weiter finanziell zu unterstützen.

Dann, an einem Augusttag 1939, rief mich Herr Wollstein aus Paris in meinem kleinen Orte in Südfrankreich an und erzählte mir stolz und glücklich, jetzt habe Michael K. es geschafft. Jetzt habe er drei Bilder gemalt, die ihn als den ganz Großen enthüllten, den Herr Wollstein von Anfang an in ihm entdeckt habe. Und Ende September werde er das Werk K.s ausstellen, und ich müsse es unter allen Umständen möglich machen, nach Paris zu fahren und der Eröffnung der Ausstellung beizuwohnen.

Bevor indes diese Ausstellung zustande kam, marschierte Hitler in Polen ein. Gelegentlich, in den Monaten des trügerischen Sitzkrieges, erzählte mir Herr Wollstein, Michael K. sei der polnischen Legion beigetreten. Er selber, Herr Wollstein, hoffe, im Mai nach Amerika gehen zu können. In diesem Frankreich weiterzuarbeiten, habe keinen Sinn. Aber er, Wollstein, werde Michael K.s Bilder in

New York ausstellen, und wenn dann Michael K. aus dem Krieg zurückkehre, werde ihn alle Welt als das erkannt haben, was er sei.

Der Ort, wo ich Herrn Wollstein das nächste Mal traf, war das Konzentrationslager von Les Mille bei Aix. Die Nazis waren in Holland einmarschiert, und die Franzosen hatten uns alle, Deutsche, Tschechen, Polen, Holländer, Staatenlose, in Konzentrationslager gesperrt. Die Bedingungen in dem Lager von Les Mille waren nicht die besten, und ein Mann hatte Gelegenheit, zu zeigen, was an ihm war. An Herrn Wollstein war vieles. Er bewährte sich. Er war voll Gleichmut und Geduld, half, wo er konnte, hatte gute Einfälle und gewann der übeln Situation ihre besten Seiten ab. Ich werde nicht vergessen, wie er mich während eines Ruhranfalls pflegte.

Bei all seinem äußern Gleichmut merkte ich, daß den Mann etwas Verborgenes tief bedrückte. Nach mancherlei Ansätzen vertraute er mir denn auch seinen Kummer an. Er trage, erzählte er mir, seinen wichtigsten Besitz, seine kostbarsten Kunstschätze, mit sich herum. »Hier sind sie«, sagte er, als ich ihn verwundert anschaute, und er zeigte mir eine Reihe von Gepäckscheinen. Ich begriff noch immer nicht. Er erzählte mir, er habe, bevor er aus Paris floh, die kostbarsten seiner Bilder aus ihren Rahmen genommen und sie sorgfältig in den Wänden von Reisekoffern untergebracht, zwischen dem Futter und der eigentlichen Kofferwand. Diese Koffer habe er dann an die verschiedensten Stationen in Frankreich gesandt, bahnlagernd, nach Mittelfrankreich und nach Südfrankreich zumeist, es seien insgesamt achtzehn Koffer, und sie enthielten neunundzwanzig Gemälde, darunter seien der Matisse und der Picasso, die ich kennte, auch die zwei kleinen Degas, auch der Tiepolo und der zweifelhafte Frans Hals. Vor allem aber seien darunter auch die drei Gemälde des Malers Michael K. Was immer geschehen möge, fürs erste seien die Bilder vor dem Zugriff der Nazis gesichert; sein, Herrn Wollsteins, Vermögen und das Lebenswerk des Malers K. seien vorläufig gerettet.

Jetzt begriff ich die Schwierigkeiten Herrn Wollsteins. Da waren diese kostbaren Leinwände, ringsum verstreut in diesem Frankreich, das dem Feinde preisgegeben war, und die Schlüssel zu dem Schatz besaß allein er in Form der Gepäckscheine. Der Maler K. war in der polnischen Legion, kämpfend wer weiß wo, vielleicht schon umgekommen. Von seiner Stieftochter wußte Herr Wollstein nichts; vermutlich war auch sie in ein Lager gebracht worden. Auf Nachricht von der Außenwelt durften wir in Les Mille

Gefangenen inmitten des allgemeinen Wirrwarrs und Zusammenbruchs nicht hoffen. Herr Wollstein besaß also keine Möglichkeit, die Gepäckscheine zu verwerten. Zudem hatte er in der Eile des Manövers nicht notieren können, welche Gemälde in welchem Koffer versteckt waren; wenn er also Aussicht hätte, die Koffer zum Beispiel in Montpellier auszulösen, dann wüßte er nicht einmal, was darin sein werde. Er sagte mir, und ich glaubte es ihm: »Den Matisse zu retten oder den Picasso, ist wichtig. Aber wichtiger ist es, die drei Michael K. zu retten. Denn wer Picasso ist und wer Matisse, das weiß man; aber wer Michael K. ist, das wissen nur Sie und ich und er selber.«

Die Dingen spitzten sich weiter zu, Paris fiel, die Nazis rückten vor, sie standen vor Lyon. Wir selber, gefangen, waren in größter Gefahr. Die Franzosen schickten uns schließlich im letzten Augenblick in den äußersten Südwesten ihres Landes, um uns über See zu schaffen; es war zu spät. Der Waffenstillstand kam, die Nazis verlangten, daß viele von uns ausgeliefert würden; es war anzunehmen, daß sowohl Herr Wollstein wie ich auf ihrer Liste standen.

Herr Wollstein trug während der ganzen spukhaften Flucht seine Gepäckscheine bei sich. Er wußte nichts von dem, was mit seiner Stieftochter und was mit der polnischen Legion und mit dem Maler K. geschehen sein mochte.

Die Tage zogen sich hin. Die Nächte, so kurz sie waren, schienen uns ohne Ende. Die Gefahr unserer Auslieferung an die Nazis rückte immer näher. Schließlich gelang es amerikanischen Freunden, mich auf abenteuerliche Art aus dem Konzentrationslager zu retten; ich lebte, von meinen Freunden versteckt, in Marseille, wartend auf eine Gelegenheit, über die Grenze zu entkommen.

Schließlich bot sich die Gelegenheit. Die Freunde hatten gut gearbeitet. In einer bestimmten Nacht, über einen bestimmten Bergpfad, von einem Ortskundigen geleitet, sollte ich mein Heil versuchen. Ich fragte, ob ich jemand mitnehmen dürfe. Nach einigem Zögern gestand man's mir zu.

Meine Freunde setzten sich auf mein Verlangen mit Herrn Wollstein in Verbindung, erwirkten ihm einen Urlaub von zehn Stunden zum Besuch eines Arztes in Marseille, brachten ihn, während seine Wache vor dem Haus des Arztes wartete, zu mir.

Ich setzte Herrn Wollstein auseinander, worum es ging. Er wiegte den schweren, fleischigen, schlauen, nachdenklichen Kopf. »Ich danke Ihnen herzlich«, sagte er, »aber ich kann nicht mit.« Es waren nicht die Mühsale und die

Gefahren des Unternehmens, die den nicht mehr jungen und schwerfälligen Mann schreckten. Doch: »Sie begreifen, die Gepäckscheine«, sagte er. Ich begriff nicht. Ich verstand nicht, daß ein Mann wie er so an seinem Besitz hing, daß er um seiner Habe willen sein Leben gefährdete. Ich stellte ihm vor, daß er wahrscheinlich keine zweite Gelegenheit zur Flucht finden werde, daß er verloren sei, wenn er bleibe. Er erwiderte: »Es geht nicht um den Matisse und um den Tiepolo und um den Picasso, es geht um das Werk des Malers Michael K.« – »Sie wissen ja nicht einmal, ob er noch lebt«, sagte ich. »Wenn er umgekommen sein sollte«, sagte hartnäckig Herr Wollstein, »dann ist es um so wichtiger, daß sein Werk erhalten bleibt. Ihre Freunde«, fuhr er fort, »haben mir vier von meinen Koffern auslösen können. Wenn nur *eines* von den Bildern des Michael K. dabei gewesen wäre, dann hätte ich mich vielleicht von meiner Feigheit überreden lassen und wäre mit Ihnen gegangen. Aber so muß ich bleiben.« – »Können Sie nicht die Gepäckscheine meinen Freunden überlassen?« schlug ich vor. »Die haben mehr Möglichkeiten als Sie.« – »Ihre Freunde«, erwiderte er, »werden bestimmt alles tun, wenn es um das Leben eines Menschen geht. Aber wer versteht schon, daß so ein Bild wichtiger ist?«

Nach einer abenteuerlichen Reise in Lissabon angekommen, hatte ich dort ein paar Tage zu warten. Am letzten Tag erhielt ich auf dem amerikanischen Konsulat eine Nachricht Herrn Wollsteins. Auf sehr verklausulierte Art teilte er mir mit, daß er eines der Bilder K.s habe retten können. Herr Wollstein selber war noch im Lager von Les Mille.

Als ich dann glücklich in Amerika war, setzte ich meine Freunde in Bewegung, um etwas für Herrn Wollstein zu unternehmen. Ich wandte mich an die verschiedensten Komitees, an das Rote Kreuz. Man hörte, daß der und jener, eine immer größere Anzahl unter den Flüchtlingen und Gefangenen, den Nazis ausgeliefert worden sei. Es wurde immer schwieriger, zuverlässige Nachrichten aus den Konzentrationslagern in Frankreich zu erhalten, monatelang hörte ich nichts von Herrn Wollstein. Ich gab die Hoffnung auf.

Da, im Oktober des vergangenen Jahres, in San Francisco, zeigte mir ein Kunstfreund, Mr. Donald W. Br., seine Bildersammlung. Ein Gemälde fiel mir auf, einfach und kraftvoll. Diese Farben, diesen Strich mußte ich doch kennen. Von wem war doch das Bild? Es stellte sich heraus, daß es von einem gewissen Herbert Frey war.

Ich sah hoch. Herbert Frey? War das nicht jener Maler, den ich damals bei Herrn Wollstein...? Ja, bestätigte mir Mr. Br., Herbert Frey war die Entdeckung eines deutschen Kunsthändlers, eines gewissen Herrn Wollstein. Dreimal schon hatte Herr Wollstein Mr. Br. junge Maler leidenschaftlich empfohlen, aus denen dann was geworden war.

Ich erzählte Mr. Br. von Herrn Wollsteins Schicksal. Mr. Br. war ein reicher Mann und von großem Einfluß. »Das wäre ja ein Skandal«, meinte er, »wenn wir unsern Herrn Wollstein nicht aus dem Schlamassel herausbekämen. Ich nehme diese Sache in die Hand.«

Kurz bevor Amerika in den Krieg eintrat, bekam ich einen ausführlichen Brief von Herrn Wollstein. Er war in Lissabon, in Sicherheit. Von seinen Gemälden, berichtete er, seien fünf geborgen, darunter jenes eine des Malers Michael K. Der Maler K. selber lebe, doch sei er unmittelbar vor dem Waffenstillstand verwundet worden, der rechte Unterarm habe amputiert werden müssen. Aber der Maler K., schrieb Herr Wollstein, werde es auch mit der linken Hand schaffen.

Bernard Malamud
Der deutsche Flüchtling

1

Oskar Gaßner sitzt in seinem Netzunterhemd und Sommerbademantel am Fenster seines muffigen, heißen, dunklen Hotelzimmers in der West Tenth Street. Ich klopfe vorsichtig. Draußen versinkt am Horizont das grüne Zwielicht des späten Juliabends in der Dunkelheit. Der Flüchtling tastet nach dem Lichtschalter und starrt mich an, er verbirgt seine Verzweiflung, aber nicht seinen Schmerz.

In jenen Tagen war ich ein armer Student und versuchte mit dem Mut der Verzweiflung, jedem, der einen Dollar die Stunde zahlte, alles nur mögliche beizubringen. Seitdem allerdings bin ich eines Besseren belehrt. Meistens gab ich neueingetroffenen Flüchtlingen Englischstunden. Das College schickte mich, denn ich hatte bereits einige Erfahrung. Schon versuchten sich einige meiner Schüler mit ihrem gebrochenen Englisch, ihrem und meinem, auf dem amerikanischen Markt. Ich war damals gerade zwanzig und stand vor meinem Abschlußjahr auf dem College, ein magerer, lebenshungriger Junge, der leidenschaftlich auf den Ausbruch des nächsten Weltkrieges wartete. Es war ein schrecklicher Betrug. Hier war ich und wartete bebend darauf, losziehen zu können, und jenseits des Ozeans war Adolf Hitler in schwarzen Stiefeln und mit einem viereckigen Schnurrbärtchen, der alle Blumen ausriß und darauf spuckte. Ich werde nie vergessen, was in jenem Sommer mit Danzig geschah.

Die Depression war immer noch schwer zu spüren, aber es gelang mir, an den Flüchtlingen knapp meinen Lebensunterhalt zu verdienen. 1939 wimmelte der ganze obere Broadway von ihnen. Ich hatte vier, denen ich Stunden gab – Karl Otto Alp, der frühere Filmstar; Wolfgang Novak, der ein glänzender Wirtschaftswissenschaftler gewesen war; Friedrich Wilhelm Wolff, der in Heidelberg mittelalterliche Geschichte gelehrt hatte; und, nachdem ich ihn eines Abends in seinem unordentlichen, billigen Hotelzimmer kennengelernt hatte, Oskar Gaßner, der Berliner Kritiker und Journalist, der einmal beim ›Acht-Uhr-Abendblatt‹ gewesen war. Sie waren fertige Männer. Ich mußte im Umgang mit ihnen meinen ganzen Mut zusammennehmen, aber das bringt eine Weltkrisis mit sich: sie erzieht die Menschen.

Oskar war etwa fünfzig, sein dichtes Haar wurde schon grau. Er hatte ein großes Gesicht und schwere Hände. Seine Schultern hingen herab. Auch seine Augen waren schwer, von einem umwölkten Blau; und als er mich, nachdem ich mich vorgestellt hatte, anstarrte, stiegen in diesen Augen, wie aus Strömungen unter der Oberfläche, Zweifel auf. Es war, als hätte er bei meinem Anblick wieder eine Niederlage erlitten. Ich mußte warten, bis er sich gefaßt hatte. Ich blieb schweigend an der Tür stehen. In solchen Fällen wünschte ich mich weit weg, aber ich mußte meinen Lebensunterhalt verdienen. Schließlich machte er die Tür ganz auf, und ich trat ein. Oder vielmehr, er ließ die Tür los, und ich war drin. »Bitte«, er bot mir einen Stuhl an und wußte nicht, wohin er sich selbst setzen sollte. Er wollte etwas sagen und brach wieder ab, als wäre es unmöglich, es zu sagen. Der Raum war vollgestopft mit Kleidern, Bücherkisten, die er aus Deutschland hatte herausbringen können, und einigen Gemälden. Oskar saß auf einer Kiste und versuchte sich mit seiner fleischigen Hand Luft zuzufächeln. »Zis heat«, murmelte er, es kostete ihn eine große Anstrengung. »Impozzible! Eine solche Hitze kenne ich nicht.« Es war schlimm genug für mich, aber für ihn war es schrecklich. Er atmete mühsam. Er versuchte zu sprechen, hob eine Hand und ließ sie wie eine tote Ente fallen. Er atmete, als fechte er einen Kampf aus, und vielleicht gewann er ihn, denn nach zehn Minuten saßen wir da und sprachen langsam miteinander.

Wie die meisten Deutschen hatte Oskar einmal Englisch gelernt. Obwohl er überzeugt war, daß er kein Wort sagen könnte, gelang es ihm doch, ganz anständige, wenn auch manchmal etwas komische englische Sätze zu bilden. Er setzte Konsonanten an die falsche Stelle, verwechselte Substantive und Verben und gebrauchte Redewendungen falsch, aber verständigen konnten wir uns sofort. Wir unterhielten uns englisch, gelegentlich nahm ich mein Pidgin-Deutsch oder Jiddisch zu Hilfe, das er »Dschiddisch« nannte. Er war schon vor einem Jahr einmal zu einem kurzen Besuch in Amerika gewesen. Das war einen Monat vor der Kristallnacht, in der die Nazis die Schaufenster der jüdischen Geschäfte einschlugen und die Synagogen ansteckten. Er hatte damals versucht, eine Stelle zu finden; er hatte keine Verwandten in Amerika, und wenn er eine Stelle nachweisen konnte, würde er schnell eine Einreiseerlaubnis bekommen. Man hatte ihm etwas versprochen, nicht im Journalismus, aber mit Hilfe einer Stiftung eine

Stelle als Dozent. Dann war er nach Berlin zurückgekehrt, und nach einem schrecklichen Aufschub von sechs Monaten erhielt er die Erlaubnis, auszuwandern. Er hatte verkauft, was sich verkaufen ließ, und es war ihm durch die Bestechung von zwei holländischen Zöllnern gelungen, ein paar Gemälde, Geschenke seiner Freunde vom Bauhaus, und ein paar Kisten Bücher herauszubekommen; er hatte seiner Frau Lebewohl gesagt und das verfluchte Land verlassen. Er starrte mich aus umwölkten Augen an. »Wir haben uns in Freundschaft getrennt«, sagte er auf Deutsch, »meine Frau ist Nichtjüdin. Ihre Mutter ist eine entsetzliche Antisemitin. Sie wohnen jetzt wieder in Stettin.« Ich stellte keine Fragen. Nichtjude ist Nichtjude – Deutschland ist Deutschland.

Seine neue Stelle hatte er am »Institute for Public Studies« in New York. Er sollte im Herbstsemester wöchentlich eine Vorlesung halten und im nächsten Frühling einen Kursus in Englisch über ›Die Literatur der Weimarer Republik‹. Er hatte nie zuvor unterrichtet und hatte Angst davor. Er sollte auf diese Weise der Öffentlichkeit vorgestellt werden, aber der Gedanke, die Vorlesung auf Englisch halten zu müssen, lähmte ihn geradezu. Er konnte sich nicht vorstellen, wie er das schaffen sollte. »Wie ist das möglich? Ich kann keine zwei Worte sagen, ich habe keine Aussprache. Ich werde mich lächerlich machen.«

Seine Niedergeschlagenheit wuchs. Während der zwei Monate seit seiner Ankunft hatte er, in immer billigeren Hotelzimmern, schon zwei Englischlehrer gehabt. Ich war der dritte. Die anderen hatten ihn, sagte er, aufgegeben, weil er so geringe Fortschritte machte und, wie er meinte, auch weil er deprimierend auf sie wirkte. Er fragte mich, ob ich glaubte, ihm helfen zu können, oder sollte er zu einem Sprachspezialisten gehen, einem, der etwa fünf Dollar für die Stunde berechnete, und ihn um Beistand bitten? »Sie können es damit versuchen«, sagte ich, »und eventuell zu mir zurückkommen.« In jenen Tagen bildete ich mir allerhand auf mein Können ein. Auf diese Worte hin gelang ihm ein Lächeln. Aber ich wollte, daß er sich entschloß, sonst würde er nicht das notwendige Vertrauen zu mir haben. Nach einer Pause sagte er, er wolle bei mir bleiben. Wenn er zu dem Fünf-Dollar-Professor ging, so half das vielleicht seiner Zunge, aber nicht seinem Magen. Er würde kein Geld fürs Essen übrig haben. Das Institut hatte ihn für den Sommer im voraus bezahlt, aber es waren nur dreihundert Dollar, und das war alles, was er besaß.

Er sah mich mit einem trüben Blick an: »Ich weiß nicht, wie ich weitermachen soll.«

Ich glaubte, daß es Zeit sei, den ersten Schritt hinter uns zu bringen. Entweder wir machten ihn schnell, oder es würde lange Zeit wie Steineklopfen sein.

»Kommen Sie vor den Spiegel«, sagte ich.

Er erhob sich mit einem Seufzer und stellte sich neben mich, mein langes, dünnes, rothaariges Ich, das um Erfolg betete, für sich und für ihn.

Oskar, ängstlich, unbehaglich, fand es schwer, in dem runden erblindenden Glas über der Kommode sich selbst oder mir ins Gesicht zu sehen.

»Bitte«, sagte ich zu ihm, »könnten Sie einmal ›right‹ sagen?«

»Ghight«, gurgelte er.

»Nein – right. Man legt die Zunge hierher.« Ich zeigte es ihm, während er gespannt in den Spiegel blickte. Ich beobachtete ihn ebenso gespannt. »Die Zungenspitze rollt sich hinter den Wulst oben hinter den Zähnen, so.«

Er plazierte seine Zunge so, wie ich es ihm zeigte.

»Bitte«, sagte ich, »sagen Sie jetzt ›right‹.«

Oskars Zunge flatterte. »Right.«

»So ist's gut. Sagen Sie jetzt ›treasure‹, das ist schwerer.«

»Tgheasure.«

»Die Zunge wird hinter den Zähnen gerollt, nicht hinten im Mund. Sehen Sie.«

Er versuchte es mit feuchter Stirn und angespanntem Blick, »Trrreasure.«

»So ist's recht.«

»Ein Wunder«, murmelte Oskar.

Ich sagte ihm, wenn er das geschafft hätte, würde er auch den Rest schaffen.

Wir fuhren mit dem Bus die Fifth Avenue entlang und spazierten ein Weilchen um den See im Central Park. Er hatte seinen deutschen Hut aufgesetzt, an dem die Schleife des Hutbandes hinten saß, trug einen Wollanzug mit breiten Revers und eine Krawatte, die doppelt so breit war wie meine, und ging mit kleinen watschelnden Schritten. Der Abend war nicht übel, es war ein wenig kühler geworden. Am Himmel standen ein paar große Sterne, die mich traurig stimmten.

»Glauben Sie, ich werde Erfolg haben?«

»Warum nicht?« fragte ich.

Später lud er mich zu einer Flasche Bier ein.

Für viele dieser Leute war der große Verlust der Verlust der Sprache, in der sie sich hatten ausdrücken und ihren Beruf ausüben können. Nun konnten sie nicht mehr sagen, was sie zu sagen hatten. Man hat einen scharfsinnigen Gedanken, und er kommt heraus wie ein Stück einer zerbrochenen Flasche. Sie brachten es natürlich fertig, sich mitzuteilen, aber sich nur mitzuteilen, war enttäuschend. Jahre später hat Karl Otto Alp, der ehemalige Filmstar, der Einkäufer für Macy wurde, es so ausgedrückt: »Ich kam mir wie ein Kind vor, manchmal sogar wie ein Schwachsinniger. Ich bin auf mich selbst zurückgeworfen, kann mich nicht ausdrücken. Was ich weiß, sogar was ich bin, wird mir zur Last. Meine Zunge liegt nutzlos im Mund.« Das gleiche scheint Oskar widerfahren zu sein. Er hatte das schreckliche Gefühl, eine nutzlose Zunge zu haben, und ich glaube, der Grund, warum er mit seinen anderen Lehrern nicht zurechtkam, war, daß er, um nicht in ungesagten Dingen zu ertrinken, den Ozean in einem Schluck austrinken wollte. Heute wollte er Englisch lernen, morgen sie mit einer tadellosen Rede zum Vierten Juli überraschen, der eine erfolgreiche Vorlesung im »Institute for Public Studies« folgen sollte.

Wir gingen mit unserem Unterricht langsam vor, Schritt für Schritt – jedes zu seiner Zeit. Nachdem Oskar in eine Zweizimmerwohnung in einem Haus an der 85th West Street in der Nähe des Drive umgezogen war, trafen wir uns dreimal in der Woche um halb fünf, arbeiteten anderthalb Stunden, aßen dann, da es zum Kochen zu heiß war, in einem Automatenrestaurant in der 72th Straße und unterhielten uns; das gehörte nicht mehr zum Unterricht. Die Stunden waren in drei Teile aufgeteilt: Sprechübungen und lautes Lesen; Grammatik, da Oskar das für notwendig hielt, und Verbesserung von Aufsätzen, dazu, wie ich schon sagte, kostenlose Konversation beim Abendessen. Soweit ich sehen konnte, machte er Fortschritte. Offenbar schien ihm keine dieser Übungen so viel Mühe zu machen wie früher. Er schien etwas zu lernen, und seine Stimmung besserte sich. Es gab Augenblicke gehobener Stimmung, wenn er hörte, wie sein Akzent sich verflüchtigte. Zum Beispiel, wenn »sink« zu »think« wurde. Er hörte auf, sich selbst »hopelezz« zu nennen, und ich wurde sein »bezt teacher«, ein kleiner Scherz, der mir Spaß machte.

Keiner von uns sprach viel über die Vorlesung, die er Anfang Oktober halten sollte, und ich drückte weiter die Daumen. Die Vorlesung mußte sich irgendwie aus dem ergeben, was wir täglich machten, so schien mir, aber wie das im einzelnen sein sollte, davon hatte ich keine Ahnung; um die Wahrheit zu sagen: Obwohl ich nichts dergleichen zu Oskar sagte, hatte ich Angst vor der Vorlesung. Und während des Wintersemesters sollten noch zehn Vorlesungen folgen. Als ich später hörte, daß er versucht hatte, mit Hilfe des Lexikons Englisch zu schreiben, und dabei ein »völliger Reinfall« herausgekommen war, schlug ich ihm vor, er sollte die Vorlesung auf Deutsch verfassen, und wir würden beide zusammen versuchen, sie in ein brauchbares Englisch zu übersetzen. Ich schwindelte, als ich das vorschlug, denn meine Deutschkenntnisse sind mager, gut genug, um einen einfachen Text zu lesen, aber nicht gut genug, um eine ernsthafte Übersetzung anzufertigen. Aber ich wollte Oskar irgendwie an die Arbeit kriegen, um die Übersetzung würden wir uns dann später kümmern. Er schwitzte über seiner Arbeit, morgens schon total entnervt und abends total erschöpft, aber in welcher Sprache er es auch versuchte, und obgleich er ein Leben lang ein Berufsschreiber gewesen war und den Stoff im Schlaf beherrschte, weigerte sich die Vorlesung, sich über Seite 1 hinauszubewegen.

Es war ein stickiger heißer Juli, und die Hitze war auch nicht eben förderlich.

3

Ich hatte Oskar Ende Juni kennengelernt, und am 17. Juli hatten wir die Stunden aufgegeben. Sie waren an der »unmöglichen« Vorlesung gescheitert. Er hatte Tag für Tag wie rasend und mit wachsender Verzweiflung daran gearbeitet. Nachdem er mehr als hundert erste Seiten geschrieben hatte, schleuderte er die Feder wütend gegen die Wand, er schrie, er könne nicht mehr in dieser dreckigen Sprache schreiben. Er verfluchte die deutsche Sprache. Er haßte das verdammte Land und das verdammte Volk. Danach wurde das, was schlecht gewesen war, schlechter. Als er den Versuch, die Vorlesung zu schreiben, aufgab, machte er auch keinen Fortschritt mehr im Englischen. Er schien zu vergessen, was er schon gekonnt hatte. Seine Zunge wurde schwer, und sein Akzent kehrte in voller Saftigkeit zurück. Das wenige, was er zu sagen hatte, sagte er in einem gequälten Englisch, das Handschellen trug. Deutsch hörte ich ihn nur sprechen, wenn er mit sich selbst flüsterte. Ich bezweifle, ob er sich dessen bewußt war. So wurde unsere offizielle Arbeit miteinander beendet, aber ich ging alle paar Tage zu ihm und leistete ihm Gesellschaft. Stundenlang saß er unbeweglich in einem großen grünen Plüschsessel, der so heiß war, daß man darin hätte schmoren können, und starrte mit feuchten, traurigen Augen durch die hohen Fenster in den fahlen Himmel über der 85th Street.

Einmal sagte er zu mir: »Wenn ich diese Vorlesung nicht zustande bekomme, nehme ich mir das Leben.«

»Dann lassen Sie uns anfangen, Oskar«, sagte ich. »Sie diktieren, und ich schreibe. Auf die Ideen kommt es an, nicht auf die Rechtschreibung.«

Er gab mir keine Antwort, und so schwieg ich wieder.

Er hatte sich in eine grüblerische Melancholie gestürzt. Wir saßen stundenlang beisammen, oft in tiefem Schweigen. Ich war bestürzt darüber, obwohl ich mit solchen Depressionen schon einige Erfahrung hatte. Wolfgang Novak, der Volkswirtschaftler, hatte sie auch gehabt, obwohl er sich mit dem Englischen nicht so schwer tat. Ich glaube, sein Problem war hauptsächlich seine schlechte Gesundheit. Und er fühlte den Verlust seines Landes härter als Oskar. Manchmal überredete ich Oskar am frühen Abend zu einem Spaziergang auf dem Drive. Das letzte Rot des Sonnenuntergangs über den Palisaden schien ihm zu gefallen. Wenigstens schaute er hin. Er legte immer volles Ornat an: Jacke, Schlips – egal wie heiß es war und was ich sagte –, wir gingen langsam die Treppe hinunter, und mir schien, er würde den Fuß der Treppe nie erreichen. Ich hatte den Eindruck, daß er sich immer zwischen zwei Stockwerken befand.

Wir gingen langsam auf die Stadt zu und setzten uns auf eine Bank und sahen die Nacht über dem Hudson aufsteigen. Wenn wir dann zu seinem Zimmer zurückkehrten und ich das Gefühl hatte, daß er ein wenig entspannt war, so hörten wir im Radio Musik; aber wenn ich versuchte, die Nachrichten einzustellen, so sagte er zu mir: »Bitte, ich kann nichts mehr von dem Weltelend hören.« Ich drehte das Radio ab. Er hatte recht, es war eine Zeit, wo es keine guten Nachrichten gab. Ich zermarterte mir den Kopf. Was konnte ich ihm anbieten? War es eine gute Nachricht, daß man lebte? Wer konnte das beweisen? Manchmal las ich ihm laut vor – ich weiß noch, daß ihm der erste Teil von ›Leben auf dem Mississippi‹ gefiel. Wir gingen immer noch ein- oder zweimal in der Woche in das Automatenrestaurant, er vielleicht aus Gewohnheit, denn er hatte keine Lust, irgendwo hinzugehen – ich, um ihn aus seinem Zimmer herauszubekommen. Oskar aß wenig, er spielte mit dem Löffel herum. Seine trüben Augen sahen aus, als wären sie mit einer dunklen Farbe bespritzt.

Einmal saßen wir nach einem Gewitter, das eine kurze Abkühlung gebracht hatte, auf Zeitungspapier auf einer feuchten Bank am Fluß, und Oskar begann endlich zu sprechen. In gequältem Englisch drückte er seinen tiefen und dauernden Haß gegen die Nazis aus, die seine Karriere zerstört, sein Leben nach einem halben Jahrhundert entwurzelt und ihn wie ein Stück blutiges Fleisch den Geiern vorgeworfen hatten. Er verfluchte wortreich die deutsche Nation, ein unmenschliches, gewissenloses, erbarmungsloses Volk. »Sie sind Schweine, die sich als Pfauen verkleidet haben«, sagte er. »Ich bin sicher, daß meine Frau in ihrem Herzen die Juden haßte.« Es war eine schreckliche Bitterkeit, eine fast wortlose Beredsamkeit. Dann schwieg er wieder. Ich hätte gern mehr von seiner Frau gewußt, brachte es aber nicht über mich, ihn zu fragen.

Später, als es dunkel war, gestand Oskar, daß er während seiner ersten Woche in Amerika einen Selbstmordversuch gemacht hatte. Er hatte Ende Mai in einem kleinen Hotel gewohnt und hatte sich eines Abends mit Schlafmitteln vollgestopft; aber sein Telefon war vom Tisch heruntergefallen, und der Telefonist des Hotels hatte den Liftjungen hinaufgeschickt, der ihn ohnmächtig gefunden und die Polizei alarmiert hatte. Im Krankenhaus war er wieder zu sich gekommen.

»Ich wollte es eigentlich gar nicht«, sagte er, »es war ein Versehen.«

»Denken Sie nicht noch einmal daran«, sagte ich, »es wäre die völlige Niederlage.«

»Ich werde es nicht tun«, sagte er müde, »denn es ist so bitter, wieder zum Leben zu erwachen.«

»Bitte tun Sie's nicht, aus welchem Grund auch immer.«

Später, als wir zurückgingen, überraschte er mich. Er sagte: »Vielleicht sollten wir es wieder mit der Vorlesung versuchen.«

Wir trotteten zum Haus zurück, und er setzte sich an seinen heißen Schreibtisch. Ich versuchte zu lesen, während er langsam anfing, die erste Seite seiner Vorlesung neu zu schreiben. Natürlich schrieb er Deutsch.

4

Er kam nicht voran. Wir waren wieder am Nullpunkt, saßen wieder schweigend in der Hitze da. Manchmal mußte ich nach ein paar Minuten weggehen, bevor seine Stimmung mich überwältigte. Eines Nachmittags kam ich widerwillig die Treppe hinauf – es gab Zeiten, wo ich vorübergehend Gereiztheit gegen ihn in mir aufsteigen fühlte – und war erschrocken, als ich Oskars Tür angelehnt fand. Ich klopfte, bekam keine Antwort. Ich stand da, kalt bis ins Mark und ertappte mich dabei, daß ich an die Möglichkeit eines neuen Selbstmordversuchs dachte. »Oskar?« Ich betrat die Wohnung, schaute in beide Zimmer und das Badezimmer, aber er war nicht da. Ich dachte, er wäre vielleicht kurz weggegangen, um irgend etwas einzukaufen, und benutzte die Gelegenheit, mich schnell umzuschauen. In der Hausapotheke war nichts Aufregendes, keine Pillen außer Aspirin, kein Jod. Dann fiel mir ein Revolver ein, und ich untersuchte seine Schreibtischschublade. Darin fand ich einen Luftpostbrief aus Deutschland. Selbst wenn ich gewollt hätte, hätte ich die Handschrift nicht lesen können, aber während ich den Brief in der Hand hielt, entzifferte ich einen Satz: »Ich bin Dir siebenundzwanzig Jahre treu gewesen.« In der Schublade war kein Revolver. Ich schloß sie und suchte nicht weiter. Wenn man sich umbringen wollte, ging mir durch den Kopf, so genügte eine Nadel. Als Oskar zurückkam, sagte er, er sei in der öffentlichen Bibliothek gewesen, habe aber nicht lesen können.

Nun spielen wir wieder einmal die unveränderliche Szene: der Vorhang hebt sich vor zwei stummen Darstellern in einer möblierten Wohnung, ich auf einem Stuhl mit steiler Lehne, Oskar in dem Veloursessel, der ihn eher erstickte als stützte, sein graues Fleisch, sein großes, graues Gesicht mit den verschwommenen und hängenden Zügen. Ich streckte die Hand aus, um das Radio einzuschalten, er sah mich kaum an, aber sein Blick bat, es nicht zu tun. Da stand ich auf, um zu gehen, aber Oskar räusperte sich und bat mich mit belegter Stimme, zu bleiben. Ich blieb und fragte mich, ob mehr dahintersteckte, als ich übersehen konnte. Seine Probleme waren, weiß Gott, wirklich genug, aber war da vielleicht mehr als die Heimatlosigkeit eines Flüchtlings, seine Fremdheit, die finanzielle Unsicherheit, die Tatsache, sich in fremdem Land zu befinden ohne Freunde, ohne eine Sprache, in der man sich ausdrücken konnte? Diese Überlegung hatte ich schon früher angestellt: nicht alle ertrinken in diesem Ozean, warum ertrinkt er? Nach einer Weile drückte ich diesen Gedanken aus und fragte ihn, ob es etwas unter der Oberfläche gäbe, etwas Unsichtbares. Im College hatte ich viel über diese Dinge gehört und fragte mich, ob seine Depression nicht irgendeine Unbekannte enthielt, mit der nur ein Psychotherapeut fertig wurde, wenigstens so weit, daß er mit seiner Vorlesung beginnen konnte.

Er dachte darüber nach, und nach ein paar Minuten sagte er zögernd, er sei als junger Mann in Wien analysiert worden. »Nur der übliche Dreck«, sagte er, »Ängste und Phantasien, die mich später nicht mehr behelligten.«

»Und tun sie es jetzt?«

»Nein.«

»Sie haben früher viele Artikel und Vorträge geschrieben«, sagte ich. »Ich weiß wohl, wie schwer die Situation ist, aber ich kann nicht verstehen, warum Sie nie über die erste Seite kommen.«

Er hob halbwegs seine Hand. »Es ist eine Lähmung meines Willens. Die ganze Vorlesung habe ich klar im Kopf, aber im Augenblick, wo ich ein Wort niederschreibe – ob englisch oder deutsch – habe ich eine schreckliche Angst, ich wäre nicht fähig, das nächste zu schreiben. So, als ob jemand einen Stein in ein Fenster schmeißt, und das ganze Haus – die ganze Idee – stürzt zusammen. Das wiederholt sich bis zur Verzweiflung.«

Er sagte, während er schreibe, wachse die Furcht, er würde sterben, ehe die Vorlesung fertig wäre, und wenn nicht das, so würde die Arbeit so schlecht sein, daß er sich den Tod wünschen würde. Diese Furcht lähmte ihn.

»Ich habe den Glauben verloren. Ich besitze nicht mehr mein früheres Selbstgefühl. In meinem Leben hat es zu viele Illusionen gegeben.«

Ich gab mir Mühe, selber zu glauben, was ich sagte: »Haben Sie Vertrauen, dies Gefühl wird vorübergehen.«

»Ich habe kein Vertrauen. Das und alles andere, was ich verloren habe, verdanke ich den Nazis.« Er fiel wieder in seine falsche Aussprache zurück.

5

Es war inzwischen Mitte August geworden, und die Dinge wurden langsam schlimmer, wohin man auch blickte. Die Polen mobilisierten. Oskar rührte sich kaum. Ich war voller Sorgen, obwohl ich Gelassenheit vortäuschte.

Er saß in seinem massiven Sessel mit kranken Augen und keuchte wie ein verwundetes Tier.

»Wer kann in diesen schrecklichen Zeiten über Walt Whitman schreiben?«

»Warum wechseln Sie nicht das Thema?«

»Das Thema macht keinen Unterschied. Alles ist uzelezz.«

Ich kam jeden Tag als Freund, vernachlässigte meine anderen Schüler und damit meinen Lebensunterhalt. Ich hatte eine panische Angst, daß alles, wenn es so weiterging, mit Oskars Selbstmord enden würde; und ich fühlte den leidenschaftlichen Wunsch, diesen zu verhindern. Dazu kam, daß ich manchmal fürchtete, selber in Melancholie zu verfallen, sozusagen ein neues Talent zu entwickeln, weniger Vergnügen aus meinen kleinen Vergnügungen zu ziehen. Und die Hitze hielt an, bedrückend und unerbittlich. Wir dachten daran, aufs Land zu fliehen, aber wir hatten beide kein Geld. Eines Tages kaufte ich Oskar einen gebrauchten Ventilator – warum hatten wir nicht schon früher daran gedacht? –, und er saß jeden Tag stundenlang im Luftzug, bis der Motor nach einer Woche, kurz nach der Unterzeichnung des Sowjet-Nazi-Nichtangriffspaktes, ausfiel. Er konnte nachts nicht schlafen und saß, ein nasses Handtuch um den Kopf gewickelt, an seinem Schreibtisch und versuchte immer noch, die Vorlesung zu schreiben. Er schlug nur Schaum in seiner Tretmühle, es kam nichts dabei heraus. Wenn er vor Erschöpfung einschlief, hatte er phantastische Angstträume, in denen die Nazis ihn folterten, manchmal wurde er gezwungen, die Leichen Erschlagener zu betrachten. In einem Traum, den er mir erzählte, war er nach Deutschland zurückgekehrt, um seine Frau zu besuchen. Sie war nicht zu Hause, und er wurde auf einen Friedhof geschickt. Dort quoll ihr Blut aus der Erde über einem flachen Grab, obwohl der Grabstein einen anderen Namen trug. Er stöhnte laut, wenn er daran dachte.

Später erzählte er mir von ihr. Sie hatten sich auf der Universität kennengelernt, zusammen gelebt und mit dreiundzwanzig geheiratet. Es war keine sehr glückliche Ehe gewesen. Sie hatte sich zu einer kränklichen Frau entwickelt, biologisch unfähig, Kinder zu haben. »Mit ihren inneren Organen war etwas nicht in Ordnung.«

Ich stellte keine Fragen, aber Oskar sagte: »Ich bot ihr an, mit mir hierher zu kommen, aber sie lehnte es ab.«

»Warum?«

»Sie dachte, ich wünschte nicht wirklich, daß sie mitkäme.«

»Wünschten Sie es denn?« fragte ich.

»Nein«, sagte er.

Er erklärte, er habe fast siebenundzwanzig Jahre unter schwierigen Umständen mit ihr gelebt. Sie hatte seinen jüdischen Verwandten und ihren jüdischen Freunden gegenüber zwiespältige Gefühle, obwohl sie nach außen eine vorurteilsfreie Person zu sein schien. Aber ihre Mutter war immer eine heftige Antisemitin gewesen.

»Ich habe mir nichts vorzuwerfen«, sagte Oskar.

Er legte sich ins Bett. Ich ging in die öffentliche Bibliothek von New York. Ich las in englischer Übersetzung einige der deutschen Dichter, über die er zu schreiben versuchte. Dann las ich ›Leaves of Grass‹ und schrieb nieder, was einige von ihnen, wie mir schien, Whitman zu verdanken hatten. Eines Tages, gegen Ende August, brachte ich, was ich geschrieben hatte, Oskar. Vieles daran war Vermutung, aber ich hatte nicht vor, seine Vorlesung für ihn zu schreiben. Er lag auf dem Rücken und hörte unbeweglich und tieftraurig an, was ich geschrieben hatte. Dann sagte er, nein, die Todessehnsucht hätten sie nicht von Whitman – die liefe durch die ganze deutsche Dichtung –, sondern sein Gefühl für den Brudermenschen, seine Menschlichkeit.

»Aber die wächst nicht lange auf deutschem Boden«, sagte er, »und ist bald zerstört.«

Ich sagte, es täte mir leid, daß ich die Sache falsch verstanden hätte, aber er dankte mir trotzdem.

Geschlagen ging ich davon, und als ich die Treppe hinunterstieg, hörte ich jemand schluchzen. Ich will damit Schluß machen, dachte ich, es hat sich so entwickelt, daß es zu viel für mich wird. Ich kann nicht mit ihm untergehen. Am nächsten Tag blieb ich zu Hause und lernte eine neue Art einsamen Elends kennen, zu alt für jemanden meines Alters, aber am selben Abend rief Oskar mich an und lobte mich überströmend dafür, daß ich ihm diese Notizen vorgelesen hatte. Er war aufgestanden, um mir einen Brief zu schreiben, sagte er, und zu erklären, was ich mißverstanden hätte, und es sei darauf hinausgelaufen, daß er die halbe Vorlesung fertiggeschrieben habe. Er hatte den ganzen Tag geschlafen, und heute abend würde er die Vorlesung fertigschreiben.

»Ich muß Ihnen für vieles danken«, sagte er, »auch für Ihren Glauben an mich.«

»Gott sei Dank«, sagte ich, ich sagte ihm nicht, daß ich diesen Glauben beinahe verloren hätte.

6

Während der ersten Woche im September beendete Oskar seine Vorlesung – schrieb sie und schrieb sie noch einmal neu. Die Nazis waren in Polen eingefallen, und obwohl wir uns große Sorgen machten, fühlten wir eine Art Erleichterung; vielleicht würden die tapferen Polen sie schlagen. Wir brauchten noch eine Woche, um die Vorlesung zu übersetzen, aber dabei hatten wir die Unterstützung von Friedrich Wilhelm Wolff, dem Historiker, einem sanften, gebildeten Mann, der gern übersetzte und der seine Hilfe bei weiteren Vorlesungen versprach. Dann blieben noch zwei Wochen, um an Oskars Vortragsweise zu arbeiten. Das Wetter hatte sich geändert, und langsam änderte auch er sich. Er hatte sich aus der Niederlage erhoben, zerschlagen von einem erschöpfenden Kampf. Er hatte fast zwanzig Pfund verloren. Seine Haut war immer noch grau; wenn ich ihm ins Gesicht sah, erwartete ich, Narben zu entdecken, aber die Haut war nicht mehr so lose und verquollen. In seinen blauen Augen war wieder Leben, und er ging mit schnellem Schritt, als müsse er etwas von all den Schritten nachholen, die er in den langen heißen Tagen, wo er betäubt in seinem Zimmer lag, unterlassen hatte.

Wir kehrten zu unserer früheren Routine zurück, trafen uns dreimal in der Woche am späten Nachmittag zu Sprechübungen, Grammatik und den anderen Übungen. Ich brachte ihm das phonetische Alphabet bei und transkribierte lange Listen von Wörtern, die er schlecht aussprach. Er arbeitete viele Stunden und versuchte, jeden Laut richtig zu artikulieren. Er steckte ein halbes Streichholz zwischen die Zähne, um die Kiefer geöffnet zu halten, während er seine Zunge trainierte. All das kann schrecklich langweilig sein, es sei denn, man glaubt an seine Zukunft. Wenn ich ihn ansah, dann wurde mir klar, was es bedeutete, wenn man von jemandem sagt, er sei ein »neuer Mensch«.

Die Vorlesung, die ich inzwischen auswendig konnte, ging gut über die Bühne. Der Direktor des Instituts hatte eine Reihe von prominenten Leuten eingeladen. Oskar war der erste Flüchtling, den sie angestellt hatten, und es war ein Versuch, die Öffentlichkeit auf etwas aufmerksam zu machen, was damals zu einem neuen Bestandteil des amerikanischen Lebens wurde. Zwei Reporter und eine Photographin waren gekommen. Der Hörsaal des Instituts war überfüllt. Ich saß in der letzten Reihe; ich hatte versprochen, die Hand zu heben, wenn man ihn nicht verstehen konnte, aber es war nicht nötig. Oskar, in einem blauen Anzug mit frisch geschnittenem Haar, war natürlich nervös, aber man konnte es nur erkennen, wenn man ihn genau beobachtete. Als er zum Lesepult hinaufstieg, sein Manuskript ausbreitete und öffentlich seinen ersten englischen Satz sprach, stockte mir das Herz. Von allen Anwesenden hatten nur er und ich eine Vorstellung von der Qual, die er durchlebt hatte. Seine Aussprache war gar nicht schlecht – ein paarmal ein »s« statt einem »th«, und einmal sagte er »bag« statt »back«, aber sonst ging es glatt. Er las die Gedichte gut – in beiden Sprachen –, und obwohl Walt Whitman aus seinem Munde ein wenig so klang, als wäre er als deutscher Einwanderer an die Küsten von Long Island gekommen, so klang die Dichtung doch wie Dichtung.

»Und ich weiß, daß der Geist Gottes der Bruder meines
eignen Geistes ist,
Und daß alle Männer, die je geboren, auch meine Brüder
sind, und die Frauen meine Schwestern und Liebsten;
Und daß der Richtkeil der Schöpfung Liebe ist…«

Oskar las die Worte, als glaubte er an sie. Warschau war gefallen, aber die Verse schienen Schutz zu bieten. Ich lehnte mich zurück, zweierlei war mir bewußt: wie leicht es ist, die tiefsten Wunden zu verbergen; und der Stolz, den ich auf die Arbeit fühlte, die ich geleistet hatte.

7

Zwei Tage später stieg ich die Treppen zu Oskars Wohnung hinauf und fand dort eine Menschenmenge vor. Der Flüchtling lag mit purpurrotem Gesicht, blauen Lippen und einer Spur Schaum in den Mundwinkeln in seinem zerknitterten Pyjama auf dem Boden, zwei Feuerwehrleute lagen auf den Knien und bearbeiteten ihn mit einem Sauerstoffgerät. Die Fenster waren offen, die Luft stank. Ein Polizist fragte mich, wer ich sei, und ich konnte nicht antworten.

»Nein, o nein.«

Ich sagte nein, aber das Ja war unwiderruflich. Er hatte sich das Leben genommen – Gas –, an den Herd in der Küche hatte ich gar nicht gedacht.

»Warum?« fragte ich mich. »Warum hat er es getan?«

Vielleicht hatte das Schicksal Polens ihm den Rest gegeben, doch die einzige Antwort, die man mir geben konnte, war Oskars gekritzeltes Briefchen, daß er nicht wohl sei und daß er alles, was er besitze, Martin Goldberg hinterlasse. Martin Goldberg bin ich.

Ich war eine Woche lang krank, hatte weder den Wunsch etwas zu erben noch Nachforschungen anzustellen, aber mir schien, ich sollte seine Sachen durchsehen, bevor das Gericht sie in Verwahrung nahm, so verbrachte ich also einen Morgen in Oskars tiefem Sessel und versuchte, seine Briefe zu lesen. In der obersten Schublade fand ich ein dünnes Bündel von Briefen seiner Frau und einen Luftpostbrief neueren Datums von seiner antisemitischen Schwiegermutter.

Sie schreibt in einer engen Schrift, die zu entziffern ich Stunden brauche, daß ihre Tochter, nachdem Oskar sie verlassen hat, gegen die heftigen Bitten und Beschwörungen ihrer Mutter von einem rachsüchtigen Rabbiner zum jüdischen Glauben bekehrt wurde. Eines Nachts erscheinen die Braunhemden, und obwohl die Mutter ihr Bronzekruzifix wild vor ihren Gesichtern schwenkt, zerren sie Frau Gaßner zusammen mit den anderen Juden des Mietshauses nach draußen und bringen sie auf Lastwagen zu einer kleinen Grenzstadt im eroberten Polen. Dort soll sie, so munkelt man, mit einem Kopfschuß getötet und in ein offenes Massengrab gestoßen worden sein, zusammen mit nackten jüdischen Männern, ein paar polnischen Soldaten und einigen Zigeunern.

Johannes Bobrowski
Die ersten beiden Sätze für ein Deutschlandbuch

Als die ersten Nachrichten von den Massenmorden an Juden in die Stadt gelangten und jedermann meinte, sie seien übertrieben, so schlimm könne es ja wohl nicht sein, und jeder dennoch ganz genau wußte, daß sich das alles tatsächlich so verhielt, daß keine noch so ungeheuren Zahlen, keine noch so gräßlichen Methoden und raffinierten Techniken, von denen man hörte, übertrieben waren, daß wirklich alles so sein mußte, weil es gar nicht anders sein konnte, und daß es längst nicht mehr die Zeit war, davon zu reden, ob es nicht doch noch andere, mildere, menschlichere Verfahren gegeben hätte, Ausweisungen ja wohl nicht mehr, jetzt im Kriege, aber doch garantierte Reservationen, mit Eigenverwaltung undsoweiter, als das völlige Schweigen an der Reihe war, als man sich selber schon hinweggeschwiegen hatte, wer weiß wovon und wer weiß wohin, gegen nichts mehr einen Widerspruch aufsteigen spürte, nur so daherredete, zwischen einem nachlässig stilisierten Witz und dem feierlich-feuchten Gefühl, in einen Schicksalskampf von mythischem Rang einbezogen zu sein, wider Willen, zugegeben, als es so weit war mit denen, die frei herumliefen in Deutschland und frei herumlebten, unter den erschwerten Bedingungen des Krieges, zugegeben, als sie so weit gekommen waren, – was nichts heißen soll, denn so weit waren sie ja dann wohl schon seit je gewesen, wenn es jetzt so gut klappte, als es also war wie schon immer, als das so war, läuteten die Glocken – für gar nichts Besonderes: die Hochzeit eines Hirnverletzten, dem man in Anbetracht seiner militärischen Auszeichnungen diesen Wunsch nicht hatte abschlagen können, eines garnisonsverwendungsfähig geschriebenen, aber für die nächsten Jahre vorerst beurlaubten Oberleutnants der Pioniere, mit einer Krankenschwester namens Erika, die ihn im Sanatorium vom Fensterkreuz, an dem er sich aufgeknüpft, mit eigner Hand abgeschnitten hatte und die er am Abend der Hochzeit noch erwürgte, in einem sogar vermuteten Anfall von Geistesgestörtheit, was auch nichts heißt, denn geistesgestört zu sein war ohnehin sein behördlicher Zustand gewesen seither, das heißt seit zwei Jahren, seit seiner Verletzung.

Das eine also seit zwei Jahren, das andere seit wann?

Philip Roth
Verteidiger des Glaubens

Im Mai 1945, wenige Wochen nach Beendigung der Kämpfe in Europa, wurde ich in die Staaten zurückbefördert, wo ich den Rest des Krieges bei einer Ausbildungseinheit in Camp Crowder, Missouri, verbrachte. Wir, die neunte Armee, waren in den letzten Winterwochen und im Frühjahr so schnell durch Deutschland hindurchgestürmt, daß ich an jenem Morgen, als ich den Rückflug antrat, das Gefühl hatte, die Maschine trüge mich nicht in westliche, sondern in östliche Richtung. Mein Verstand sagte mir zwar das Gegenteil, aber in mir war eine Trägheit des Geistes, die beharrlich versicherte, wir flögen zu einer neuen Front, von der aus wir unseren Vorstoß nach Osten fortsetzen würden – so lange, bis wir die Erdkugel umrundet hätten auf unserem Marsch durch Ortschaften, in deren gewundenen, mit Kopfsteinen gepflasterten Straßen die feindliche Bevölkerung zusehen würde, wie wir von dem Besitz ergriffen, was sie als ihr Eigentum betrachtete. Ich hatte mich in zwei Jahren so weit verändert, daß mich nichts mehr berührte, weder das Zittern der Greise noch die Tränen der jungen Menschen, noch die flackernde Angst in den Augen der ehemals arroganten Leute. Nach zwei Jahren hatte ich zu meinem Glück ein Infanteristenherz entwickelt, das – wie die Füße – zuerst schmerzt und schwillt, dann aber verhornt, so daß man die unheimlichsten Pfade betreten kann, ohne irgend etwas zu empfinden.

Mein Vorgesetzter in Camp Crowder war Hauptmann Paul Barrett. Als ich mich zum Dienstantritt meldete, kam er aus seinem Büro, um mir die Hand zu schütteln. Er war untersetzt, barsch und ungestüm und trug drinnen wie draußen seinen Plastikunterhelm über den kleinen Augen. In Europa hatte er auf dem Schlachtfeld die Beförderung zum Hauptmann und eine schwere Brustwunde erhalten, und er war erst wenige Monate zuvor in die Staaten zurückgeschickt worden. Er unterhielt sich recht freundlich mit mir, und beim Abendappell stellte er mich den Mannschaften vor.

»Mal herhören«, rief er. »Wie Sie wissen, ist Sergeant Thurston nicht mehr in dieser Kompanie. Hier ist Ihr neuer Sergeant – Sergeant Nathan Marx. Er hat die Kämpfe in

Europa mitgemacht, und folglich erwartet er, hier keine elenden Waschlappen, sondern *Soldaten* zu finden.«

Ich saß an jenem Abend noch lange im Ordonnanzzimmer und versuchte mit schwachem Eifer, das Rätsel der Dienstpläne, Personalformulare und Morgenrapporte zu lösen. Der Unteroffizier vom Dienst schlief mit offenem Mund auf einer Matratze auf dem Fußboden. Ein Rekrut las den Dienstplan für den nächsten Tag, der am Schwarzen Brett hinter der Fliegendrahttür hing. Der Abend war warm, und ich hörte die Radioapparate drüben in den Mannschaftsbaracken Tanzmusik spielen.

Der Rekrut – ich hatte bemerkt, daß er mich anstarrte, sooft er glaubte, ich sei in meine Arbeit vertieft – trat schließlich einen Schritt näher.

»Bitte, Sergeant – haben wir morgen abend eine G.I.-Party?« erkundigte er sich.

G.I.-Party ist ein anderer Ausdruck für Barackenputz.

»Findet die gewöhnlich am Freitagabend statt?«

»Ja.« Und er fügte geheimnisvoll hinzu: »Das ist's ja gerade.«

»Dann werden Sie also auch morgen eine G.I.-Party haben.«

Er drehte sich um, und ich hörte, daß er etwas murmelte. Seine Schultern zuckten, und ich überlegte, ob er weinte.

»Wie heißen Sie, Soldat?« fragte ich.

Er wandte sich um. Nein, er weinte durchaus nicht. Seine länglichen, schmalen, grüngesprenkelten Augen glitzerten wie Fische in der Sonne. Er kam auf mich zu, setzte sich auf die Tischkante und streckte mir die Hand hin. »Sheldon«, sagte er.

»Bleiben Sie auf Ihren Füßen, Sheldon.«

Er rutschte vom Tisch herunter und sagte: »Sheldon Grossbart.« Sein Lächeln wurde noch breiter: Er hatte mich zu einer Vertraulichkeit verleitet.

»Sie haben was gegen Barackenputz am Freitagabend, Grossbart? Vielleicht sollten wir keine G.I.-Parties veranstalten, sondern lieber ein Hausmädchen einstellen.« Mein Ton überraschte mich. Ich fühlte, daß ich genauso sprach wie jeder Hauptfeldwebel, den ich je gekannt hatte.

»Nein, Sergeant.« Er wurde ernst, doch dieser Ernst schien das Lächeln nur zu dämpfen, nicht zu ersticken. »Aber ... Barackenputz am Freitagabend, ausgerechnet am Freitagabend ...«

Er schob sich wieder an die Tischkante heran – man konnte weder sagen, daß er saß, noch daß er stand. Seine glitzernden gesprenkelten Augen sahen mich an, und dann machte er eine Handbewegung. Eine ganz leichte Bewegung, nicht mehr als ein rasches Drehen des Handgelenkes, und doch schaltete sie alles andere im Ordonnanzzimmer aus und ließ uns beide zum Mittelpunkt der Welt werden. Ja, diese Geste schien alles auszuschließen – mit Ausnahme unserer Herzen. »Sergeant Thurston war nun mal so«, flüsterte er, und sein Blick streifte den schlafenden Unteroffizier, »aber wir dachten, wo Sie jetzt hier sind, könnte es ein bißchen anders werden.«

»Wir?«

»Die jüdischen Mannschaften.«

»Warum?« fragte ich scharf. »Was ist denn los?« Ich hätte nicht sagen können, ob ich mich noch über diese Sheldon-Angelegenheit ärgerte oder über etwas anderes – aber ärgerlich war ich, soviel stand fest.

»Wir dachten, daß Sie ... Marx, wissen Sie ... Karl Marx, die Marx Brothers. Diese Burschen sind doch alle ... Schreiben Sie sich nicht M-a-r-x, Sergeant?«

»M-a-r-x.«

»Fishbein hat gesagt ...« Grossbart hielt inne. »Es ist nämlich so, Sergeant ... «

Sein Gesicht und der Hals hatten sich gerötet, er bewegte die Lippen, brachte aber kein Wort heraus. Gleich darauf nahm er Haltung an und blickte unverwandt auf mich herab. Es war, als hätte er plötzlich entschieden, daß er von mir nicht mehr Mitgefühl erwarten könne als von Thurston, und zwar deshalb, weil ich Thurstons Glauben angehörte und nicht seinem. Der junge Mann gab sich, was das betraf, ganz falschen Vorstellungen hin, doch ich verspürte keine Neigung, ihn zu berichtigen. Es lag einfach daran, daß ich ihn nicht mochte.

Als ich mich damit begnügte, ihn ebenfalls anzustarren, schlug er einen anderen Ton an. »Sehen Sie, Sergeant«, erklärte er mir, »am Freitagabend sollen Juden zum Gottesdienst gehen.«

»Hat Ihnen Sergeant Thurston die Teilnahme am Gottesdienst verboten, wenn Barackenputz angesetzt war?«

»Nein.«

»Hat er gesagt, Sie müßten in den Baracken bleiben und die Dielen scheuern?«

»Nein, Sergeant.«

»Hat der Hauptmann gesagt, Sie müßten bleiben und die Dielen scheuern?«

»Das ist es ja gar nicht, Sergeant. Es dreht sich um die anderen Jungens in den Baracken.« Er beugte sich vor. »Die halten uns für Drückeberger. Aber das sind wir nicht. Freitagabends gehen Juden zum Gottesdienst. Wir müssen!«

»Dann gehen Sie doch.«

»Die anderen schimpfen über uns. Dazu haben sie kein Recht.«

»Das ist nicht Sache der Armee, Grossbart. Ihre persönlichen Angelegenheiten müssen Sie schon selbst in Ordnung bringen.«

»Aber es ist unfair.«

Ich stand auf, um zu gehen. »Ich kann da nichts für Sie tun«, sagte ich.

Grossbarts Haltung wurde noch straffer. »Es handelt sich doch um *Religion*, Sir.«

»Sergeant, bitte.«

»Verzeihung – Sergeant«, knurrte er.

»Sprechen Sie mit Ihrem Rabbiner. Wenn Sie wollen, kann ich auch für Sie eine Unterredung mit Hauptmann Barrett vereinbaren ...«

»Nein, nein. Ich möchte keine Schwierigkeiten machen, Sergeant. Das ist immer das erste, was einem vorgeworfen wird. Ich will nur mein Recht!«

»Verdammt, Grossbart, hören Sie auf zu winseln. Sie haben ja Ihr Recht. Sie können bleiben und Dielen scheuern, oder Sie können in die *Schul* gehen ...«

Das Lächeln kam wieder angeschwommen. An seinen Mundwinkeln glänzte Speichel. »Sie meinen in die Kirche, Sergeant.«

»Ich meine in die *Schul*, Grossbart!« Ich ließ ihn stehen und ging hinaus.

Ganz in der Nähe knirschten die Stiefel eines Wachpostens auf dem Kies. In den erleuchteten Baracken saßen die jungen Leute in Turnhemden und Arbeitshosen auf den Pritschen und reinigten ihre Gewehre. Plötzlich hörte ich hinter mir ein Geräusch. Ich drehte mich um und sah eine dunkle Gestalt. Grossbart rannte zu seinen jüdischen Freunden, um ihnen zu sagen, daß sie recht gehabt hatten – daß ich, genau wie Karl und Harpo Marx, einer der Ihren war.

Als ich mich am nächsten Morgen mit dem Hauptmann unterhielt, erzählte ich ihm von dem Vorfall. Ich beschränkte mich dabei auf die Tatsachen, aber mein Vorgesetzter hatte offenbar den Eindruck, daß ich Grossbarts Anliegen nicht nur schildern, sondern es auch befürworten wollte.

»Marx, ich würde Seite an Seite mit einem Nigger kämpfen, wenn mir der Kerl bewiese, daß er ein Mann ist. Ich kann mit Stolz sagen« – der Hauptmann blickte zum Fenster hinaus –, »daß ich keine Vorurteile kenne. Und folglich, Sergeant, gibt es hier keine Sonderbehandlung – weder im Guten noch im Schlechten. Hier braucht ein Mann nichts weiter zu tun, als sich zu bewähren. Wer im Schießstand gut abschneidet, kriegt Wochenendurlaub. Wer beim Exerzieren gut abschneidet, kriegt auch Wochenendurlaub. Weil er ihn *verdient* hat.« Er drehte sich um und deutete mit dem Finger auf mich. »Sie sind Jude, nicht wahr, Marx?«

»Jawohl, Sir.«

»Und ich bewundere Sie. Ich bewundere Sie wegen der Bänder auf Ihrer Brust. Ich beurteile einen Mann danach, wie er sich auf dem Schlachtfeld benimmt, Sergeant. Für mich zählt nur das, was er *hier* hat«, sagte er und zeigte nicht etwa auf sein Herz, wie ich erwartet hatte, sondern auf die Knöpfe, die seinen Waffenrock mühsam über dem Bauch zusammenhielten. »Mumm im Leib«, sagte er.

»Okay, Sir, ich wollte Ihnen nur berichten, was die Mannschaften darüber denken.«

»Mr. Marx, Sie werden vor der Zeit altern, wenn Sie sich um die Gedanken und Gefühle der Mannschaften kümmern. Überlassen Sie das dem Feldkaplan – so was ist seine Aufgabe, nicht Ihre. Wir wollen diesen Burschen nur beibringen, ordentlich zu schießen. Wenn die jüdischen Mannschaften glauben, daß die anderen sie für Drückeberger halten ... na, da weiß ich wirklich nicht ... Ist ja 'ne komische Sache – plötzlich brüllt der liebe Gott so laut in Soldat Grossbarts Ohr, daß der unbedingt in die Kirche rennen muß.«

»In die Synagoge«, sagte ich.

»Synagoge – richtig, Sergeant. Ich werde mir's aufschreiben, könnte ja noch mal nützlich sein. Danke, daß Sie gekommen sind.«

Am Abend, kurz bevor die Kompanie zum Essenappell antrat, rief ich den Unteroffizier vom Dienst, Korporal Robert LaHill, zu mir herein. Er war ein vierschrötiger, dunkelhaariger Bursche, bei dem sich an jeder nur möglichen Stelle Haare aus der Uniform ringelten. Der glasige Blick seiner Augen ließ einen an Höhlen und Dinosaurier denken. »LaHill«, sagte ich, »erinnern Sie beim Appell die Leute daran, daß es ihnen *jederzeit* freisteht, am Gottesdienst ihrer Religionsgemeinschaft teilzunehmen. Sie haben sich nur im Ordonnanzzimmer zu melden, bevor sie das Camp verlassen.«

LaHill zuckte nicht mit der Wimper; er kratzte sich am Handgelenk, und nichts deutete darauf hin, daß er meine Worte gehört oder verstanden hatte.

»LaHill«, sagte ich, »*Kirche*. Erinnern Sie sich? Kirche, Priester, Messe, Beichte ...«

Seine Oberlippe verzog sich zu der Andeutung eines Lächelns; ich nahm das als Zeichen, daß er für eine Sekunde zur menschlichen Rasse zurückgekehrt war.

»Jüdische Mannschaften, die heute abend am Gottesdienst teilnehmen wollen, haben um neunzehn Uhr vor dem Ordonnanzzimmer anzutreten.« Und sicherheitshalber fügte ich hinzu: »Befehl von Hauptmann Barrett.«

Wenig später, als sich die sanfteste Dämmerung jenes Jahres über Camp Crowder breitete, erklang vor meinem Fenster LaHills heisere, monotone Stimme: »Alle mal herhören. Ich soll euch vom Sergeant sagen, daß alle jüdischen Mannschaften um neunzehn Uhr hier anzutreten haben, wenn sie in die jüdische Messe gehen wollen.«

Um sieben Uhr blickte ich aus dem Fenster: Drei Soldaten in Ausgehuniform standen auf dem staubigen Hof. Sie schauten auf ihre Uhren, bewegten nervös den Kopf und flüsterten miteinander. Es wurde immer dunkler, und die einsamen Gestalten auf dem leeren Hof sahen winzig klein aus. Als ich die Tür öffnete, hörte ich den Lärm der G.I.-Party, der aus den umliegenden Baracken drang – Pritschen wurden an die Wand geschoben, aus den Leitungen floß Wasser in Eimer, Reisigbesen kratzten über die Fußböden und fegten für die Samstaginspektion den Dreck weg. An den Fensterscheiben kreisten dicke Stoffbäusche. Ich ging hinaus, und in dem Augenblick, da ich die Schwelle überschritt, glaubte ich zu hören, daß Grossbart den beiden anderen zurief: »'chtung!« Oder vielleicht bildete ich mir nur ein, diesen Befehl gehört zu haben, weil sie alle drei gleichzeitig Haltung annahmen.

Grossbart trat vor. »Vielen Dank, Sir«, sagte er.

»Sergeant, Grossbart«, erinnerte ich ihn. »Nur Offiziere werden mit ›Sir‹ angeredet. Ich bin kein Offizier. Sie sind seit drei Wochen in der Armee – also wissen Sie das.«

Er drehte beide Handflächen nach außen, um anzudeuten, daß er und ich in Wahrheit jenseits des Konventionellen lebten. »Jedenfalls danken wir Ihnen.«

»Ja«, sagte der hochgewachsene Junge hinter ihm. »Vielen Dank.«

Und der dritte flüsterte: »Danke«, aber sein Mund bewegte sich kaum, so daß nichts als ein Lippenzucken seine Habachtstellung veränderte.

»Wofür?« fragte ich.

Grossbart schnaufte glückselig. »Für die Bekanntmachung vorhin. Für das, was der Korporal gesagt hat. Es hat geholfen. Die Sache ist dadurch ...«

»Gefälliger geworden«, ergänzte der Hochgewachsene.

Grossbart lächelte. »Er meint offiziell, Sir. Amtlich«, sagte er zu mir. »Jetzt sieht's nicht mehr so aus, als ob wir weglaufen und uns vor der Arbeit drücken wollten.«

»War ein Befehl von Hauptmann Barrett«, erklärte ich.

»Na ja, aber Sie haben doch bestimmt etwas nachgeholfen«, meinte Grossbart. »Und dafür sagen wir danke.« Er drehte sich nach seinen Gefährten um. »Sergeant Marx, ich möchte Ihnen Larry Fishbein vorstellen.«

Der hochgewachsene Junge trat vor und streckte mir die Hand hin. Ich nahm sie. »Aus New York?« fragte er mich.

»Ja.«

»Ich auch.« Er hatte ein leichenblasses Gesicht, das sich von den Backenknochen bis zum Unterkiefer tief nach innen wölbte, und wenn er lächelte – wie er es tat, als er erfuhr, daß wir beide aus derselben Stadt kamen –, dann wurde ein Mundvoll schlechter Zähne sichtbar. Er blinzelte häufig, als versuche er, Tränen zurückzudrängen. »Welcher Stadtteil?« fragte er.

Ich wandte mich an Grossbart. »Es ist fünf nach sieben. Wann fängt der Gottesdienst an?«

»Die *Schul*«, verbesserte er mich lächelnd. »In zehn Minuten. Darf ich Ihnen Mickey Halpern vorstellen? Mickey, das ist Nathan Marx, unser Sergeant.«

Der dritte Junge sprang vor. »Soldat Michael Halpern«. Er salutierte.

»Salutiert wird nur vor Offizieren, Halpern.« Der Junge ließ die Hand sinken; in seiner Nervosität fühlte er bei der Abwärtsbewegung nach, ob seine Brusttaschen zugeknöpft waren.

»Soll ich die beiden hinführen, Sir?« fragte Grossbart. »Oder kommen Sie mit?«

Hinter Grossbart krähte Fishbein: »Nachher gibt's Erfrischungen. Weibliches Hilfskorps aus St. Louis, hat uns der Reb vorige Woche gesagt.«

»Der Rabbiner«, flüsterte Halpern.

»Wäre nett, wenn Sie mitkämen«, sagte Grossbart.

Um nicht antworten zu müssen, blickte ich zur Seite, und dabei entdeckte ich an den Barackenfenstern eine Menge Gesichter, die uns vier anstarrten.

»Vorwärts, Grossbart, beeilen Sie sich.«

»Okay«, sagte er. Und zu den anderen: »Laufschritt – marsch, marsch!« Sie rannten los, aber nach wenigen Schritten drehte sich Grossbart um und rief mir im Laufen zu: »*Gut Schabbes*, Sir.« Und dann verschwanden die drei in der Dämmerung von Missouri.

Auch nachdem sie den Exerzierplatz überquert hatten, dessen Grün nun ein tiefes Nachtblau war, hörte ich Grossbart den Takt des Laufschritts angeben, und während es dunkler und dunkler wurde, rührten diese Rufe plötzlich an eine verborgene Erinnerung – genau wie das schrägfallende Licht es tat –, und ich entsann mich der schrillen Rufe auf einem Spielplatz nahe dem Grand Concourse in Bronx, wo ich vor vielen Jahren an langen Frühlingsabenden wie diesem gespielt hatte. Die dünnen, verklingenden Töne … Es waren angenehme Gedanken für einen jungen Mann, der so weit von Heimat und Frieden entfernt war, und so viele Erinnerungen stiegen auf, daß mich eine tiefe Rührung überkam. Ich verlor mich in Träumereien, bis ich zu spüren glaubte, wie sich eine Hand nach mir ausstreckte und tief in mein Inneres griff. Sie mußte sehr tief greifen, um mich zu erreichen. Sie mußte vorbeigreifen an jenen Tagen in den Wäldern Belgiens, vorbei an jenen Toten, die ich nicht hatte beweinen wollen, vorbei an jenen Nächten in deutschen Bauernhäusern, wo wir Bücher verbrannten, um uns zu wärmen, vorbei an jenen endlosen Zeiträumen, in denen ich alle Milde verdrängte, die ich für meine Mitmenschen hätte fühlen können, und in denen es mir sogar gelang, auf die Prahlerei zu verzichten, die ich als Jude mir wohl hätte erlauben können, als meine Stiefel über die Trümmer von Wesel, Münster und Braunschweig stapften.

Nun aber genügte ein nächtliches Geräusch, ein Widerhall von Heimat und fernen Zeiten, damit meine Erinnerung wach wurde, alles aufriß, was ich betäubt hatte, und bis zu dem vorstieß, was – wie ich plötzlich erkannte – mein Ich war. Es ist also nicht weiter verwunderlich, daß ich in dem Bemühen, mehr von mir selbst zu finden, Grossbarts Spuren folgte und die Kapelle Nr. 3 betrat, wo die jüdischen Gottesdienste abgehalten wurden.

Ich setzte mich in die letzte Reihe, die leer war. Zwei Reihen vor mir saßen Grossbart, Fishbein und Halpern, und jeder von ihnen hielt einen kleinen weißen Pappbecher in der Hand. Der Fußboden stieg nach hinten zu an, und so konnte ich die drei mühelos beobachten. Fishbein goß den Inhalt seines Bechers in den von Grossbart, und Grossbart lächelte freudig, als die Flüssigkeit zwischen seiner und Fishbeins Hand einen purpurnen Bogen beschrieb. In dem grellen gelben Licht sah ich den Rabbiner, der vorn stand und das Gebet vortrug. Grossbarts Gebetbuch lag geschlossen auf seinen Knien; er drehte den Becher hin und her. Nur Halpern betete mit. Die Finger seiner rechten Hand spreizten sich auf dem Deckel des aufgeschlagenen Buches, und seine Mütze war tief in die Stirn gezogen, so daß sie rund wie eine *Jameke* aussah. Von Zeit zu Zeit befeuchtete Grossbart seine Lippen am Rande des Bechers; Fishbein, dessen langes, gelbliches Gesicht an eine verlöschende Glühbirne erinnerte, blickte hierhin und dorthin, verdrehte den Kopf, um die Leute in seiner Reihe, in der Reihe vor ihm und in der hinter ihm zu betrachten. Dabei erspähte er mich, und seine Augenlider schlugen einen Trommelwirbel. Sein Ellbogen stieß in Grossbarts Seite, sein Hals neigte sich zu dem Freund hin, und als dann die Gemeinde dem Rabbiner antwortete, war Grossbarts Stimme dabei. Auch Fishbein sah nun in sein Buch, aber seine Lippen bewegten sich nicht.

Schließlich war es Zeit, den Wein zu trinken. Der Rabbiner lächelte auf sie hinunter, als Grossbart den Becher auf einen Zug leerte, Halpern nachdenklich nippte und Fishbein mit seinem leeren Becher Frömmigkeit vortäuschte.

Dann sprach der Rabbiner. »In unserer Gemeinde« – er grinste bei diesem Wort – »sehe ich heute viele neue Gesichter, und ich heiße euch alle bei dem Freitagabendgottesdienst in Camp Crowder herzlich willkommen. Ich bin Major Leo Ben Ezra, euer Rabbiner ...« Obwohl er Amerikaner war, sprach er sehr deutlich; er artikulierte so sorgfältig, als wende er sich vor allem an diejenigen, die ihm die Worte von den Lippen ablasen. »Ich habe euch noch etwas zu sagen, bevor wir uns in den Erfrischungsraum begeben, wo die freundlichen Damen des Tempels Sinai in St. Louis, Missouri, alles sehr hübsch hergerichtet haben.«

Beifall und Pfeifen brachen los. Der Rabbiner lächelte, hob dann der Gemeinde die Handflächen entgegen, und seine Augen deuteten rasch nach oben, als wolle er die Soldaten daran erinnern, wo sie sich befanden und wer sonst noch anwesend sein könnte. In der Stille, die plötzlich eintrat, glaubte ich Grossbarts gackernde Stimme zu hören: »Sollen doch die *Gojim* die Dielen scheuern!« Waren das die Worte? Ich war nicht sicher, aber Fishbein grinste und gab Halpern einen Rippenstoß. Halpern sah ihn verständnislos an und wandte sich wieder seinem Gebetbuch zu, mit dem er sich auch während der Rede des Rabbiners beschäftigt hatte. Er zupfte an dem lockigen schwarzen Haar, das unter seiner Mütze hervorquoll. Seine Lippen bewegten sich.

Der Rabbiner sprach weiter. »Das, was ich zu sagen habe, betrifft das Essen. Ich weiß, ich weiß, ich weiß«, sagte er müde, »daß den meisten von euch das *trefene* Essen wie Asche schmeckt. Ich weiß, wie übel so manchem davon wird, ich weiß auch, wie eure Eltern bei dem Gedanken leiden, daß ihre Kinder unreine Speisen essen, die den Gaumen anwidern. Was soll ich euch sagen? Ich kann nur sagen, macht die Augen zu und schluckt, so gut ihr könnt. Eßt nicht mehr, als zum Leben notwendig ist, und werft das übrige fort. Ich wollte, ich könnte mehr für euch tun. Diejenigen, denen es unmöglich scheint, sich zu überwinden, möchte ich bitten, es immer wieder zu versuchen, aber wenn euer Abscheu zu groß ist, dann kommt privat zu mir, und wir werden uns bemühen, bei höheren Stellen Hilfe zu suchen.«

Ein allgemeines Raunen erhob sich und verstummte; dann sangen alle das *En kelohenoh*, und ich entdeckte, daß ich nach all den Jahren die Worte noch wußte.

Kaum war der Gottesdienst zu Ende, da stürzte Grossbart auf mich zu. »Höhere Stellen? Meint er den General?«

»Unsinn, Shelly«, unterbrach ihn Fishbein, »er meint Gott.« Er schlug sich auf die Wange und blickte Halpern an. »Wie hoch kann man schon gehen?«

»Pst«, mahnte Grossbart. »Was meinen Sie, Sergeant?«

»Ich weiß nicht. Fragen Sie lieber den Rabbiner.«

»Werde ich tun. Ich gehe gleich zu ihm und bitte um eine private Unterredung. Und Mickey auch.«

Halpern schüttelte den Kopf. »Nein, nein, Sheldon ...«

»Du hast Rechte, Mickey. Die dürfen uns nicht so rumstoßen.«

»Ach, laß doch. Darüber regt sich meine Mutter auf, ich nicht.«

Grossbart sah mich an. »Gestern hat er gebrochen. Vom Gehackten. War alles Schweinefleisch und Gott weiß was noch.«

»Ich bin erkältet – davon kam's«, sagte Halpern. Er machte aus seiner *Jameke* wieder eine Mütze.

»Und was ist mit Ihnen, Fishbein?« fragte ich. »Essen Sie sonst auch koscher?«

Er wurde rot, und das gab seiner gelblichen Haut eher einen grauen als einen rosigen Anflug. »So einigermaßen. Aber mir macht's nichts aus. Ich hab einen sehr guten Magen. Und ich esse sowieso nicht viel ...« Als ich den Blick nicht von ihm abwandte, hob er die linke Hand und deutete, um seine Worte zu bekräftigen, auf das Uhrarmband, das ins letzte Loch geschnallt war.

»Und der Gottesdienst? Bedeutet der Ihnen etwas?« erkundigte ich mich.

Er schaute auf Grossbart. »Natürlich, Sir.«

»Sergeant.«

»Zu Hause nicht so sehr«, sagte Grossbart und drängte sich zwischen uns, »aber in der Fremde. Man muß doch an irgendwas merken, daß man Jude ist.«

»Wir müssen zusammenhalten«, fügte Fishbein hinzu.

Ich wandte mich zum Gehen. Halpern trat zurück, um mir Platz zu machen.

»Genau das ist ja in Deutschland passiert«, sagte Grossbart laut genug, daß ich es hören konnte. »Da haben sie nicht zusammengehalten. Sie haben sich rumstoßen lassen.«

Ich drehte mich um. »Grossbart, wir sind hier in der Armee, nicht im Ferienlager.«

Er lächelte. »Na und?«

Halpern wollte sich verdrücken, aber Grossbart hielt ihn am Arm fest.

»Grossbart«, fragte ich, »wie alt sind Sie?«

»Neunzehn.«

»Und Sie?« sagte ich zu Fishbein.

»Genauso alt. Auf den Monat sogar.«

»Und er?« Ich deutete auf Halpern, dem es nun doch geglückt war, die Tür zu erreichen.

»Achtzehn«, flüsterte Grossbart. »Ein Jüngelchen – man denkt immer, er kann noch nicht mal seine Schuhe zuschnüren oder sich allein die Zähne putzen. Mir tut er leid.«

»Mir tun wir alle leid, Grossbart, aber benehmen Sie sich gefälligst wie ein Mann. Übertreiben Sie's nicht.«

»Übertreiben? Was denn, Sir?«

»Diese Sir-Geschichte zum Beispiel. Übertreiben Sie die nicht«, sagte ich und ließ ihn stehen. Ich ging an Halpern vorbei, der nicht aufsah. Dann war ich draußen – aber hinter mir hörte ich Grossbart rufen: »He, Mickey, *mein Leben*, komm zurück. Erfrischungen!«

Mein Leben – so hatte meine Großmutter mich immer genannt.

Eines Morgens, acht Tage später – ich saß an meinem Schreibtisch –, schrie Hauptmann Barrett, ich solle in sein Büro kommen. Als ich eintrat, hatte er den Plastikunterhelm so tief heruntergezogen, daß ich seine Augen nicht sehen konnte. Er telefonierte, und während er zu mir sprach, legte er die Hand über die Sprechmuschel.

»Wer, zum Teufel, ist Grossbart?«

»Dritter Zug, Herr Hauptmann«, sagte ich. »Ein Rekrut.«

»Was soll diese Stänkerei wegen des Essens? Seine Mutter hat sich bei einem gottverdammten Abgeordneten über das Essen beschwert ...« Er nahm die Hand von der

Muschel und schob den Helm etwas höher, so daß der Bogen seiner unteren Augenwimpern sichtbar wurde. »Jawohl, Sir«, sagte er ins Telefon. »Jawohl, Sir. Ich bin noch da, Sir. Marx ist bei mir, und ich frage ihn gerade ...«

Er hielt die Muschel wieder zu und sah mich an. »Lightfoot Harry ist am Apparat«, sagte er zwischen den Zähnen. »Dieser Abgeordnete ruft General Lyman an, der ruft Oberst Sousa an, der gibt's an den Major weiter und der an mich. Die brennen darauf, mir die Sache anzuhängen. Was ist denn los« – er schüttelte wütend den Hörer –, »geb ich den Leuten vielleicht nichts zu essen? Zum Teufel, was soll das?«

»Sir, Grossbart ist ein seltsamer Kauz ...« Barrett reagierte auf diese Bemerkung mit einem mokanten Lächeln, und ich schlug einen anderen Weg ein. »Herr Hauptmann, er ist ein streng orthodoxer Jude und darf daher gewisse Speisen nicht essen.«

»Er bricht, hat der Abgeordnete gesagt. Alles, was er ißt, bricht er wieder aus, behauptet seine Mutter.«

»Er ist an die Einhaltung der Speisegesetze gewöhnt, Herr Hauptmann.«

»Und deswegen muß sich seine alte Dame ans Weiße Haus wenden?«

»Jüdische Eltern sind überaus fürsorglich, Sir. Ich will sagen – Juden haben sehr enge familiäre Bindungen. Wenn ein Junge von zu Hause fortgeht, bringt das die Muter manchmal ganz durcheinander. Wahrscheinlich hat der Junge in einem Brief irgend etwas *erwähnt*, was die Mutter als Beschwerde aufgefaßt hat.«

»Ich möchte ihm am liebsten ein paar in die Fresse hauen. Wir stecken mitten in einem gottverdammten Krieg, und er verlangt 'nen silbernen Teller!«

»Ich glaube nicht, daß es an dem Jungen liegt, Sir. Wir sollten mit ihm reden, dann kommt bestimmt alles ins Lot. Jüdische Eltern sind nun mal ängstlich ...«

»Zum Donnerwetter, *alle* Eltern sind ängstlich. Aber sie setzen sich nicht aufs hohe Roß und lassen ihre Beziehungen spielen ...«

Ich unterbrach ihn; meine Stimme klang höher, angespannter als bisher. »Das Familienleben ist sehr wichtig, Herr Hauptmann ... allerdings kann man's auch übertreiben, da haben Sie recht. Es ist etwas Wunderbares, Herr Hauptmann, aber gerade weil die Menschen so eng miteinander verbunden sind, kann so was ...«

Er hörte nicht mehr auf meinen Versuch, mir selbst und Lightfoot Harry eine Erklärung für den Brief zu geben. Er wandte sich wieder dem Telefon zu. »Sir?« sagte er, »Sir, eben sagt mir Marx, daß jüdische Eltern dazu neigen, sich einzumischen. Er glaubt, daß er die Sache gleich hier in der Kompanie in Ordnung bringen kann, sagt er ... Jawohl, Sir ... Gewiß, ich rufe zurück, sobald ich kann ...« Er legte auf. »Wo sind die Leute, Sergeant?«

»Auf dem Schießplatz.«

Mit einem kräftigen Schlag drückte er seinen Helm über die Augen. Dann sprang er auf. »Los, kommen Sie.«

Der Hauptmann fuhr, und ich saß neben ihm. Es war ein warmer Frühlingstag, und ich hatte das Gefühl, daß sich meine Achselhöhlen unter dem frisch gestärkten Drillichanzug auflösten und über die Rippen tropften. Die Straßen waren trocken, und als wir den Schießplatz erreichten, knirschte der Staub zwischen meinen Zähnen, obgleich ich den Mund während der Fahrt kein einzigesmal aufgemacht hatte. Der Hauptmann trat heftig auf die Bremse und befahl mir, »diesen gottverdammten Kerl« herbeizuschaffen.

Ich suchte Grossbart und fand ihn. Er lag auf dem Bauch und feuerte wild drauflos. Hinter ihm standen Fishbein und Halpern und warteten, daß sie an die Reihe kämen. Fishbein trug eine randlose G.I.-Brille, die ich noch nie an ihm bemerkt hatte; er sah aus wie ein alter Hausierer, der einem nur zu gern das Gewehr und die Patronengurte verkauft hätte, mit denen er behängt war. Ich blieb bei den Munitionskisten stehen, da Grossbart noch immer das ferne Ziel mit Patronen besprühte. Fishbein schlenderte auf mich zu.

»Hallo, Sergeant Marx.«

»Wie geht's?« murmelte ich.

»Prima, danke. Sheldon schießt wirklich großartig.«

»Ich hab nicht drauf geachtet.«

»Ich kann's nicht so gut, aber ich glaube, so langsam kriege ich den Dreh raus ... Sergeant, wissen Sie, ich möchte ja nicht nach Sachen fragen, die mich nichts angehen ...« Fishbein hielt inne. Er wollte offenbar vertraulich mit mir sprechen, aber der Lärm des Schießens zwang ihn zu schreien.

»Was gibt's denn?« fragte ich. Am Rande des Platzes sah ich Hauptmann Barrett im Jeep aufstehen, um nach mir und Grossbart Ausschau zu halten.

»Meine Eltern schreiben immerzu und wollen wissen, wo wir hingeschickt werden. Alle reden vom Pazifik. Mir ist's egal, aber meine Eltern ... Wenn ich sie beruhigen könnte, würde mir's bestimmt leichter fallen, mich aufs Schießen zu konzentrieren.«

»Ich habe keine Ahnung, wohin es geht, Fishbein. Versuchen Sie auf jeden Fall, sich zu konzentrieren.«

»Sheldon meint, Sie könnten vielleicht herausfinden ...«

»Ich weiß überhaupt nichts, Fishbein. Machen Sie sich keine Sorgen, und lassen Sie sich nicht von Sheldon ...«

»*Ich* mach mir ja keine Sorgen, Sergeant, aber zu Hause ...«

Grossbart war jetzt fertig mit dem Schießen und klopfte den Staub von seinem Drillichzeug. Ich ließ Fishbein keine Zeit, den Satz zu beenden.

»Grossbart, der Hauptmann will Sie sprechen.«

Er trat zu uns. Seine Augen strahlten und zwinkerten. »Hallo!«

»Halten Sie das verdammte Gewehr nach unten!«

»Na, Sie würde ich doch nie erschießen, Chef.« Sein Lächeln war breit wie ein Kürbis, als er den Lauf senkte.

»Zum Donnerwetter, Grossbart, das ist kein Scherz. Kommen Sie mit.«

Ich ging voran und hatte den schrecklichen Verdacht, daß hinter mir Grossbart mit dem Gewehr über der Schulter *marschierte*, als wäre er eine Ein-Mann-Abteilung.

Am Jeep präsentierte er das Gewehr vor dem Hauptmann. »Soldat Sheldon Grossbart, Sir.«

»Rühren, Grossman.« Der Hauptmann rutschte auf den freien Vordersitz und winkte Grossbart mit gekrümmtem Finger heran.

»Bart, Sir. Sheldon Gross*bart*. Wird oft verwechselt.« Grossbart nickte mir zu – *ich* verstehe das, wollte er damit sagen. Ich sah zur Seite. In diesem Augenblick fuhr der Küchenwagen auf den Platz und spie ein halbes Dutzend Helfer mit aufgerollten Ärmeln aus. Ihr Unteroffizier brüllte sie an, während sie die Essenkübel abluden.

»Grossbart, Ihre Mutter hat an irgendeinen Abgeordneten geschrieben, daß wir Sie hier nicht richtig verpflegen«, sagte der Hauptmann. »Wissen Sie das?«

»Es war mein Vater, Sir. Er hat an den Abgeordneten Franconi geschrieben, daß mir meine Religion den Genuß bestimmter Speisen verbietet.«

»Welche Religion ist das, Grossbart?«

»Die jüdische.«

»Die jüdische, *Sir*«, verbesserte ich ihn.

»Verzeihung, Sir. Die jüdische, Sir.«

»Wovon haben Sie denn bisher gelebt?« erkundigte sich der Hauptmann. »Sie sind schon seit einem Monat in der Armee und sehen nicht aus, als wären Sie am Verhungern.«

»Ich esse, weil ich muß, Sir. Aber Sergeant Marx kann bezeugen, daß ich nicht einen Bissen mehr esse, als zum Weiterleben notwendig ist.«

»Marx«, fragte Barrett, »stimmt das?«

»Ich habe Grossbart nie essen sehen, Sir«, sagte ich.

»Sie haben aber den Rabbiner gehört«, warf Grossbart ein. »Er hat uns gesagt, was wir tun sollen, und daran halte ich mich.«

Der Hauptmann schaute mich an. »Na, Marx?«

»Ich weiß trotzdem nicht, wie viel oder wie wenig er ißt, Sir.«

Grossbart hob beschwörend die Arme, und für einen Augenblick sah es so aus, als wollte er mir sein Gewehr überreichen. »Sergeant ...«

»Sie haben hier nur dem Herrn Hauptmann zu antworten, Grossbart«, sagte ich scharf.

Barrett lächelte mir zu, und das ärgerte mich. »Schon gut, Grossbart«, sagte er. »Was wollen Sie eigentlich? Das gewisse Papierchen? Den Entlassungsschein?«

»Nein, Sir. Mir geht's nur darum, daß wir wie Juden leben dürfen, ich und die anderen.«

»Welche anderen?«

»Fishbein, Sir, und Halpern.«

»Denen paßt also unsere Verpflegung auch nicht?«

»Halpern bricht, Sir. Ich hab's gesehen.«

»Ich dachte, *Sie* brechen.«

»Nur einmal, Sir. Ich wußte nicht, daß die Wurst Wurst war.«

»Wir werden Speisekarten ausgeben, Grossbart. Wir werden Lehrfilme über unsere Nahrungsmittel laufen lassen, damit Sie Bescheid wissen, wenn wir versuchen, Sie mit Gift zu füttern.«

Grossbart antwortete nicht. Inzwischen hatten sich die Mannschaften aufgestellt, um Essen zu fassen. Sie bildeten zwei lange Reihen, und am Ende der einen entdeckte ich Fishbein – oder besser, seine Brille entdeckte mich. Sie winkte und blinkte mir im Sonnenlicht zu. Neben Fishbein tupfte Halpern seinen Hals unter dem Kragen mit einem khakifarbenen Taschentuch ab. Sie bewegten sich mit der Reihe, die anfing, sich vorwärts zu schieben. Der Küchenunteroffizier brüllte noch immer seine Leute an. Der Gedanke, daß der Unteroffizier in Grossbarts Problem verwickelt werden könnte, erfüllte mich für einen Augenblick mit Entsetzen.

»Kommen Sie her, Marx«, sagte der Hauptmann zu mir. »Marx, Sie sind doch Jude, nicht wahr?«

 Ich verzog keine Miene. »Jawohl, Sir.«

»Wie lange sind Sie schon in der Armee? Sagen Sie's dem Jungen.«

»Drei Jahre und zwei Monate.«

»Ein Jahr an der Front, Grossbart. Zwölf gottverdammte Monate an der Front, durch ganz Europa hindurch. Ich bewundere diesen Mann«, sagte der Hauptmann und schlug mir mit dem Handgelenk auf die Brust. »Aber hören Sie ihn vielleicht übers Essen meckern?«

»Nein, Sir.«

»Und warum nicht? Er ist doch Jude.«

»Es gibt eben Juden, für die manche Dinge wichtig sind, und es gibt andere, die keinen Wert darauf legen.«

Barrett explodierte. »Hören Sie, Grossbart, Sergeant Marx ist ein patenter Kerl, ein gottverdammter *Held*. Er hat Nazis getötet, als Sie noch die Schulbank drückten. Wer tut denn mehr für die Juden – Sie, der Sie sich wegen eines lausigen Stücks Wurst übergeben, bloß weil erstklassiges Schweinefleisch drin ist, oder Marx, der die Nazi-Bastarde umgebracht hat? Wenn ich Jude wäre, Grossbart, würde ich diesem Mann die Füße küssen. Er ist ein gottverdammter Held, wissen Sie das? Und *er* ißt, was er von uns kriegt. Ich frage mich nur, warum *Sie* Schwierigkeiten machen müssen! Worauf sind Sie eigentlich aus? Auf Ihre Entlassung?«

»Nein, Sir.«

»Mein Gott, ich rede zu einer *Wand!* Sergeant, schaffen Sie ihn mir aus den Augen!« Barrett warf sich auf den Fahrersitz. »Ich werde mit dem Rabbiner sprechen!« Der Motor heulte auf, der Jeep sauste herum, und der Hauptmann, in eine Staubwolke eingehüllt, fuhr ins Lager zurück.

Einen Augenblick lang standen Grossbart und ich nebeneinander und sahen dem Jeep nach. Dann schaute er mich an und sagte: »Ich will keine Schwierigkeiten machen. Das ist immer das erste, was uns vorgeworfen wird.«

Während er sprach, fielen mir seine tadellosen weißen Zähne auf, und plötzlich begriff ich, daß er tatsächlich Eltern hatte. Jemand war regelmäßig mit dem kleinen Sheldon zum Zahnarzt gegangen. Er war jemandes Sohn. Obgleich Grossbart so viel von seinen Eltern redete, hatte ich Mühe, ihn mir als Kind vorzustellen, als Erben – als Blutsverwandten von irgend jemand, von Mutter, Vater oder vor allem von mir. Aber er war jemandes Sohn, und diese Erkenntnis zog eine zweite nach sich.

»Welchen Beruf hat Ihr Vater, Grossbart?« fragte ich, als wir zur Essensausgabe hinübergingen.

»Er ist Schneider.«

»Amerikaner?«

»Jetzt ja. Ein Sohn in der Armee«, sagte er lächelnd.

»Und Ihre Mutter?«

Er zwinkerte mir zu. »Hausfrau. Und was für eine – nicht mal nachts legt sie das Staubtuch aus der Hand.«

»Ist sie auch eingewandert?«

»Sie spricht bis zum heutigen Tag nur Jiddisch.«

»Und Ihr Vater?«

»Ein bißchen Englisch. ›Reinigen‹, ›bügeln‹, ›Hosen enger machen‹ ... Das ist so ungefähr alles. Aber sie sind gut zu mir ...«

»Dann, Grossbart ...« Ich packte ihn am Arm und zwang ihn stehenzubleiben. Er wandte sich mir zu, und als unsere Blicke sich trafen, schienen seine Augen zitternd in ihre Höhlen zurückzuweichen. Offenbar hatte er Angst. »Dann haben Sie also diesen Brief geschrieben, Grossbart, nicht wahr?«

Es dauerte nur ein oder zwei Sekunden, bis seine Augen wieder aufleuchteten. »Ja.« Er ging weiter, und ich hielt Schritt mit ihm. »Aber genau das *hätte* mein Vater geschrieben, wenn er so viel Englisch könnte. Und immerhin stand ja sein Name darunter. *Er* hat unterschrieben. Er hat auch den Brief abgeschickt. Darum hatte ich ihn gebeten. Wegen des New Yorker Poststempels.«

Ich war überrascht, und er merkte es. Mit ernster Miene streckte er seinen rechten Arm aus. »Blut ist Blut, Sergeant«, sagte er und kniff die blaue Ader am Handgelenk zusammen.

»Zum Teufel, was *wollen* Sie eigentlich, Grossbart? Ich habe Sie nämlich essen sehen. Wissen Sie das? Dem Hauptmann habe ich gesagt, daß ich nicht weiß, was Sie essen, aber ich habe gesehen, wie Sie reinhauen.«

»Wir arbeiten schwer, Sergeant. Wir sind in der Ausbildung. Wenn ein Hochofen arbeiten soll, muß man ihn mit Kohle füttern.«

»Und warum, Grossbart, haben Sie in dem Brief gesagt, daß Sie sich dauernd übergeben?«

»Damit habe ich eigentlich Mickey gemeint. Von sich aus würde der ja nie schreiben, Sergeant, obgleich ich mir den Mund fusselig geredet habe. Er wird noch eingehen, wenn ich ihm nicht helfe. Sergeant, ich habe in meinem Namen geschrieben, im Namen meines Vaters, aber ich muß auch für Mickey und Fishbein sorgen.«

»Sie sind also ein richtiger Messias, was?«

Wir waren bei der Essenschlange angekommen.

»Guter Witz, Sergeant.« Er lächelte. »Aber wer weiß? Wer kann's sagen? Vielleicht sind Sie der Messias ... ein

Stückchen Messias. Mickey sagt, der Messias ist eine Kollektividee. Er ist eine Zeitlang in die *Jeschiwa* gegangen, der Mickey. Er sagt, wir *alle zusammen* sind der Messias. Ich bin ein Stückchen Messias, Sie sind ein Stückchen Messias und so weiter ... Den Jungen sollten Sie reden hören, Sergeant, wenn der erst mal loslegt.«

»Ich ein Stückchen, Sie ein Stückchen. Das möchten Sie wohl gern glauben, Grossbart, wie? Das macht für Sie alles so einfach.«

»Ist gar keine schlechte Sache, an so was zu glauben, Sergeant. Es bedeutet ja nur, daß wir alle etwas geben sollten ...«

Ich ging fort, um mein Essen in Gesellschaft der anderen Unteroffiziere zu verzehren.

Einige Tage später landete ein an Hauptmann Barrett adressierter Brief auf meinem Schreibtisch. Er war bereits durch die ganze Befehlshierarchie gegangen – vom Büro des Abgeordneten Franconi, an den er gerichtet war, über General Lyman an Oberst Sousa und von dort an Major Lamont, der ihn an Hauptmann Barrett weitergeleitet hatte. Ich las das Schreiben zweimal durch. Es trug das Datum des 14. Mai – des Tages, an dem der Hauptmann auf dem Schießplatz mit Grossbart gesprochen hatte.

Sehr geehrter Herr Abgeordneter,
gestatten Sie mir zunächst, Ihnen für Ihre Bemühungen hinsichtlich meines Sohnes, des Soldaten Sheldon Grossbart, zu danken. Zum Glück konnte ich neulich abend mit Sheldon telefonieren, und ich glaube, daß ich die Sache nunmehr in Ordnung gebracht habe. Wie ich schon in meinem ersten Brief erwähnte, ist Sheldon ein tiefreligiöser Junge, und ich konnte ihn nur mit größter Mühe davon überzeugen, daß es seine gottgewollte Pflicht ist, die religiösen Gewissensqualen zum Wohle seines Vaterlandes und der gesamten Menschheit zu ertragen. Es war nicht leicht für mich, Herr Abgeordneter, aber zuletzt sah er es ein. Er sagte (ich habe mir seine Worte notiert, damit ich sie nie vergesse): »Ich glaube, Papa, du hast recht. Viele Millionen meiner jüdischen Brüder sind dem Feind zum Opfer gefallen, und wenn ich eine Zeitlang auf ein Teilchen meines Erbes verzichte, so ist das wohl das mindeste, was ich tun kann, um mitzuhelfen, daß dieser Kampf ein Ende nimmt und alle Kinder Gottes ihre Würde und Menschlichkeit wiedererlangen.« Auf diese Worte, Herr Abgeordneter, wäre wohl jeder Vater stolz.

Nebenbei bemerkt – Sheldon nannte mir den Namen eines Soldaten, der sich ebenfalls bemüht hat, ihn zur Einsicht zu bringen, und er bat mich, Ihnen zu sagen, daß es sich um Sergeant Nathan Marx handelt. Sergeant Marx hat an der Front gekämpft und ist Sheldons Vorgesetzter. Dieser Mann hat meinem Sohn über die ersten Hürden hinweggeholfen, denen er sich in der Armee gegenübersah, und ihm ist es zum Teil zu verdanken, daß Sheldon seinen Standpunkt bezüglich der Speisegesetze geändert hat. Ich weiß, daß sich Sheldon über jede dem Sergeanten bezeigte Anerkennung sehr freuen würde.

Nochmals vielen Dank und alles Gute. Ich hoffe, Ihren Namen auch auf der nächsten Wahlliste zu finden.

Hochachtungsvoll
Samuel E. Grossbart

An das Grossbart-Kommuniqué war eine für General Marshall Lyman, den Standortkommandanten, bestimmte Mitteilung angeheftet. Der Abgeordnete Charles E. Franconi, Mitglied des Repräsentantenhauses, der sie unterzeichnet hatte, teilte General Lyman mit, daß Sergeant Nathan Marx der amerikanischen Armee und dem jüdischen Volk zur Ehre gereiche.

Was für ein Motiv steckte hinter Grossbarts Widerruf? Spürte er, daß er zu weit gegangen war? Bedeutete dieser Brief einen strategischen Rückzug – einen geschickten Versuch, das zu stärken, was er als unser Bündnis ansah? Oder hatte er im Verlauf eines imaginären Dialogs zwischen Grossbart *père* und *fils* wirklich seine Meinung geändert? Ich stand vor einem Rätsel, aber nur wenige Tage lang, das heißt, bis ich begriff, daß er aus irgendwelchen Gründen beschlossen hatte, sich von mir fernzuhalten: Er wollte in Zukunft nur noch ein Rekrut unter vielen sein. Ich sah ihn bei der Inspektion – nie blinzelte er mir zu; ich sah ihn beim Essenfassen – nie gab er mir ein Zeichen; sonntags saß er mit den anderen Rekruten am Rande des Sportplatzes und schaute dem Softballteam der Unteroffiziere zu, in dem ich Werfer war – nie sagte er etwas Unnötiges oder Ungewöhnliches zu mir. Fishbein und Halpern gingen mir ebenfalls aus dem Wege, zweifellos auf Grossbarts Befehl. Er hatte wohl eingesehen, daß es klüger war, den Rückzug anzutreten und sich nicht in die Gefahren unverdienter Privilegien zu stürzen. Die Trennung machte es mir möglich, ihm unsere früheren Zusammenstöße zu verzeihen und ihn schließlich sogar wegen seiner vernünftigen Haltung zu bewundern.

Von Grossbart war ich nun also befreit; ich gewöhnte mich auch allmählich an das Leben in Camp Crowder und an die Verwaltungsarbeiten. Eines Tages stieg ich auf die Waage und entdeckte, daß ich tatsächlich ein Nichtkämpfer geworden war: Ich hatte sieben Pfund zugenommen. Ich brachte die Geduld auf, Bücher zu lesen, die ich vorher nach den ersten drei Seiten weggelegt hatte. Immer häufiger dachte ich an die Zukunft, und ich schrieb Briefe an Mädchen, die ich vor dem Krieg gekannt hatte – ich erhielt sogar ein paar Antworten. Ich ließ mir von der Columbia-Universität den Lehrplan der juristischen Fakultät schikken. Den Krieg im Pazifik verfolgte ich auch weiterhin, aber es war nicht *mein* Krieg. Ich glaubte, das Ende des Krieges sei in Sicht, und nachts träumte ich manchmal, daß ich durch die Straßen von Manhattan wanderte – Broadway, Third Avenue und 116. Straße –, wo ich drei Jahre lang gelebt hatte, als ich das Columbia College besuchte. Ich spann mich in diese Träume ein, und ich fing an, glücklich zu sein.

Und dann, eines Samstags, als alle fort waren und ich im Ordonnanzzimmer eine vier Wochen alte Nummer der *Sporting News* las, tauchte Grossbart wieder auf.

»Sind Sie Baseball-Fan, Sergeant?«

Ich blickte auf. »Wie geht's?«

»Famos«, sagte Grossbart. »Die machen einen Soldaten aus mir.«

»Wie geht's Fishbein und Halpern?«

»Auch gut«, sagte er. »Wir haben heute nachmittag keinen Dienst, und da sind sie ins Kino gegangen.«

»Wieso sind Sie nicht dabei?«

»Ich wollte Ihnen mal guten Tag sagen.«

Er lächelte – ein scheues Jungenlächeln, als ob sich unsere Freundschaft auf unerwartete Besuche, nicht vergessene Geburtstage und ausgeliehene Rasenmäher gründete. Zuerst ärgerte mich das, und dann wich dieses Gefühl einem allgemeinen Unbehagen, als mir klar wurde, daß ich mit Grossbart allein war, während alle anderen in einem dunklen Kino eingesperrt waren. Ich faltete meine Zeitung zusammen.

»Sergeant«, begann er, »ich möchte Sie um einen Gefallen bitten. Es ist ein Gefallen, das sag ich Ihnen rundheraus.«

Er hielt inne, als wollte er mir die Möglichkeit geben, von vornherein abzulehnen – was mich natürlich zu einer Höflichkeit zwang, die ich gar nicht beabsichtigt hatte.

»Na, was gibt's?« fragte ich.

»Hm – eigentlich sind es sogar zwei Gefallen.«

Ich schwieg.

»Der erste hat mit diesen Gerüchten zu tun. Wohin wir geschickt werden, meine ich. Alle reden vom Pazifik.«

»Wie ich schon Ihrem Freund Fishbein sagte, habe ich keine Ahnung. Sie müssen's eben abwarten. Wie alle anderen auch.«

»Glauben Sie, daß vielleicht ein paar von uns nach Osten geschickt werden?«

»Nach Deutschland? Kann sein.«

»Nein, ich dachte an New York.«

»Glaube ich kaum, Grossbart. Ist sehr unwahrscheinlich.«

»Vielen Dank für die Information, Sergeant«, sagte er.

»Das ist keine Information, Grossbart. Nur eine Vermutung.«

»Wäre natürlich schön, wenn's etwa doch klappte. Meine Eltern ... Sie wissen ja.« Er machte einen Schritt zur Tür hin und kam dann zurück. »Ach so – das andere. Darf ich das andere noch fragen?«

»Was denn?«

»Das andere ist – ich habe Verwandte in St. Louis, und die sagen, sie wollen mir ein richtiges *Pesach*-Essen geben, wenn ich hinkommen könnte. Wirklich, Sergeant, das würde mir sehr viel bedeuten.«

Ich stand auf. »Kein Urlaub während der Grundausbildung, Grossbart.«

»Aber wir haben von jetzt bis Montag morgen frei, Sergeant. Ich könnte wegfahren, ohne daß jemand was davon weiß.«

»Ich würde es wissen. Und Sie würden's wissen.«

»Das ist auch alles. Nur wir beide. Gestern abend habe ich meine Tante angerufen; die hätten Sie hören sollen! ›Komm, komm‹, hat sie gesagt. ›Ich hab *gefillte Fisch*, *Kreen* und was sonst noch dazugehört.‹ Bloß einen Tag, Sergeant, ich nehm alles auf mich, wenn was passiert.«

»Der Hauptmann ist nicht da, und der müßte den Urlaubsschein unterschreiben.«

»Das könnten Sie doch tun.«

»Hören Sie mal, Grossbart ...«

»Sergeant, seit zwei Monaten esse ich nichts als *trefe* – zum Verrecken ist das.«

»Ich denke, Sie haben beschlossen, sich damit abzufinden. Auf ein Teilchen Ihres Erbes zu verzichten.«

Er streckte anklagend den Finger aus. »Sie!« sagte er. »Das war nicht für Sie bestimmt!«

»Ich hab's aber gelesen.«

»Der Brief war an einen Abgeordneten gerichtet.«

»Grossbart, mich können Sie nicht für dumm verkaufen. Sie *wollten* doch, daß ich's lese.«

»Warum verfolgen Sie mich, Sergeant?«

»Machen Sie hier keine Witze!«

»So was ist mir schon früher passiert, aber nie von den eigenen Leuten.«

»Raus mit Ihnen, Grossbart. Zum Teufel noch mal, verschwinden Sie!«

Er rührte sich nicht. »Sie schämen sich, das ist es. Und wir anderen müssen's ausbaden. Es heißt ja, daß Hitler Halbjude war, und wenn ich so was sehe, möcht ich's direkt glauben!«

»Was wollen Sie eigentlich von mir, Grossbart? Worauf gehen Sie aus? Sie fordern von mir Vergünstigungen, ich soll Ihnen anderes Essen verschaffen, ich soll herausfinden, wohin Sie geschickt werden, ich soll Ihnen Wochenendurlaub geben ...«

»Sie reden sogar wie ein *Goi!*« Grossbart schüttelte die Faust. »Bitte ich etwa um Urlaub, weil Wochenende ist? Ein *Seder* ist doch was Heiliges oder nicht?«

Seder! Plötzlich fiel mir ein, daß *Pesach* schon vor Wochen gefeiert worden war. Ich sagte es Grossbart auf den Kopf zu.

»Stimmt«, erwiderte er. »Wer bestreitet's denn? Vor einem Monat, und ich war auf dem Exerzierplatz und hab Hackfleisch gefressen! Und jetzt bitte ich Sie um nichts weiter als 'nen kleinen Gefallen – ich hab gedacht, das würde ein jüdischer Junge verstehen. Meine Tante will was ganz Besonderes für mich tun ... einen Monat nachher will sie *Seder* feiern ... mir zuliebe ...« Unentwegt vor sich hinmurmelnd, ging er zur Tür.

»Kommen Sie zurück!« rief ich. Er blieb stehen und sah mich an. »Grossbart, warum können Sie nicht wie die anderen sein? Warum wollen Sie immer Ihren Kopf durchsetzen?«

»Weil ich Jude bin, Sergeant. Ich bin eben anders. Vielleicht nicht besser – aber anders.«

»Wir haben Krieg, Grossbart. Seien Sie wenigstens in dieser Zeit wie die anderen.«

»Ich denke nicht dran.«

»Was?«

»Ich denke nicht dran. Ich kann nicht aufhören, ich selbst zu sein, das ist alles.« Seine Augen füllten sich mit Tränen. »Es ist schwer, Jude zu sein. Aber jetzt begreife ich, was Mickey sagt – es ist noch schwerer, einer zu bleiben.« Er hob die Hand und deutete traurig auf mich. »Man sieht's ja an Ihnen.«

»Hören Sie auf zu heulen!«

»Hören Sie mit dem auf, hören Sie mit jenem auf, hören Sie damit auf! Hören *Sie* auf, Sergeant! Hören Sie auf, Ihr Herz vor den eigenen Leuten zu verschließen!« Er fuhr sich mit dem Ärmel übers Gesicht und rannte zur Tür. »Das mindeste, was wir füreinander tun können ... das mindeste ...«

Eine Stunde später sah ich Grossbart über den Exerzierplatz gehen. Er trug eine gestärkte Khakihose und hatte einen ledernen Campingbeutel in der Hand. Ich öffnete die Tür, und von draußen schlug mir die Hitze entgegen. Tiefe Stille, keine Menschenseele weit und breit – nur drüben vor der Kantine saßen vier Männer vom Küchenpersonal über einen Kessel gebeugt, schälten in der Sonne Kartoffeln und schwatzten.

»Grossbart!« rief ich.

Er wandte flüchtig den Kopf und ging weiter.

»Grossbart, kommen Sie her!«

Er machte kehrt und kam zögernd auf mich zu. Schließlich stand er vor mir.

»Wohin?« fragte ich.

»St. Louis. Mir ist alles egal.«

»Man wird Sie schnappen ohne Schein.«

»Dann wird man mich eben ohne Schein schnappen.«

»Man wird Sie einsperren.«

»Ich bin schon eingesperrt.« Er drehte sich um.

Ich ließ ihn nur einen Schritt gehen. »Kommen Sie mit«, sagte ich, und er trottete hinter mir her ins Büro, wo ich ihm auf der Maschine einen Urlaubsschein ausschrieb, den ich mit dem Namen des Hauptmanns und meinen Initialen unterzeichnete.

Er nahm den Schein entgegen; gleich darauf streckte er den Arm aus und ergriff meine Hand. »Sergeant, Sie haben keine Ahnung, was das für mich bedeutet.«

»Schon gut. Hoffentlich klappt alles.«

»Ich wollte, ich könnte Ihnen zeigen, wieviel das für mich bedeutet.«

»Tun Sie mir bloß keinen Gefallen mehr. Schreiben Sie nicht noch mal an Abgeordnete, daß sie mich lobend erwähnen sollen.«

Er lächelte. »Sie haben recht. Wird nicht mehr vorkommen. Aber lassen Sie mich irgendwas für Sie tun.«

»Na, dann bringen Sie mir ein Stückchen *gefillte Fisch* mit. Und jetzt verschwinden Sie.«

»Ja, den Fisch sollen Sie haben. Mit 'ner Mohrrübe und etwas Meerrettich. Das werde ich nicht vergessen.«

»Okay. Zeigen Sie dem Posten am Tor Ihren Schein. Und daß Sie zu niemandem darüber sprechen, verstanden?«

»Bestimmt nicht. Es ist zwar einen Monat zu spät – aber ich wünsche Ihnen einen guten *Jom Tow*.«

»Einen guten *Jom Tow*, Grossbart«, sagte ich.

»Sie sind ein guter Jude, Sergeant. Nach außen hin tun Sie, als ob Sie ein Herz aus Stein hätten, aber in Wirklichkeit sind Sie ein feiner, anständiger Kerl. Ganz im Ernst.«

Diese letzten drei Worte rührten mich mehr, als es irgend etwas hätte tun dürfen. »Okay, Grossbart. Jetzt nennen Sie mich bloß noch ›Sir‹, und dann raus mit Ihnen.«

Er lief zur Tür, und fort war er. Ich war sehr zufrieden mit mir – sehr erleichtert, nicht länger gegen Grossbart kämpfen zu müssen. Und es hatte mich nichts gekostet. Barrett würde nie etwas davon erfahren, und selbst wenn – irgendeine Ausrede fand sich schon. Eine Zeitlang saß ich an meinem Schreibtisch und fühlte mich sehr behaglich. Dann flog die Drahttür auf, und Grossbart platzte herein. »Sergeant!« sagte er. Hinter ihm sah ich Fishbein und Halpern, beide in gestärkten Khakihosen, beide mit einem Campingbeutel in der Hand – genau wie Grossbart.

»Sergeant, ich hab Mickey und Larry abgefangen, als sie aus dem Kino kamen. Beinah hätte ich sie verfehlt.«

»Grossbart, habe ich Ihnen nicht verboten, über die Sache zu sprechen?«

»Aber meine Tante hat doch gesagt, ich könnte Freunde mitbringen. Ich sollte sogar welche mitbringen.«

»Hier bestimme ich, Grossbart – nicht Ihre Tante.«

Er sah mich ungläubig an. Dann zupfte er Halpern am Ärmel. »Mickey, sag ihm, was das für dich bedeuten würde.«

Halpern blickte mich an, zuckte die Achseln und gab zu: »Eine Menge.«

Fishbein trat unaufgefordert einen Schritt vor. »Für mich und meine Eltern würde es auch sehr viel bedeuten, Sergeant Marx.«

»Nein!« brüllte ich.

Grossbart schüttelte den Kopf. »Sergeant, ich könnte ja noch begreifen, wenn Sie's mir abgeschlagen hätten, aber wie Sie Mickey, einem *Jeschiwa*-Jungen, das antun können – also wirklich ...«

»Ich tue Mickey nichts an. Sie haben den Bogen bloß etwas zu straff gespannt, Grossbart. *Sie* haben's ihm angetan.«

»Dann kriegt er eben meinen Schein«, sagte Grossbart. »Ich gebe ihm die Adresse von meiner Tante und schreibe ihr ein paar Worte. Lassen Sie wenigstens ihn gehen.«

Und schon hatte er seinen Urlaubsschein in Halperns Hosentasche gestopft. Halpern sah mich an, Fishbein auch. Grossbart stand an der Tür und stieß sie auf. »Mickey, aber du bringst mir ein Stück *gefillte Fisch* mit, ja?« Damit verschwand er.

Wir drei blickten einander an, und dann sagte ich: »Halpern, geben Sie den Schein her.«

Er zog ihn aus der Tasche und reichte ihn mir. Fishbein war inzwischen zur Tür geschlendert. Er stand wartend da und deutete schließlich auf sich. »Und ich?« fragte er.

Seine unglaubliche Begriffsstutzigkeit war zuviel für mich. Ich ließ mich auf einen Stuhl fallen und fühlte, wie meine Pulse hinter den Augen klopften. »Fishbein«, sagte ich, »Sie verstehen doch, daß ich's Ihnen nicht aus Bosheit abschlage, nicht wahr? Wenn die Armee mir gehörte, würde ich in der Kantine *gefillte Fisch* servieren. Mein Ehrenwort, ich würde *Kuchel* im Armeeladen verkaufen.«

Halpern lächelte.

»Sie verstehen mich, Halpern, was?«

»Jawohl, Sergeant.«

»Und Sie, Fishbein? Ich will keine Feinde. Ich bin genau wie Sie – ich will meine Zeit abdienen und nach Hause gehen. Was Ihnen hier fehlt, fehlt mir auch.«

»Wenn das so ist, Sergeant«, unterbrach mich Fischbein, »warum kommen Sie dann nicht mit?«

»Wohin?«

»Nach St. Louis. Zu Shellys Tante. Wir werden 'nen richtigen *Seder* haben. Und ›Versteck-die-Mazze‹ spielen.« Er zeigte grinsend seine schwärzlichen Zähne.

Ich sah Grossbart hinter der Drahttür auftauchen.

»Pssst!« Er schwenkte ein Blatt Papier. »Mickey, hier ist die Adresse. Sag ihr, ich konnte nicht weg.«

Halpern rührte sich nicht. Er blickte mich an, und wieder kroch das Zucken an seinen Armen hinauf in die Schultern. Ich nahm den Deckel von der Schreibmaschine und stellte den beiden Urlaubsscheine aus. »Geht«, sagte ich, »geht alle drei.«

Ich dachte, Halpern wollte mir die Hand küssen.

Am Nachmittag saß ich in einer Bar in Joplin, trank Bier und lauschte mit halbem Ohr der Übertragung eines Baseballspiels aus St. Louis. Ich versuchte, mir über das klarzuwerden, worin ich verwickelt worden war, und mir kam der Gedanke, ob ich an dem Kampf mit Grossbart etwa ebensosehr schuld hatte wie er. Wer war ich denn, daß ich mich zur Großmut *zwingen* mußte? Wer war ich denn, daß ich so mißgünstig, so engherzig sein durfte? Schließlich verlangte ja niemand von mir, ich solle die Welt aus den Angeln heben. Hatte ich also ein Recht oder einen Grund, Grossbart zu quälen, wenn das bedeutete, daß ich auch Halpern quälen mußte und Fishbein, diesen häßlichen, gutmütigen Burschen? Aus den vielen Erinnerungen, die in den letzten paar Tagen auf mich eingestürmt waren, klang mir die Stimme meiner Großmutter entgegen: »Was machst du so ein Geschrei?« Das hatte sie ihre Tochter oft gefragt, beispielsweise wenn ich mich als Kind bei irgendeinem verbotenen Spiel gestoßen oder geschnitten hatte und meine Mutter deswegen mit mir zankte. Was ich brauchte, war eine tröstende Umarmung und ein Kuß, sie aber hielt mir meinen Ungehorsam vor! Meine Großmutter jedoch wußte: Mitgefühl ist stärker als Gerechtigkeit. Auch ich hätte das wissen müssen. Wer war denn Nathan Marx, daß er mit der Freundlichkeit wie ein Pfennigfuchser umging? Ganz gewiß, so sagte ich mir, wird der Messias – sollte er je erscheinen – nicht um kleine und kleinste Münzen feilschen. So Gott will, wird er die Menschen umarmen und küssen.

Als wir am nächsten Tag auf dem Sportplatz Softball spielten, beschloß ich, mich an Bob Wright zu wenden, der in der Schreibstube für die Truppenverlegungen zuständig war. Vielleicht konnte er mir verraten, wohin unsere Rekruten geschickt wurden, wenn ihre Ausbildung in zwei Wochen beendet war. Ich fragte ihn ganz beiläufig, als wir gerade nicht an der Reihe waren, und er sagte: »Die kommen alle an die pazifische Front. Vor ein paar Tagen hat Shulman den Marschbefehl für deine Jungen ausgeschrieben.«

Die Nachricht erschütterte mich, als wäre ich der Vater von Halpern, Fishbein und Grossbart.

In jener Nacht – ich wollte eben in den Schlaf gleiten – klopfte jemand an meine Tür.

»Wer ist da?«

»Sheldon.«

Er trat ein. Einen Augenblick lang spürte ich seine Gegenwart, ohne daß ich ihn sah.

»Na, wie war's?« fragte ich.

Nun hob sich seine Gestalt aus dem Dunkel heraus. »Großartig, Sergeant.« Er setzte sich auf den Bettrand. Ich richtete mich auf.

»Und Sie?« fragte er. »Nettes Wochenende?«

»Ja.«

Er holte tief Luft – ein gleichsam väterlicher Atemzug. »Die anderen schlafen schon ...« Ein Weilchen saßen wir schweigend zusammen, und ein Gefühl des Zuhauseseins breitete sich in meiner häßlichen kleinen Zelle aus: Die Haustür war abgeschlossen, die Katze draußen, die Kinder lagen wohlverwahrt im Bett.

»Sergeant, darf ich Ihnen was sagen? Was Privates?«

Ich antwortete nicht, und er schien zu wissen warum. »Hat nichts mit mir zu tun. Es ist wegen Mickey. Sergeant, noch nie hab ich für jemand das gefühlt, was ich für ihn fühle. Gestern nacht hab ich Mickey im Bett neben mir weinen hören. Herzzerreißend war das. Er hat richtig geweint und ganz laut geschluchzt.«

»Tut mir sehr leid.«

»Ich mußte mit ihm reden, damit er sich ein bißchen beruhigte. Er hat meine Hand festgehalten, Sergeant – wollte sie gar nicht mehr loslassen. War beinah hysterisch, der Junge. Immer wieder hat er gesagt, er möchte nur eines: wissen, wo wir hinkommen. Sogar wenn es wirklich der Pazifik wäre, würde er's leichter ertragen als diese Ungewißheit. Die bringt ihn noch um.«

Vor langer Zeit hatte jemand Grossbart gelehrt, daß nur durch Lügen die Wahrheit offenbar wird. Nicht, daß ich an Halperns Tränen gezweifelt hätte – seine Augen waren immer rot gerändert. Aber ob wahr oder nicht, es wurde eine Lüge, als Grossbart davon sprach. Bei ihm war alles Strategie. Und – die Erkenntnis überkam mich mit der Gewalt einer Anklage – ich stand ihm darin nicht nach! Es gibt Strategien des Angriffs, doch es gibt auch solche des Rückzugs. Und da ich erkannte, daß ich selbst nicht frei von List und Tücke gewesen war, sagte ich ihm, was ich wußte. »Ihr kommt an die pazifische Front.«

Er seufzte, und das war keine Lüge. »Ich werd's ihm sagen. Ich wollte, es wäre anders.«

»Ich auch.«

Er stürzte sich auf meine Worte. »Können Sie da nicht irgendwas tun? Uns austauschen oder so?«

»Nein, ich kann überhaupt nichts tun.«

»Kennen Sie denn niemand in der Schreibstube?«

»Grossbart, auch das würde nichts helfen. Wenn euer Marschbefehl auf Pazifik lautet, dann bleibt's dabei.«

»Aber Mickey!«

»Mickey, Sie, ich – jeder muß mit, Grossbart. Da ist nichts zu machen. Vielleicht ist der Krieg zu Ende, bevor ihr rauskommt. Beten Sie um ein Wunder.«

»Aber ...«

»Gute Nacht, Grossbart.« Ich streckte mich aus und war froh, als sich die Sprungfedern entspannten, ein Zeichen, daß Grossbart aufstand, um zu gehen. Ich konnte ihn jetzt deutlich sehen; sein Unterkiefer war herabgesunken, und er sah aus wie ein betäubter Boxer. Erst jetzt bemerkte ich die kleine Papiertüte in seiner Hand.

»Grossbart« – ich lächelte –, »ist das mein Geschenk?«

»Ach ja, Sergeant. Hier, von uns allen.« Er gab mir die Tüte. »Es ist Eierrolle.«

»Eierrolle?« Der Boden der Tüte fühlte sich feucht und fettig an. Ich öffnete sie – sicherlich hatte Grossbart gescherzt.«

»Wir dachten, Sie mögen so was. Chinesische Eierrolle, wissen Sie. Wir dachten, daß Sie vielleicht gern chinesisch ...«

»Was denn, Ihre Tante hat Ihnen Eierrolle vorgesetzt?«

»Sie war nicht zu Hause.«

»Grossbart, Sie haben mir doch erzählt, daß Ihre Tante Sie eingeladen hat. Sie und Ihre Freunde.«

»Ich weiß. Ich hab den Brief gerade noch mal gelesen. *Nächste* Woche.«

Ich stand auf und ging zum Fenster. »Grossbart«, sagte ich, aber ich rief ihn nicht.

»Ja?«

»Was sind Sie eigentlich, Grossbart? Um Gottes willen, was sind Sie?«

Damit hatte ich ihm wohl zum erstenmal eine Frage gestellt, auf die er nicht sofort eine Antwort fand.

»Wie können Sie Menschen so mitspielen?«

»Sergeant, der freie Tag hat uns allen enorm gutgetan. Sie hätten bloß Fishbein sehen sollen – ganz verrückt ist der auf chinesisches Essen.«

»Aber der *Seder*«, sagte ich.

»Wir haben mit dem Zweitbesten vorlieb genommen, Sergeant.«

Plötzlich spürte ich, wie die Wut auf mich zuraste. Ich wich ihr nicht aus.

»Grossbart, Sie sind ein Lügner! Sie sind ein Ränkeschmied, ein Gauner! Sie nehmen auf nichts Rücksicht! Auf gar nichts! Nicht auf mich, nicht auf die Wahrheit, nicht mal auf den armen Halpern! Sie mißbrauchen uns alle ...«

»Sergeant, ich hab Mickey gern, bei Gott, ich hab ihn gern. Ich *liebe* Mickey, Sergeant. Ich versuche ...«

»Sie versuchen! Sie haben ihn gern!« Ich stürzte auf Grossbart zu, packte ihn am Hemd und schüttelte ihn zornig. »Machen Sie, daß Sie rauskommen! Verschwinden Sie, und kommen Sie mir nicht mehr unter die Augen! Wenn ich Sie nämlich zu sehen kriege, werde ich Ihnen das Leben verdammt sauer machen. Haben Sie mich verstanden?«

»Ja.«

Ich ließ ihn los, und als er gegangen war, hatte ich Lust, auf den Boden zu spucken, dorthin, wo er gestanden hatte. Die Wut in meinem Herzen stieg unaufhaltsam höher und höher. Sie verschlang mich, ergriff Besitz von mir, bis ich glaubte, mich nur durch Tränen oder eine Gewalttat von ihr befreien zu können. Ich riß die Tüte vom Bett, die Grossbart mir gegeben hatte, und warf sie mit aller Kraft zum Fenster hinaus. Am nächsten Morgen, als die Leute den Hof fegten, hörte ich den Aufschrei eines Rekruten, der nichts weiter erwartet hatte als die morgendliche Handvoll Zigarettenstummel und Bonbonpapier. »Eierrolle!« brüllte er. »Herr des Himmels, 'ne gottverdammte chinesische Eierrolle!«

Eine Woche später erhielt ich die Liste mit den Marschbefehlen. Ich sah sie durch und traute meinen Augen nicht. Alle Rekruten sollten nach Camp Stoneman, Kalifornien, und von dort an die pazifische Front transportiert werden. Alle Rekruten – mit einer einzigen Ausnahme: Soldat Sheldon Grossbart wurde nach Fort Monmouth, New Jersey, versetzt. Immer wieder las ich die Namen auf dem hektographierten Blatt. Dee, Farrell, Fishbein, Fuselli, Fylypowycz, Glinicki, Gromke, Gucwa, Halpern, Hardy, Helebrandt ... bis hinunter zu Anton Zygadlo – alle sollten sie noch vor Monatsende nach Westen geschickt werden. Alle außer Grossbart. Er hatte eine Beziehung spielen lassen – und ich war's nicht gewesen.

Ich griff zum Telefon und rief die Schreibstube an.

Die Stimme am anderen Ende sagte schneidig: »Korporal Shulman, Sir.«

»Geben Sie mir Sergeant Wright.«

»Wer ist am Apparat, Sir?«

»Sergeant Marx.«

Zu meiner Überraschung sagte die Stimme: »Oh.« Und dann: »Einen Augenblick, Sergeant.«

Shulmans *Oh* ließ mich nicht los, während ich auf die Verbindung mit Wright wartete. Warum *oh*? Wer war Shulman? Und dann ging mir plötzlich ein Licht auf: Ich hatte Grossbarts »Beziehung« entdeckt. Ja, ich hörte ihn förmlich an dem Tag, an dem er auf Shulman gestoßen war – im Armeeladen, auf der Kegelbahn, vielleicht sogar beim Gottesdienst. »Freut mich, Sie kennenzulernen. Wo sind Sie zu Hause? Bronx? Ich auch. Kennen Sie den Soundso? Und den Soundso? Ich auch! In der Schreibstube sind Sie? Wirklich? Sagen Sie mal, wie sind denn die Aussichten, nach Osten zu kommen? Läßt sich da nicht was arrangieren? Kleine Änderung? Schwindel, Betrug, Lüge? Wir müssen doch zusammenhalten, wissen Sie ... Wenn die Juden in Deutschland ...«

Jetzt meldete sich Bob Wright. »Wie geht's, Nate! Was macht der Arm, alter Werfer?«

»Alles bestens. Bob, ich wollte fragen, ob du mir einen Gefallen tun könntest.« Deutlich hörte ich meine eigenen Worte, und sie erinnerten mich so sehr an Grossbart, daß mir die Durchführung meines Plans leichter fiel, als ich erwartet hatte. »Es hört sich vielleicht verrückt an, Bob, aber ich habe hier einen Burschen, der nach Monmouth beordert ist und der den Befehl geändert haben möchte. Ein Bruder von ihm ist in Europa gefallen, und er will unbedingt an die pazifische Front. Er sagt, er würde sich wie ein Feigling vorkommen, wenn er bis zuletzt in den Staaten bliebe. Ich weiß nicht, Bob, kann man da was tun? Einen anderen nach Monmouth schicken?«

»Wen?« fragte er mißtrauisch.

»Irgend jemand. Meinetwegen den ersten im Alphabet. Spielt gar keine Rolle. Der Junge hat nur gefragt, ob sich da nicht was machen läßt.«

»Wie heißt er?«

»Grossbart, Sheldon.«

Wright schwieg.

»Na ja«, sagte ich, »es ist ein jüdischer Junge, und er dachte, ich könnte ihm weiterhelfen. Du weißt schon.«

»Ich glaube, ich kann's einrichten«, sagte er schließlich. »Der Major hat sich seit Wochen nicht blicken lassen – tut zur Zeit Dienst auf dem Golfplatz. Ich will's versuchen, Nate, mehr kann ich nicht sagen.«

»Ich wäre dir dankbar, Bob. Bis Sonntag also.« Damit legte ich auf, in Schweiß gebadet.

Und am nächsten Tag kam der abgeänderte Befehl: Fishbein, Fuselli, Fylypowycz, Glinicki, Gromke, Grossbart, Gucwa, Halpern, Hardy ... Der glückliche Soldat Harley Alton sollte nach Fort Monmouth kommen, wo man aus irgendwelchen Gründen einen Soldaten mit Infanterieausbildung haben wollte.

Nach dem Abendessen ging ich ins Ordonnanzzimmer zurück, um den Dienstplan für die Wachen in Ordnung zu bringen. Grossbart wartete auf mich. Er sprach als erster.

»Sie Schweinehund!«

Ich setzte mich an meinen Schreibtisch, und während er auf mich herabstarrte, begann ich, die notwendigen Änderungen in den Dienstplan einzutragen.

»Was haben Sie gegen mich?« schrie er. »Gegen meine Familie? Würden Sie davon sterben, wenn ich in der Nähe meines Vaters wäre? Gott weiß, wie viele Monate er noch zu leben hat.«

»Wieso?«

»Sein Herz«, sagte Grossbart. »Er hat wohl nicht genug Kummer und Sorgen im Leben gehabt, daß Sie ihm noch mehr aufladen müssen. Ich verfluche den Tag, an dem ich Sie kennengelernt habe, Marx. Shulman hat mir erzählt, was da drüben passiert ist. Keine Grenzen kennt Ihr Antisemitismus, gar keine! Was Sie hier angerichtet haben, genügt Ihnen noch nicht. Sie müssen extra telefonieren! Sie wollen einfach, daß ich krepiere!«

Ich machte die letzten Eintragungen und stand auf, um zu gehen. »Gute Nacht, Grossbart.«

»Sie schulden mir eine Erklärung!« Er stellte sich mir in Weg.

»Sheldon, Sie sind derjenige, der Erklärungen schuldet.«

Er sah mich finster an. »Ihnen?«

»Ja, mir auch. Hauptsächlich aber Fishbein und Halpern.«

»So ist's recht, verdrehen Sie nur alles. Ich bin keinem was schuldig, ich habe für die getan, was ich nur konnte. Ich glaube, jetzt hab ich das Recht, für mich selbst zu sorgen.«

»Wir müssen lernen, füreinander zu sorgen, Sheldon. Das haben Sie mir selbst gesagt.«

»Und das nennen Sie für mich sorgen, was Sie da getan haben?«

»Nicht für Sie – für uns alle.«

Ich schob ihn zur Seite und ging zur Tür. Hinter mir hörte ich sein wütendes Atmen, und es klang wie Dampf, der aus der Maschine seiner schrecklichen Kraft entwich.

»Ihnen wird schon nichts zustoßen«, sagte ich von der Tür her. Und, so dachte ich, auch Fishbein und Halpern würde nichts zustoßen, nicht einmal an der pazifischen Front, vorausgesetzt, daß es Grossbart auch weiterhin gelang, die Unterwürfigkeit des einen und das Anlehnungsbedürfnis des anderen zu seinem Vorteil auszunutzen.

Ich stand vor dem Ordonnanzzimmer, aus dem Grossbarts Weinen drang. Drüben in den erleuchteten Baracken sah ich die Jungen in ihren Turnhemden auf den Pritschen sitzen. Sie sprachen über ihre Marschbefehle, wie sie es schon seit zwei Tagen taten. Mit einer Art ruhiger Nervosität putzten sie Schuhe, rieben Gürtelschnallen blank, räumten Wäsche fort und versuchten, so gut es ging, sich in ihr Schicksal zu fügen. Hinter mir schluckte Grossbart seine Tränen hinunter und fügte sich in das seine. Und nachdem ich mit aller Willenskraft dem Drang widerstanden hatte, hineinzugehen und um Vergebung für meine Rachsucht zu bitten, fügte auch ich mich in das, was mir auferlegt war.

Ota Pavel
Der Lauf durch Prag

Als die Kommunisten nach dem Krieg eine der führenden Parteien wurden, trat mein Papa sofort bei ihnen ein. Er nahm auch die Mama mit und die Brüder. Nur ich war für solch eine Angelegenheit zu jung. Bezaubert wie viele von der Roten Armee, trat er in diese Partei der Kommunisten direkt vom Kutschbock des behaarten russischen Soldaten aus ein, der ihn mit dem Pferd nach Buštěhrad fuhr. Papa glaubte, daß endlich die Richtigen gekommen waren, die die Menschen nicht in Weiße und Nichtweiße, in Juden und Nichtjuden teilen würden. Wenigstens versprachen das alle in ihren Büchern und Reden, angefangen mit Lenin.

Nach der Rückkehr aus dem KZ ließen es sich die unseren gut gehen. Sie gingen in die Bars Belvedere, Barbarina tanzen. Der Wein floß in Strömen, als ob sie sich für die Jahre des Leidens, der Not, der Verwüstung entschädigen wollten. Zu uns kam damals Arnošt Lustig, er studierte und flanierte mit meinem Bruder Jirka. Lustig tanzte am liebsten mit der Mama, er tanzte prima, wie wenn sich ein Lüftchen übers Parkett erhebt, und Mama tanzte sehr gerne mit ihm, weil mein Papa beim Tanz wie ein Elefant trampelte und schnaubte. Mama war eine Schönheit, und Lustig war in sie ein bißchen verliebt. Einmal kam ein schöner blonder Herr auf sie zu, und Papa nickte, daß Mama mit ihm aufs Parkett gehen könne. Und der Herr machte ihr plaudernd den Hof und sagte ihr mitten im Tanz: »Sie sind so schön«, und ließ den Blick nicht von ihr.

Mama lachte, welche Frau freute so etwas nicht. Und dann fügte der schöne Herr hinzu: »Es würde mich nur interessieren, was Sie mit dem Juden haben.«

»Drei Kinder«, sagte Mama, tanzte zu Ende und setzte sich wieder neben Papa.

Im Belvedere lernte mein Vater den Amerikaner Johnny kennen. Johnny war schön wie eine Jungfrau, und Pfoten hatte er wie ein Bär. Papa sagte immer, daß sich die tschechischen Mädchen, wenn sie ihn sähen, gleich auszögen, aber ich war erst dreizehn und wußte nicht, was das bedeutet. Heute jedoch weiß ich, daß sie sich hauptsächlich deshalb ausziehen, weil es in Prag wenig Amerikaner gab und Johnny einer von ihnen war. Und er war wirklich ein

Freier, flog mit einem Kampfflugzeug gegen die Deutschen, ein paar von ihnen holte er herunter, bevor sie ihn abschossen und aus ihm ein bißchen einen Invaliden machten, der ein wenig auf dem linken Bein hinkte. Aber der Mut blieb ihm, so mancher flüchtete, wenn er mit seinem Willys-Jeep durch Prag fuhr. Außerdem hatte er eine hohe Funktion bei der UNRRY, die den Tschechen helfen wollte, hatte jede Menge Taschen mit Dollars, und meinem Papa widmete er Gallonen Benzin, Tausende amerikanische Zigaretten, Pullover, Kaffee, Konserven und Kaugummi-Päckchen. Papa nahm das als Parteimitglied an, und es störte ihn nicht einmal, daß es von einem Amerikaner kam. Wer anders sollte diese amerikanische Ware nehmen als die Juden, die am meisten gelitten hatten. Johnny war dabei ein wirklich gutmütiger Kerl. Er erzählte, daß er irgendwo im Norden Böhmens Vorfahren hatte und ihm schöne Mietshäuser gehörten und er mit ihnen einmal wirtschaften würde, aber er hatte nie Zeit, sich diese Häuser anschauen zu fahren.

Es näherten sich die Wahlen im Jahr sechsundvierzig, und Papa setzte es sich in den Kopf, daß unsere Familie für den Sieg des Kommunismus etwas tun mußte. Sein Vorschlag bestand darin, am Abend vor den Wahlen durch Prag zu laufen. Wir werden die Nummern der politischen Parteien tragen und voraussagen, wie die Wahlen ausfallen.

Unsere Mama verkündete, daß nur unser Papa sich so einen dummen Vorschlag ausdenken konnte, aber Papa gab nichts auf ihre Reden. Wenn ich mich heute daran erinnere, muß ich Papa recht geben, das war eigentümlich und schön.

Papa verschwand früh morgens mit der Nachricht, daß er Johnny zum Lauf anschleppen werde, denn so eine Angelegenheit müßte die Armee absichern. Sie kamen spät am Nachmittag, Johnny hatte offenbar nichts davon hören wollen. Aber Papa gelang das. Wir wissen nicht wie, aber es war klar, daß er, wenn er elektrische Staubsauger in Dörfern verkaufen konnte, wo es überhaupt keinen Strom gab, auch Johnny überzeugen konnte. Sie trafen am späten Nachmittag bei uns ein, ich erinnere mich nicht mehr, ob die Sonne schien oder ob es bewölkt war, unterm Volant hatte er eine Flasche Whisky, und er brummte etwas vor sich hin. Ich ging näher an ihn heran und hörte deutlich: »Nieder mit der alten niederträchtigen Welt ...« Meinem Papa war es also gelungen, ihn vollkommen zu bearbeiten. Während wir uns die Trikots anziehen gingen, trainierte Johnny die Fahrt mit seinem Jeep im Kreis durch die Farska-Straße, einen Fuß auf dem Gas, den anderen auf dem Kotflügel, und rauchte eine Zigarre. Er trug die völlig neue Uniform eines Oberst der amerikanischen Armee, die stand ihm prächtig, ich dachte mir, wenn irgendeine Frau vorbeikäme, zöge sie sich gleich aus. Aber er wartete auf uns.

Wir waren drei Brüder, natürlich lief Papa nicht, das war nichts mehr für ihn, und er hatte schreckliche O-Beine. Für hundert amerikanische Kaugummi von Johnny gewann er noch einen Jungen, damit er den Vierten in diesem Lauf für den Kommunismus abgab. Mama machte uns Nummern an und schimpfte leise auf Papa. Aber Papa brannten die Augen, er war überzeugt, daß er mit diesem Lauf den Sieg des Kommunismus auf ewige Zeiten sicherte. Und er dachte auch, daß dieser Lauf einen großartigen Erfolg haben werde.

Wir gingen hinaus vor das Haus. Wie wir feststellten, hatte Johnny die Flasche Whisky schon ausgetrunken.

Als erster lief Hugo los, er hatte eine schöne Brust, und auf diese Brust hatte ihm Papa selber eine Eins gesteckt, mit welcher Zahl die Kommunisten bei den Wahlen antraten. Als zweiten schickte Papa den Jungen auf den Weg, der für hundert Kaugummi lief. Er gab ihm die Nummer drei, die zweiten werden die Sozialdemokraten sein. Als dritter erhielt Jiří mit der Nummer zwei die Weisung loszulaufen. Er stellte die Volkspartei dar. Mich ließ Papa den Schluß machen. Die Volkssozialisten werden die Vierten. Papa wählte mich absichtlich aus, weil ich am besten lief, und wenn irgend etwas geschähe, könnte ich entwischen. Ich trainierte bei Sparta beim Vater Jandera, ich hatte kräftige Schenkel und einen guten Absprung. Der Vater Jandera sagte mir eine große Zukunft als Sprinter voraus, aber ich hatte nicht den Willen zum Trainieren. Athletik ist eine Rackerei.

Papa ordnete an, daß ich etwas hinken sollte, vielleicht damit ich Abstand von den anderen hatte, vielleicht damit ich zeigte, wie armselig es um die volkssozialistische Partei steht.

Wir liefen vom Strossmayer-Platz zum Ufer und von dort auf den Graben. Das schien mir nicht schlecht. Ich lief fast allein durch Prag, ich war im Mittelpunkt der Aufmerksamkeit, die Kommunisten klatschten, die Volkssozialisten pfiffen ein wenig. Kein Training, keine Rackerei, das war ein besonderer Wettkampf, in dem vor allem Papa die Rangordnung festlegte. Die ersten die Kommunisten, die letzten die Volkssozialisten. Und so ging das die ganze Zeit, nur kein Überholen. In den Fenstern flatterten Fahnen, die Leute waren feiertäglich angezogen und gut gelaunt. Am Schluß hörte ich auf zu hinken, wölbte die Brust und zeigte meine starken Beine, die sich am Pflaster abstießen. Das war ein bißchen berauschend, nur Papa, der hinter mir mit Johnny im Jeep fuhr, rief und erinnerte mich ab und zu:

»Gut! Das ist gut! Nur hink mehr!«

Hinter mir fuhr Johnny, dreimal hab' ich ihn mir angesehen, als ich eine rutschende Socke richtete. Er fuhr im besten amerikanischen Wagen, von dem man sagte, daß er den Zweiten Weltkrieg gewonnen habe. Das war das Modell »WB«, sechzig PS, hatte einen Vierradantrieb und entwickelte schon auf den ersten paar Metern eine phantastische Geschwindigkeit. Jeeps dienten als Minensucher, als Barrikadenzerstörer, als Draisinen und jetzt also zur Sicherung der kommunistischen Wahlen. Der Jeep hatte schön weiß gestrichene Reifen, auf der Haube einen amerikanischen Stern. Er sah aus wie ein sonderbarer grünweißer Fisch mit Guckern. Johnny machte sich gut auf dem Jeep, er rauchte schon die gottweißwievielte Zigarre und brummte etwas, wahrscheinlich das Lied, das die Kumpels in Buštěhrad meinen Papa gelehrt hatten, als er klein war, von der alten niederträchtigen Welt, um die Oma Malvina in Harnisch zu bringen.

Ich weiß nicht, was Papa sich dabei dachte, daß wir über den Wenzelsplatz liefen, wo beim Melantrich die Volkssozialisten den Hauptstand hatten, für die ich eigentlich lief und hinkte, wenn auch auf dem vierten Platz. Wir bogen vom Graben nach oben ein, und schon von weitem sah ich den riesigen Andrang vor dem Melantrich. Als ich näher kam, begann sich in mir das Herz zusammenzuziehen. Und auch die Gasse, in die ich hineinlaufen sollte, wurde kleiner. Ich sah mich nach Papa um, er war meine letzte Hoffnung. Aber ich kannte meinen Papa zu gut, als daß ich dieser Hoffnung getraut hätte. Er hatte einige schlechte Eigenschaften, aber er war kein beschissener Jude, wie man von den Juden manchmal sagte. Er ließ sich von niemandem etwas gefallen, er hatte schon ein paar Burschen verprügelt, die ihn beschimpft oder beleidigt hatten, und er hatte deswegen einige Male vor Gericht gestanden. Der erste Jude auf der Welt war für ihn weder Herr Einstein noch Herr Chaplin, sondern der Boxer Baer, der es Schmeling besorgt hatte. Mein Papa ließ vor dem Krieg in unserer Wohnung einen Ring aufbauen, und wir mußten boxen, ich war damals sieben Jahre alt. Herr Hrabák gab uns Unterricht und vor allem Herr Jenda Heřmánek, der eine silberne Medaille von den Olympischen Spielen in Amsterdam hatte. Aber ich ahnte, daß mir die Erfahrungen meiner sieben Jahre jetzt nichts nützen würden. Es gab da eine einzige Möglichkeit. Überhaupt nicht zu laufen. Das tat ich. Die Beine blieben mir von selber stehen. Ich stand, und der Jeep bremste auch. Papa hätte rufen können: »Komm zu uns herauf, Kamerad!« Wo Johnnys Uniform war, sein märchenhafter Wagen mit dem Vierradantrieb, ein richtiger amerikanischer Colt, Papas Fäuste, aber Papa tat das nicht. Er liebte diesen Baer und nicht Herrn Einstein. Er beugte sich aus dem Wagen und befahl mir: »Lauf! Hink!«

Meine Brüder und der Kaugummi-Knabe waren schon verschwunden. Zunächst ging ich, und dann lief ich allmählich in die Gasse vor dem Melantrich hinein. Interessant war, daß bis dahin nur wenige Leute unseren Lauf bemerkt hatten, aber am Wenzelsplatz war das anders. Sie begriffen sofort, um welche Agitation es ging, das waren Intelligenzler. Sie verstummten nur aus Überraschung, daß ich so viel Mut hatte, mir direkt vor dem Melantrich einen Spaß mit ihnen zu machen. Sie atmeten aus, brüllten auf und warfen sich auf mich. Irgendein Wettkampf auf Strahov war dagegen ein Schmarren. Ich hörte sofort auf zu hinken, wie mir Papa geraten hatte, und begann die Ratschläge von Vater Jandera zur Geltung zu bringen:

»Lauf los!
Heb die Knie hoch!
Schau nicht nach links!
Schau nicht nach rechts!
Hau ab!«

Es war zu spät. Der Kreis wurde enger, und Menschen verstellten die Gassen. Vorne verschwanden meine tapferen Brüder, und hinten blieb der Jeep mit Besatzung. Johnny hupte durchdringend, aber das war alles.

Man konnte nirgends mehr hinfliehen, und so stand ich und wartete. Meine Beine zitterten mir, und hätte mein Herz gekonnt, so wäre es aus dem Körper herausgesprungen und hätte von allein auf dem Pflaster gepocht, damit sie vor Schreck erstarrten. Sie standen schon ganz nahe. Dann beugte sich einer von ihnen vor und riß mir die Nummer ab. Ein zweiter verpaßte mir eine Ohrfeige, daß ich auf die Knie fiel. Sie begannen mich zu schlagen. Als ich mich wegdrückte und wegsprang, sah ich ihre Augen. Das waren Augen von Beamten, Doktoren, Ingenieuren, Kaufleuten, nur der erste, der mich niederschlug, mußte ein Metzger sein, denn das war eine schreckliche Wunde.

Ich kannte diese Augen. Sie schlugen mich für meine späteren halbwahren und beschönigenden Rundfunkreportagen und naiven Erzählungen, sie schlugen mich für Dummheiten und Lumpereien, die wir uns gestatteten, ehe wir morgen siegten. Sie schlugen mich für Verrate und Morde, die wir begehen würden.

Ich habe mir das im voraus gewählt. Sie rissen mir das Trikot herunter, den Trainingsanzug, und ich stand nackt auf dem Wenzelsplatz und bedeckte mir den Schoß. Ich war damals ein hübscher Junge, aber ich war wiederum nicht hübsch genug, um gerade so im Zentrum von Mütterchen Prag zu stehen. Von der Nase und vom Gesicht floß mir über Brust und Schenkel Blut. Dann erschien Johnnys Jeep. Als mich Johnny blutverschmiert sah, hielt er an, nahm den Colt heraus und kam schön langsam zu mir. Aber er begann nicht zu schießen. Er steckte den Colt ein, nahm mich in die Arme, trug mich zu seinem Jeep, und das Blut befeuchtete seine schöne Uniform. Papa saß auf dem zweiten Sitz, ballte die Fäuste und war wütend.

Dann fuhr Johnny durch Prag wie ein Wahnsinniger. Im Haus, wo wir wohnten, trug er mich in die Wohnung. Als mich Mama sah, wollte sie zuerst über Papa herfallen, der mit diesem großartigen Einfall gekommen war. Papa floh über die Treppe und schrie, daß er nach dem Doktor liefe. Doktor Ptáček hatte eine große Brille und eine Menge Verbände. Er wusch mich, verklebte mich wie einen Autoreifen und verband mich.

Am nächsten Tag wachte ich erst gegen Abend auf, alles tat mir weh, ich dachte, ich würde sterben. In meinem Zimmer wartete jemand demütig. Durch die Lücken zwischen den Verbänden erblickte ich Papa, er lächelte mich an und hatte am Aufschlag eine rote Nelke. Er sagte etwas, und ich verstand ihn nicht. Ich schüttelte den Kopf, und er beugte sich zu mir und sagte wieder etwas. Er wollte mich irgendwie trösten, vielleicht mir auch etwas geben. Ich sah sein verklärtes Gesicht, und schließlich hörte ich deutlich:

»Wir haben gesiegt.«

Hinter ihm stand Johnny und nickte auch, daß wir gesiegt hätten, und er war sich nicht einmal bewußt, daß er mit diesem Sieg um seine schönen Mietshäuser im Norden kam, die er sich noch nicht einmal angeschaut hatte.

Später erzählte mir Papa, daß er mit dem Abgeordneten Hrubý gesprochen habe und daß sie mich im nächsten Jahr vorzeitig mit siebzehn Jahren in die Kommunistische Partei der Tschechoslowakei aufnehmen würden. Ich lag im Bett, und der Kopf, der geschwollene Hals, der Rücken und das Bein, gegen das man mich getreten hatte und auf dem ich dann tatsächlich lange hinkte, auch ohne Papas Anweisungen, taten mir weh. Ich schaute traurig auf Papa und überlegte, ob ich überhaupt noch für Sparta Hockey spielen könne.

Plötzlich zog Johnny gleichsam entschuldigend aus der Tasche das herrlichste Hemd, das ich je gesehen habe. Ein richtiges amerikanisches Offiziers-Khaki-Hemd aus feinem Leinen, und es waren darauf kleine Löwen und Offizierssternchen genäht. Das war etwas zum Liebkosen, das ich neben mich ins Bett legen und mit dem ich spielen mußte wie mit einem kleinen Teddybären oder einer Puppe. Ich wollte einschlafen und mich darauf freuen, dort das Hemd wiederzufinden und aufzuwachen und wieder einzuschlafen in dem Bewußtsein, daß es mir niemand wegnähme.

Dann schlief ich lange als zukünftiges Mitglied der KPC mit einem amerikanischen Hemd für Paradegelegenheiten, und als ich mich auskuriert hatte, waren die Kommunisten bereits an der Macht, nach der sie sich Jahrzehnte gesehnt hatten, und begannen in diesem Land Ordnung zu schaffen.

Mein Papa bemühte sich auch, daß der Kommunismus den Kapitalismus überhole, wie Josef Stalin das wollte. Er bemühte sich so gut er konnte, auch wenn ihm eine Reihe von Juden sagten, daß er meschugge sei. Man vertraute ihm nie irgendeine große Funktion an, aber man machte ihn wenigstens zum Vorsitzenden eines gewissen Unterhaltungsausschusses, er lief die Geschäfte ab, den amerikanischen Buick hatte er nicht mehr, und sammelte für die Tombola Gipshirsche, Zwerge und Puppen, die tanzen, wenn man sie aufzieht. Als er mir mit siebzehn Jahren zum Eintritt in die Kommunistische Partei verhalf, tat ich das seinetwegen. Damals war das ergreifend, aber wenn ich mich heute daran erinnere, wird mir bewußt, daß ich wegen der Versammlungen, Tombolas und Freundschaftsdemonstrationen, der Gipshirsche und Zwerge nicht tanzen lernte und viel weniger Mädchen hatte als die übrigen Burschen, was mich noch lange wurmen wird. Den Kommunismus verteidigte er immer.

Sein Hauptargument dafür, daß es mit uns nicht bergab ging und wir den Kapitalismus schon noch einholen würden, war, daß man in jedem Laden eine Kaffeemühle ergattern konnte. In intimen Kreisen erzählte er, daß er Kommunist bereits gewesen sei, bevor die kommunistische Partei gegründet wurde. Schon als Junge habe er den armen Jungen vom Gut Dalken gebracht. Auf seiner Flucht vor der Fremdenlegion habe er analphabetischen spanischen Kommunisten ihre Zeitung vorgelesen, obwohl er nicht spanisch konnte. Im Gefängnis Fernando habe er immer »Avanti popolo« gesungen. Den Fußballern vom SK Kladno habe er das Geländer und den Zaun anstreichen lassen.

Auf dem Schiff »Tereza Taja« habe er als Schiffsjunge russische Adelige gefahren, die vor der Oktoberrevolution geflohen waren, und ihnen nur Ölsardinen gegeben. Als sie vor Hitze ohnmächtig wurden, habe er ihnen ihre schönen Oberkörper gewaschen.

Das waren unwiderlegbare Zeugnisse, und wenn auch in dem letzten Fall die Oktoberrevolution und die begrenzte Zahl von Ölsardinen eine gewisse Wahrheit für sich hatten, so schien mir doch die Sache mit dem schönen Busen der Adeligen nicht zu stimmen.

Aber sei dem, wie es sei, Tatsache ist, daß es Papa zu den Kommunisten nicht weit hatte, da er sich häufig unter Landstreichern, Vagabunden und Armen bewegte. Und er hatte vor allem ein freigiebiges Herz.

Als die Kommunisten in Böhmen siegten, sagte ihm sein naher Freund, der Fabrikant Heller:

»Du bist ein Dummkopf. Hilfst ihnen noch.«

Dann fuhr Heller nach England und eröffnete dort eine Pelzfabrik, die der in Böhmen ähnlich war.

Mein Papa trieb keinen Handel mehr wie früher – er ernährte sich so gut er konnte. Es ging uns immer schlechter, aber wichtig war für Papa, daß Freundschaft, Brüderlichkeit und vor allem die Gleichheit der Rassen existierte. Das war mehr wert als alles Geld. Die Unseren hatten ein Häuschen in der Nähe von Prag.

Ich fuhr einmal zu ihnen, ich sah niemanden. Ich ging nach drinnen, ich hatte Angst, daß ihnen etwas passiert sei. Sie waren im hinteren Zimmerchen. Mama lag auf der Couch in Decken eingehüllt und zur Wand gekehrt, Papa saß in Unterhosen am Tisch und weinte. Die Haare hatte er über die Stirn hängen, und die Tränen tropften ihm auf die Zeitung. Es war das *Rudé právo*, das er gewählt hatte und ohne das er keinen einzigen Tag sein konnte. Ich beugte mich über ihn und nahm ihm die Haare aus der Stirn. Zum ersten und zum letzten Mal im Leben glitt er in meine Arme, wie Kinder das tun. Ich war schon ein Jüngling. Ich hielt ihn und schaute über seinen Kopf hinweg in das *Rudé právo*, wo er mit einem roten Bleistift unterstrichen hatte:

Rudolf Slánský, jüdischer Abstammung,
Bedřich Geminder, jüdischer Abstammung,
Ludvík Frejka, jüdischer Abstammung,
Bedřich Reicin, jüdischer Abstammung,
Rudolf Margolius, jüdischer Abstammung.

Diese Reihe von Juden setzte sich fort und war mit Tränen befeuchtet. Als er sich beruhigt hatte, schaute er geistesabwesend auf mich, als erkenne er mich nicht, und sagte: »Wieder bringen sie die Juden um. Schon wieder brauchen sie jemanden, auf den sie es schieben.« Dann stand er auf und schlug auf das *Rudé právo* und schrie:

»Ich entschuldige Morde. Auch Justizmorde. Auch politische. Aber in diesem kommunistischen *Rudé právo* durfte nicht stehen: ›jüdischer Abstammung‹! Kommunisten unterteilen Menschen in Juden und Nichtjuden!«

Und dann schlug er erneut auf das *Rudé právo*, und das riß, als wäre es aus morschem Winterlaub. Das altertümliche Tischchen mit eingelegten Hirschen fiel auseinander. Er setzte sich und seufzte tief. Wir wußten alle, daß er daran dachte, wie unnütz die Demonstrationen und Fahnen, die Reden von Wahrheit und Gerechtigkeit gewesen waren, wie unnütz das Blut gewesen war, das am Wenzelsplatz von mir tropfte. Er dachte auch daran, daß Johnny damals umsonst mit uns gefahren war, dieser sagenhafte Junge, der sich dann irgendwo in Texas eine Ranch kaufte und Kühe züchtet. Umsonst waren auch die Gipshirsche für die Tombola und die Puppe im rosa Röckchen, die aufgezogen wurde und dann tanzte. Mein Papa stand auf und ging in den Schuppen. Dort zog er die größte Axt zum Holzhacken heraus. Ich hatte Angst vor ihm, ich ging ihm nach. Mama bat mich, ihn zu lassen, sie habe ihn nie so gesehen. Erst nach einem Augenblick riß ich mich von ihr los und lief ihm nach. Ich lief zum Tor, auf das er am 1. Mai immer einen fünfzackigen Stern malte. Heute kratzte er dort zwei große Sterne ein.

Ich stand und zählte die Zacken:

Eine Zacke – zwei – drei – vier – fünf – sechs Zacken …

Ich trat noch näher, als ob ich meinen eigenen Augen nicht traute. Papa dachte, daß ich diese jüdischen Sterne verwischen wollte, er hob die Axt. Aber ich wollte sie nicht verwischen, ich verstand ihn sehr gut. An diesem Tor hörte er auf, Kommunist zu sein, und wurde wieder Jude. Wir schauten uns an. In den Augen hatte er etwas, was ich bei ihm niemals zuvor gesehen hatte. In diesen Augen war die schreckliche Enttäuschung, Hoffnungslosigkeit und Verzweiflung eines Menschen, der auf einer sicheren Brücke auf die andere Seite des Flusses gehen wollte, und diese Brücke existierte in Wirklichkeit gar nicht. In diesen seinen Augen schaukelten auch Slánský und Margolius am Strick. Ringsumher sangen am frühen Abend die Vögel, und das war wie alte jüdische Psalmen. Er senkte die Axt und setzte sich in Unterhosen auf den Stuhl, der da immer stand für Ankömmlinge, die von der Reise oder vom Leben müde waren. Er wartete, daß sie auch ihn holen kamen. Aber niemand kam ihn holen. Er hatte keine Macht und leitete kein Amt. Er war ein sehr kleiner Herr. Er züchtete zu der

Zeit nur noch Kaninchen. Als ich in der Nacht hinausschaute, saß er immer noch auf dem Stuhl. Es fiel gerade ein goldener Stern und war schöner und vielleicht sogar gerechter als alle Sterne auf dieser sonderbaren Erde.

Abraham B. Jehoschua
Frühsommer 1970

Ich werde noch einmal über den Augenblick nachdenken müssen, in dem ich die Nachricht von seinem Tode erhielt.

Ein Sommermorgen, Juni, der Himmel ist frei, die letzten Tage des Schuljahres. Ich stehe mit Verspätung auf, benommen, hinein ins Licht der Sonne. Ich stelle das Radio nicht an, blicke nicht in die Zeitung. Es ist, als hätte ich zum ersten Mal mein Zeitgefühl verloren.

Ich erreiche das Schulhaus mit Verspätung, lausche in der grünlichen Luft vergeblich nach dem Echo des verstummten Klingelzeichens. Ich trete meinen Weg über den leeren Hof an, zwischen Licht- und Schattenflecken, die die Fensterreihe wirft, vorbei an den murmelnden Klassentüren. Und dann, überrascht, entdecke ich den Direktor, der mir nachjagt, mich von weitem beim Namen ruft.

Doch ich bin nun schon fast bei meiner Klasse, aus der Tiefe des leeren Flurs steigt gedämpfter Lärm. Sie haben die Tür geschlossen, um meine Abwesenheit zu verbergen, nur ihre Aufregung gibt sie preis.

Wieder ruft der Direktor meinen Namen, vom Ende des Flurs her, aber ich kümmere mich nicht um ihn, öffne die Klassentür vor ihrem Gekreische, Gelächter, Getöse, das ausklingt in einem leisen Geräusch der Enttäuschung. Sie sind schon sicher gewesen, ich würde heute nicht kommen. Ich bleibe im Türrahmen stehen und warte, bis sie sich von einander gelöst haben, ihre wilden Haare, ihre roten Gesichter, bis sie in ihrer blauen Schulkleidung an ihre Tische zurückgekehrt sind, den kleinen Stühlen Tritte versetzen, die Bibeln aufschlagen. Dann, allmählich, bedecken sich die Tische mit leeren Blättern, sie sind zur Prüfung bereit.

Jemand löscht die unverschämten Worte, die an der Tafel stehen, auch ein ungehöriges Bild, das mich darstellen soll. Sie blicken mich mit unverhohlener Frechheit an, lächeln und schweigen. Noch bezwingt sie mein Alter.

Und dann, während ich mit den Prüfungsbogen in der Hand meinen langsamen Eintritt in die Klasse beginne, kommt der Direktor an, atemlos, mit bleichem Gesicht. Alle Augen starren ihn an, aber er bemerkt die Schüler gar nicht, nur mich, versucht mich zu berühren, mich zu fassen, er, der schon drei Jahre nicht mehr mit mir spricht, wird plötzlich zart und flüstert wie flehend: einen Augenblick ... nicht wichtig jetzt ... lassen Sie doch ... Sie müssen mit mir kommen ... da ist eine Nachricht für Sie ... kommen Sie ...

Seit drei Jahren haben wir keinen Kontakt mehr miteinander, wir sehen uns an wie Steine. Drei Jahre habe ich auch das Lehrerzimmer nicht mehr betreten, keinen Tee mehr mit meinen Kollegen getrunken. Am frühen Morgen dringe ich ins Schulhaus ein, während der Pausen schlendere ich über die Flure oder den Hof, im Sommer unter dem großen, breitkrempigen Hut, im Winter im dicken Mantel, den Kragen aufgestellt – so ströme ich mit den Schülern hin und her. Ins Sekretariat trete ich erst lange nach Schulschluß, hinterlasse die Liste der Zensuren, nehme mir ein Stück Kreide.

Mit den anderen Lehrern wechsele ich kaum ein Wort.

Vor drei Jahren hätte ich in Pension gehen sollen. Ich hatte mich schon mit meinem Schicksal abgefunden, sogar an die Niederschrift eines kleinen Buches zum Bibelunterricht hatte ich gedacht. Aber plötzlich war der Krieg ausgebrochen, die Luft hallte vom Krachen der Kanonen wider, von fernen Schreien. Ich war zum Direktor gegangen, hatte ihm mitgeteilt, daß ich jetzt den Schuldienst nicht verlassen könnte, daß ich in der Schule bleiben würde, bis der Krieg zu Ende sei. Denn jetzt, da die jungen Lehrer alle eingezogen wurden, brauchte er mich dringend. Aber er hatte keinen Zusammenhang zwischen mir und dem Krieg gesehen. »Der Krieg geht schon zu Ende«, hatte er mit einem seltsamen Lächeln erwidert, »und Sie haben Ihre Ruhe verdient.«

Aber es kam keine Ruhe. Ein heißer Sommer kam, und flammende Zeitungen. Zwei unserer ehemaligen Schüler, sehr jung, fielen innerhalb von vierundzwanzig Stunden. Da war ich wieder bei ihm, erregt, meine Hände zitterten, stammelnd teilte ich ihm mit, daß ich sie jetzt nicht verlassen könnte, jetzt, da wir sie in den Tod schickten.

Aber noch immer sah er keinen Zusammenhang zwischen ihrem Tod und mir.

Die großen Ferien begannen, und ich fand keine Ruhe, war täglich in der Schule, ging auf und ab im Sekretariat, neben dem Zimmer des Direktors, wartete auf Nachrichten, unterhielt mich mit den Eltern, fragte sie über ihre Söhne aus, beobachtete die Schüler, die in Uniform kamen, um ihre Abschlußzensuren zu sehen oder um Bücher in die Bibliothek zurückzubringen. Ich roch den Brand des Feuers in der Ferne. Und dann – ein weiterer Gefallener, unerwartet, ein früher Jahrgang, sehr beliebt zu seiner Zeit, auf einer Feldmine. Da war ich wieder beim Direktor, erschüttert, erschlagen, sagte ihm: »Sehen Sie« – aber nun versuchte er schon auszuweichen. Er hatte Anweisung gegeben, meine Papiere vorzubereiten und ein Abschiedsfest zu veranstalten, auf das ich dann verzichtet habe.

Eine Woche vor Schulbeginn bot ich ihm an, ohne Gehalt weiterzuarbeiten, er sollte mir nur meine Klasse zurückgeben, aber er hatte schon einen Vertrag mit einem neuen Lehrer unterschrieben, ich hatte keinen Platz mehr in seinem Lehrplan.

Das Schuljahr begann, wie die anderen traf auch ich am Morgen ein, brachte Aktentasche und Kreidestücke, war bereit zum Unterricht. Er entdeckte mich vor dem Lehrerzimmer, fragte besorgt, was denn geschehen sei, was ich hier tue, aber ich antwortete ihm plötzlich nicht, sah ihn gar nicht an, als wäre er ein Stein auf meinem Wege. Er glaubte sicher, ich wär verrückt geworden, aber im Durcheinander des Schulbeginns konnte er sich nicht um mich kümmern. Und in der Zwischenzeit suchten meine Augen den neuen Lehrer, einen hageren jungen Mann mit blassem Gesicht, ich heftete mich an seine Fersen. Er trat in die Klasse, ich wartete kurz und trat ebenfalls ein. »Verzeihen Sie«, sagte ich zu ihm, mit leichtem Lächeln, »Sie irren sich vermutlich, das ist nicht Ihre Klasse.« Und während er sich verwirrt umblickte, trat ich ans Pult, zog meine zerlesene Bibel hervor. Er entschuldigte sich, stotterte, ging hinaus, und den erstaunten Schülern, die nicht gedacht hatten, mich noch einmal zu sehen, gab ich keine Möglichkeit, ein Wort zu sagen.

Als nach einigen Minuten der Direktor kam, war ich schon tief in meiner Stunde, die Schüler lauschten gespannt. Nichts konnte mich von der Stelle bringen.

In der Pause, umringt von andrängenden Schülern, verließ ich das Klassenzimmer nicht. Der Direktor wartete draußen, aber er wagte nicht, sich mir zu nähern. Ich hätte geschrien, und nichts fürchtete er so sehr wie einen Skandal.

Mit Gewalt bin ich in den Schuldienst zurückgekehrt, nur mit den Schülern habe ich Kontakt aufgenommen. In den ersten Wochen habe ich das Schulhaus kaum verlassen, blieb auch nachts in seinen Gängen. Und der Direktor, nur mit mir beschäftigt, jagte mich pausenlos, sprach zu mir, beschwor mich, faßte mich an, streichelte mich, drohte, wurde bitter, redete von höheren Werten, von Freundschaft, von den vielen Jahren gemeinsamer Arbeit, wollte mich mit dem Schreiben eines Buches ködern, war sogar bereit, den Druck zu finanzieren, schickte mir Gesandte –

und ich antwortete nicht. Er war für mich gestorben, ein weißer Grabstein an der Straßenecke, im Flur, im leeren Klassenzimmer, an meinem Haustor, selbst auf dem Sessel in meiner Wohnung, wenn er abends kam, um mit mir zu sprechen. Bis er es endlich aufgab.

Er will mich in sein Büro ziehen, aber ich lasse mich von meinen Schülern nicht entfernen. Ich mache ein paar Schritte in den Flur hinein, bleibe stehen – und vor den Augen der Schüler bringe ich alles aus ihm heraus.

Vor fünf, sechs Stunden –

Im Jordantal –

Vermutlich ohne Schmerzen –

Noch hat man seine Frau nicht benachrichtigt, auch die Universität nicht –

Ich bin der Erste –

Auf seine Papiere hat er meinen Namen geschrieben, aus irgendeinem Grunde auch die Adresse der Schule.

Jetzt heißt es stark sein ...

Und dann die Dunkelheit. Gerade die Dunkelheit habe ich mir nicht vorgestellt. Wie eine Kerze erlischt die Sonne in meinen Augen. Die Schüler spüren dieses Erlöschen, aber sie können sich nicht rühren, sind nicht darauf trainiert, mir zu helfen, und der Direktor redet weiter, mit klarer Stimme, als hätte er sich seit drei Jahren darauf vorbereitet, mir diese Botschaft zu bringen. Bis er schließlich einen leisen Schrei ausstößt.

Aber ich werde nicht ohnmächtig, stürze nur für einen Augenblick auf den Boden und erhebe mich sofort, ohne fremde Hilfe, auch das Licht kehrt wieder zurück, verschwommen noch, im leeren Klassenzimmer. Ich setze mich auf den Stuhl eines Schülers, sehe, wie Menschen das Zimmer füllen, Lehrer, die aus Nebenklassen herbeigerufen werden, neugierige Schüler, das Fräulein aus dem Sekretariat, der Schuldiener, Menschen, die schon seit drei Jahren nicht mehr mit mir gesprochen haben. Alle kommen sie zurück, einige von ihnen haben Tränen in den Augen, sie umringen mich wie eine große Gemeinde und zerbrechen meine Einsamkeit.

Vor drei Monaten ist er aus den Vereinigten Staaten zurückgekehrt, nachdem er viele Jahre fortgewesen war. Er traf mit seiner Familie ein, zu später Nacht, nach schwerem Flug über den Fernen Osten. Sechs Stunden habe ich am Flughafen gewartet, glaubte schon, sie würden nicht kommen, und ich müßte unverrichteter Dinge wieder nach Hause fahren. Aber um Mitternacht, als ich schon fast eingeschlafen war in einem Winkel, kamen sie auf mich zu, als wären sie nicht einem Flugzeug entstiegen, sondern von einem Spaziergang zurückgekehrt, brachen hervor aus dem verschwommenen Feld in der Nähe der Landebahn, schlampig, mit wilden Haaren, Rucksäcke auf ihren Schultern – und in einem von ihnen ein Kind, das mich mit weichen Augen ansah.

Mit Mühe erkannte ich meinen Sohn. Bärtig war er, schwer und weich, in seinem Haar zeigten sich schon graue Strähnen, eine neue Ruhe lag in seinen langsamen Bewegungen. Ich hatte mich schon mit einem Junggesellen abgefunden, und nun war er Gatte, Vater, fast Professor. Mir wurde schwindlig bei seinem Anblick. Er schob seine Frau an mich heran, Hosen trug sie, ein dünnes Mädchen mit langem Haar, in einem abgetragenen Fransenmantel, vermutlich eine seiner Studentinnen. Sie stieß vor zu mir und lächelte, ihr Gesicht war hell und weich. Sie war sehr schön, zumindest schien es so in jedem Augenblick, sie berührte mich mit durchsichtiger Hand, ohne Wärme.

Und ich, mit überfließendem Herzen, erhob mich sofort, um meine Kinder zu begrüßen, sie zu küssen, zumindest das kleine Kind zu küssen, aber es war zu weit oben, irgendwo in den Höhen, als ich es anrührte, sprach es mich sofort auf englisch an, auch die dünne Studentin fing an, auf englisch zu reden, wie ein segenreicher Regen sprühte ein zweistimmiges, unverständliches Englisch auf mich herab. Ich wandte mich an meinen Sohn um Übersetzung, und als würde auch er anfangs nicht verstehen, hörte er ihnen lächelnd zu. Danach sagte er, sie würden sich wundern, daß wir uns beide so ähnlich seien.

Und dann die lange Zollkontrolle, erbarmungslos, als wären sie irgendwie verdächtig. Ich stand weit ab, sah zu, wie man ihnen die Pakete öffnete. Als wir im dunklen Taxi unseren Heimweg antraten, in der Frühlingsnacht, die immer heller wurde, war das Kind schon eingeschlafen, wie eine gepflückte Blume, zusammengerollt in seinem Rucksack, der zwischen ihnen auf dem Vordersitz lag. Ich saß hinter ihnen im Gepäck, zwischen Gitarre, Schreibmaschine und Plakaten, und die Pakete, die eben erst hastig verschnürt worden waren, gingen leise wieder auf.

Mein Sohn schlief sofort ein, zog seinen schlafenden Sohn zu sich heran, doch meine Schwiegertochter wurde plötzlich hellwach. Sie blickte nicht auf den Weg, nicht auf die Erde, die sie niemals gesehen hatte, nicht auf die Sterne oder auf den neuen Himmel, ihr ganzer Körper war dem Hintersitz zugewandt, ihr Haar fiel auf mein Gesicht, sie sprühte Fragen auf mich nieder, sprach vom Krieg, wollte wissen, was die Leute sagten, was sie wirklich wollten, es war, als klagte sie mich heimlich an, als hätte ich eine verborgene Freude an diesem Krieg, als gäbe es auch eine andere Möglichkeit ...

So ungefähr, jedenfalls, denn ich verstand ihr Englisch nur mit größter Mühe. Mir hat niemand Englisch beigebracht, ich habe nur aus der Luft aufgeschnappt, was aus den Nebenklassen an englischen Worten aufstieg, wenn meine Schüler schweigend ihre Klassenarbeiten machten, oder wenn ich über die leeren Flure ging und auf meine Stunde wartete.

Angestrengt versuchte ich sie zu verstehen, obwohl ich müde und erschöpft war von den langen Stunden des nächtlichen Wartens. Mein Sohn schlief auf dem Vordersitz, ein massiger Körper, sein Kopf pendelte hin und her. Ich war allein mit ihr, sah ihr zartes Gesicht, durch ihre dünne Brille, die sie plötzlich aufgesetzt hatte, eine Intellektuelle, eine neue Linke vielleicht. Und dennoch hatte sie ein wenig Parfüm aufgelegt, ein Aroma welker Blumen.

Endlich öffnete ich meinen Mund und antwortete ihr, in unmöglichem, nächtlichem, furchterregendem Englisch, einer Ausgeburt meiner Phantasie, voll hebräischer Worte, ohne grammatische Logik. Sie war für einen Augenblick entsetzt, versuchte zu verstehen und schwieg endlich. Dann begann sie leise zu singen.

Wir kamen zu Hause an, und obwohl sie übermüdet waren, zeigten sie jetzt die Geschicklichkeit von Reisenden, zogen an der Eingangstür die Schuhe aus, bewegten sich barfuß durch die Wohnung. Schnell luden sie das Gepäck ab und entließen den Fahrer. Sie nahmen das schlafende Kind und schälten es flink, beide gemeinsam, aus seinen Kleidern, warfen ein Laken über den Jungen, das auf ihn zugeschnitten war wie ein kleines Leichentuch, und legten ihn auf mein Bett. Später, als hätten sie nun ihre Müdigkeit entdeckt, begannen sie sich zu entkleiden, tatsächlich, vor meinen Augen, bewegten sich halb nackt durch die Wohnung, schon stieg der Tag herauf. Sie breiteten Decken auf dem Teppich aus, ich sah ihre bloßen, weiße Brüste, sie schenkte mir ein müdes Lächeln, und plötzlich ging mir der Schlaf verloren, jeder Wunsch, zu schlafen. Ich schloß die Tür hinter ihnen und begann, den engen Raum abzuschreiten, der mir noch geblieben war, wartete auf ein Zeichen der Sonne. Sie waren in tiefen Schlaf gesunken, und bevor ich zur Schule aufbrach, bedeckte ich ihre bloßen Füße. Zur Mittagsstunde kehrte ich heim, sehr müde, fand sie noch immer im Schlaf, alle drei – und brannte so darauf, mit ihm zu reden, es war zum Verrücktwerden. Allein aß ich zu

Mittag, versuchte, mich neben das Kind zu legen, dessen Windeln naß waren, wollte einschlafen und konnte es nicht. Ich stand auf und suchte in ihrem Gepäck, wollte sehen, was sie mitgebracht hatten, vielleicht ein neues Buch oder eine Zeitung, aber bald ließen meine Hände ab.

Als es zu dunkeln begann, konnte ich ihr Schweigen nicht mehr ertragen. Leise öffnete ich die Tür und ging zu ihnen hinein. Beide lagen auf der Seite, allein, versunken in ihren Schlaf, sie nahmen sich die Zeit zurück, die sie auf der Reise um die Welt verloren hatten. Wieder beugte ich mich nieder und bedeckte die Füße meiner Schwiegertochter, doch die Decke meines Sohnes zog ich zur Seite.

Allmählich wachte er auf, nackt, behaart, schwer, sein Atem kam stoßweise. Er öffnete die Augen und entdeckte mich im Halbdunkel, hoch über ihm stehend. Für einen Augenblick schien es, als würde er mich nicht erkennen. »Was ist mit dir?« flüsterte er zu mir hinauf.

»Ich mache immer noch an der Schule weiter, jeden Morgen, der Direktor schweigt immer noch«, flüsterte ich zur Antwort, in einem Atemzug.

Er verstand mich nicht gleich, obwohl ich ihm alles geschrieben hatte, mit großer Genauigkeit, in allen Einzelheiten. Vielleicht hatte er meine Briefe gar nicht gelesen. Das Schweigen wurde tiefer. Nur der Atem der jungen Frau neben ihm war zu hören, sie hatte wieder ihre Decke abgeworfen. Allmählich gewann er seine Ruhe zurück, zog die Decke wieder über seinen Körper.

»Und du unterrichtest immer noch die Bibel ...«

(Schon hatte er nichts mehr zu sagen.)

»Ja, natürlich. Nur die Bibel.«

»Na also«, lächelte er, »dann ist ja alles beim alten.«

»Ja, alles beim alten«, sagte ich und schwieg lange. »Nur daß hin und wieder meine Schüler fallen«, spuckte ich ihm schließlich ins Gesicht.

Er schloß seine Augen, dann setzte er sich auf, eingehüllt in die Decke, sein Bart war wild, er nahm eine Pfeife und steckte sie in den Mund, begann zu grübeln wie ein Prophet aus der Vorzeit, verkündete, daß der Krieg nicht weitergehen würde, ich müßte doch die Zeichen sehen, das könnte so nicht weitergehen. Auch seine Frau erwachte, setzte sich neben ihm auf, auch sie hüllte sich in eine Decke, schenkte mir ein helles Lächeln, war schon bereit zur Verbindung, zur Teilnahme am Gespräch, auch sie wollte ihre Stellung erklären, sofort, ohne sich zu waschen, ohne etwas zu trinken, noch lag der Schlaf in ihren Augen, im Halbdunkel der Frühlingsdämmerung, im wilden Zimmer, das voll war von ihrer Hitze.

Eine kleine Trauergemeinde geht über die Flure, und ich in ihrer Mitte, wie ein seltener Gast, wie ein Gefangener. Die Türen der Klassenzimmer öffnen sich wie unter dem Druck der Lernenden, Gesichter von Lehrern, Tafeln, Schüler, die ganze Schule sieht mich an, als hätte sie mich neu entdeckt.

... Und wir haben gar nicht gewußt, daß er zurückgekommen ist, Sie erzählen ja nie etwas. Ich dachte kaum, Sie würden sich an ihn erinnern, obwohl auch er ein Schüler bei uns war. Wie alt ist er ... war er? Einunddreißig. Gott, wann wird das alles aufhören. So jung. Eigentlich nicht mehr so jung. Als ich ihn am Flughafen sah, erschrak ich, er ist ein bißchen alt geworden ... Und sofort hat man ihn einziehen müssen, keine Atempause gegönnt. Wieso keine Atempause, drei Monate hat er doch Zeit gehabt, alle gehen heute, am Krieg hat er nicht teilgenommen, auch vorher nicht. Aber sofort ins Jordantal? Ja, das war merkwürdig, ich hab mir gar nicht vorgestellt, daß er noch nützlich sein könnte. Selbst er war überzeugt gewesen, er würde zum Zivilschutz kommen, in Jerusalem ...

Schräg gehen wir über den Hof, der leer ist, brennend unter der Sonne.

... Und was ist mit seiner Frau? Amerikanerin, nicht einmal Hebräisch kann sie. Wen hat sie im Land? Keinen. Und das Kind, wie alt ist das Kind? Noch klein, vielleicht drei. O Gott, das ist doch zum Heulen, wer wird jetzt bei ihnen sein? Ich werde bei ihnen sein ...

Wieder ein Flur, Klassen, Türen, ein Schüler mit rotem Gesicht, in blauer Schulkleidung, jagt uns nach.

... Was hast du? Der Lehrer hat die Aktentasche in der Klasse liegen lassen. Ach, nicht wichtig, gib sie her. Was macht ihr jetzt in eurer Klasse? Nichts ... wir warten ... es tut uns ja so schrecklich leid ... Vielleicht beendet ihr die Klassenarbeit, die ich euch gegeben habe. Allein? Ja, warum nicht ...

Und endlich kommt man ins Büro, mit gesenkten Köpfen.

... Es ist schon Jahre her, seit ich das letzte Mal in Ihr Büro getreten bin. Ja, das war doch so überflüssig, diese Trennung zwischen uns, setzen Sie sich jetzt für einen Augenblick, ruhen Sie sich aus, Sie haben schwere Stunden vor sich, ich bin ja selbst ganz durcheinander, am Telefon konnte ich es gar nicht glauben. Wollen Sie, daß wir Sie jetzt mit der Armee in Verbindung bringen, vielleicht reden Sie erst mit ihnen. Nein, nicht nötig. Ist es besser, man holt Sie ab, man benachrichtigt vielleicht schon seine Frau, die Universität? Nein, das ist nicht nötig, ich werde alle benachrichtigen, ich fahre nach Jerusalem, ich will nicht, daß mir jemand zuvorkommt. Aber das ist doch nicht möglich, das können Sie doch nicht alleine machen, man muß Verbindung mit der Armee aufnehmen, man holt Sie ab, es muß doch auch jemand hinunter zum Krankenhaus ... zur Identifikation ... Sie verstehen ... Ich werde ihn identifizieren. Warum bleiben Sie nicht sitzen, wie können wir Ihnen bloß behilflich sein. Die ganze Schule steht Ihnen zur Verfügung, sagen Sie, was Sie brauchen. Ich brauche nichts, nur gehen, ich will nur gehen. Ich begleite Sie, ich gehe mit Ihnen, das ist doch verrückt, Sie können hier doch nicht alleine losgehen, vielleicht fährt Sie jemand. Aber wieso denn fahren, meine Wohnung ist doch ganz in der Nähe, nötigen Sie mich doch nicht dauernd, sonst wird mir wieder schlecht ...

Aber er besteht darauf, mich zu begleiten. Er läßt die Schule im Stich, seinen aufregenden Posten, klebt sich an mich in den Straßen, trägt mir die Aktentasche, das Jackett, die zerlesene Bibel. In seinen Augen stehen Tränen, als wär sein Sohn gefallen, nicht meiner. An jeder Straßenecke versuche ich ihn abzuschütteln, bis hierher, sage ich, aber er besteht darauf, mir nachzugehen, er fürchtet vielleicht, mich alleine zu lassen. An meinem Haustor, unter einem blauen Morgenhimmel, bleiben wir stehen, reglos, zwei große Steine unter weißlichem Moos. Wie Nebel hängen seine Beileidsbezeugungen über uns, er glaubt nicht an sie, und ich höre sie nicht.

Und endlich schweigt er. Das letzte Wort entfällt seinem Mund. Ich nehme ihm meine Sachen ab, den Mantel, die Bibel, die Aktentasche, ersuche ihn, zu den Schülern zurückzukehren, aber noch immer weigert er sich, fürchtet nun wohl, ich würde gleich ein zweites Mal zu Boden stürzen. Ich strecke meine Hand aus, er greift nach ihr und läßt sie nicht mehr los, hält mich mit Gewalt, als hätte ich plötzlich, heimlich, eine neue Macht über ihn gewonnen, als könnte er sich niemals mehr trennen von mir.

Und ich lasse ihn am Tor zurück, trete ins Haus, entdecke ein mir unbekanntes Licht in meiner Wohnung, das Morgenlicht eines Werktages. Ich schließe die Fensterläden (noch immer steht er am Tor), entkleide mich und gehe unter die Dusche. Ich weiß, die Menschen werden sich mir heute nähern, werden mich berühren. Lange stehe ich nackt im strömenden Wasser, meine Schläfen pochen, ich versuche seiner Frau von seinem Tode zu erzählen, in müdem, wässrigem Englisch. Ich reinige mich, ziehe frische Unterwäsche an, finde einen schweren, schwarzen Anzug im Schrank und ziehe ihn an. Ich werfe wieder einen Blick durch die Ritzen der Fensterläden und sehe dort noch immer den Direktor, wie angewurzelt steht er neben dem Tor, versunken in Gedanken, abgeschieden, als hätte er wirklich auf seine Schule verzichtet. Ich räume in der Wohnung auf, hebe den Telefonhörer ab, schließe die hinteren Fensterläden – und plötzlich, als hätte mich hinterrücks jemand niedergestoßen, stürze ich auf den Teppich, auf dem sie in jener Nacht geschlafen haben, und weine krampfhaft. Als ich mich wieder erhebe, scheint es noch dunkler geworden zu sein, mein Kopf schmerzt. Ich rufe leise nach dem Direktor, der schon nicht mehr da ist. Er hat sich schon zurückgezogen, die Straße ist nun leer, frei zum Übergang.

Und dann das Abendbrot auf dem Balkon, an einem Frühlingsabend, duftig, unter den Ästen eines blühenden Baumes. Dort saßen sie alle drei, mit rosigen Wangen, ausgeschlafen, nur ich war müde, meine Knie zitterten, ich brachte ihnen Brot und Wasser. Aus ihren Rucksäcken holten sie Konservendosen hervor, die sie von ihren Fahrten mitgebracht hatten, bereiteten sich eine Mahlzeit, als wären sie noch immer auf der Reise, auf einem Rastplatz zwischen den Herbergen. Und das Kind, immer noch in seinem weißen Leichentuch, saß kerzengerade, blickte wach aus seinen Augen, es redete ununterbrochen, stritt mit den Grillen im Garten.

Mein Sohn, in die Handlung des Essens versunken, zeigte plötzlich einen starken Appetit, er gabelte in den Dosen, schnitt sich Brot, seine Augen waren feucht geworden – vergeblich fragte ich ihn über seine Arbeit aus, über sein Fachgebiet, über eine neue Botschaft. Er lächelte in sich hinein und kam durcheinander, konnte sich nicht ausdrücken, glaubte nicht, daß ich ihn verstehen würde, auch die Literatur, die er mir zeigen könnte, sei auf englisch, neue Versuche, halb Geschichte, halb Statistik, die Methoden wären ganz revolutionär.

Er aß weiter, in seinem Bart verfingen sich Krümel, sein Kopf war vorgebeugt, er kaute schweigend – und ich versank vor ihm, es zog mich hin zu ihm, mehr als vierundzwanzig Stunden hatte ich kein Auge zugetan, ich begann zu ihm zu sprechen, leise, verzweifelt, mit glühender Stimme, über den endlosen Krieg, über die Morgenzeitungen, über die Abwesenheit der Schüler, über das vergossene Blut, über die langen Stunden, in denen ich vor der Klasse stand, über die zerbröckelnde Geschichte ... und mit mir sprach das Kind, auf englisch, ununterbrochen, redete und sang, schlug mit seinem Messer auf eine leere Konservendose. Die Nacht füllte sich mit Sternen, und meine Schwiegertochter wurde unruhig, lächelte mich aus weit geöffneten Augen an, verstand kein einziges meiner Worte und war dennoch sehr gespannt, wiegte begeistert ihren Kopf. Und nur mein Sohn war irgendwo anders, ich kannte die Ziellosigkeit seines Blicks, er hörte nicht zu, dachte schon an etwas Anderes, Fremdes, Entrücktes ...

Immer tiefer wurde die Nacht, und stündlich stellte ich das Kofferradio an, um Nachrichten zu hören, die Stimme des Sprechers schlug hohl und hart in die Dunkelheit. Und mein Sohn verfluchte dort einen, der nicht so dachte wie er, dann stand er auf und ging im Garten auf und ab. Das Kind war still geworden, es saß und malte die Nacht auf große Blätter, mich, die Grillen, die es gar nicht sah. Wieder war meine Schwiegertochter neben mir, sie wurde meiner nicht müde, hörte sich mein Englisch an, sprach langsam auf mich ein, als wäre ich ein leicht beschränkter Schüler. Ihre Frühlingsbluse stand offen, ihr Haar war nach hinten gekämmt, über der Stirn trug sie ein schwarzes Band, sie war eigentlich noch eine Studentin, von der Sorte, in die ich mich vor vielen Jahren, Lichtjahren, verlieben konnte, denen ich nachlaufen konnte in meinem Herzen, Jahr für Jahr.

Die Nacht schritt fort wie ein Rausch, und schon umhüllte uns der Tau. Sie begeisterte sich plötzlich, beschloß im Freien zu übernachten, brachte Decken aus dem Haus, legte sie über das schlafende Kind, dessen Kopf auf den Blättern lag, und auch mir und ihrem Mann legte sie eine Decke über. Sie kuschelte sich in seinen Schoß, und er, seine Pfeife im Mund, vor sich hingrübelnd, unergründlich, wechselte hin und wieder schnelle englische Sätze mit ihr, küßte sie mit furchterregendem Ernst.

Ich versuchte sie zu überreden, noch einen Tag bei mir zu bleiben, aber sie konnten nicht, sie mußten alles in die Wege leiten, eine Wohnung finden, einen Kindergarten für den Kleinen, und ich verabschiedete mich von ihnen, nahm das Kofferradio mit mir, legte mich auf mein Bett und schlief sofort ein. Im Morgengrauen, fast noch im Traum, sah ich, wie sie ihr Gepäck auf ein schwarzes Taxi luden und abfuhren – auf dem Wege nach Jerusalem.

Und ohne es geplant zu haben, ohne mich gesehnt zu haben, wie ein Vogel, befinde auch ich mich auf dem Weg nach Jerusalem. An einem hellen Morgen, am Freitag, im Schnellbus, unter wenigen Menschen, Zeitungslesern, man fährt nicht mehr langsam über gewundene Pfade, man fliegt mit dumpfen Pfeifen durchs weite Tal, zwischen Bäumen, die sich entfernt haben voneinander, schon weiß man nicht, ob der Weg nach Jerusalem hinaufführt oder hinab.

Und plötzlich schreie ich, oder glaube zu schreien, sehe entsetzt, wie die Menschen um mich herum in ihre hohen Sessel sinken, für einen Augenblick erstarren die Zeitungen in ihren Händen. Ich beginne, im Autobus auf und ab zu gehen, und aus ihren Augenwinkeln entnehme ich's – sie haben mich durchschaut, mich und meinen Schmerz, aber sie können mich nicht erlösen. Und ich will mich übergeben vor den Leuten, aber sie winken dem Fahrer, er hält den Autobus an, über die Eisenstufen steige ich auf den Straßenrand am gelben Streifen hinab, neben Sandhaufen und Asphaltresten, ich will mich vor der Landschaft übergeben, vor den Bergen, vor den Kiefern, aber ich kann nicht, ein kühler Wind streift mich, ich gewinne meinen Atem zurück, und auf der anderen Straßenseite, weit entfernt, fliegen die Wagen in die Ebene hinab, wie auf einem anderen Weg. Ich steige wieder ein, bitte murmelnd um Verzeihung, und die Leute machen freundliche Gesichter, sagen lächelnd: selbstverständlich …

Und wenig später dann die Hügel von Jerusalem, eingetaucht in starkes, schmerzendes, fast unmögliches Licht. Ich bahne mir einen Weg zum Hause meines gefallenen Sohnes, im ehemaligen Grenzbezirk, der aus dem Staub entstanden ist. Steingassen bedecken sich mit Asphalt, alte Brunnen werden dem städtischen Wassernetz angeschlossen, Ruinen werden zu Wohnungen, und auf den Innenhöfen spielen neue Kinder. Und endlich finde ich's, berühre ein starkes Eisentor, es öffnet sich, und ich komme außer Atem, denn die Botschaft steckt mir schon im Hals. Langsam trete ich in eine umgestülpte Wohnung ein, die Vorhänge sind hochgerollt, die Stühle sind auf die Tische gestellt, die Blumentöpfe stehen auf Sesseln. In der Mitte des Zimmers sind Besen und Eimer und Lappen zusammengeworfen. Aus dem Radio klingen arabische Lieder mit Chorgesang und Trommeln, Heldenlieder, und eine arabische Putzfrau, sehr alt, schlägt wild auf einen roten Teppich ein. Die gnädige Frau sei nicht zu Hause, das Kind sei nicht zu Hause. Und ich werde immer schwächer, schwanke auf den großen Steinfußböden, die frühere Generationen zertreten haben. Aus Tiefen, im lauten Gesang, versuche ich ferne arabische Worte hervorzuholen: »Ya asmai … al valed … abni … me'et …«

Erstaunlich, daß sie nicht erschrickt vor meinem Geschrei, sofort begreift, daß ich mit vollem Recht hierher gehöre, vielleicht die Spuren anderer Gesichter in meinen Zügen erkennt. Sie kommt auf mich zu, hält einen Topf in der Hand, uralt ist sie (wo haben sie die aufgetrieben?), ihr Gesicht ist runzlig, sie ist wohl auch taub, denn das Radio spielt in voller Lautstärke. Ich rufe wieder etwas, deute auf das Gerät, und sie geht sofort, beugt sich über die komplizierte Anlage, dreht an den Knöpfen, bis der Gesang abstirbt und nur noch die Trommeln aus einem verborgenen Lautsprecher klingen.

Dann, ein eingetrockneter Affe, mit Kleidern behängt, ihr Kopf bedeckt mit einem großen Tuch, kehrt sie zu mir zurück und wartet.

»Abni ...«, versuche ich es wieder und verstumme. Tränen ersticken meine Worte, ich bewege mich durch den Raum, zwischen umgestülpten Sesseln und tropfenden Blumentöpfen, zwischen Kartons (noch immer nicht ausgepackt), Transformatoren und Schallplatten suche ich in dieser amerikanischen Revolution die Wohnung, die ich nicht kenne, und sie geht mir nach, zum Klange der Trommeln, barfuß, den Topf noch immer in der Hand, unter meinen Füßen sammelt sie Gegenstände auf, verrückt Stühle, läßt Vorhänge herab, vergrößert die Unordnung noch.

Ich trete ins Schlafzimmer und finde dort zerzauste Laken, lange, verstreute Kleider, den Abdruck ihres Körpers auf dem Bett, auf dem Kissen; und in der Ecke, unvermeidlich, die Kartons, einer über dem anderen.

Man wird die Wohnung zur Trauer herrichten müssen –

Ich setze mich aufs Bett, sehe auf die Mauerbögen und beginne den Baustil des Hauses zu erfassen. Und die Alte steht neben mir, sie denkt anscheinend, sie darf mich nicht alleine lassen, sie will mir helfen, mich bedienen, vielleicht wartet sie darauf, daß ich mich hinlege, um mich zuzudecken, und wieder versuche ich es ihr mit meiner leisen Stimme zu erklären.

»Abni me't ... valdi ...«

Jetzt, endlich, versteht sie.

»Der Jüngere?« fragt sie, als hätte ich mehrere Söhne.

Ich stehe verzweifelt auf, versuche sie fortzuschicken, aber sie hängt nun schon an mir, bleibt mir schon treu, vielleicht weil ich so alt bin, wartet auf Anweisungen, ist wohl auch daran gewöhnt, in diesem Hause niemals zu verstehen, was man zu ihr spricht. Erst als ich damit beginne, Ordnung zu schaffen, verliert sie ihre Fassung. Ich falte die Laken zusammen (zwischen den Decken finde ich ein Telefon, hebe seinen Hörer ab), bedecke das Bett, ordne die Kleider wieder in die Kartons ein und bemerke in einem von ihnen hohe Stapel neuer Windeln in durchsichtiger

Verpackung, als hätten sie geplant, hier einen ganzen Stamm zur Welt zu bringen.

Im Nebenzimmer dröhnen immer noch die Trommeln –

Die Alte ist ratlos, umkreist mich, will helfen und weiß nicht wie, fängt plötzlich an, zu sprechen, und immer wieder, heulend und schreiend, wiederholt sie einen einzigen Satz, bis ich verstehe. Das Kind, denkt sie, das Kind sei tot.

»Nein, nein, nicht der Junge.«

Ich beuge mich über sie, spüre den Geruch verbrannter Feuer in ihren Kleidern. »Sein Vater.«

»E'isch abohu …?« Entsetzt, ungläubig, weicht sie zurück.

Und mich packt plötzlich die Furcht um das Kind, ich will es suchen, will's nach Hause holen. Sie versteht mich sofort, zieht mich hinaus, und auf der Straße, vor den kleinen Gassen, mit wilden Gesten und Geschrei, zeigt sie mir den Weg zum Kindergarten.

In einem sonnigen Zimmer, das nach Bananen duftet, sitzen alle im Kreise auf winzigen Stühlen, mit verschränkten Armen und im blauen Kittelchen. Noch erkenne ich ihn nicht, sie sind sehr leise, gespannt lauschen sie der rhythmischen Stimme ihrer Kindergärtnerin. Seit vielen Jahren habe ich unter Kindern keine Stille erlebt wie hier, ich hab mir gar nicht vorgestellt, daß sie zu einem solchen Schweigen fähig sind. Und mitten hinein plötzlich ich, erregt in meinem Schmerz, ich steige über Haufen riesiger Bauklötze, versuche noch immer, ihn auszumachen, während etwas in mir zerbricht, mich niederwerfen will, ausgerechnet im Kindergarten, neben den kleinen Handtüchern, die dort in einer Reihe hängen, vor den Zeichnungen, die an der Wand verstreut sind. Der kurze Schrei der Kindergärtnerin.

Ein Unglück ist bei uns geschehen –

Vorm Morgengrauen –

Sie ist bleich, versteht den Namen nicht, glaubt, daß ich mich irre, daß ich vielleicht zu einem anderen Kindergarten gehöre, aber da richtet er sich auf, wie ein kleiner Stamm wächst er aus dem Boden, noch immer mit verschränkten Armen, sehr ernst, gibt schweigend zu, daß er zu mir gehört, lauscht der Kindergärtnerin, die plötzlich verstanden hat und kommt, um ihn zu umarmen, Englisch spricht zu ihm und ihn heraushebt aus dem Kreis.

Schon hängt man ihm sein Täschchen um den Hals, auf seinen Kopf senkt sich eine blaue Kappe, er bittet um etwas in seiner Sprache und erhält das Blatt, das er am Morgen bemalt hat. Durch den Nebel über meinen Augen sehe ich die rote Sonne, deren Strahlen in alle Richtungen gehen. Seine kleine Hand legt sich in meine Hand, und meine Finger schließen sich um sie. Man hat ihn mir gegeben, obwohl ich noch gar nicht alles erzählt habe und doch ein alter Mann sein könnte, der in den Kindergarten kam, um sich ein Kind zu holen.

Und wieder in ihrer Wohnung. Lautlos, barfuß, bewegt sich die Araberin durch die Küche. Das Kind sitzt bei ihr, ißt ein frühes Mittagessen. Hin und wieder hört man leise Sätze. Sie spricht Arabisch zu ihm, und der Junge antwortet ihr auf englisch. Durch die offenen Fenster dringt ein fernes Rauschen. Wir warten nur auf sie. In ein, zwei Tagen wird sich hier alles verändern, Menschen werden die Zimmer füllen, und in einigen Monaten ist alles vorbei. Sie wird ihr Kind in ihren Rucksack packen und dorthin zurückkehren, woher sie gekommen ist. Der Geruch des Todes hängt schon wie ein leichter Nebel über den Gegenständen. Ich finde sein Arbeitszimmer, trete ein und schließe die Tür hinter mir. Hier ist es dunkel und kühl. Bücherhaufen liegen auf dem Boden, der Tisch ist überladen mit Papier. Er hat alles liegen gelassen und ist in die Armee gegangen. Der Wahnsinn der Generationen. Ich trete an seinen Tisch und berühre seine Papiere. Wer kann Ordnung bringen in ein solches Durcheinander. Seit fünfzehn Jahren habe ich seine Hefte nicht mehr kontrolliert. Vergeblich versuche ich, ein wenig Licht hereinzubringen, der Fensterladen klemmt, er läßt sich nicht öffnen. Ich kehre zum Tisch zurück. Womit hat er sich beschäftigt, was hat er geplant, wo kann ich hier die Fäden aufnehmen? Ich berühre die erste Schicht, und schon stürzen Telefonrechnungen auf den Fußboden, Stromrechnungen, Rundschreiben von der Universität. Auch er ist so eine Art Lehrer. Ich schäle die zweite Schicht heraus – Bankauszüge, englische Zeitschriften, Reklamefotos von halbnackten Männern mit langen Haaren, dick-dünne Revolutionäre, sie führen neumodische Krawatten und gestreifte Hosen vor, kleine elektrische Maschinen, die zweifelhaften Zwecken dienen. Und plötzlich finde ich auch eine Pfeife von ihm, Geruch von Tabak, den ich nicht kenne. Zeichen meines geheimnisvollen Sohnes. Meines Kindes. Wieder wird mir schwindlig. Meine Augen werden dunkel, ich kehre zum Fenster zurück und versuche noch einmal, den Laden aufzureißen. Lichtstaub, ein dünner Wind, durch die Ritzen, in neuem Licht, entdecke ich ein fruchtbares Tal, und auf der anderen Seite die Gebäude der Universität. Wieder stöbere ich auf dem Tisch herum.

Sonderdrucke, die ihm seine Kollegen geschickt haben. Statistische Tabellen. Ich werde versuchen müssen, auch das zu lesen. Zettel mit seiner Handschrift, Buchtitel. Die Versprechungen neuer Ideologien, einiges davon stecke ich in meine Tasche. Und dann, endlich, etwas von ihm, ein Blätterstoß, den er eigenhändig beschrieben hat, halb englisch, halb hebräisch, unter dem Titel *Prophecy & Politics*, ein neues Buch vielleicht, ein Artikel. Ich öffne die Schubladen, dort kommt ein Tischkalender zum Vorschein, aber gerade die Schubladen sind fast leer. Andere Pfeifen, ein zerbrochener Fotoapparat, Beutel mit alten Medikamenten, und Bilder seiner Frau, ein Mädel noch, neben Bäumen, neben einem Berg, einem Auto, einem Fluß. Und hinter den Bildern, in der Tiefe der Schublade, ein kleines, scharfes, verziertes Messer, auf dem ein Wort geschrieben steht: *Peace*.

Die Eingangstür öffnet sich, die Wohnung hallt vom Klappern kleiner Schritte wider, von ihrem Lachen. Die rhythmische Stimme des Kindes. Das erregte Flüstern der Araberin. Schon strömt Licht durch die Tür auf mich zu. Und sie, im leichten Kleid, verschwitzt vom Weg, ihre Tasche über der Schulter, die Sonnenbrille über den Augen wie eine Touristin, steht erstarrt vor meinem tiefen Einbruch, versucht sofort, mich anzulächeln, aber ich sitze verborgen im Sessel, auf der anderen Seite des Tisches, ganz in Schwarz, das Messer zwischen meinen Fingern.

Sie kommt mit kleinen, schnellen Schritten auf mich zu, aber plötzlich bleibt sie stehen. Sie spürt etwas. Furcht steigt in ihr auf, als hätte sie die Zeichen des Todes an mir erkannt. »Something wrong« – ihre Stimme zittert, als wäre ich es, der im Sterben liegt, als verdeckten meine Kleider eine tödliche Wunde.

Und ich richte mich auf, lasse das Messer fallen, der warme Lichtstrahl trifft mich, ich beginne zu schreiten, an ihr vorbei. Ich murmele die Botschaft dieses Morgens in altem, biblischem Hebräisch, und ich weiß – sie wird mich nicht verstehen, die Worte prallen auf mich zurück. Mitleid mit ihnen erfüllt mich, ich streichle das Haar des Kindes, beuge mein Haupt vor der alten Araberin, es zieht mich in das warme Licht der Wohnung, durch die Eingangstür, die noch immer offen steht, ins freie Tal, zur Universität. Von dort muß man sich Hilfe holen.

Und geradewegs, auf der Luftlinie fast, gehe ich durchs Tal zur Universität. Im Dickicht der Sträucher, in der Tiefe einer fruchtbaren Furche, verliere ich für einen Augenblick den Himmel – und plötzlich spreche ich dich aus, nur dich, stark und hungrig. Mein Toter. Mein Einziger. Aus den Tiefen rufe ich, siehe, schon ist die Mittagsstunde vorbei, der Sabbat kommt, und in Jerusalem weiß man noch nicht von deinem Tode. Deine Frau hat die Botschaft nicht verstanden. Ich habe mich geirrt, ich hätte es den Behörden überlassen sollen.

Felsen. Ein steiler Abhang, Sträucher wachsen aus der unsichtbaren Erde, verwickeln sich zwischen den Beinen. Wer hätte gedacht, daß so dicht bei der Universität noch Wildnis herrscht.

Endlich habe ich deine Papiere gesehen. Grundlos hast du gefürchtet, daß ich dich nicht verstehen würde, ich habe sofort verstanden, bin begeistert von dir, erregt, auch verzweifelt. Du bist zurückgekehrt, bist ein Prophet, und ich bin bei dir, Menschensohn, ich habe meine Taschen mit Zetteln von deiner Lehre gefüllt, ich werde systematisch Englisch lernen und will den Berg besteigen, will deinen Geist erwarten.

Am Rande eines Marmorgebäudes, einen knotigen Zweig in der Hand, durchbreche ich den Stacheldraht, der die Universität umgibt. Schon lange bin ich nicht mehr hier gewesen, kenne die Anordnung der Bauten nicht mehr. Ich suche deine Fakultät, irre über Flure, vorbei an Sauerstoffbehältern und dunklen Laboratorien, kleinen Seminaren, Treibhäusern, summenden Computern, und vor meinen Augen wird der Kampus immer leerer, Studenten entfernen sich.

Auf dem Platz vor der großen Bibliothek halte ich einen letzten Professor an, mit Büchern beladen, im Laufschritt, aber er hat deinen Namen nicht gehört, zeigt mir den Weg zum Verwaltungsgebäude. Beamte treten dort heraus, die hören mir mit ernstem Gesichtsausdruck zu, die Telefone seien abgestellt, sagen sie, sie seien auch nicht zuständig für eine solche Botschaft. Und ich verstehe plötzlich – sie halten mich für verrückt, für einen ewigen Studenten, einen Sonderling, der sich interessant machen will, im schwarzen, leicht geschmückten Anzug, einen Zweig in den Händen. Der Zweig ist es, der mich in Verdacht bringt.

Ich werfe ihn weg, mitten auf den Platz, eile zum Fakultätsgebäude zurück, in den erleuchteten Flur, ein gewichtiger Torhüter schließt dort im oberen Stockwerk die Fensterläden. Aus der Tiefe, von unten, rufend, frage ich ihn nach dir, und gerade er hat deinen Namen schon gehört, zumindest kennt er dein Gesicht. »Der Professor mit dem wilden Bart«, sagt er und steigt herunter zu mir, klirrt mit seinen Schlüsseln und führt mich hinauf an dein Zimmer, ans Ende des Flurs. An der Tür finde ich eine lange Namensliste, Studenten, die von dir beraten werden wollen, und daneben eine Mitteilung vom Sekretariat über deinen Militärdienst, auch eine Liste von Büchern, die man vor deiner Rückkehr lesen soll. Alle diese Papiere kehre ich der Wand zu, lege sie zusammen und schreibe eine erste Traueranzeige. Mein Liebster. Der Torhüter liest sie hinter meinem Rücken, und er glaubt mir sofort, bringt mir noch einige Reißzwecken, um das Papier an der Tür zu befestigen.

Wir steigen die Treppen hinab, und ich erzähle ihm alles über dich, unsere Schritte hallen in dem leeren Gebäude wider. Das Halbdunkel tut meinen Augen gut, ich halte mich auf, meine Schritte werden zögernd, ich würde gerne noch ein wenig bleiben, aber plötzlich wird der Torhüter ungeduldig, wirft mich gewaltsam hinaus, zurück in die Sonne.

Und sie brennt mit wilder Lust, erweicht die Welt in einem letzten Brand. Voreilig war das gesagt, Frühsommer – wir haben ja schon Hochsommer. Ich irre umher, in glühenden Kleidern, zwischen weißen Gebäuden, geschlossenen Laboratorien des Geistes, schreite über schlaffes Gras, das Gras Jerusalems, und es zieht mich hin zu einer Gruppe amerikanischer Studenten, die dort übrig geblieben sind, sich der Sonne hingeben auf einer der Rasenflächen, barfuß, bärtig, einige von ihnen halb nackt, dösend über Heften und englischen Bibeln, sie spielen sich kreischende Lieder auf kleinen Tonbandgeräten vor. Von weitem rufen sie mir zu – you guy, sehnen sich vielleicht danach, daß ich mich ihnen anschließe. Und ich schließe mich ihnen an, bewege mich unter ihnen, zwischen ihren Beinen, trete auf ihr weiches, bleiches Fleisch, das Fleisch des Exils, schlage sie leicht mit dem Zweig, der wieder in meine Hand zurückgekehrt ist. Wenn ich es wollte, könnte ich hier zum Professor ernannt werden.

Und irgendwo, am Horizont, das Gebirgsland von Moab.

Sie lachen müde, vielleicht ein wenig berauscht, sagen ›you old man‹ zu mir, denken etwa sogar, ich hätte ihnen Rauschgift anzubieten. Ich gefalle ihnen, you're great, sie krümmen sich auf der Erde, wälzen sich im dünnen Gras, können kein einziges Wort Hebräisch, erst vorgestern hat man sie am Flughafen abgeladen. Und ich stoße zu ihnen, bin bereit, sie auf der Stelle zu examinieren, ihre Bibelkenntnisse zu prüfen, spreche zu ihnen in meinem erschöpften, unmöglichen Englisch, das ihnen dennoch verständlich wird: »Hear me children, my son killed in night, in Jordan I mean near the river ...«

Und ich zeige auf den bläulichen Horizont, der sich in der Leere verliert. Sie lachen noch, begeistern sich, wonderful, sie klopfen mir auf die Schulter, sind bereit, mich aufzunehmen, mich ihrer Gruppe anzuschließen, mich zu einem von ihnen zu machen im jagenden Rhythmus ihrer Musik.

... Ich danke Ihnen, mein lieber Freund, verehrter Herr Direktor, daß Sie mir erstmals das Recht erteilt haben, zur Zeugnisverteilung an Ihrer Stelle die Abschiedsrede an unsere Abiturienten zu halten. Ich weiß, es fiel Ihnen nicht leicht, zu verzichten. Es ist schon viele Jahre her, seit Sie eine Stunde gegeben haben, Ihre Hände beschmutzen sich nicht mehr mit Kreide, berühren keinen Rotstift mehr, um Arbeiten zu korrigieren. Sie stehen unseren Schüler nicht mehr gegenüber, sind nur noch in der Verwaltung tätig, ziehen das wohl der Erziehungsarbeit vor. Und dennoch, gerade deswegen, warten Sie sehnsüchtig auf den Augenblick, da Sie als Mann des Geistes zu besorgten Eltern sprechen können, zu jungen Menschen, und ganz besonders wohl in dieser unerhörten Zeit.

Wen würde es nicht tief berühren, heute zu jungen Menschen zu sprechen. Es drängt uns, vor euch zu reden, liebe Schüler, langhaarige, schwerzüngige, leicht angeknackste Abiturienten, aufgewachsen ohne Ideologie, mit dem Auto eurer Eltern, mit wilden Tänzen in den Kellern, mit nächtlichen Schmusereien in Hauseingängen. Und trotz allem diese Fähigkeit, diese Bereitschaft zum Tode, dieser Wille, sich in Bunkern einzugraben, monatelang, im nächtlichen Schnellfeuer unbekannte Stacheldrähte zu erstürmen, so jung und innerlich so diszipliniert, immer wieder erstaunen sie uns mit ihrem Gehorsam. So, liebe Eltern, ist es doch?

Verehrte Eltern, ich spreche nicht als Ältester des Lehrerkollegiums zu Ihnen, sondern als einer, der aufgehört hat, ein Vater zu sein. Sie sehen ja, ich bin gekommen, wie ich bin, mit dem Bart des Trauernden, in dunklen Kleidern. Ich bringe keine Botschaft, aber ich möchte Sie ermutigen. Auch mir ist ein Sohn gefallen, er war nicht mehr jung. Wir dachten, er würde beim Zivilschutz bleiben, in Jerusalem, aber sie haben ihn ins Jordantal geschickt. Einunddreißig. Mein Einziger. Mein Geliebter. Verehrte Eltern und Schüler, ich will Ihnen nicht zur Last fallen mit meiner Verzweiflung, aber ich bitte Sie, sehen sie mich an und seien Sie, bitte, nicht überrascht – in gewisser Hinsicht war ich vorbereitet auf seinen Tod, das war meine Stärke im schrecklichen Augenblick.

Schon an jenem Freitag, als ich die Nachricht von seinem Tode erhielt, bevor ich hinabfuhr, um ihn zu identifizieren, als ich sehr einsam war, über Rasenflächen ging, zwischen den Gebäuden der Universität, in der Glut der Sonne, schon damals begann ich an Sie zu denken, an die Worte, die ich vor Ihnen sprechen würde, vom Schmerz des Einen, in dem für uns alle die Wahrheit aufleuchtet ...

Aus der Ferne, durch die Sommerwolken, sehe ich mich selbst wie aus der Vogelschau. Ein kleines Korn. Ich verlasse die weißlichen Würfel, wälze mich langsam durch eine große Asphaltpfütze. Eine Straßenkreuzung, und ringsum das Herz des Staates, angehäufte Regierungsgebäude, Parlament aus rötlichem Stein, weißes Museum, Kiefern wie weiches Moos, an ihren Rändern gefurchte Hügel, ausgeschachtete Felsen, übereinanderliegende Straßenbänder – ein deutlicher Versuch, die Landschaft umzukehren. Ein schwarzer, qualmender Fleck nähert sich von Osten, bleibt hängen über dem Korn und verschluckt es.

Das alte Taxi scheint aus den Krematorien zu kommen, ich falle auf seinem verschwitzten, zerrissenen Polster zusammen und zeige dem Fahrer die Richtung.

Nach Süden. Aus der glühenden Luft erkennt man die Hartnäckigkeit. Auf den Graten wie eine drohende Handschrift die Gräber, und um sie herum Gebäude, große Häuser, Baugerüste, Krane. Wie ein Schützengraben, in dem Raketen stehen. Häuser schachteln sich in Häuser. Ein Himmelreich in Stein.

Der Fahrer, ein unrasierter Bursche von unbestimmtem Alter, knackt Sonnenblumenkerne, singt leise vor sich hin, starrt unverwandt auf mein Gesicht im Rückspiegel, ist bereit zum Kontakt. Doch ich schließe meine Augen.

Über einen Abhang schlängelt sich das Taxi ins Tal hinab, eine dichte Staubwolke wirbelt hinter ihm auf. Das Krankenhaus wird sichtbar. Rot steht der Felsen da, ein Damm aus Fenstern, reglos im Mittagswind. Ein kleiner Hubschrauber hängt über ihm wie ein Raubvogel.

Trockenes Gras fällt aus meinen Kleidern. Ich dämmere dahin und träume. Das Fahrzeug rüttelt, seine Türen klappern, die Fenster blenden mich. Die sirrende Federung bringt den Fahrer in Ekstase. Er hat genug von mir, laut und schamlos beginnt er zu singen und schlägt begeistert auf das Steuerrad.

Aber ich bin schon jenseits der Berge und eigne mir die Landschaft an. Lange Täler ziehen sich von Jerusalem zum

Gebirgsland von Hebron hin, sie wachsen mit den hohen, kahlen Hügeln zusammen. Olivenhaine, Steinmauern, Schafherden, eine großartige Landschaft, ein altes, seit Jahrtausenden unverändertes Reich – und dem gleichen Blick, wenn er ein wenig höher steigt, zeigt sich auch das Meer, die beginnende Wüste. Schwer umschlingt das schreckliche Land meinen Hals.

Ich tippe an den Nacken des Fahrers, und sein Gesang bricht sofort ab. Ich beginne zu sprechen, anfangs versteht er nicht, hält mich für verrückt. Aber auf der kurzen Strecke, die uns bis zum Krankenhaus geblieben ist, kann ich ihm das Wichtigste erzählen.

Einunddreißig –

Einziger Sohn –

Vorm Morgengrauen –

Und tatsächlich warten sie auf mich, wie man es mir noch am Morgen vorausgesagt hat, auf einem gepflasterten Platz mitten in den Bergen – ein schwerer Militärrabbiner mit rötlich wildem Bart, ein Prophet in Uniform, steht im Sonnenlicht und wartet. Als ich aus dem Taxi steige, erkennt er mich sofort, als wäre ich schon von meinem Unglück gezeichnet, beeilt sich, mich zu fassen, ehe ich ihm in einen der Glaseingänge entweiche, die sich weit vor mir öffnen.

»Sind Sie der Vater?«

»Ich bin der Vater.«

»Allein?«

»Allein.«

Er ist entsetzt. Seine Augen brennen. Wie sei das möglich? Wie habe man mich alleine losgeschickt? Das sei doch mehr als eine Identifikation, das sei doch auch ein letzter Abschied.

Ich weiß, doch ich weiß keine Antwort. Ich wende mich ihm schwankend zu, in stiller Begeisterung. Endlich ein wirklicher Rabbiner, ein Gottesmann steht mir zu Diensten. Stumm hänge ich mich an seine verschwitzten Kleider, berühre seine Rangabzeichen, und er, überrascht von meiner Berührung, von meiner Schwäche, die er unter meinen dunklen Kleidern spürt, umarmt mich verwirrt, beugt seinen Körper, Tränen stehen in seinen Augen, allmählich dreht er mich dem Licht der Sonne zu, nach Westen, und zieht mich sanft hinein.

In einen großen, leeren Fahrstuhl. Wir sinken in die Tiefe, berühren uns schon nicht mehr, er steht neben den Knöpfen, ich in einer entfernten Ecke, eine leere Tragbahre liegt zwischen uns.

Er lauscht. Sein Kopf ist zur Seite geneigt, sein Gesicht ist dunkel, seine Augen sind erloschen; ich rede anscheinend wieder, mechanisch, ohne mir selbst zuzuhören, suche den Schmerz, die Worte, die ich heute schon oft gesagt habe, sie rauschen in der Ferne am verwischten Horizont vorbei: einunddreißig, fast Professor, einziger Sohn. Hab ihn in den letzten Jahren kaum gesehen. Aus den Vereinigten Staaten zurück, erst vor einigen Monaten, mit Bart, fast hätte ich ihn nicht erkannt. Geliebter Sohn. Jetzt hinterläßt er eine Frau, junge Amerikanerin, ich weiß nicht recht. Mir hinterläßt er ein Kind. Hinterläßt Manuskripte, unvollendete Forschungen, verstreute Kartons, er hinterläßt auch Drähte und Transformatoren. Der Wahnsinn. Unsere Kinder kommen um, und wir bleiben mit den Sachen ...

Ich spreche immer noch von ihm, als wäre er weit entfernt, irgendwo verlassen, in irgendeiner Wüste, als befände er sich nicht ganz in der Nähe, als würde ich nicht ständig auf ihn zugleiten, in langsamem, sicherem Fall. Der Fahrstuhl setzt nun auf, mit einem leisen Stoß, die Augen des Rabbiners wenden sich wieder. Die Tür geht automatisch vor uns auf.

Er hält mich, denn ich neige schon zur Flucht, führt mich über die erleuchteten Flure des unterirdischen Geschosses, in denen atmende Maschinen rauschen. Aus den Durchgängen wehen uns Winde an. In einer kleinen Kanzlei stehen Menschen vor uns auf, Ärzte und Beamte beugen ihr Haupt, als sie mich eintreten sehen, sie schließen ihre Augen. Einige ziehen sich sofort zurück, machen sich unsichtbar, andere wollen mir näherkommen, wollen mich berühren. Der Rabbiner flüstert: »Das ist der Vater, er ist allein gekommen«, und wieder beginne ich etwas zu murmeln, aus Furcht, die bekannten Stichworte. Jemand nähert sich sofort, hört mir zu, und Schweigen ringsum.

Die Menschen behandeln mich mit einer wundervollen Weichheit. Wie sie mich auf einen Stuhl setzen, meinem Kopf ein Käppchen auflegen, wie schnell sie meinen Kleidern den Personalausweis entziehen, etwas notieren, eine Seitentür öffnen. Als sie mich aufrichten, habe ich mein Gewicht verloren, schwerelos schwebe ich auf ihren Händen in eine Halle hinein, deren Fußboden aus bloßem Beton besteht, voller Vorhänge, ein Gewölbe weißer Flügel.

Deutlich hört man laufendes Wasser im Raum, als würden Quellen in ihm fließen.

Das vergossene Blut –

Das Kind. Der Fluch, der auf mir liegt.

Jemand steht schon an einem der Vorhänge, zieht ihn zur Seite, schlägt eine Decke zurück, und ich bin noch weit entfernt, voll grauenhafter Neugier, mein Atem stockt und ist kaum spürbar, das Herz steht fast still, ich entgleite denen, die mich halten, und es zieht mich, das bleiche Gesicht eines jungen Gefallenen zu betrachten, nackt unter der Decke, dünne Ströme von Blut, die seine toten Augen umfließen, seine halb geöffneten Augen. Ich zucke zusammen. Das Käppchen rutscht mir vom Kopf.

Endloses Schweigen. Die Leute sehen mich an. Reglos steht der Rabbiner, die Hand auf der Brust, gleich wird er das Widderhorn zücken, um uns ein leises Zeichen zu blasen.

»Das ist er nicht ...« flüstere ich schließlich, in fürchterlicher Verwirrung, in wachsender Verzweiflung, im Rauschen des Wassers, das irgendwo in der verfluchten Halle fließt.

Jemand macht ein weiteres Licht an, als wär's eine Frage der Beleuchtung. Immer noch schweigen sie. Ich sehe, kein Mensch will verstehen.

»Das ist er nicht«, sage ich noch einmal, stimmlos, atemlos, ich ringe nach Luft. »Sie irren sich wahrscheinlich.«

Und endlich entsetzen sie sich. Der Rabbiner stürzt sich auf den Zettel an der Bahre, spricht den Namen aus.

»Nur der Name stimmt ...« sage ich flüsternd, weiche zurück im tiefen Schweigen, im Rauschen unsichtbaren Wassers, im süßlichen Geruch von Fäulnis, kehre in die kleine Kanzlei zurück, die für mich schon zu einer Oase geworden ist in dieser Wüste.

Hinter meinem Rücken, im Kreise der erschütterten Gesellschaft, bricht der Rabbiner in wilde Flüche aus.

Freitag nachmittag. Ich sehe weder Sonne noch Berge, aber ich weiß es – wir sind am Rande der Stadt, im Krankenhaus, das schwer im wilden Tale liegt und immer tiefer sinkt. Die Leute wollen schon heim, immer näher kommt der Sabbat, immer weiter rückt die Stadt von ihnen ab. Geduldig haben sie auf mich gewartet, denn sie wußten, die Zeremonie ist kurz, wenige Sekunden nur – eintreten, hinsehen, weinen und Abschied nehmen; vielleicht auch irgendetwas unterzeichnen, denn irgendwo muß doch ein Zeichen bleiben. Ich bin ja nicht der Erste, der hierher gekommen ist, auch nicht der Letzte, der kommen wird.

Und jetzt halte ich sie auf. Wie traurig es ist, die Menschen ins Zimmer treten zu sehen, niedergeschlagen, wie Schuldige. Als sie mich im Winkel sitzen sehen, zerschellen die Worte. Ein furchtbarer Irrtum. Hinter den Wänden höre ich das Läuten fieberhafter Telefone. Sie wollen Licht ins Dunkel bringen, bevor eine sinnlose Hoffnung in mir aufkommt.

Aber nichts kommt in mir auf. Ich erhebe mich nur plötzlich, sehe schweigend auf die Menschen. Das ist nur eine Unterbrechung, sage ich mir, eine kurze Feuerpause. Aber sie erschrecken vor mir, glauben vielleicht, nun beginne ich zu toben, sind schon bereit, es hinzunehmen, aber ich bin weit davon entfernt, zu toben, bewege mich durch das Zimmer, langsam und schlafwandlerisch, von Wand zu Wand, wie ein Hund finde ich einen Teller in einem Winkel, mit Keksen darauf, ich nehme einen, beginne zu knabbern. Seit dem frühen Morgen habe ich nichts zu mir genommen.

Und sofort bleibt mir das Essen in der Kehle stecken, als hätte ich Asche gekaut oder Staub, Asche und Staub.

Ich erbreche. Endlich –

Sie haben darauf gewartet, waren längst bereit, sind es wahrscheinlich gewöhnt. Sofort setzen sie mich nieder, reinigen den Boden, versprühen eine scharfe Flüssigkeit gegen den Geruch.

»Das war nicht mein Sohn ...« flüstere ich mit blutlosem Gesicht.

Und wieder tritt der Militärrabbiner ein. Sein Gesicht ist düster, seine Augen brennen, er ist verzweifelt, sein Bart ist wild, sein Hut sitzt schief, seine Rangabzeichen glitzern auf den Schultern. Leise bittet er mich, noch einmal in die Halle einzutreten, in der das Wasser rauscht.

Jetzt habe ich drei Vorhänge vor mir. Das Licht ist hell, strahlt in voller Stärke, wieder denken sie, es wäre eine Frage der Beleuchtung, im Lichte könnten sie mich überzeugen. So etwas ist ihnen noch nie vorgekommen, vielleicht ist hier eine grausame Verwechslung eingetreten. Und wieder wanke ich, das vergossene Blut, dieser Fluch ... wieder stockt mein Atem, ist kaum spürbar, das Herz wird still. Leise gehe ich von Bahre zu Bahre, verlorene Gesichter, junge Menschenkinder, wie Gesichter von Schülern, nur die Augen sind geschlossen, leicht verdreht.

Er ist nicht –

Wieder führt man mich zur ersten Bahre, als hätten sie es darauf abgesehen, mich wahnsinnig zu machen.

»Es tut mir leid ...« Ich bleibe stehen, breche neben dem Militärrabbiner zusammen, in die Wasserrinnen, die an den Wänden entlanglaufen und endlich vor meinen Augen liegen.

Ich werde wieder über den Augenblick nachdenken müssen, in dem ich die Nachricht von seinem Tode erhielt. Ein Sommermorgen, der Himmel aufgerissen von Horizont zu

Horizont, Juni, die letzten Tage des Schuljahres, ich stehe mit Verspätung auf, schwach in den Gliedern, benommen, ohne Zeitgefühl, hinein in die Glut der Sonne.

Ich steige die Treppen im Schulhaus hinauf, das Klingelzeichen ist verstummt. Noch hängt ein Echo in den Baumkronen, in der grünlichen Luft. Ich trete meinen Weg über die Flure an, die sich nun leeren, vorbei an vereinzelten Schülern, bewege mich langsam auf meine Klasse zu, schon von weitem spüre ich Unruhe, ihren erregten Lärm.

An der Tür drängen sich Schüler, sie haben mich entdeckt und fliehen, rennen hinein ins Klassenzimmer und warnen die anderen. Ein letztes Gekreische der Mädchen. Ich bin schon an der Tür, und sie stehen aufgeregt hinter ihren Stühlen, die weißen Blätter bedecken die Tische wie Zeichen der Kapitulation, die Bibeln liegen tief in den Fächern.

Welche Angst ich ihnen einjage mit der Bibel.

Wie wichtig jede Klassenarbeit wird –

Ich begrüße sie, sie setzen sich, ich rufe eines der Mädchen, und es kommt, langhaarig, weich, nimmt mir wortlos die Fragebogen ab, geht leise durch die Reihen und verteilt sie auf die Tische. Das Schweigen vertieft sich. Ihre Köpfe senken sich. Die Spannung des ersten, schnellen Lesens.

Ich weiß: Ich stelle schwere Fragen. Noch nie habe ich einen so erbarmungslosen Text verfaßt. Langsam heben sich ihre Augen, ihre Gesichter glühen, stummes Entsetzen breitet sich aus. Sie werfen sich verzweifelte Blicke zu. Einige wollen sich zu Worte melden, doch ich, vom hohen Pult herunter, winke ab. Sie sind verwirrt, verstehen meine Absicht nicht, ich zwinge sie zum Schweigen. Jeder bleibt einsam an seinem Ort. Und plötzlich, als fehlte ihnen Licht, steht einer auf und zieht die Vorhänge zurück. Aber es nützt nichts. Das neue Licht, das in Flecken auf sie fällt, erhöht nur ihre ohnmächtige Wut. Sie versuchen, etwas zu schreiben, knabbern an ihren Federn, aber dann verzweifeln sie, schon sind da einige, die ihre Blätter zerreißen. Einer, feuerrot, steht auf, verläßt die Klasse, dann noch einer, ein dritter, plötzlich ist es, als würden sie rebellieren. Endlich.

Da hört man die schnellen Schritte des Direktors, es scheint, als wäre das Gerücht schon bis zu ihm gedrungen. Er öffnet die Tür und tritt ein, sehr bleich, atemlos, sieht die Schüler nicht an, wendet sich sofort an mich, tritt ans Pult, faßt mich an, schon drei Jahre sprechen wir nicht miteinander, und plötzlich, vor den Augen der erstaunten Schüler, nimmt er mich in Beschlag, flüstert mir zu: einen Augenblick ... lassen Sie doch ... nicht wichtig jetzt ... kommen Sie mit mir ...

Erste Möglichkeit – nicht hartnäckig sein. Die Leute freigeben, ihnen Zeit lassen, nicht ankämpfen gegen die schwächer werdende Sonne. Den Sabbat in Jerusalem empfangen, den Rabbiner heimkehren lassen, und in der Zwischenzeit alle Kontakte abbrechen. Abschied nehmen, von den Bergen herabsteigen, in der Abendstunde eintreffen, heimlich in unsere dunkle Straße zurückkehren. Durch die Hintertür eintreten, sofort die Fensterläden schließen, sich ausziehen, nichts denken, kein Wort erzählen, warten, das Telefon ist abgestellt, die Tür verschlossen. Das Bett beziehen, einschlafen und auf einen neuen Ruf warten, besser begründet.

Zweite Möglichkeit – hartnäckig bleiben, schreien, die Kleider zerreißen. Sich auf den Militärrabbiner stürzen, auf andere. Sofort Aufklärung verlangen, Suchaktion. Eine Fahrzeugkolonne, am Freitagabend in Jerusalem, fährt von einem Krankenhaus zum anderen, sucht in den Kellern, steigt in die Hölle hinab, um ihn zu finden.

Andere Möglichkeit – sich nicht rühren. Nichts tun. Auf dieser Bahre liegen bleiben, zugedeckt mit einer Decke, in diesem Krankenhaus, in dieser kleinen Kanzlei. Schon reicht mir jemand ein Glas Wasser an die Lippen.

Ich schlage meine Augen auf. Da ist der Militärrabbiner, ein wilder und verzweifelter Prophet, umringt von Ärzten. Eigenhändig, mit großer Zärtlichkeit, gibt er mir in kleinen Schlucken von dem Wasser zu trinken.

Er fühlt, daß er mir eine Erklärung schuldet.

Aber er hat keine Erklärung.

Alles ist unklar.

Er hat keine Worte.

In den Jahren seines Dienstes ist ihm ein solcher Fall noch niemals vorgekommen.

Auch das Personal ist völlig durcheinander.

Irgendwo tief unten scheint etwas aus den Fugen geraten zu sein –

Mit Telefongesprächen wird man da nichts lösen, er weiß. Man muß zu den Quellen zurück: zur Brigade, zum Regiment, zu seiner Kompanie.

Meine Qualen sind groß, aber wer weiß, vielleicht sind sie die Zeichen einer Auferstehung.

Er hat das Wort nicht sagen wollen, es ist zu groß. Er fürchtet sich vor leeren Hoffnungen.

Es gibt einen herrlichen Midrasch, voller Weisheit, nur will er damit jetzt nicht zur Last fallen –

Diese schrecklichen, verrückten Tage –

Er läuft nur noch von einer Beerdigung zur anderen.

Abends sitzt er zu Hause, schreibt Grabreden –

Und er beugt sich zu mir hinunter: hier bleiben, auf dieser Bahre, eingehüllt in eine Decke – das hat keinen Zweck.

Man muß nach Jerusalem hinauf –

Wenn möglich, noch vor Eintritt des Sabbat –

Wenn mir noch ein wenig Kraft geblieben ist, schlägt er mir vor, mich noch ein letztes Mal zu überwinden, die Decke abzuziehen und von der Bahre zu steigen. Jetzt wird man mich nicht mehr allein gehen lassen.

Übrigens ist auch das Religionsgesetz in diesem Falle nicht ganz klar – muß ich meine Kleider zerreißen oder nicht? Um aber sicherzugehen, um gegen Illusionen anzukämpfen, ehe der Sabbat kommt – und er zieht ein kleines Messer aus seiner Tasche, schlägt meine Decke zurück und während ich noch liege, vor den Augen der Zuschauer, schneidet er einen langen Streifen aus dem Stoff meines Anzugs, in der Nähe des Herzens.

Und wir beginnen aus den Tiefen aufzusteigen, wieder im langsamen Fahrstuhl, wieder im gleichen Rhythmus, treten schwankend auf den gleichen Platz hinaus und finden ein anderes Licht, eine andere Luft, Zeichen eines neuen Schweigens. Wir setzen unseren Weg durchs Tal fort, steigen auf aus dem Herzen der Berge, und mit uns steigt die Sonne, gefangen im Dach des kleinen Militärwagens, den der Rabbiner zielbewußt steuert. Hupend, mit fliegendem Bart, das Steuerrad in seinem Bauch, jagt er an Autobussen vorbei, die nun fast leer sind, und will dem Sabbat zuvorkommen, der vom verdeckten Horizont des Ostens auf ihn niedersinkt.

Eine verlorene Einsamkeit liegt über den Sommerstraßen Jerusalems, wenn die Macht des Sabbat sie bezwingt. Ich denke an mein Haus, an unsere Straße in dieser Stunde, die so grün ist, an ihren schweren Blütenduft, an den Lärm, mit dem die Leute ihre Wagen waschen, an das Wasser, das an den Bürgersteigen entlangrinnt.

Und plötzlich ist es wie im Herbst, in den Kiefern und Zypressen verfangen sich die Wolken. Im Sturm dringen wir in ein großes, leeres Militärlager ein, das in einem Hain liegt, auf einem Hügel, und schon schrillt aus der Stadt die Sirene herauf, die den Sabbat ankündet – wie ein weinender Wind, der über die Erde streicht. Der Rabbiner stellt sofort den Motor ab, seine Hände sinken vom Steuerrad, er lauscht dem Ton wie einer neuen Botschaft, dann steigt er aus, um nach den Leuten des Brigadestabs zu suchen.

Aber es gibt keine Leute. Nur niedrige Gebäude gibt es, deren Fenster mit Brettern verschlagen sind, verwaiste, riesige Betonflächen und kleine, gelbe Schilder mit der Militärpostnummer. Die Armee ist zu den Frontlinien vorgerückt, sie hat nur getünchte Ruinen hinterlassen, wilde Schrift auf dichten Wänden: Kompanie I, Quartiermeister, Kantine, Synagoge.

Die Stacheldrahtzäune sind niedergerissen, zerfallen, und Moos schmiegt sich still an mein Füße. Ich gehe auf den Spuren des Rabbiners, der die kleinen Gebäude umkreist, an vermeintliche Türen klopft, sich ständig von mir entfernt, verlorengeht und wiederkehrt, sein Bart strahlt zwischen den Bäumen.

Und ich, der nie im Militär gewesen ist, der selbst im Unabhängigkeitskrieg nur an Straßensperren stand, sinke zuletzt auf einen Stein des zerbröckelnden Exerzierplatzes. Der lange Streifen meines Anzugs liegt auf meinem Herzen, und ich wittere den Geruch der frühen Armeen.

Es ist zum Verzweifeln.

Seit den frühen Morgenstunden rolle ich in einen Abgrund –

Das traurige Schweigen ringsum.

Und als wären sie aus der Erde gewachsen, versammeln sich Menschen um mich, haarige Soldaten, halb nackt, mit offenen Schnürsenkeln, sie tragen Handtücher und winzige Transistorradios, aus denen Sabbatmelodien klingen, müde Fahrer, die aus einem der kleinen Gebäude gekommen sind, um in die Dusche zu gehen. Schweigend umzingeln sie mich, und ich bin grau und müde, trage wieder die gleiche Geschichte vor: einunddreißig. Heute morgen die Nachricht. Dozent an der Universität. Hinterläßt Frau und Kind. Noch weiß man nichts. Bin nach Jerusalem hinauf, um ihn zu identifizieren, und er war es nicht.

Ihr Entsetzen –

Die Handtücher zerknittern zwischen ihren Fingern –

»Nicht er. Nicht seine Leiche. Ein anderer.«

»Wer?«

»Wie soll ich das wissen?«

»Und er?«

»Das frage ich auch. Wißt ihr jemanden, der Rettung bringen kann?« Sie zittern. Etwas an der Geschichte läßt sie plötzlich erzittern, haarig wie sie sind, mit Handtüchern und Seifenstückchen, sofort stellen sie die Transistorradios ab, vergessen die Dusche, stützen meine Arme und richten mich auf, verfluchen die Armee. In ihrem Leben haben sie so etwas noch nicht gehört, gleich wollen sie an jemandem ihre Wut auslassen, an einem Offizier vielleicht. Und einer erinnert sich – er hat den Jeep des Offiziers vom Nachrichtendienst gesehen, unter einem der Bäume steht er, sofort führt man mich hin. In einem Hain, im Blätterwerk neben einem undurchdringlichen Gebäude, einem Lagerhaus, steht dort auch wirklich ein Jeep, vollgeladen mit Munition und Maschinengewehren, seine Vorderräder stoßen an eine der Türen. Man versucht sie aufzubrechen, und es gelingt nicht, man zerbricht ein Fenster und blickt in einen dunklen Raum voller Munitionskisten. Jemand springt hinein und weckt einen Jungen in Uniform, einen schmalbrüstigen Offizier, wie ein Reisender sieht er aus, der eingeschlafen ist in seinen Kleidern und Stiefeln, mit dem Revolver über seinem Knie, zwischen den Granaten.

Er wacht sofort auf, öffnet die Augen und schweigt. Glühend berichtet man ihm, weist mit den Fingern auf mich, ich bin draußen geblieben, neben dem Fenster, wie ein eingefrorenes Bild. Aber er sieht mich nicht an. Gebeugt sitzt er auf dem Bett, in zerknitterten Kleidern, gleichgültig vor der allgemeinen Erregung. Erst als der Lärm sich legt, als man wieder das Rauschen des Windes in den Kiefern hört, spricht er mit leiser, schleppender Stimme zu mir.

»Wie heißen Sie?«

Antwort.

»Wie heißt er?«

Antwort.

»Und er ist es nicht?«

»Er ist es nicht.«

»Wer hat Sie hergebracht?«

»Der Militärrabbiner«

Seine Augen verdunkeln sich. Lange schweigt er. Schließlich fragt er leise:

»Was wollen Sie?«

»Ihn finden ...«

Er reagiert nicht, vielleicht ist er schon wieder eingeschlafen. Dann steht er auf, müde, umschattet, und plötzlich, mit den Gesten eines Generals faltet er die Decke zusammen, öffnet die Tür, die er von innen verriegelt hat, tritt ins Freie hinaus und versinkt im Rauschen zwischen den Kiefern. Die Fahrer laufen ihm nach, finden ihn neben einem verrosteten Wasserhahn, begraben unter einem Dikkicht abgefallener Nadeln, er beugt seinen Kopf, frisches Wasser fließt auf ihn herab. Dann stellt er sich abseits, sieht niemanden an, läßt das Wasser abtropfen. Schon wollen sich die Fahrer auf ihn stürzen, aber während das Wasser trocknet, während das Erwachen seine Augen erhellt, während sein Kopf noch gesenkt ist, hat er schon unwiderruflich entschieden – mit ruhiger Stimme erteilt er den erstaunten Fahrern seine Befehle, schickt einen nach dem umherirrenden Rabbiner, trägt einem zweiten auf, den Jeep zu tanken, und der Rest hält mich schon gepackt, hebt mich in die Höhe, als wäre ich gelähmt, macht einen Platz für mich frei und wirft mich in den Jeep, zwischen geölte Maschinengewehre, Patronengurte wie Ketten, Rauchgranaten, setzt meinem weißen Haar einen Stahlhelm auf und zieht den Riemen fest um mein Gesicht.

Jemand bedient das Verbindungsgerät neben mir, ein pfeifendes Sausen wird hörbar. Und wie von selbst, unendlich langsam, beginnt der Jeep sich zu bewegen, umringt von Fahrern, die ihn vielleicht schieben, vielleicht von ihm gezogen werden. Und von irgendwoher, im letzten Augenblick, schleppt man den schweißüberströmten Rabbiner an, verirrt, ausgebrannt, er träumt von seinem Sabbat, auch er schließt sich der langsamen Bewegung an, geht uns ein Stück des Weges nach. Er sieht mich eingezwängt zwischen Maschinengewehren, in Ketten gebunden, und er erschrickt nicht. Man nimmt mich von ihm, er gibt mich auf und ist sogar bereit, den Segensspruch der Reise über uns zu sprechen. Was kann er tun? Im Brigadestab hat er niemanden gefunden, eigenhändig hat er versucht, Verbindung aufzunehmen mit der Frontkommandantur, es ist ihm nicht gelungen. Aber jedem, der eintreffen sollte, hat er Nachrichten hinterlassen, hat alles niedergeschrieben, Wort für Wort.

Und immer noch zieht es ihn hinter dem langsamen Jeep her, zwischen den Bäumen, im pfeifenden Lärm des Verbindungsgerätes. Was noch? Was noch tut ihm weh? Er habe etwas gefunden, sagt er, die Akten des Gefallenen, auf einem der Tische. Die Gedanken drängen sich plötzlich – vielleicht ist alles ein Irrtum, vielleicht ist nur der Name ähnlich, vielleicht ist's nicht mein Sohn. Vielleicht sollte ich vor dem Abstieg in die Wüste einen Blick auf das Bild werfen. Er stößt mir einen Hefter in die Hand, und die Leute drängen sich um mich, auch sie wollen ihn sehen. Ich schlage die erste Seite auf, finde das Bild eines dünnen Jungen, eines Abiturienten, siebzehn Jahre ist er alt mein Sohn, im Uniformhemd, mit kurzgeschnittenem Haar, starrt mich hartnäckig an.

Siebzehn Uhr dreißig. Eine lange Antenne zerschneidet die Sonne in den Baumkronen. Zögernd fährt der Jeep durch Jerusalem, sucht einen Verlorenen, ohne den die Fahrt sinnlos wäre. Staubige Reifen zermahlen den schweigenden Sabbat.

Die Leute bleiben stehen und sehen einem greisen, schwarzgekleideten Mann nach, auf dem Kopf trägt er einen Stahlhelm, seine Augen glänzen rot, er hat geweint.

Drohend zielt das Maschinengewehr in meiner Hand auf die Jerusalemer, zuerst auf die Juden und dann auf die Araber, als wollte ich Kugeln in sie hineinjagen. Und dabei weiß ich nicht einmal, wo der Abzug ist.

Ich frage den schmalbrüstigen Offizier.

Er zeigt ihn mir –

Ich befühle ihn –

(So klein.)

Und dann der endgültige Einbruch des Sabbat, während wir nach Osten aus Jerusalem hinausfahren. Das Grün geht unter, das Weiß der kahlen Steinhäuser nimmt überhand, blasser Straßenstaub, Rauch aus unsichtbaren Schornsteinen, Araber – sie blicken schräg an uns vorbei.

Und plötzlich ein weiterer Einbruch, sonnenlos taucht die Straße am Rande der grauen Wüste hinter der Windung auf, im sickernden Licht der Wolken. Endlich – mein feierlicher, bewaffneter Einzug ins Jordantal, das mein Fuß noch nie betreten hat.

Und sofort erkenne ich die Zeichen einer toten, fernen, biblischen Gottheit, in den Dornen am Rande der Straße, im sonnendurchpflügten Gesicht des greisen Soldaten, der den Schlagbaum öffnet.

Von hier, ich habe drauf gewartet, ich hab's gewußt, wird unsere Reise schneller, ein neues Erwachen beginnt. Der Jeep schießt vorwärts, der Offizier, in heimlichem Kampf, preßt seine Lippen zusammen, schließt seine Augen zu Schlitzen, fährt wie ein Durstender, wild. Ich halte mich an meinem Maschinengewehr fest, im starken, peitschenden Wind, stecke meine Hand in die Brusttasche und hole Papiere aus mir hervor – Fahrscheine, Quittungen, Schülerlisten, Zettel vom Tisch meines Sohnes, den Entwurf einer Rede, den Prüfungsbogen des heutigen Morgens.

Und endlich eine wirkliche Armee, im Abendlicht, im Wüstenlicht, das hohl und traurig über dem Zeltlager stirbt, über Gebäuden, Panzern und Kettenwagen, über starken und hohen Antennen. Aus einem Schornstein steigt Rauch, als würde hier ein anderer Sabbat herrschen. Und alte, sonnenverbrannte Soldaten, eingehüllt in schwere Uniformen, öffnen wieder einen Schlagbaum, als teilten Schlagbäume die Wüste ein. Man umringt uns –

Man hat uns erwartet –

Man läuft unserem Jeep nach –

»Der alte Vater ist da«, ruft jemand laut, als wäre ich ein Heiliger.

Und schon lädt man mich ab, löst mich vorsichtig vom Maschinengewehr und befreit mich aus der Munitionskette, die sich um meine Brust gewunden hat, holt eine Patrone heraus, die ich ahnungslos in den Lauf gesteckt habe, führt mich verstaubt und ermüdet, den Stahlhelm schief auf meinem Kopf, in der sinkenden Dunkelheit zum Kommandanten.

Und plötzlich, aus der Ferne, in der Tiefe jenseits der Hügel, das Echo von Schüssen –

Mein Herz bleibt stehen.

Die Wärme, mit der die Menschen mein Fleisch berühren, die Freude darüber, daß ein alter Mann zu ihnen gekommen ist, ein Bürger im Stahlhelm. Nun wagen sie es schon, mir heimlich zuzuflüstern, als wär' es eine Sünde: »Er ist nicht gefallen ... das ist er nicht ... man hat Sie irregeführt ...«

Scharf trägt die Dunkelheit die Stimme des Kommandanten heran. Ohne sein Gesicht zu sehen, lausche ich dieser Stimme, die ich schon irgendwo gehört habe, ein alter Schüler sicherlich, fast erkenne ich sie.

... Der Zusammenstoß fand in der Nacht statt, den Gefallenen hat man vorm Morgengrauen ins Krankenhaus gebracht. Die Leute kennen sich kaum. Einige von ihnen haben schon seit Jahren nicht mehr in der Kompanie gedient. Dem Beamten hat man nur die Erkennungsmarke gegeben, danach hat er die Akte überwiesen. Das Gesicht des Gefallenen hat er gar nicht gesehen. Man hat auch gedacht, es wäre alles in Ordnung, bis der Anruf vom Stab in Jerusalem gekommen ist, einer hat die ganze Geschichte erzählt, hat gesagt, Sie seien auf dem Wege. Die Leute sind über ein riesiges Gebiet verteilt, aber die Verbindung ist schon aufgenommen. Man hat sofort den Namen durchgegeben, und eben jetzt habe sich einer gefunden, ein Mann von einunddreißig Jahren, aus Jerusalem, auch seine Personalnummer stimmt. Seine Erkennungsmarke ist irgendwie abhanden gekommen, das muß noch aufgeklärt werden. Mehr ist noch nicht ermittelt worden, man hat ihn nicht erschrecken wollen. Er ist ihr Sohn, das ist sicher, es gibt keine andere Möglichkeit, aber wo Sie schon gekommen sind, wär' es vielleicht besser, Sie sähen ihn mit eigenen Augen, dann sind alle beruhigt, am besten noch in dieser Nacht. Gleich wird er mit der Patrouille kommen, man hat schon einen Treffpunkt ausgemacht, nicht weit von hier, wo Sie schon hergekommen sind ... an die Front ... nur noch ein kurzer Weg ... wenn Sie noch können ... hier, auf diesen Panzerwagen, bitte ... vom Stab hat man uns mitgeteilt, wie tapfer Sie sich halten ...

Und plötzlich verstehe ich – er hat Angst vor mir, vor meinem Schweigen, vor der unendlichen Geduld, mit der ich vor ihm stehe, noch immer mit dem schweren Stahlhelm auf dem Kopf. Etwas hier in seinem Verantwortungsbereich ist aus den Fugen geraten, er erschrickt vor meinem tyrannischen Schweigen. Und wieder, aus der Ferne – lange Schußfolgen. Fetzen eines unendlichen Echos. Jetzt führt man mich zu einem schweren Kettenwagen. Man öffnet eine Eisentür, setzt mich hinein, schließt die gepanzerten Öffnungen. Zwei oder drei Soldaten steigen auf, stellen sich an die Geschütze, jemand beugt sich über das Funkgerät, beginnt etwas zu murmeln.

Und ganz langsam – ohne Scheinwerfer, im Lärm der mahlenden Ketten, eingeschlossen in einer Eisenkapsel, in der nur ein winziges Rotlicht glüht – wird es mir klar: Wir kehren zum Jordan zurück, man will mich auf die andere Seite bringen, hinausführen an die Quelle. Alles Bisherige war nur ein Vorspiel. Plötzlich hält man an. Der Motor tuckert und verstummt. Einer schlängelt sich nach oben, öffnet die Eisentür, zieht mich ins Freie hinaus, auf eine staubige Kreuzung, die Wüste ist und nicht mehr Wüste, Schilf und Sträucher in einem kleinen Graben am Rande des Weges. Schweigen, nirgends fällt ein Schuß im leisen Wind. Wir warten unter einem sternenübersäten Himmel, hocken uns auf Steine in den Senkungen des Weges, ins Dickicht. Wieder bin ich in die Hände eines anderen geraten, nicht jung und nicht alt. Sein Gesicht ist klug, freundlich, er sieht mich interessiert an, lächelt. Etwas an meiner Erscheinung belustigt ihn, der Stahlhelm vielleicht. Ich versuche ihn abzusetzen. Noch immer lächelt er. Er will wissen, wie alt ich bin.

»Siebzig.«

Sabbat. Auf dem Kettenwagen flammen Streichhölzer auf. Zigaretten werden angezündet. Die Soldaten unterhalten sich flüsternd, fluchen leise, rechnen aus, wie viele Wochen sie hier noch verbringen müssen. Leise pfeift das Funkgerät, aus der Ferne sendet einer, »werde ich gehört?«, und keiner denkt daran, ihm zu antworten.

Was mein Beruf sei.

Ich sage es ihm.

Er lächelt. Das habe er sich gedacht.

»Mein Hebräisch«, sage ich leise.

»Was ist mit Ihrem Hebräisch?«

»Die antiquierten Wendungen, vielleicht.«

Er lächelt, nein, keine antiquierten Wendungen. Die Augen, der Blick in den Augen. Er hatte einen Geschichtslehrer, der hatte auch so einen Blick.

»Welche Geschichte?«

»Jüdische Geschichte.«

»Und war mir ähnlich?«

»Ja.«

»Trotz des Unterschieds?«

»Was für ein Unterschied?«

»Zwischen Geschichte und Bibel.«

»Versteh' ich nicht.«

Ich erhebe mich von meinem Platz. Der Anzugstreifen fällt von meinem Herzen, und ich beginne zu erklären, leise, glühend.

... Ich komme zum Thema. Das alles war nur eine Einführung. Herr Direktor, meine Damen und Herren vom Lehrerkollegium, verehrte Eltern, liebe Abiturienten – ich fühle das Bedürfnis, mit Ihrer Erlaubnis einige Worte an diejenigen unter uns zu richten, die sich in Nichts auflösen können.

Auf den ersten Blick scheint diese Auflösung sinnlos, ohne Bedeutung, überflüssig. Aus der historischen Sicht ist euer Tod bei allem Heldentum nur eine ermüdende Wiederholung vor leicht veränderten Kulissen. Eine andere Hügellinie, eine Wüste mit anderen Konturen, Sträucher einer anderen Gattung, eine entsetzliche, neue Waffe. Nur das Blut bleibt sich gleich.

Aber auf einen zweiten, einen anderen Blick scheint alles umgekehrt. Eure Auflösung erhält einen Sinn, flammt plötzlich auf, wird eine strahlende Quelle für uns – eine großartige, mächtige Inspiration.

Um es mit einfachen Worten zu sagen – es gibt keine Geschichte. Es sind nur einige Texte und Inschriften überliefert. Alle weiteren Nachforschungen sind überflüssig. Sich immer wieder ans Radio zu setzen oder in den Zeitungen das Heil zu suchen – heller Wahnsinn.

Alles wird wieder geheimnisvoll – eure Hefte, eure angeknabberten Bleistifte, jeder Gegenstand, der zurückbleibt von euch, erfüllt uns mit Sehnsucht. Und wir, die wir euch im Kreise folgen und ahnungslos eure leichten Spuren verwischen, müssen achtgeben. Wie auf einer kurzen, nächtlichen Rast in der Wüste, zwischen verlorenen Hügeln, auf trockener, tonloser Erde ...

Lärm steigt aus der Ebene auf, von Osten, Westen, Norden, ich weiß nicht mehr. Die Patrouille trifft ein, leuchtet in einer Staubwolke, und zwei oder drei Panzerwagen, immer lauter im Dunkel, werfen ihren Lichtstrahl auf den Wegrand, auf verlorene Hügel, auf den Himmel.

Dort, im heranwälzenden Lärm, muß auch mein Sohn sein. Ein einunddreißigjähriger Gemeiner, auf dessen Tisch

Studienentwürfe liegen, eingeklemmt im Kettenwagen jetzt, neben einem Maschinengewehr oder Minenwerfer, er leuchtet mich mit einem Scheinwerfer an und richtet den Lauf auf mich.

Der Lichtstrahl trifft uns.

Einer schießt auf uns.

Sie wissen nicht, wer wir sind. Sie halten uns für Freischärler –

Und sofort rufen alle, aus vollem Hals. Fast hätten sie uns umgebracht –

Sie kommen und halten an, zwei Kettenwagen und ein Panzer, die Motoren dröhnen, im Tal erhebt sich ein neuer Wind. Verschwommene, nächtliche Gestalten, ihre Gesichter sind nicht zu erkennen. Der Offizier an meiner Seite macht sich auf die Suche nach dem Kommandanten der Patrouille. Und ich, in meiner Dunkelheit, angewurzelt an meinem Ort, überfliege die Schatten und verzweifle plötzlich, bin sicher, daß alles vergeblich ist, zittere am ganzen Leib, bin schon bereit, die erste Identifikation gelten zu lassen.

Soldaten steigen ab, um auf die Ketten zu pissen, und plötzlich erkenne ich auch ihn, schwer, langhaarig, schlafwandlerisch, einsam. Auch er pißt.

Ich bleibe unsichtbar, rühre mich nicht von der Stelle, betrachte ihn von weitem. Ich weiß, seine Unterwäsche ist schmutzig, als Schüler ist er von den Ausflügen immer verdreckt nach Hause gekommen, als hätte er eine ganze Wüste durchquert.

Und inzwischen hat man ihn schon ausgemacht. Der Kommandant ruft seinen Namen. Er wendet sich, schließt seine Hosenknöpfe, sein schwerfälliger Schatten nähert sich. Merkwürdig – es überrascht ihn gar nicht, mich zu sehen, seinen alten Vater, hier im Dickicht, mitten in der Nacht, im Stahlhelm, wenige Meter vom Jordan.

Zwei Offiziere umarmen ihn. Die Motoren der Kettenwagen werden abgestellt. Und plötzlich herrscht tiefe Stille.

»Ist er das?«

»Das ist er.« Ich berühre ihn leicht.

Er lächelt uns an, sein Bart ist gestutzt, er versteht nichts, ist sehr müde, steht vor einem Handgranatenmagazin, das Gewehr hängt wie ein Besen an ihm herab.

»Was ist los?«

Wie soll man's ihm erklären …

»Ist etwas geschehen?«

Wie soll ich ihm verständlich machen, daß ich schon auf ihn verzichtet hatte, schon in sein Zimmer eingedrungen war, seine Papiere durchwühlt hatte, geplant hatte, sie als Buch herauszugeben.

»Man hat gemeldet, Sie wären gefallen ...«

Nicht ich hab' das gesagt, ein anderer.

Er versteht nicht, kann gar nicht verstehen, er steht gebeugt unter der Ausrüstung, der Stahlhelm ist ihm in die Stirn gerutscht, sein Gesicht ist düster, seine Augen starren mich an wie die Augen seines Sohnes, wie meine Augen, die ich jetzt auf ihn richte. So hat er mich angestarrt, als er klein war und ich ihn schlug.

Man bittet ihn, seine Erkennungsmarke hervorzuziehen.

Allmählich scharen sich die Soldaten um ihn.

Überraschend gehorsam kramt er in seinen Taschen, holt Papierfetzen hervor, Schnürsenkel, Gewehrkugeln, weiße Flanellstücke, andere Flanellstücke, wirft Papierfetzen fort, Flanellstücke – aber die Marke findet er nicht. Er hat sie verloren, obwohl sie am Verbandskasten hängen sollte.

»Wo ist der Verbandskasten?«

Nach dem Zusammenstoß habe er ihn einem Sanitäter gegeben, und wohl auch die Erkennungsmarke. Leise regt sich ein Verdacht in mir. Hat auch er daran gedacht, sich aufzulösen, hier, am Jordan – oder hat er mir nur ein Zeichen aus der Ferne geben wollen?

Man ruft den Sanitäter.

Aus der Dunkelheit zieht man einen winzigen Juden hervor, ältlich, bitter, er saugt an seiner Zigarette, erinnert sich an nichts. Stimmt, er hat ein paar Verbandskästen erhalten, aber von einer Erkennungsmarke weiß er nichts, er hat dem Gefallenen nur umgehängt, was sich auf seinem Körper fand. Überhaupt, Verband war gar nicht nötig gewesen, er hat sofort gesehen, daß der Mann tot ist, aber trotzdem hat er den Verband angelegt. Nein, er hat ihn nicht identifiziert. Er weiß nicht, wer das war, er kennt hier kaum jemanden, er gehört überhaupt zu einer anderen Brigade, man hat ihn nur versehentlich hierher geschickt. Er will zu seiner Kompanie zurück. Wozu hat man ihn bloß hierher geschickt, er sehnt sich nach seinen Freunden, die anderen würden bald entlassen werden, und was würde dann aus ihm ...?

Man bringt ihn weg.

Allmählich, in der sinkenden Dunkelheit, beginnt mein Sohn zu verstehen. Sein Blick öffnet sich, seine Augen leuchten, er richtet sich auf, hängt das Gewehr gerade und erfährt seine Auferstehung. Ich fühle, daß ich bald zusammenbreche, aber immer noch gönne ich ihm keine Ruhe. »Heute morgen in der Schule hat's mir der Direktor gesagt«, bringe ich endlich hervor, »es war ein verrückter Tag ...«

Immer enger wird der Kreis um uns, die Menschen hängen fast an unseren Kleidern, die Geschichte von seinem Tod und seiner Auferstehung bringt sie in Erregung. Sie reißen dumme Witze, wollen alle Einzelheiten hören, und wir stehen uns zitternd gegenüber, lächeln matt.

Die Offiziere rufen ihre Leute zusammen, schicken sie wieder auf die Kettenwagen hinauf. Immer tiefer wird die Nacht, die Patrouille muß ihren Weg fortsetzen. Noch herrscht Krieg in der Welt.

Und dann bleiben wir plötzlich allein, wir beide, unter den Stahlhelmen – nur trage ich keine Waffe, außer dem Anzugstreifen, der neben meinem Herzen hängt. »Wie geht's dir?« flüstere ich ihm zu, schnell, mit meinen letzten Kräften.

Und erst jetzt sieht er mich an, entsetzt, daß ich vorgedrungen bin bis zu ihm und ihn hier auf der Grenze belagere.

»Du siehst ja selbst«, flüstert er, verzweifelt fast, bitter, als sei ich verantwortlich für seine Einberufung, »die reinste Zeitvergeudung ... sinnlos ...«

Wie kann man ihm ein wenig Sinn schenken, ein wenig Bedeutung, aber unverzüglich, kurz, bündig, im Schatten der Fahrzeuge – bevor ihre Motoren wieder anspringen, bevor er entschwindet in den nebligen, nächtlichen Linien der Wüste, bevor ich selbst vor ihm in Ohnmacht falle?

Noch träumt es nicht, aber es schläft schon. Mein Herz schläft. Im Stehen ist es eingeschlafen, aus Schwäche, vor Hunger, immer dünner wird es unter dem verwilderten Sternenhimmel, unter dem Licht, das aus Osten aufsteigt. Wolken machen sich auf ihren Weg, die Kulissen verändern sich, das Bewußtsein stirbt. Allmählich erlöschen auch die Sinne. Ich höre die Schüsse nicht mehr, die wieder aufflammen in der Ferne, ich rieche das salzige Wüstenschilf nicht, und was ich in meiner Hand halte (Stein oder Zweig), fällt lautlos zur Erde, ich trenne mich von einem, der immer tiefer sinkt, winke wie ein geschlagener Schauspieler in den Lichtstrahl, den ein Kettenwagen auf mich richtet, gebe meinen Leib an einen weiter, der bereit ist, ihn zu nehmen (wieder ein anderer, sehr jung), der mich hinaufbringt auf irgendeinen Panzer. Die Stahlplatten schließen sich hinter mir, ich sitze wieder neben dem Rotlicht, ohne Scheinwerfer, im Dunkel, trete den Rückweg an.

Und dann erkenne ich zum ersten Mal, daß ich den Text vergessen habe. Ganze Abschnitte. Keine Prüfung hätte ich bestanden, auch die leichteste nicht. Die letzten Sätze fallen von mir ab und werden im Knirschen der Ketten zermahlen.

Danach tat Hiob seinen Mund auf und verfluchte seinen Tag –

Das ist das Gebet des Propheten Habakuk, nach Art eines Klageliedes –

Ein Psalm Davids, als er in der Wüste Juda war –

In dem Jahr, als der König Uria starb –

Eine Unterweisung der Söhne Korah –

Das Hohelied –

Noch immer ist es nicht erlaubt, zu träumen. Im verhangenen Mondlicht, im Lager an der Front, entdecke ich einen Zivilwagen, seine Scheinwerfer leuchten, sein Motor läuft leise, niemand sitzt in ihm. Und schon, fast mit Gewalt, zieht man mich in eines der riesigen Zelte. Im Licht einer blassen Lampe, zwischen Verbindungsgeräten, Telefonen und Bildern nackter Frauen, die an den Zeltwänden flattern, steht meine Schwiegertochter, zwischen den Betten, umkreist von Offizieren. Bezaubert schauen sie auf die junge Frau in ihren wilden Haaren, die mit der Nacht in ihre Zelte eingedrungen ist.

»He not killed«, sage ich in meinem müden Englisch, verstaubt, am Rande der Träume.

Aber sie weiß es schon, sie will sich auf mich stürzen, wild, ist sicher, daß alles nur mein eigener Wahnsinn war. Ich komme ihr zuvor. Taub und schläfrig, hinter tausend Vorhängen, mache ich meine Schritte, verwickele mich in Kabeln, schiebe mich an den Bildern der nackten Frauen vorbei, stürze mich auf sie, küsse ihre Stirn, streichele ihr Haar, und ein leichter Parfümgeruch dringt in meinen ersten Traum, ein kaltes Gefühl ihres wärmelosen Fleisches.

Neue Linke –

Heimlich parfümiert –

Verlangt nach Wärme –

Und dann bricht sie zusammen. Die Offiziere sind entsetzt. Sie will weinen, sagt etwas in schnellem Englisch, dann langsamer, sucht zu meiner Verwunderung auch nach hebräischen Worten, und am Ende weint sie schweigend, lautlos.

Erst jetzt sehe ich den alten Verbindungsoffizier in der Ecke des Zeltes. Er hat sich über ein Feldtelefon gebeugt. Mit einem, der sehr weit entfernt sitzt, versucht er ohne jede Hoffnung, die wahre Identität des Gefallenen zu ermitteln. Wieder kommt einer, der mich abholt, er führt mich und meine Schwiegertochter in ein Zelt am Rande des Lagers und überläßt uns die ungemachten Betten von Soldaten, die irgendwo im Hinterhalt liegen. Hier können wir bis zum Morgen schlafen. Man bringt uns Essen auf Platten, eine Flasche mit dem Rest des Sabbatweines, entzündet eine Kerze auf dem Fußboden und läßt uns allein – meine Schwiegertochter und mich, im flackernden Dunkel der Kerzenflamme, in der stickigen Luft des Jordantals.

Und ich bin müde, wahnsinnig vor Hunger, der Geruch des Essens betäubt mich. Auf dem Bett, die Platten zu meinen Füßen, ohne meine Schwiegertochter anzusehen, zu schwach, um englisch zu reden, beuge ich mich vor und esse wie ein Wilder, werfe mich auf das Essen, mit einer krummen Gabel und ohne Messer, halb schlafend verschlinge ich diesen Militärfraß. Vermengt mit Schießpulver und Blei, mit Wüstensand und Schweiß, schmeckt er mir vorzüglich, ich hebe die Flasche an die Lippen und trinke billigen Wein, er ist süßlich, riecht nach dem Öl von Gewehren, von Kanonen, schnell steigt er mir zu Kopf, es ist, als versetze mir ein anderer in mir dumpfe Schläge, tief innen sind sie, fern, doch allmählich werden sie schärfer.

Schüsse. Wieder schießen Menschen. Ich wache auf, liege jetzt auf dem Bett, den Stahlhelm, an den ich mich schon gewöhnt habe wie an ein Käppchen, hat man mir vom Kopf genommen, auch die Schuhe hat man mir ausgezogen. Der Mond ist verschwunden, die Kerze erloschen, die Dunkelheit hat sich verdichtet. Die Zeltwände bauschen sich leise in einem neuen Wind, er weht die Kälte der Wüste heran. Ohne mich zu erheben – mein Körper ist schwer, Speisereste kleben mir im Gesicht wie einem kleinen Kind – erkenne ich ihre Umrisse, sie sitzt auf dem Bett neben mir, ihre langen Haare hängen wild durcheinander, sie hat sich eine Militärjacke um die Schultern gelegt, ihr Gesicht ist frei, ihre Füße sind nackt. Sie sitzt und saugt an einer Zigarette. Schon die halbe Nacht ist vorbei, und sie ist immer noch wach. Das Essen hat sie nicht angerührt. Sie neigt mir ihren Kopf zu, sieht mich gespannt an, erstaunt. Und ihre Furcht, die ihr die Kraft verliehen hat, in der Abendstunde die Schlagbäume zu durchbrechen, wird immer tiefer – als hätte es in meiner Macht gelegen, ihn umzubringen, als hätte meine Macht ihn wieder auferstehen lassen, als hätte ich nur eine von vielen Möglichkeiten gewählt ...

Die Schüsse hören nicht auf. Einzelne Schüsse. Es ist, als hätte sich ihre Richtung geändert. Aber ich fühle, wie ich mich mehr und mehr daran gewöhne. Auch sie erschrickt nicht, rührt sich nicht von ihrem Ort, obwohl er doch jetzt wirklich sterben kann, irgendwo auf seinem Panzerwagen, der langsam die staubigen Wege zermahlt.

Ich muß noch immer über den Augenblick nachdenken, in dem ich die Nachricht von seinem Tode erhielt.

Ein Sommermorgen, der Himmel tief zerschnitten, Juni, die letzten Tage, ich stehe mit Verspätung auf, benommen wie nach einer Krankheit, mitten hinein in das Licht der Sonne.

Die Schulglocke läutet, ich schleppe mich langsam die Treppen hinauf, werde vom Andrang der Schüler getragen, die mich in ihrem Strom nach oben ziehen, hinein in die Flure. Ich gehe an den offenen Türen vorbei, an den müden Gesichtern der Lehrer, erreiche meine Klasse, finde die Schüler still, entfremdet, mit langen Haaren, die Bibeln fallen auf den Boden. Jemand steht an der Tafel und bedeckt sie mit Blumen, mit vielen weißen, welkenden Blumen.

Ich trete ans Pult, sie heben ihren Blick zu mir hinauf. Halbdunkel herrscht im Raum, die Vorhänge sind zugezogen, ich erkenne, daß ich in ihren Augen nicht mehr wichtig bin. Ich habe die Herrschaft über sie verloren, sie haben sich getrennt von mir, ich gehöre schon der Vergangenheit an.

Ich kenne diesen Blick genau, ich habe mich niemals gefürchtet vor ihm. Ich weiß ja, am Ende kommen sie wieder. Nach einigen Jahren entdecke ich sie in der Umgebung, mit ihren Gatten oder Frauen laufen sie ihren Kindern nach, gehen leicht gebeugt. Dort, wenn ich sie auf der Straße treffe, verlegen, mit der Einkaufstasche in der Hand, gewinne ich meine Herrschaft über sie zurück, und sei es nur für eine Sekunde, für den Bruchteil eines Augenblicks.

Aber in den letzten Jahren wird die Trennung schwer. Sie gehen in die Wüste, dieses frische Fleisch, gehen weit weg, diese erhobenen Köpfe, diese jungen Augen. Und einige gibt es, die kehren nicht zurück, schon seit mehreren Jahrgängen. Einige lösen sich auf. Etwas in meinem Inneren gerät plötzlich aus den Fugen. Ich bin besorgt. Dieser Schmerz, der Vorteil eines Erlebnisses, an dem ich nicht teilhabe. Und selbst wenn sie zurückkehren, mit ihren Kindern und der Einkaufstasche über die Straße gehen, liegt etwas Verschleiertes in ihren Augen, sie sehen mich wie Fremde an, als hätte ich sie im Stich gelassen, ich meine mit meinem Pensum im Stich gelassen, als sei alles, was wir sie gelehrt haben – die Gebote, die Gleichnisse, die Propheten – alles untergegangen im Staub irgendwo, in der Glut der Sonne, in den Nächten der Einsamkeit. Das alles hat der Prüfung einer anderen Wirklichkeit nicht standgehalten. Aber welcher anderen Wirklichkeit? Gott der Heerscharen, großer Gott, was für einer anderen Wirklichkeit? Ändert sich denn wirklich etwas, wirft eine wirkliche Revolution ihre Schatten voraus?

Unruhe überkommt mich, ich beginne die Prüfungsbogen auszuteilen, gehe durch die Reihen und lege die Bogen auf die Tische. Das Schweigen um mich wird tiefer. Sie lesen, seufzen leise, dann ziehen sie weiße Blätter hervor und beginnen, ihre geraden, praktischen, phantasielosen Antworten zu entwerfen, in trockenem, dürrem Stil, der plötzlich, grundlos, Dichtung wird und wieder in der Wüste stirbt.

Da – mein Sohn ist heimgekehrt aus den Vereinigten Staaten, schwerfällig, mit langem Haar, ein weicher Professor, nicht mehr jung. Vom Kampus hat er sich eine dünne Studentin mitgebracht, eingehüllt in einen ausgefransten Schal, auf ihren Schultern, in einem Rucksack, hängt ein blasses, kleines Kind, das spricht nur englisch. Sie steigen aus dem Flugzeug und sehen mich an, als hätten sie eine neue Botschaft gebracht, eine Botschaft von der Revolution, von einer anderen, wundervollen, unbekannten Wirklichkeit …

Und plötzlich spüre ich, wie Tränen in meine Augen steigen. Noch gehe ich zwischen den Tischen umher, zwischen den Bibeln, die auf dem Boden liegen, beuge mich nieder und hebe hier und dort ein Buch auf. Die Schüler schauen mir nach, wollen schon abschreiben voneinander, wollen sich etwas zuflüstern, was ihrer Meinung nach von Nutzen ist, die Zensur verbessern kann, obwohl sie doch bald alles zurücklassen, leere Klassen, leere Stühle, leere Tafeln, ihre Namen auf den Tischen wie in Grabsteine eingeritzt.

Und ich sehne mich plötzlich nach einem anderen Abschied, der sich ihren Herzen einritzen wird. Erregt laufe ich an die Fenster und reiße die Vorhänge auf, werfe schwere Strahlen Sonnenlicht auf sie, wie Blutstropfen, laufe zur Tür und öffne sie weit, bleibe auf der Schwelle stehen, wende mein Gesicht halb dem Flur und halb der Klasse zu. Ich weiß, wie gespannt sie in diesem Augenblick sind. Will ich ihnen eine Falle stellen? Bin ich da, oder bin ich nicht da?

Und dann, von weitem, sehe ich den Direktor. Er schreitet traurig und nachdenklich über den leeren Flur, kommt langsam, schwerfällig voran, wie ein verrosteter Panzer. Tief in ihm ist etwas alt geworden in der letzten Zeit. Noch ein, zwei Jahre, dann muß auch er zurücktreten. Er hebt seinen Kopf, sieht mich am Klassenzimmer stehen und schlägt die Augen wieder nieder, als hätte er einen Stein gesehen, oder Luft. Noch immer denkt er, ich will nicht mit ihm sprechen, als ob drei Jahre nicht genug gewesen wären für uns. In der Klasse wird das Flüstern stärker, Blätter knistern. Schon reichen sie sich die Antworten zu. Aber ich bleibe still. Mein Gesicht ist jetzt dem Flurfenster zugewandt, durch das der helle, volle Sommer quillt. Die Berge von Judäa in der Ferne, das Gebirgsland von Moab, und mehr noch, mehr. In der Scheibe spiegeln sich die Schatten meiner Schüler hinter mir, eingeschmolzen in die Landschaft, in einen blauen Fleck, in die Kronen der Bäume, die fernen Antennen, den Lärm der Flugzeuge.

Der Direktor bleibt neben mir stehen. Zum ersten Mal seit drei Jahren. Er ist sehr bleich, muß sofort das Schweigen brechen.

Vor fünf, sechs Stunden –

Im Jordantal –

Sofort tot

Ibrahim Souss
Brief an einen jüdischen Freund

Laß mich Dir Folgendes erzählen. Ein alter Freund der Familie war gleich nach dem Krieg vom Juni 1967 (den Ihr herablassend, stolz als »Sechstagekrieg« bezeichnet) nach Jerusalem gegangen, um sein ehemaliges Haus wiederzusehen, das er, wie so viele andere 1948 verlassen hatte, weil der Terror der Stern- und Irgoungruppen so groß war ... Runzle nicht die Stirn! Es ist unnötig, mir zu erwidern, niemand habe diesen alten Freund zum Weggehen gezwungen. Das Thema ist zwischen Dir und mir eingehend diskutiert worden. Ich glaube, ich habe Dich überzeugt: Ich habe Dir meine Erfahrungen als verängstigtes Kind geschildert; wie meine Familie vor dem Vormarsch der bewaffneten zionistischen Banden floh; wir haben alle das gleiche Schicksal erlitten ...

Dieser arme Mann war also lange Zeit um sein Haus herumgestrichen, das er in dem kaum veränderten Stadtviertel ohne Mühe wiedergefunden hatte. Er erinnerte sich an alle Häuser seiner moslemischen und christlichen Nachbarn, die verlassen worden waren.

Da er dem übermächtigen Verlangen, es zu betreten nicht widerstehen konnte, nahm er allen Mut zusammen und zog an der Türglocke.

Ein alter Mann öffnete die Tür. Er sagte: »Shalom.«

Der Freund sagte zu ihm: »Das ist mein Haus.«

Es folgte ein langer Augenblick des Schweigens, währenddessen sich die beiden Männer fest ansahen. (Alle diese Einzelheiten wurden später meinem Vater zugetragen)

Der Alte sagte: »Ich weiß.« Er zögerte bevor er hinzufügte:

»Als ich 1949 aus Rumänien hier ankam, wußte ich es nicht. Sie sagten, sie hätten für uns Häuser gebaut.«

Der Freund weinte. Durch die geöffnete Tür hatte er an der Wand den selben alten Stich von Jerusalem gesehen, den er einige Monate vor seinem überstürzten Fortgang aufgehängt hatte. Er sagte: »Das ist mein Bild.«

Der Alte drehte sich um, ging ein paar Schritte und hängte das Bild ab. Er reichte es ihm: »Verzeihen Sie mir.« In seinen Augen waren Tränen.

Der Freund nahm den Stich. Er sagte nichts. Er kehrte heim. Er sagte seinen Kindern, sie dürften niemals ihr Land verlassen.

Zwei Tage später starb er an einem Herzanfall. Wir glauben, sein Herz ist vor Schmerz zerbrochen.

Ich werde Dir etwas sagen. Wir sind einmal beraubt worden. Wir haben gelernt. Wir lassen uns nicht mehr enteignen. Wenn es sein muß, opfern wir unser Leben.

Und ich sage Dir auch, daß der alte rumänische Jude, der zu jener Generation gehörte, für die die Erinnerung an die Wunden noch frisch war, verstanden hat. Würde es ihm schwerfallen, seine Überzeugung heute an die neue Generation der Eroberer weiterzugeben?

Und dabei hätte das furchtbare Leiden der Juden sie aufgeklärter, scharfsinniger machen müssen.

Was das Leiden betrifft, behaupte ich, daß sie seinetwegen dem Verhängnis des unbarmherzigen Kampfes von Mensch gegen Mensch hätten entkommen können.

Ich weigere mich zu glauben, daß sie die Spuren der Erinnerung verwischt haben. Indem sie dem Schmerz der anderen den Rücken kehren und, schlimmer noch, indem sie ihn selbst verursachen, sorgen sie automatisch dafür, daß sie in der Geschichtsprüfung durchfallen, in der Prüfung, bei der der gequälte Mensch im Prinzip alle anderen übertreffen müßte.

Mein Freund, Israel ist dort gescheitert, wo die Juden ihm zum Erfolg hätten verhelfen müssen.

Du trägst diese Verantwortung.

Wenn Israel in den Abgrund rutscht und so der düsteren Brüderschaft der gnadenlosen Staaten beitritt, liegt das vor allem daran, weil es für Dich über jeden Zweifel erhaben war und weil Du Dich gegenüber seinen Führern nachsichtig gezeigt hast.

Ich habe geschworen, Dir den tiefsten Grund meiner Gedanken offenzulegen. Ich habe keinerlei Grund, Dich in Deiner stillen Zurückgezogenheit zu schonen. Du hast, mehr als jeder andere, die moralische Verpflichtung, nicht zu enttäuschen.

Sei mir nicht böse. Ich spreche in diesem Ton, weil Du mir früher unablässig wiederholt hast, daß Du in mir Dein *alter ego* suchst.

Ich teile diesen Wunsch. Der Traum war schön. Du hast nicht das Recht, Dich von ihm abzuwenden. Der Augenblick ist gekommen, ihn zu realisieren.

Ich wage zu hoffen, daß Du schnell aus Deinem Schweigen heraustrittst um meinen Schmerz zu lindern und das mörderische Einschreiten Israels gegen mein Volk anzuhalten.

Hattest Du mir nicht gesagt, daß es Dir gelungen wäre, meinen Schmerz zu verstehen, so wie ich Deinen begriff? Du hattest mir sogar geschworen, mich zu verteidigen, wenn Du mich in Gefahr sähest.

Heute wird mir Deine Stimme helfen.

Ich habe Deine Toten beweint. Neige Dich zu den meinen herab.

Nein, das Problem ist nicht unlösbar. Es ist nicht nur die Gewalt, die entscheiden wird. Als Du mich geradeheraus gefragt hast: »Leugnest Du die Existenz des jüdischen Volkes?« und im gleichen Satz: »Sein Recht auf die Erde Palästinas?«, dachtest Du an die Macht Israels.

Es gab eine Zeit, da hätte ich impulsiv auf solche Sätze reagiert. Diese Zeit ist vorüber. Die leichte Erregbarkeit der Araber ist so hinreichend ausgebeutet worden, daß es den Palästinensern eine Lehre sein möge.

Meine Antwort ist immer klar und deutlich: Andere Wege müssen erkundet werden, um zu einer Regelung zu kommen. Der Ansatz einer Lösung liegt bereits in dem Willen der Palästinenser, in Frieden mit jenen Israelis zu leben, *die ebenfalls diesen Wunsch äußern.* Alle zerstörerischen Kräfte der Welt können diesen Entschluß nicht zerbrechen, wenn er von beiden Seiten ehrlich gemeint ist.

Die jüdischen Gemeinden in der Welt würden Israel ganz sicher in eine schlimme Lage bringen, wenn sie fortführen, ihm zum Gebrauch von Gewalt zu raten, um den palästinensischen Widerstand zu brechen.

Wir werden uns weder abschlachten, noch erniedrigen, noch einschüchtern lassen. Niemals.

Und dann ist diese Polemik um die Existenz eines jüdischen Volkes so eintönig! Es nutzte nichts, daß ich die Existenz irgendeines Volkes nicht leugnete, sobald sich dieses zum Volk erklärt, Du sagtest Deinen Vers von neuem auf.

Du wirst bei dieser Gelegenheit bemerkt haben, daß ich mich nicht fürchte, Offensichtliches zuzugeben. Ich gestehe dir daher ohne Widerspruch ein, was Du immer von mir verlangt hast. Es ist nun an Dir, einen Schritt in meine Richtung zu tun und einzugestehen, daß meine Klagen begründet sind.

Erkläre laut und deutlich: das palästinensische Volk existiert; es hat ein Recht auf Selbstbestimmung auf dem Boden seiner Heimat.

Trotz allem möchte ich auf den Begriff des Rechts der Juden auf Palästina zurückkommen. Unbesorgt, ich erspare Dir die »mit welchem Recht« und »nach wessen Willen« unserer ersten Begegnungen. Ich werde auch nicht den verblüffenden Satz erörtern, den Golda Meir am 15. Oktober 1971 äußerte: »Dies Land existiert als ein Versprechen, das Gott persönlich gegeben hat. Es wäre lächerlich zu verlangen, daß man seine Rechtmäßigkeit anerkennt.«

Ich werde mich in einfachen Worten ausdrücken. Ich akzeptiere das religiöse Streben der Juden, in Palästina zu leben, aber ich rufe Dich zur Ordnung. Zur moralischen Ordnung. Ich will nicht über die Wechselfälle der Geschichte reden und auch nicht über die des Rechts; trotzdem mache ich Dich darauf aufmerksam, daß Palästina seit zweitausend Jahren, das ist das Bezugsdatum für die Ansprüche der Juden, bewohnt ist.

Meine christliche Familie kann ihren Stammbaum bis in die vergangenen Jahrhunderte zurückverfolgen. Einige unter uns würden Vorfahren bei der Generation der Apostel von Christus entdecken. Andere würden das Jahr erreichen, in dem der Prophet Mohammed der Stadt Jerusalem seinen nächtlichen Besuch (*Al-Isra'*) abstattete. Mein Großvater, dessen Grab an den Hängen des Berges Zion heute von Gestrüpp überwuchert ist, sagte mir voll Stolz, daß man in der Kirche unserer Gemeinde noch Geburts-, Tauf-, Heirats-, Sterbeurkunden finden konnte, die älter als zwei Jahrhunderte waren ...

Es entging den Juden nicht, daß wir an unserem Land hingen. Trotzdem haben sie nicht gezögert, uns im Namen des biblischen Rechts zu entwurzeln.

Du wirst mir entgegenhalten, daß die Juden selbst im alten antisemitischen Europa überall verfolgt wurden; daß sie keine Wahl hatten. Das stimmt seit den dreißiger Jahren, seit dem Aufstieg des Nazismus, und in geringerem Maße nach dem Ende des ersten Weltkriegs. Gleichwohl strömten die ersten Wellen von Einwanderern lange vor diesem Zeitpunkt nach Palästina. Die ersten Juden gingen in Palästina ab der zweiten Hälfte des 19. Jahrhunderts an Land und begannen sofort damit, das Land zu kolonisieren. Sie verwirklichten einen Traum, den des »Aufstiegs nach Zion«.

Sie haben festgestellt, daß die Palästinenser existierten. Aber der erste zionistische Kongreß, der 1897 in Basel stattfand, hat es bewußt abgelehnt, diese Tatsache anzuerkennen. Diese Ablehnung ist bis heute offizielle Linie des Staates Israel geblieben. Die schändlichen Worte von Levi Eschkol klingen noch immer in meinen Ohren: »Was ist ein

Palästinenser? ... Palästina war eine Wüste, in der einige Araber und Beduinen lebten«, schrie er einige Tage vor seinem Tod, als man ihn fragte, ob er nicht der Ansicht sei, daß die Palästinenser auch ein Recht auf ein Heimatland hätten. Und jene von Golda Meir: »So etwas wie einen Palästinenser gibt es nicht ... sie existieren nicht.«

Versteh mich. Ich stehe dem Gedanken, daß die Juden Palästina in religiöser Hinsicht für sich in Anspruch nehmen, nicht feindselig gegenüber. In diesem Fall entspringt der Begriff des historischen Rechts meiner Ansicht nach eher der gefühlsmäßigen Bindung, die jeder Israeli mit der palästinensischen Erde unterhält, als irgendeiner juristischen Konzeption. Wohin ginge die Welt, wenn jeder in diesem Begriff ein Argument für seine eigenen Ansprüche auf dieses oder jenes Gebiet sehen würde?

Ich akzeptiere den Gedanken, daß die Juden auf dem Boden leben, den ihre Gebete heraufbeschwören, aber unter der Bedingung, daß sie mit den natürlichen Bewohnern koexistieren wollen, mit denen, die die Felder gepflügt und die Wüsten begrünt haben.

Kein Gesetz kann ein Ausplündern erlauben, selbst dann nicht, wenn dies im Namen Gottes und seiner Propheten geschieht.

Ich habe jahrelang darauf gewartet, daß Du Deine Verurteilung dieser Ursünde deutlich ausdrückst. Ich warte noch immer.

Die Juden, mein Freund, sind nicht unfehlbar, selbst wenn sie an dem Anspruch festhalten, das »auserwählte Volk« zu sein. Ein Volk kann nicht »auserwählt« sein, genausowenig, wie es nach Freiheit streben kann, wenn dies Erwählen und diese Freiheit zum Nachteil anderer erlangt wurden. Das Leid, das Israel um sich herum, unter uns, über das »Gelobte Land« verbreitet, stellen dies Erwähltsein in Frage. Der Mord an einem palästinensischen Kind hat es endgültig aufs Spiel gesetzt.

Also wach auf, schüttle Dich, komm aus Deiner Lethargie heraus!

Barbara Honigmann
Marina Roža

Die Rebjata hatten Peter zum Schabbes in die Holzsynagoge *Marina Roža* in Moskau eingeladen. Die *Marina Roža* liegt so weit draußen, daß man, wenn man ein frommer Jude ist und das Fahrverbot am Schabbes nicht verletzen will, auch dort schlafen muß.

Als Peter die *Marina Roža* betrat, hatte er das Gefühl, in eine Räuberhöhle geraten zu sein. Da hatten sich die Rebjata verschanzt wie die Räuber in den böhmischen Wäldern. Ury war ihr Bandenchef, er lief im Frack und schwarzem Hut herum, und auch die anderen waren feierlich gekleidet, zur Ehre des Schabbes. Die *Marina Roža* war ein baufälliger Holzschuppen und kurz vor dem Zusammenkrachen, die Wände hielten sich, so schien es, nur durch die an ihnen hochgestapelten Berge von kaputten oder ganzen Möbeln, Büchern und Betutensilien, aber doch war sie durch die Schabbesstimmung der Rebjata von heiliger Leidenschaft erfüllt. Und in diesem Gegensatz drückte sich sehr deutlich die Überzeugung der Rebjata aus, ihre innere Hingabe an die chassidische Bewegung des Lubawitscher Rebben auf der einen Seite und die Verachtung all dessen was sie «äußerlich« und »europäische Kultur« nannten, auf der anderen.

Peter stellte fest, daß von den Rebjata tatsächlich alle in der Lage waren, unpunktierte hebräische Texte fließend zu lesen und zu übersetzen. Auch von der einzigen Frau unter ihnen hörte Peter, aber nicht von ihr selbst, denn sie erschien nur kurz und verschwand schnell wieder, daß sie Gemore lesen könne, ein Grad von jüdischer Bildung, den man erst nach jahrelangem Studium erreicht.

Dann hatte Peter noch gehört, daß Ury, der Bandenchef, keinen Auswanderungsantrag gestellt habe. Er war somit der erste religiöse russische Jude, den Peter traf, der nicht weg wollte. Er fragte Ury, warum. Ury widersprach empört, denn natürlich wollte er nach Eretz Israel, und zwar lieber heute als morgen, aber nicht zu einem Datum, das ihm sowjetische Behörden vorschreiben, sondern er gehe, wenn der Tag wirklich gekommen ist, der Tag, an dem der Moschiach das Volk Israel aus der Zerstreuung in das Land Israel sammelt, und er hoffe, das heißt, er war ganz sicher, daß es bald sein wird, sehr bald. Und als Peter die anderen Rebjata einmal fragte, ob sie denn die *Marina Roża* nicht reparieren wollten, da sie doch sonst bald ganz zusammenbrechen werde, da meinten sie auch, es lohne sich nicht mehr, denn in der Zeit des Moschiach brauche man sie ja sowieso nicht mehr, und sie hofften, das heißt, sie waren ganz sicher, das sei bald, sehr bald.

Der Beginn des Schabbes rückte heran. Alle leerten ihre Taschen wegen des Trageverbots, alles Geld, was man so bei sich hatte, wurde in einem extra Schrank verschlossen, die Lichtschalter wurden mit Papierstreifen überklebt, damit man sie am Schabbes dann nicht aus Versehen bedient, Büchsen mit Fisch, eingelegten Gurken und Pilzen wurden geöffnet und die letzten Speisen für die Schabbesmahlzeiten vorbereitet. Selbstverständlich gab es einen milchigen und einen fleischigen Tisch, und es wurde streng darauf geachtet, daß nicht etwa eine Salztüte von dem einen zum anderen Tisch wanderte. Auf den so streng getrennten Tischen herrschte zwar sonst das größte Chaos, und es war insgesamt so eng, daß es leicht geschah, daß Ury mit seinen Frackschößen in eine geöffnete Fischbüchse tauchte, aber das störte nicht. Es kamen jetzt auch ein paar Alte dazu, die in der Nähe wohnten, und bei ganz schummrigem Licht, das ja nun den ganzen Schabbes über nicht mehr gelöscht werden konnte, fingen die Rebjata, Peter und die Alten an zu beten. Laut und kräftig, daß die *Marina Roża* bebte, sangen sie »Komm, der Braut entgegen« und »Lied Davids«, und danach murmelte jeder für sich leise das Achtzehngebet.

Nach dem Gebet sollte eigentlich gegessen werden, aber es war plötzlich einer dabei, den keiner kannte und den keiner eingeladen hatte, der also ein Spitzel war, so daß Ury anordnete, daß alle nun zum Schein »nach Hause« gehen und erst nach einer Stunde wiederkommen. Da es andererseits verboten war, Ausländer in die *Marina Roża* mitzubringen, erklärten die Rebjata den Alten zur Beruhigung, daß Peter – seines deutschen Akzentes wegen – aus Estland komme.

Nachdem sie diese verschiedenen konspirativen Maßnahmen hinter sich gebracht hatten, war es fast Mitternacht. Dann erst wurde Kiddusch und Mozie gemacht, also Segen über Wein und Brot, und endlich gegessen. Nach dem ersten Gang hielt Ury einen Vortrag über den Wochenabschnitt der Thora, der an diesem Schabbes gelesen wurde. Es war »Korah«, und die Rebjata diskutierten und stritten anschließend lange, auf den schmalen Bänken ohne Lehne sitzend, über die »Rotte Korah«, und manche legten auch ihren Kopf auf den Tisch und schliefen. Gegen drei hörten die letzten auf zu diskutieren, und auf der Frauengalerie wurden Bänke zusammengeschoben und Decken verteilt.

Peter hatte kaum geschlafen, da wurde er wieder von Ury geweckt, und es gab nicht etwa Frühstück, sondern die Rebjata liefen nun eine halbe Stunde durch die Stadt zu einem Park mit einem kleinen See, der sollte als Mikwe dienen. Bis dahin hatte ja Peter alles mitgemacht, aber dazu konnte er sich nicht entschließen, es war ein zu kühles Frühjahr. Die anderen tauchten dreimal ganz bis über den Kopf in dem kalten Wasser unter, wie es vorgeschrieben ist, und danach zogen sie sich ihre Sachen direkt auf die nasse Haut; ein Handtuch hatte man ja wegen des Trageverbots nicht mitnehmen können. Da sie alle nach chassidischer Sitte den Kopf so gut wie kahlgeschoren hatten, trockneten die Haare schnell. Die Hauptsorge der Rebjata galt vor allem der Miliz, die sie wegen »Nacktbaden« bestrafen könnte. Gottseidank schlief aber die Miliz zu dieser Stunde noch, und die Rebjata kehrten unbehelligt in die *Marina Roža* zurück. Auch die Alten waren wieder zum Morgengebet gekommen, und es wurde mit der Thoravorlesung begonnen. Peter, da er Gast war, wurde zur Thora aufgerufen, und er ließ seine Frau, seine Kinder, seine Eltern und ganz Israel segnen, indem er gelobte, nach Schabbesausgang fünf Rubel zu spenden.

Dann setzten sich alle wieder zu Tisch und aßen die zweite Schabbesmahlzeit. Einer von den Alten hatte sich zu den Rebjata gesetzt und begann, chassidische Lieder zu singen, und die Rebjata sangen mit. Inzwischen hatte sich aber ein zweiter Minjan von Neuhinzugekommenen gebildet, der erst jetzt die Thora lesen wollte und der sich durch den Gesang gestört fühlte. Die Singenden wurden von den Betenden mehrmals verwarnt, bis sie sich sogar beschimpften, aber am Schluß blieb doch alles, wie es war, die Singenden sangen und die Betenden setzten dabei ihre Thoralesung fort. Man muß wissen, daß die chassidischen Lieder einen wirklich besessen machen können, man muß immer lauter und lauter singen und mit den Händen auf den Tisch hauen und mit den Füßen auf den Boden stampfen. Und nachher sangen sie noch alle zusammen, das heißt sie brüllten:

Ki-mi Zi-on
Te-ze Tho-ra!
U-de-war Haschem
Mi Je-ru-scha-la-im!

(Denn von Zion geht die Lehre aus und das Wort des Ewigen von Jeruschalaim!)

Draußen schien inzwischen die Sonne, aber Peter blieb mit den anderen den ganzen Tag in der dunklen Bruchbude, denn wiederum aus konspirativen Gründen wollten die Rebjata lieber nicht spazierengehen. Ein Schabbes im Mai ist aber unendlich lang, und so legten sich einige der Rebjata noch mal aufs Ohr bis zur Schelosch Sude, der dritten vorgeschriebenen Mahlzeit. Jemand drückte Peter eine Broschüre über die Niddagesetze, also die Ehevorschriften, in die Hand. Diese Broschüre war vor 50 Jahren irgendwo in Ungarn erschienen und nun in den USA in russischer Übersetzung wieder neu gedruckt und dann weiß Gott wie hierhergelangt. Es gab viele solcher Bücher in der *Marina Roža*. Während Peter die Ehegesetze durcharbeitete, lasen andere in den Schriften des ersten Lubawitscher Rebben, Rabbi Schneor Zalman Ben Baruch, vom Ende des 18. Jahrhunderts. Dieser erste Lubawitscher Rebbe war, wie übrigens fast alle Lubawitscher Rebben nach ihm, einige Zeit in der Peter-und-Paul-Festung verhaftet gewesen. Der Tag seiner Entlassung aus dieser Haft wird bis heute von allen seinen Anhängern auf der ganzen Welt, aber, wie man sich leicht vorstellen kann, besonders in Leningrad und Moskau als eine Art Feiertag begangen. Peter sollte dann später in Leningrad, von den Moskauer an die dortigen Rebjata übergeben, Stadtführungen durch das jüdische Leningrad miterleben, während derer auch all die Aufenthaltsorte des Lubawitscher Rebben gezeigt wurden. Diese Führungen fanden wöchentlich statt, aber leider unter immer größerer Beteiligung der Miliz, bis sie schließlich ganz aufgelöst wurden.

Der Schabbes in der *Marina Roža* neigte sich langsam. Einige lasen, einige schliefen, einige klaubten zwischen den Tellern, Schüsseln und geöffneten Büchsen noch Reste von Obst und Gebäck vom Tisch. Nur an den Alten war noch einmal eine Art Geschäftigkeit zu bemerken. Sie liefen heraus, holten eine fremde Frau herein, drückten ihr etwas in die Hand und gaben dazu umständliche Erklärungen. Dann sah Peter, wie die Frau hinausging und etwas am Bretterzaun zur Straße hin befestigte, und dann sah er auch, was es war: es war eine rote Fahne. Dieser Schabbes im Mai 1982 war nämlich der Vortag der Wahlen zum Obersten Sowjet, und aus allen Häusern der Straße wehten schon die Fahnen, nur aus der *Marina Roža* nicht. Das Anbringen einer Fahne gehört aber durchaus zu den Arbeiten, die einem Juden am Schabbes verboten sind, und nur wegen der besonderen Zwangslage glaubten die Alten das

Recht in Anspruch nehmen zu können, einen Nichtjuden, einen Schabbesgoi, darum zu bitten.

Ganz spät, gegen elf, nach einer mehr symbolisch gehaltenen dritten Mahlzeit, wurde der Schabbes in der *Marina Roża* verabschiedet, so wie er überall auf der Welt verabschiedet wird mit dem Unterscheidungsgebet, darin Gott gepriesen wird, weil er unterschieden hat. Unterschieden zwischen Licht und Finsternis, Schabbes und Woche, Israel und den Völkern und zwischen Heiligem und Unheiligem. Jeder tauchte noch die Spitze eines Fingers in die Schale mit dem ausgeschütteten Wein, worin die Kerze gelöscht worden war, und benetzte damit seine Augenlider und das Innere seiner Jackettasche, damit ein Rest vom Schabbes den Geist erhelle und die Tasche nicht ganz leer werden lasse. Peter schnappte seine Sachen, ließ sich sein Geld aus dem verschlossenen Schrank wiedergeben, hinterließ die vor der Thora versprochenen fünf Rubel und mußte sich beeilen, daß er noch einen Bus und eine Metro zurück in sein Hotel erwischte.

Auf dem Weg zur Metro erzählte ihm Ury von seinem ersten »Farbrengen«, so nennen nämlich die Chassidim diese Art Zusammensein, in der *Marina Roża*. Er sei damals auch fix und fertig gewesen, aber man gewöhne sich daran, und jetzt sei es wirklich so, daß er sich die ganze Woche auf den Schabbes in der *Marina Roża* freue. Und dann sagte er »tschüs« und »bis bald«, und sie trennten sich, denn jeder mußte eine andere Metro nehmen.

Die Zeit der *Marina Roża* aber war bald vorbei. Statt des Moschiach, den sie so sicher erwarteten, kam die Miliz, und Ury ging im Frack und schwarzem Hut zuerst ins Gefängnis und dann nach Sibirien. Peter hat von der Gerichtsverhandlung und dem Urteil aus der Neuen Zürcher Zeitung erfahren, und er hat auch erfahren, daß die frommen Juden in Zürich für Ury am Tage des Prozesses gefastet haben. Aber weder von der *Marina Roża* noch von einem der Rebjata hat Peter je wieder etwas gehört.

Yoram Kaniuk
Ein Anruf von 1947 in einen abgedichteten Schutzraum

Wenn man in diesen Tagen den völlig überlasteten internationalen Telefonverbindungen zum Trotz in Israel anrufen will, hat man die besten Chancen, wenn die Sirenen heulen. Wer immer aus Übersee dann meine Nummer wählt – vorausgesetzt, er oder sie verfolgt nicht gerade das Programm der CNN –, wird mich unter der ABC-Schutzmaske antreffen und mir beim Türen- und Fensterabdichten zuhören können. Eine Frau aus New Hampshire hat mich einmal zu einem sehr ungünstigen Zeitpunkt erwischt; ich war gerade dabei, meine Maske aufzusetzen, versuchte verzweifelt, am Radio den richtigen Sender einzustellen, und das alles unter Sirenengeheul. Ich schrie, es sei Alarm und ich in der Gaskammer. Selbstverständlich wollte ich ihr lediglich mitteilen, daß ich mich in einem der abgedichteten Schutzräume befand und meine Gasmaske trug. Nachdem sie mich ein paar Stunden später noch einmal angerufen hatte, wurde mir klar, daß sie das alles überhaupt nicht witzig fand. Da es schier unmöglich ist, sich durch die Maske verständlich zu machen, bleibt den meisten von uns nichts anderes übrig, als Listen anzulegen von den Leuten, die anrufen, um ihre Solidarität zu bekunden, und von denen, die nicht anrufen. Meine Tante hat bei der Beerdigung ihres Mannes eine solche Liste angelegt, und sie hat den Nicht-Anwesenden niemals verziehen, noch nicht einmal denen, die damals selbst schon tot waren.

Ich gebe gern zu, daß es angenehm ist, sympathische Stimmen zu hören. Für mich – einen nicht weit von seinem heruntergefallenen Apfel gepflanzten Baum – ist es schwer, denen zu verzeihen, die vergessen haben. Ich lege also offenbar auch Listen an.

Der merkwürdigste aller Anrufe, die ich erhielt, war der von Iliya. Sie versuche schon seit Stunden durchzukommen, sagte sie, um mir mitzuteilen, daß sie in Gedanken bei uns sei und daß sie das Gefühl habe, sie würde mit mir in dem abgedichteten Schutzraum sitzen, und sie hoffe, wir seien alle wohlauf.

Ich hatte Iliya vor ein paar Jahren in New York kennengelernt, und zwar auf einer Party anläßlich der Veröffentlichung meines Buches *Bekenntnisse eines guten Arabers*. Iliya war auf mich zugegangen und hatte mir erzählt, daß ihr das Buch gefiel, daß sie sogar einen Artikel darüber geschrieben habe. Sie ist größer als ich, und als sie neben mir stand, gab sie sich sichtlich Mühe, einen kleinen Buckel zu machen, was ihr auch gelang, ohne daß ihre gute Figur deshalb Schaden genommen hätte. Es war ihr sehr wichtig, elegant, ja würdevoll zu erscheinen. Ihre Haut war transparent, aber nicht wie die der skandinavischen Mädchen, bei denen man manchmal das Gefühl hat, man könne ihren inneren Eisberg sehen, sondern von einer offenbarenden Transparenz, man dachte unwillkürlich an die Heimat, man wurde an die Olivenbäume von Galiläa und an einen von der Sonne verwöhnten Winternachmittag erinnert. Sie hatte dunkle Augen und einen sehr zärtlichen Blick. Sie stellte mich ihrem Gatten vor, einem warmherzigen, höflichen Mann, der einige Jahre älter war als sie, und dann lächelte sie und sagte, sie sei Araberin und er Jude, und meine Geschichte sei ihr sehr nahgegangen.

Noch bevor sie mir erzählte, daß sie in Cäsarea geboren und Palästinenserin war, hatte ich das vage Gefühl, daß Iliya in meinem Gedächtnis etwas wachrief, das Jahre zurücklag. Wir standen da mit unseren Gläsern in der Hand, und ihr Mann, der sich überflüssig fühlte, entfernte sich von uns, um sich mit anderen Gästen zu unterhalten. Sie war angespannt, gleichzeitig aber strahlte sie Wärme und Nähe aus, und als sie sagte, sie sei in Cäsarea geboren, dachte ich an Sommerabende und das Essen in den Restaurants dort. Das Cäsarea, an das sie mich erinnerte, war jedoch nicht das der Restaurants, Touristenattraktionen und der römischen Amphitheater, in denen Popkonzerte veranstaltet werden. Iliya erzählte: »Ich war ungefähr vier Jahre alt, als die Israelis mit Schiffen und Kanonen angriffen. Mein Vater (vielleicht sagte sie auch mein Onkel) lebte am Pier, er hatte einen großen Antiquitätenhandel. Wir mußten fliehen. Wir gingen nach Tul Karem, dann in den Libanon und von dort in die USA.« Ihr Mann kam zurück und fragte mich, ob sie es mir schon erzählt hätte. Ich sagte ja, und das Eis in meinem Whiskeyglas begann zu zittern, und er fuhr fort: »Cäsarea ist manchmal ein sehr schwieriges Thema. Sie weiß zwar, daß es heute ein ganz anderer Ort ist als in ihrer Kindheit, aber sie hat Angst hinzugehen. Ich bitte sie immer wieder darum.«

Ich sah sie an und sagte, ich müsse ihr etwas erzählen, und es sei gut möglich, daß ihr mein Buch danach nicht mehr so gut gefallen würde. »Was ich Ihnen jetzt erzählen werde«, sagte ich zu ihr, »betrifft sowohl Sie als auch mich.

Sie sind Teil einer der schwierigsten Erfahrungen, die ich in meinem Leben je gemacht habe.« Iliya sah mich erschrocken an. Irgendetwas in meinem Gesicht erinnerte sie an einen Schmerz, dessen Abbild sie dort nicht finden wollte. Sie war erschüttert. Sie wollte mir das nun Folgende ersparen, wußte aber genau, daß ich meinerseits nicht bereit war, sie zu schonen.

Ich erzählte ihr, daß ich mich Ende 1947, nach der UN-Erklärung zur Teilung Palästinas, der Palmah angeschlossen hatte. Man hatte mich zu einer Art Marine-Ausbildung nach Sdot Yam, einem Kibbuz in der Nähe von Cäsarea, abkommandiert. Wir lebten in großen Wellblechhütten, es war kalt, wir versuchten, uns damit abzufinden. Eines Nachts wurde ein Schiff mit illegalen Einwanderern erwartet, die Engländer waren ja damals noch im Land. So wurden wir ausgesandt, um Cäsarea, wo das Schiff anlegen sollte, zu besetzen. Iliya fröstelte, stellte ihr Glas auf den Tisch und wartete.

Ich erzählte ihr, daß die Schlacht damals anders verlaufen war als in ihrer kindlichen Erinnerung. Es war meine erste Schlacht überhaupt gewesen. Wir hatten Sdot Yam in zwei Booten verlassen, das eine hieß »Dov«, das andere »Tirza«. Wir ruderten, etwa acht Mann in jedem der Boote, und wir hatten ein funktionstüchtiges Gewehr bei uns und eines, das manchmal feuerte und manchmal nicht. Wir gingen in Cäsarea an Land und gaben ein paar Schüsse in die Luft ab. Die Dorfbewohner hatten ihre Häuser verlassen, man könnte sagen, sie flohen, zu Iliya sagte ich: »Vielleicht haben wir sie verjagt.«

Cäsarea lag damals so gut wie in der Wüste, es war ein völlig anderer Ort als der, den wir heute kennen. In jenen Tagen bestand es aus dem Pier, ein paar kleinen Häusern und einem großen Haus am Ende des Piers. In der Nähe standen die römischen Marmorsäulen, die die legendäre Lady Stanhope im letzten Jahrhundert auf Kamelen aus Ashkelon hatte heranschaffen lassen. Fünf oder sechs Leute rannten den Pier entlang. Dieses Bild hat mich seither bei all meinen politischen Kämpfen verfolgt, ist Teil meiner selbst geworden. Vielleicht weil es, wenn es denn überhaupt eine war, meine erste Schlacht war, vielleicht aber auch wegen der Tatsache, daß zum erstenmal jemand vor mir Angst hatte. Ich erinnere mich genau an den Mann im dunkelblauen Anzug und der leicht violetten Krawatte, er drehte mir sein Gesicht zu. Ich hatte kein Gewehr, aber er sah mich an. Auf dem Arm hielt er ein kleines Mädchen, das weinte. In meiner Erinnerung hält das Mädchen etwas in der Hand. »Später«, erzählte ich Iliya, »habe ich an blutigen Schlachten teilgenommen, bin Zeuge von Totschlag, Mord und Krieg geworden, aber jenes Bild konnte ich nie mehr vergessen...« Ich erinnere mich an den Blick des kleinen Mädchens, es konnte nicht verstehen, wieso ihr Vater, oder wer sonst dieser Mann war, es so an sich zog. Es hatte schreckliche Angst. Der Ausdruck seiner Augen erinnerte mich an die Bilder vom Zweiten Weltkrieg. Ich sagte: »Iliya, niemand hat damals auf dich geschossen, aber ich gebe zu, ich habe dich aus deinem Haus verjagt, und es spielt keine Rolle, welchen Namen man dieser Tat gibt.« Unsere Blicke, die sich kreuzten, waren die tiefsten und schrecklichsten Blicke, die Menschen austauschen können. »Du bist so erschrocken, weil du zum erstenmal an den schlimmsten Augenblick deines Lebens erinnert worden bist.«

Iliya wartete, sie mußte meine Erzählung verdauen. Und obwohl ihre Version der Geschichte natürlich eine ganz andere war, behielt sie ihre äußere Liebenswürdigkeit bei und sagte: »Dieser Mann war mein Vater. Wahrscheinlich war es auch die Krawatte meines Vaters. Er hatte schon immer eine Vorliebe für sehr ausgefallene Krawatten.« In diesem Moment näherte sich uns eine Frau, die ein angriffslustiges Gesicht machte und mir irgendwelche Fragen stellen wollte. Iliya wandte sich zu mir um und küßte mich, und dann begann sie von neuem zu reden, diesmal davon, wie schlimm es sei, daß nichts übrig bleibe, nicht einmal Staub. In ihrem Gesicht war jetzt auch Zuneigung zu erkennen. So saßen wir beieinander, vor all diesen Leuten und in dieser unangenehmen Situation, und dennoch gelang es uns, gemeinsam einen unvergeßlichen Augenblick zu erleben. Die Angst in ihrem Gesicht aber blieb.

Sie sprach von ihrer Unfähigkeit, jemanden wegen vergangener Ereignisse zu hassen, aber sie war glücklich, und ich erinnere mich sehr genau an das Wort »glücklich«, den Menschen, der sie aus ihrem eigenen Haus vertrieben hatte, kennengelernt zu haben.

Als wir später einmal zusammen beim Abendessen saßen, vertraute mir Iliyas Mann zu später Stunde an, daß er sich mir sehr verbunden fühle, weil ich seine Frau schon seit so langer Zeit, länger als er, kenne. Er liebte sie über alles, und sie schien auch ihn zu lieben. Vorletzte Nacht, im Schutzraum, wartete ich auf den Anruf von Freunden, als sie plötzlich am anderen Ende der Leitung war. Ihre Stimme zitterte, die Verbindung war schlecht, wir hatten unsere Gasmasken schon abgezogen, durften den Schutzraum aber noch nicht verlassen. Sie sagte, sie würde an mich denken, an einen Jungen, der ausgezogen war, Cäsarea einzunehmen, an unsere Angst, daran, daß nun wieder Krieg sei, und daran, daß wir beide gegen unseren Willen in die Geschichte eingingen. Sie sagte, sie sei in Gedanken und mit dem Herzen bei uns, sie sagte, sie wolle niemanden beschwichtigen, sie sei vielmehr bei uns bis zum Ende. Dann hörte ich ein Geräusch in der Leitung und die Verbindung war unterbrochen.

Ich versuchte, sie zurückzurufen, bekam aber keine Antwort. Wenn ich noch einmal versuche, sie anzurufen, dann nur, weil ich eins wissen muß, nämlich ob es wirklich Iliya war, mit der ich gesprochen habe. Das ist wichtig. Das ist sehr wichtig.

Glossar

Brocher	junger Mann, Talmudstudent
Broche	Segensspruch
Chanukka	Lichterfest zur Erinnerung an die Wiedereinweihung des Tempels 165 v.Chr.
Chasen	Vorbeter
Chassene	Hochzeit
Chassidim	»Fromme«, religiöse Bewegung in Osteuropa
Chosen	Bräutigam
Chupe	Traubaldachin
Ephod	Teil der Amtstracht des jüdischen Hohepriesters
Frejlachs	ein marschartiger Tanz
Galut	Exil, Verbannung seit der Zerstörung des zweiten Tempels 70 n.Chr.
Gemore	Teil des Talmud, in Aramäisch geschrieben
Goi	Nichtjude
Jeschiwa	Hochschule für das Talmudstudium
Jom Kippur	Versöhnungstag
Kale	Braut
Klesmer	Musikant
Lichterbenschen	Segnen des Sabbatlichts
Maariw	Abendgebet
Mikwe	von den Chassidim oft benutztes rituelles Tauchbad
Mincha	Nachmittagsgebet
Minjan	Gruppe von mindestens zehn Männern für Gebet und Thoralesung
Moschiach	Messias
Nebbich	Ausdruck des Bedauerns
Nigen	Melodie, Weise

Pajes	Schläfenlocken
Parnes	Gemeindevorsteher
Purim	Freudenfest zur Erinnerung an die Errettung Israels durch Esther
Rosch-Haschana	Neujahrsfest
Row	Rabbi, Schriftgelehrter
Schma Jisrael	Höre, Israel, heiligstes Bekenntnis und Sterbegebet der Juden
Schofar	Widderhorn, wird an den höchsten Feiertagen geblasen
Schulklopper	Gemeindediener, der mit einem Hammer an die Türen klopft und damit zum Morgengebet ruft
Strejmel	Pelzmütze
Sukkot	Laubhüttenfest
Tallis	Gebetsmantel
Tchino	Erbauungsbuch für Frauen
Tfillin	Gebetsriemen
Tischo-B'ow	Jüdischer Fasttag, zur Erinnerung an die Zerstörung des Tempels 586 v.Chr.
Tora	die fünf Bücher Mose
Wojlachs	schwermütiges walachisches Musikstück

Autoren- und Quellenverzeichnis

Lev N. Lunc (1901–1924)
In der Wüste. Deutsch von Gerhard Hacker. Aus: Lev N. Lunc: Die Affen kommen. Herausgegeben von Wolfgang Schriek. Verlag Johannes Lang, Münster 1989

Philon von Alexandrien (ca. 20 v.–40 n.Chr.)
Flaccus. Deutsch von Hans Lewy. Aus: Philon von Alexandrien: Von den Machterweisen Gottes. Schocken Verlag, Berlin 1935

Flavius Josephus (37–nach 100)
Der jüdische Krieg. Herausgegeben von Otto Michel und Otto Bauernfeind. Aus: Flavius Josephus: De bello judaico. Der jüdische Krieg.Band II,2: Buch VI-VII. Kösel-Verlag Wissenschaftliche Buchgesellschaft, Darmstadt 1969

Joachim Rosenauer
Sád-ud-Dewlet. Aus: Sippurim. Herausgegeben von Wolf Pascheles. Verlag von Wolf Pascheles, Prag 1870. Nachdruck: Georg Olms Verlag, Hildesheim - New York 1976

Danilo Kiš (1935–1989)
Hunde und Bücher. Deutsch von Ilma Rakusa. Aus: Danilo Kiš: Ein Grabmal für Boris Dawidowitsch. R. Piper & Co. Verlag, München 1983

Chajim Bloch
Verkündigung der Verwüstung Spaniens. Aus: Chajim Bloch: Das geliebte Land. R. Löwit Verlag, Wien und Jerusalem 1937

Karl Emil Franzos (1848–1904)
Im »Cheder«. Aus: Karl Emil Franzos: Aus der großen Ebene. Neue Kulturbilder aus Halb-Asien. Zweiter Band. Verlag von Adolf Bonz & Comp., Stuttgart 1888

Scholem Alejchem (1859–1916)
Schmilik. Deutsch von Alexander Eliasberg und Fega Frisch. Aus: Scholem Alejchem: Eine Hochzeit ohne Musikanten. Suhrkamp Verlag, Frankfurt am Main 1988

Woody Allen (*1935)
Chassidische Geschichten. Mit einer Anleitung zu ihrem Verständnis von einem anerkannten Gelehrten.

Deutsch von Benjamin Schwarz. Aus: Woody Allen: Wie du dir, so ich mir. Rogner & Bernhard, München 1978

Schalom Asch (1880–1957)
Der Libanon. Aus: Schalom Asch: Im Lande der Väter. Jüdischer Verlag, Berlin o.J.

Emile Zola (1840–1902)
Sendschreiben an Felix Faure. Deutsch von Paul Seliger. Aus: Emile Zola: Die Affäre Dreyfus. Der Siegeszug der Wahrheit. Deutsche Verlags-Anstalt, Stuttgart und Leipzig 1901

Arthur Schnitzler (1862–1931)
Der Weg ins Freie. Aus: Arthur Schnitzler: Der Weg ins Freie. In: A. S.: Die Erzählenden Schriften. Erster Band. S. Fischer Verlag, Frankfurt am Main 1961

Sigmund Freud (1856–1939)
Brautbriefe. Aus: Sigmund Freud: Brautbriefe. Herausgegeben von Ernst L. Freud. Fischer Bücherei, Frankfurt am Main und Hamburg 1968

Isaac Bashevis Singer (1904–1991)
Der Sohn aus Amerika. Deutsch von Ellen Otten. Aus: Isaac Bashevis Singer: Der Kabbalist vom East Broadway. Carl Hanser Verlag, München, 1976

Felix Salten (1869–1945)
Neue Menschen auf alter Erde. Eine Palästinafahrt. Aus: Felix Salten: Neue Menschen auf alter Erde. Eine Palästinafahrt. Jüdischer Verlag, Königstein/Ts. 1986

Ricarda Huch (1864–1947)
Das Judengrab. Aus: Ricarda Huch: Das Judengrab. Aus Bimbos Seelenwanderungen. Insel-Verlag, Leipzig o.J.

Isaak Babel (1894–1940)
Gedalja. Deutsch von Dmitri Umanski. Aus: Isaak Babel: Die Reiterarmee. In: I. B.: Werke. Erster Band. Verlag Volk und Welt, Berlin 1973.

Egon Erwin Kisch (1885–1948)
Schwarzer Gottesdienst. Bei den Negerjuden von New York. Aus: Egon Erwin Kisch: Geschichten aus sieben Ghettos. Eintritt verboten. Nachlese. Aufbau-Verlag, Berlin und Weimar 1973

Erich Fried (1921–1988)
Meine Widerstandsgruppe. Aus: Erich Fried: Mitunter sogar Lachen. Verlag Klaus Wagenbach, Berlin 1986

Ladislav Fuks (*1923)
Kchonys Weg in die Welt. Deutsch von Josef Hahn. Aus: Meine Freundin Julča. Horst Erdmann Verlag, Tübingen und Basel 1967

Adolf Rudnicki (*1912)

Ostern. Deutsch von Walter Tiel.
Aus: Adolf Rudnicki: Die Ungeliebte. S. Fischer Verlag, Frankfurt am Main 1964

André Kaminski (1923–1991)

Lea und der Gauleiter. Aus: André Kaminski: Herzflattern. Suhrkamp Verlag, Frankfurt am Main 1984

Lion Feuchtwanger (1884–1958)

Wollstein. Aus: Lion Feuchtwanger: Erzählungen. Aufbau-Verlag, Berlin und Weimar 1985

Bernard Malamud (1914–1986)

Der deutsche Flüchtling. Deutsch von Annemarie Böll. Aus: Bernard Malamud: Schwarz ist meine Lieblingsfarbe und andere Erzählungen. Verlag Kiepenheuer & Witsch, Köln 1971

Johannes Bobrowski (1917–1965)

Die ersten beiden Sätze für ein Deutschlandbuch.
Aus: Johannes Bobrowski: Der Mahner. Union Verlag, Berlin 1967

Philip Roth (*1933)

Verteidiger des Glaubens. Deutsch von Herta Haas. Aus: Philip Roth: Goodbye, Columbus! Rowohlt Verlag, Reinbek bei Hamburg 1962

Ota Pavel (1930-1973)

Der Lauf durch Prag. Deutsch von Thomas Rothschild

Abraham B. Jehoschua (*1936)

Frühsommer 1970. Deutsch von Jakob Hessing.
Aus: Abraham B. Jehoschua: Angesichts der Wälder. Deutsche Verlags-Anstalt, Stuttgart 1982

Ibrahim Souss (*1943)

Brief an einen jüdischen Freund. Deutsch von Heinz-Peter Schwenck. Aus: Ibrahim Souss: Brief an einen jüdischen Freund. Greno Verlagsgesellschaft 1988

Barbara Honigmann (*1949)

Marina Roża. Aus: Barbara Honigmann: Roman von einem Kinde. Hermann Luchterhand Verlag, Darmstadt und Neuwied 1986

Yoram Kaniuk (*1930)

Ein Anruf von 1947 in einen abgedichteten Schutzraum.
Deutsch von Uwe Nonnenmacher